经贸院七
秩径渐美
贺教务部
包大项目
成果出版

李琨辉
戊戌方八

教育部哲学社会科学研究重大课题攻关项目
"十三五"国家重点出版物出版规划项目

高考改革试点方案跟踪与评估研究

THE FOLLOW-UP AND EVALUATION RESEARCH OF THE PILOT PROGRAM OF COLLEGE ENTRANCE EXAMINATION REFORM

钟秉林 等著

中国财经出版传媒集团
经济科学出版社
Economic Science Press

图书在版编目（CIP）数据

高考改革试点方案跟踪与评估研究/钟秉林等著.
—北京：经济科学出版社，2021.7
教育部哲学社会科学研究重大课题攻关项目"十三五"国家重点出版物出版规划项目
ISBN 978－7－5218－2685－2

Ⅰ.①高⋯ Ⅱ.①钟⋯ Ⅲ.①高考－教育改革－研究－中国 Ⅳ.①G632.474

中国版本图书馆 CIP 数据核字（2021）第 132715 号

责任编辑：孙丽丽　撒晓宇
责任校对：靳玉环
责任印制：范　艳

高考改革试点方案跟踪与评估研究
钟秉林　等著
经济科学出版社出版、发行　新华书店经销
社址：北京市海淀区阜成路甲 28 号　邮编：100142
总编部电话：010－88191217　发行部电话：010－88191522
网址：www.esp.com.cn
电子邮箱：esp@esp.com.cn
天猫网店：经济科学出版社旗舰店
网址：http://jjkxcbs.tmall.com
北京季蜂印刷有限公司印装
787×1092　16 开　20.25 印张　390000 字
2021 年 7 月第 1 版　2021 年 7 月第 1 次印刷
ISBN 978－7－5218－2685－2　定价：82.00 元
（图书出现印装问题，本社负责调换。电话：010－88191510）
（版权所有　侵权必究　打击盗版　举报热线：010－88191661
QQ：2242791300　营销中心电话：010－88191537
电子邮箱：dbts@esp.com.cn）

课题组主要成员

首席专家　钟秉林
主要成员　杜瑞军　方　芳　王新凤　周海涛
　　　　　　姚　云　乔锦忠　李湘萍　虞立红
　　　　　　黄凌梅　翟雪辰　南晓鹏　徐伟琴

编审委员会成员

主 任 吕 萍
委 员 李洪波 柳 敏 陈迈利 刘来喜
　　　　 樊曙华 孙怡虹 孙丽丽

总　序

哲学社会科学是人们认识世界、改造世界的重要工具，是推动历史发展和社会进步的重要力量，其发展水平反映了一个民族的思维能力、精神品格、文明素质，体现了一个国家的综合国力和国际竞争力。一个国家的发展水平，既取决于自然科学发展水平，也取决于哲学社会科学发展水平。

党和国家高度重视哲学社会科学。党的十八大提出要建设哲学社会科学创新体系，推进马克思主义中国化、时代化、大众化，坚持不懈用中国特色社会主义理论体系武装全党、教育人民。2016年5月17日，习近平总书记亲自主持召开哲学社会科学工作座谈会并发表重要讲话。讲话从坚持和发展中国特色社会主义事业全局的高度，深刻阐释了哲学社会科学的战略地位，全面分析了哲学社会科学面临的新形势，明确了加快构建中国特色哲学社会科学的新目标，对哲学社会科学工作者提出了新期待，体现了我们党对哲学社会科学发展规律的认识达到了一个新高度，是一篇新形势下繁荣发展我国哲学社会科学事业的纲领性文献，为哲学社会科学事业提供了强大精神动力，指明了前进方向。

高校是我国哲学社会科学事业的主力军。贯彻落实习近平总书记哲学社会科学座谈会重要讲话精神，加快构建中国特色哲学社会科学，高校应发挥重要作用：要坚持和巩固马克思主义的指导地位，用中国化的马克思主义指导哲学社会科学；要实施以育人育才为中心的哲学社会科学整体发展战略，构筑学生、学术、学科一体的综合发展体系；要以人为本，从人抓起，积极实施人才工程，构建种类齐全、梯队衔接的高校哲学社会科学人才体系；要深化科研管理体制改革，发挥高校人才、智力和学科优势，提升学术原创能力，激发创新创造活力，建设中国特色新型高校智库；要加强组织领导、做好统筹规划、营造良好学术生态，形成统筹推进高校哲学社会科学发展新格局。

哲学社会科学研究重大课题攻关项目计划是教育部贯彻落实党中央决策部署的一项重大举措，是实施"高校哲学社会科学繁荣计划"的重要内容。重大攻关项目采取招投标的组织方式，按照"公平竞争，择优立项，严格管理，铸造精品"的要求进行，每年评审立项约40个项目。项目研究实行首席专家负责制，鼓励跨学科、跨学校、跨地区的联合研究，协同创新。重大攻关项目以解决国家现代化建设过程中重大理论和实际问题为主攻方向，以提升为党和政府咨询决策服务能力和推动哲学社会科学发展为战略目标，集合优秀研究团队和顶尖人才联合攻关。自2003年以来，项目开展取得了丰硕成果，形成了特色品牌。一大批标志性成果纷纷涌现，一大批科研名家脱颖而出，高校哲学社会科学整体实力和社会影响力快速提升。国务院副总理刘延东同志做出重要批示，指出重大攻关项目有效调动各方面的积极性，产生了一批重要成果，影响广泛，成效显著；要总结经验，再接再厉，紧密服务国家需求，更好地优化资源，突出重点，多出精品，多出人才，为经济社会发展做出新的贡献。

作为教育部社科研究项目中的拳头产品，我们始终秉持以管理创新服务学术创新的理念，坚持科学管理、民主管理、依法管理，切实增强服务意识，不断创新管理模式，健全管理制度，加强对重大攻关项目的选题遴选、评审立项、组织开题、中期检查到最终成果鉴定的全过程管理，逐渐探索并形成一套成熟有效、符合学术研究规律的管理办法，努力将重大攻关项目打造成学术精品工程。我们将项目最终成果汇编成"教育部哲学社会科学研究重大课题攻关项目成果文库"统一组织出版。经济科学出版社倾全社之力，精心组织编辑力量，努力铸造出版精品。国学大师季羡林先生为本文库题词："经时济世　继往开来——贺教育部重大攻关项目成果出版"；欧阳中石先生题写了"教育部哲学社会科学研究重大课题攻关项目"的书名，充分体现了他们对繁荣发展高校哲学社会科学的深切勉励和由衷期望。

伟大的时代呼唤伟大的理论，伟大的理论推动伟大的实践。高校哲学社会科学将不忘初心，继续前进。深入贯彻落实习近平总书记系列重要讲话精神，坚持道路自信、理论自信、制度自信、文化自信，立足中国、借鉴国外，挖掘历史、把握当代，关怀人类、面向未来，立时代之潮头、发思想之先声，为加快构建中国特色哲学社会科学，实现中华民族伟大复兴的中国梦做出新的更大贡献！

教育部社会科学司

前言[①]

2014 年,国务院印发《关于深化考试招生制度改革的实施意见》,上海、浙江启动首轮高考综合改革试点;2017 年,上海、浙江改革试点平稳落地后,北京、天津、山东、海南启动了第二批改革试点;随着河北、辽宁、湖北、湖南、江苏、福建、广东、重庆 8 省市公布了高考综合改革方案,我国新一轮高考综合改革从试点阶段迈入了逐步推广阶段。

第一,不忘初心,坚持改革方向不动摇。高考综合改革方案的设计初衷是"有利于推进素质教育、有利于促进教育公平、有利于科学选拔人才",从上海市与浙江省第一批改革试点省市的实践来看,改革平稳落地、成效明显。一是新高考促进了学生全面发展。"3+3"考试科目设置增加了学生选择机会,初步实现了文理融合;完善中学生综合素质评价,考试内容改革强化了对学生能力的考察,引导学生的全面发展。二是新高考促进了高中学校特色发展。高中学校深化课程改革,开设特色课程,重视综合素质评价,推动了高中学校办出特色、多样化发展;利用现代信息技术手段探索选课走班、进行教学评价,促进了高中教育现代化进程。三是新高考促进了高校科学选才。逐步取消录取批次,实施平行志愿投档,探索多元评价,促进高校科学选才和探索多元录取方式;倒逼高校增强质量意识,调整专业结构,促进中高衔接。8 省市的高考综合改革方案依然凸显了引导学生全面发展、促进高校科学选才的改革初衷与价值取向,为确保国家总体改革

[①] 钟秉林:《稳妥推进我国高考综合改革的四个着力点》,载《中国教育学刊》2019 年第 6 期。

设计平稳落地奠定了基础。

第二，因地制宜，促进高考科学性与公平性。与试点省份相比，8个省份的高考综合改革方案主要在四个方面进行了政策微调：一是实施"3+1+2"考试科目设置。除语文、数学和外语3科统考外，设定物理或历史为首选科目，化学、生物、思想政治、地理4个科目选择2科作为选考科目，在增加学生选择性的基础上，强调物理和历史学科的基础性地位；与试点省份相比，这种选科设置方案将选考科目组合调减为12种，有利于降低中西部省份高中学校选课走班教学的难度。二是改进选考科目赋分办法。物理、历史科目采用原始分计分，分列招生计划、分开划线；另外4门选考科目实施等级赋分，并确定为"一分一档"，增加考试区分度，以适应生源大省的投档录取。三是调整选考科目考试安排。8个省份均将高中选考科目的考试时间安排在6月份夏季高考同期举行，并且将考试次数确定为1次，有利于保证高中教学秩序、减轻基层中学教学工作负担。四是调整外语科目考试安排。河北等6省市拟只在6月份组织1次外语听力和笔试考试；江苏省和广东省拟在6月份组织1次外语笔试，而将外语听说考试放在平时并实行机考。这种安排既有助于缓解外语考试在命题、组织管理方面的压力，也符合各地基础教育发展的实际。总之，8省市高考综合改革方案坚持因地制宜的原则，充分考虑了区域差异性，有利于改善高考改革的科学性与公平性，推动改革平稳进行。

第三，多元探索，高度关注改革的风险点。高考改革"牵一发而动全身"，是一项高关注度、高利害性的综合改革，其科学性和公平性等问题会给利益相关者带来巨大的影响，在某些关键环节上容错率较低，甚至不允许试错。因此，在改革过程中要尊重教育规律，坚持循序渐进，对改革的复杂性及其可能带来的风险要有充分的认知。随着启动高考综合改革省份的增加，高考改革的复杂性也在增加，全国范围内存在文综和理综传统考试科目、浙沪等地"3+3"考试科目、8省市"3+1+2"考试科目等不同的设置，这无疑将会增加考试机构和高校招生工作的难度，必须认真研究。总之，对高考综合改革的重点、难点问题要加强跟踪研究，广泛听取各利益相关群体的意见，尤其要重视高中校长和教师群体对方案制定和执行过程的参与，加强科学决策，保证改革顺利进行。

第四，协同推进，完善高考综合改革保障机制。我国教育资源分布不均衡，实施新方案的8个省份与浙沪教育发达地区、中西部地区省份与东部地区省份的教育基础条件均存在差距，要重视研究出台相关配套措施，协同推进高考综合改革。一是加强省级统筹力度。政府各部门要健全协调推进机制，增加对高中教育的投入，重点解决高中大班额问题和师资结构性短缺问题，保障与高考改革相适应的教育资源配置，多方探索增加高中教师编制。二是促进教考联动。结合各个省份的实际情况，逐步实现新高考、新课标、新教材的统一，为深化高中教育教学改革和课程改革提供良好的环境。三是推进中高衔接。高等学校与高中学校之间要加强招生与培养的联动，共同探索综合素质评价结果的有效应用，协同开展高中学生的生涯规划教育。总之，要形成政府与学校、考试招生与人才培养、高中教育与高等教育之间协同联动、整体推进的良好局面，推进高考综合改革的稳妥实施。

摘 要

高考涉及千家万户利益，对基础教育改革、高等教育人才选拔、教育公平与社会公正等方面有巨大影响，迫切需要科学系统的研究。但从国内外高考改革相关的研究来看，现有研究主题多数是以经验研究为主，缺乏对高考改革的系统性评估；对新一轮高考改革方案的研究，也是以前瞻性研究为主，缺乏大规模实证跟踪与评价。因此，迫切需要对新一轮高考改革进行系统的、科学的、长期的实证研究，为高考改革决策提供参考。

恢复高考40多年来，我国高考改革选拔标准从知识本位走向能力本位，考试科目从分科走向融合，考试方式从单一走向多元，招生录取从效率优先走向更加注重公平。高考改革呈现出注重科学性、自主性、选择性和公平性的基本价值取向，经历了迂回曲折的发展过程。新一轮高考改革的价值选择，应遵循教育规律，回归高考基本功能；坚持与时俱进，平衡多元价值取向；加强科学决策，正确引导社会舆论。从高考综合改革的政策文本来看，促进公平、科学选才、引导中小学教育健康发展是新一轮高考改革的价值导向，促进公平是首要的价值导向。

从学生、高中、高校和教育行政部门各利益相关群体的角度来看，高考综合改革平稳落地，在满足学生兴趣与选择、促进学生全面发展、高中学校特色发展以及高校科学选才方面，各方获得感较强。但是，高考综合改革中也存在诸如增加学生学习负担、"功利化"选科倾向等有争议的问题，多元化的生源结构对高校人才培养带来挑战。

首先，高考改革对高中学校教育生态带来挑战。高考科目改革增加了学生的选择性，有利于激发学生学习主动性，但同时也产生了物理选科人数下降、教师结构性缺编、教室等教学资源不足等问题。选课走班有利于因材施教，发挥学生的优势与特长，但是当前试点省份存在教学资源不充分、班级教学管理困难、削减行政班教育功能等问题。中学生综合素质评价强调过程性评价，致力于学生全面发展，但是也存在标准不统一、信效度质疑等问题，部分试点省份对综合素质评价进行等级评比，影响教育生态；综合素质评价的使用范围和程度仍在探索之中，存在形式主义的质疑。高中学生生涯规划教育缺乏教师、课程、教材等资源支持，难以满足学生发展需求，高中选科的功利化倾向使得高中学生生涯规划教育的实施效果有限。

其次，高考改革对高校的招生与人才培养带来挑战。一方面，新高考影响高校选考科目的确定。当前高校对选考科目的限制较为宽泛，甚至为了获得优质生源而放弃对科目的限制。多元化知识基础的学生进入高校，倒逼高校重视弥补学生的专业基础。因此，应加强对高校理性限制选科的引导，优化高校招生分类依据，加强与中学的合作引导学生理性选择。另一方面，新高考挑战传统的人才培养模式，倒逼高校优化学科专业布局，创新人才培养模式，改革教学管理机制，提高教育教学质量。通过对综合评价招生进入高校的学生进行追踪研究发现，学生的适应性与发展性较好，综合评价招生受到高校的欢迎。但是综合评价招生与自主招生一样，面临社会诚信体制不健全的挑战，尤其是中学生综合素质评价的可行性与科学性都存在疑问的情况下，只能适当扩大综合评价招生的试点，保障评价的科学有效。

最后，高校招生考试制度的科学性与公平性遇到新挑战。高考综合改革的科学性与公平性集中表现在考试科目选择、考试形式、招生录取方式等方面，选考科目的等级赋分制存在科学性与公平性质疑；一年两考干扰传统教学秩序，并带来两次考试成绩不等值的问题；取消文理分科后，考试命题的难度和区分度难以把握；综合评价招生实现多元选才的同时，存在标准不统一和对弱势群体不利的质疑。

高考改革是一项持续性、系统性、动态性的工程，高考试点方案的跟踪与评价研究也是一个长期的过程。当务之急，一是要改进考试技术，促进科学决策。调整考试安排，构建高中学校良好的教育生态；

改革等级赋分制的选考科目计分方式，促进程序公平；加强对相关问题的研究，促进科学决策。二是要系统设计高考改革方案，结合实际及时进行政策微调。加强教考联动性，促进中学与高校的衔接；保持政策的持续性，正视改革的动态发展性。三是要积极吸纳多元参与，建立政府主导、多元参与的新型教育治理体系。

Abstract

College entrance examination involves the interests of thousands of families, which has a huge impact on the reform of elementary and secondary education, the selection of higher education talents, social justice and other aspects, and urgently needs scientific and systematic research. However, from the domestic and foreign research related to the reform of college entrance examination, most of the existing research topics are mainly empirical research, and there is a lack of systematic evaluation of the reform of college entrance examination and large-scale empirical tracking and evaluation. Therefore, there is an urgent need for a systematic, scientific, longitudinal and large-scale empirical study on the new round of college entrance examination reform to provide evidences for the reform decision-making.

In the past 40 years since the resumption of the college entrance examination, the selection criteria for the reform of the college entrance examination in China have changed from the knowledge-based to the ability-based; the examination subjects have changed from scattered and divided subjects to integration; the examination methods have changed from single to multiple; the enrollment has changed from efficiency priority to more fairness; the enrollment plan has changed from quality first to comprehensive consideration. The reform of college entrance examination shows the basic value orientation focusing on science, autonomy, selectivity and equity, which has gone through a circuitous development process. The value choice of the new round of college entrance examination reform should follow the law of education, return to the basic function of college entrance examination, keep pace with the times, balance the multiple value orientation, strengthen scientific decision-making, and correctly guide the public opinion. From the perspective of the policy text of the comprehensive reform of college entrance examination, promoting equity, scientifcally selecting talents and guiding the healthy development of primary and secondary education are the value orientation of the new round of college entrance examination reform, and promoting equity is the primary value orientation.

From the perspectives of students, senior high schools, colleges and educational administrative departments, the comprehensive reform of college entrance examination has been implemented smoothly. In terms of satisfying students' interests and choices, promoting students' all-round development, the development of high school characteristics and scientific talent selection in colleges and universities, all parties have a high degree of satisfaction. However, there are also controversial issues in the comprehensive reform of college entrance examination, such as increasing students' learning burden and utilitarian tendency to choose subjects. The challenge of diversified student source structure to talent cultivation in colleges and universities remains to be tested.

First of all, the reform of college entrance examination brings challenges to the educational ecology of high school. The reform of the subject of college entrance examination increases students' selectivity and stimulates students' initiative in learning, but at the same time, there are also problems such as the decrease of the number of physical subjects, the tidal phenomenon of teachers' structural shortage, and the shortage of teaching resources such as classrooms. Choosing classes is conducive to teaching students according to their aptitude and giving full play to their advantages and specialties. However, there are some problems in the current pilot provinces, such as insufficient teaching resources, difficulties in class teaching management and reduction of the educational function of administrative classes. The comprehensive quality evaluation of middle school students emphasizes process evaluation and devotes itself to the all-round development of students, but there are also some problems, such as the disunity of standards, the doubt of reliability and validity, etc. Some pilot provinces carry out grade evaluation on the comprehensive quality evaluation, which affects the educational ecology; the scope and degree of the comprehensive quality evaluation have not yet been brought into play, and there is the doubt of formalism. High school students' career planning education lacks the support of teachers, curriculum, teaching materials and other resources, so it is difficult to meet the development needs of middle school students. The utilitarian tendency of high school students' career planning education makes the implementation effect of middle school students' career planning education limited.

Secondly, the reform of college entrance examination brings challenges to the enrollment and talent training of colleges and universities. On the one hand, the new college entrance examination affects how colleges and universities determine the subjects for examination. At present, colleges and universities have loose restrictions on the selection of subjects, and some even waive the restrictions on subjects in order to attract high-quality students. Students with diversified knowledge base enter colleges and universities, forcing colleges and universities to pay attention to making up for students' professional foundation. Therefore, it is necessary to strengthen the guidance of rational restrictions on the selection of subjects, optimize the basis of enrollment classification, and strengthen the cooperation with middle schools to guide students' selection of subjects. On the other hand, the new college entrance examination challenges the traditional talent training mode, forcing universities to optimize the layout of disciplines and majors, innovate the talent training mode, and reform the existing teaching management mode, so as to improve the quality of education and teaching. Through the comprehensive evaluation of the enrollment of students into colleges and universities for follow-up research, it is found that the adaptability and development of students are better, and the comprehensive evaluation of enrollment is welcomed by colleges and universities. However, the comprehensive evaluation enrollment, like the independent enrollment, faces the challenge of imperfect social credit system. When the feasibility and scientificity of the comprehensive evaluation of middle school students are in doubt, we can only appropriately expand the pilot provinces of comprehensive evaluation enrollment to ensure the scientific and effective evaluation.

Finally, there are doubts about the scientificity and fairness of college entrance examination system. The scientificity and equity of the comprehensive reform of college entrance examination are mainly reflected in the selection of subjects, the form of examination, the method of enrollment, etc. There are scientific and equal issues about the grading system of selected subjects. The two examinations in one year method disturbs the traditional teaching order and leads to the problem that the two examinations are not equivalent. After the cancellation of dividing subjects into the liberal arts and science, the difficulty and distinction of the examination proposition is difficult to grasp. While the comprehensive evaluation of enrollment realizes multiple talent selection, there are some questions about inconsistent standards and the disadvantage to the vulnerable groups.

The reform of college entrance examination is a continuous, systematic and dynamic project, and the research on the tracking and evaluation of the pilot scheme of college entrance examination is also a long-term process. The first task is to improve examination technology and promote scientific decision-making. It also need to adjust the examination arrangement and construct the good education ecology of high school; It should reform the scoring method of the grading system of the selected subjects, and promote the fairness of the procedure; we should strengthen the research on related issues, and promote the scientific decision-making. Second, we should systematically design the reform plan of college entrance examination and allow timely policy adjustment. The reform should strengthen the link between teaching and examination, promote the connection between middle schools and universities, maintain the continuity of policy and face up to its dynamic development. Third, We should actively absorb multiple participation and establish a new type of education governance system with government leading and multiple participation.

目 录

绪论 1
第一节 研究缘起 1
第二节 研究内容与方法 3
第三节 研究难点与创新 8

第一章 文献述评 11
第一节 国内研究的文献综述 11
第二节 国外研究的文献综述 45
第三节 国内外研究述评 55

第二章 高考改革的政策演变与路径选择 58
第一节 我国高考改革的政策演变 58
第二节 新一轮高考改革的路径选择 66

第三章 高考改革试点方案的认可度评估 72
第一节 高考改革试点方案的比较研究 72
第二节 高中教师对高考改革试点方案的认同研究 93

第四章 高考改革试点方案的实施效果评估 115
第一节 观点：实施成效与争议 115
第二节 数据：满意度与认可度 138

第五章 高考改革试点方案对高中教育的影响评估 162
第一节 科目改革的问题与对策 162

第二节　选课走班的问题与对策　170

　　第三节　综合素质评价的问题与对策　180

　　第四节　学生生涯规划问题与对策　186

　　第五节　高中学校如何抓住机遇，应对挑战　195

第六章 ▶ 高考改革试点方案对高等学校的影响评估　198

　　第一节　高校如何确定选考科目　198

　　第二节　新高考促进人才培养模式变革　204

　　第三节　高校综合评价招生实施状况　222

　　第四节　高等学校要主动应对高考改革新挑战　235

第七章 ▶ 高考改革试点方案的科学性与公平性评估　241

　　第一节　高考改革试点方案的科学性　241

　　第二节　高考改革试点方案的公平性　255

　　第三节　促进高考改革科学性与公平性的策略建议　265

第八章 ▶ 高考改革试点方案调整的策略选择　268

　　第一节　高考改革的挑战与机遇　268

　　第二节　高考改革政策调整的策略选择　272

参考文献　278

后记　291

Contents

Introduction   1

    1   Research Origin   1

    2   Contents and Methods   3

    3   Difficulties and Innovation   8

Chapter 1   Literature Review   11

    1.1   Literature Review of Domestic Studies   11

    1.2   Literature Review of Foreign Studies   45

    1.3   Conclusion   55

Chapter 2   Policy Evolution and Path Choice of the Reform   58

    2.1   Policy Evolution of the Reform   58

    2.2   Path Choice of the Reform   66

Chapter 3   Evaluation of the Pilot Scheme   72

    3.1   Comparative Study on the Pilot Scheme   72

    3.2   Approval of the Pilot Scheme   93

Chapter 4   Evaluation of the Implementation Effect of the Reform   115

    4.1   Viewpoint: Effect and Dispute   115

4.2 Data: Satisfaction and Recognition   138

Chapter 5 Evaluation of the Impact of The Reform on High School   162

5.1 Problems and Countermeasures of Subject Reform   162
5.2 Problems and Countermeasures of Class Selection   170
5.3 Problems and Countermeasures of Comprehensive Quality Evaluation   180
5.4 Problems and Countermeasures of Students' Career Planning   186
5.5 Opportunities and Challenges of High School   195

Chapter 6 Evaluation of the Impact of the Reform on Colleges and Universities   198

6.1 Choice of the Subjects for Examination   198
6.2 Transformation of Talent Training Mode   204
6.3 Implementation of Comprehensive Evaluation   222
6.4 Opportunities and Challenges of Colleges and Universities   235

Chapter 7 Scientific and Fair Evaluation of the Pilot Program   241

7.1 Scientificity of the Pilot Program   241
7.2 Fairness of the Pilot Scheme   255
7.3 Suggestions   265

Chapter 8 Strategic Choice of the Policy Adjustment   268

8.1 Challenges and Opportunities   268
8.2 Strategy Choice of the Policy Adjustment   272

Reference   278
Epilogue   291

绪 论

第一节 研究缘起

一、问题的提出

高考涉及千家万户利益，对基础教育改革、高等教育人才选拔与培养，教育公平与社会公正等方面有巨大影响，迫切需要进行科学系统的研究。1997～2013年，全国共有17 995万人参加过高考，2013年参加高考人数达912万人，录取率达到76%，高考改革牵涉千家万户的利益，与教育改革有千丝万缕的联系。上至高层国家领导人，下至基层老百姓都高度关注。一方面，在高考指挥棒的影响下，基础教育片面追求升学率问题突出，文理偏科、学生学习压力过大，负担过重，影响创新人才的培养。杜克国际教育发布的《2011中国SAT年度报告》显示，此次参与统计的学生平均分为1 213分，比美国2010年SAT平均分1 509分低296分。按照美国大学1 800分的录取标准（经验值），此次参与统计的学生中仅有6.83%符合要求；而按照美国优质大学2 000分以上的录取标准（经验值），参与统计者中只有2.09%的上线率[①]。中国学生在SAT数学、批判性阅读、作文三个领域中的表现，暴露出应试教育遗留的一个共性问题：长于记忆、认知和技巧运作而短于深度思考、个性探索和活力表达。中国教育亟须拯救被题海所淹没的思想力和表达力。另一方面，高考承载太多的社会功能，成为维护社会公

---

① 《2011中国SAT年度报告》，http://edu.sina.com.cn/yyks/2011-12-06/1722320132.shtml。

正的安全阀,高考改革为一项综合性的社会改革,涉及户籍、民族、区域教育资源配置等诸多问题,迫切需要通过研究破解发展难题。

开展本课题研究是深入贯彻落实十八届三中全会发布的《中共中央关于全面深化改革若干重大问题的决定》(以下简称《决定》)中提出的深化教育领域综合改革的需要。《决定》明确提出要推进考试招生制度改革,探索招生和考试相对分离、学生考试多次选择、学校依法自主招生、专业机构组织实施、政府宏观管理、社会参与监督的运行机制,从根本上解决一考定终身的弊端。本课题以高考改革试点方案为切入点,对考试主体、考试形式、考试内容、考试管理、录取机制等方面进行深入研究,保障考试改革的顺利开展。

开展本课题研究是落实考试改革"三个有利于"原则("有利于科学选拔人才、有利于促进学生健康成长、有利于维护教育公平"的原则),实现办人民满意教育的需要。高考改革牵一发而动全身,不仅牵涉千家万户的利益,更牵涉教育改革的各个方面。因此,必须进行系统、深入的研究。本课题力图建立长效研究机制,以高考改革试点方案为圆心,不仅从纵向上探索其对基础教育课程改革、教育教学方式改革、大学人才培养模式改革的影响,也从横向上通过舆情分析、政策分析等多角度,以质量和公平两个核心问题为切入点,对试点方案本身进行跟踪与评估。目的在于探索建立和完善符合"三个有利于"原则的、切实可行的高考改革方案。

开展本课题研究是落实教育部《中国特色新型高校智库建设推进计划》,打造新型智库,服务党和国家科学民主决策、破解发展难题的需要。健康、有序推进高考招生制度改革是国家的重大战略决策。高考改革涉及教育学、管理学等多门学科,牵涉考试机构、高等院校、高中学校等多个部门,需要组织跨学科、跨部门协同攻关团队。课题组以项目为抓手,汇聚全国教育、考试、评价等方面的专家,组建高考改革研究的"国家队",借助北京师范大学、中国教育学会、高教评估分会、教育部考试中心、首都高等教育研究院等机构和平台,构建高考改革信息资源库,为国家教育决策提供系统的、切实可行的政策建议。

二、研究意义

(一) 学术价值

高考改革试点方案跟踪与评估研究涉及考试理论、考试评价、教育公平、教育政策及评价等重大理论问题。本课题在基础理论研究方面强调原创性和前沿性。将通过国内外比较研究,多学科、多部门联合攻关研究,深化对考试科学、教育公平理论、政策评估理论的研究，在研究方法、研究范式等方面进行创新，把相关理论研究提升到一个新的层次，进而提升我国教育科学研究水平和国际对话能力。

（二）应用价值

本课题着眼于服务国家教育决策，强调研究的针对性和实效性。在夯实基础理论研究的基础上，注重基于证据的决策咨询研究，将调查问卷、数据分析等开展实证研究与政策评估。围绕考试政策、招生政策等重大问题进行系统研究，建立系统的、长效的跟踪与评估机制，为国家教育决策提供科学、可行的政策建议。

第二节 研究内容与方法

高考事关千家万户，牵一发而动全身，它是衔接基础教育与高等教育的重要桥梁和纽带，对基础教育与高等教育教学行为等发挥着重要的调节与指挥作用，并承负着维系教育公平和社会稳定的重要功能。高考改革利益相关者众多，备受公众关注，具有高度的复杂性。制定和实施高考改革试点方案，要兼顾改革的整体性、系统性和配套性，有利于科学选拔人才，有利于学生健康成长发展，有利于促进教育公平和社会公正。

一、研究内容

（一）研究框架

本课题在进行理论研究、比较研究、历史研究和实证研究的基础上，拟从考试和招生录取试点方案两个方面，对高考改革试点方案进行跟踪与评估。从横向上，对高考改革试点方案本身的合理性、考试的科学性、高考改革试点与社会舆论环境、入学机会公平等几大问题进行跟踪研究与评估；从纵向上，对高考改革试点与高校人才选拔、高考改革试点与基础教育改革之间的影响与关系进行跟踪研究与评估。具体包括以下六部分：

第一，我国高考改革的政策变迁与路径选择。回顾恢复高考40年来我国高考改革政策的变迁，尤其是在高校考试招生制度的选拔标准、考试科目、考试方式、招生录取方式、招生计划分配等方面的改革趋势，分析高考改革的现实困境与动力机制，为高考改革试点方案的跟踪与评估提供宏观政策背景（详见第二章）。

第二，高考改革试点方案的文本分析与认可度评价。对比浙江、上海、北京、山东、天津、海南六省市高考改革试点方案的共同性与差异性，尤其是与国家高考综合改革方案《实施意见》的符合度；以浙江、上海、北京、山东四省市高中教师群体为样本，对高考综合改革方案进行认可度评价，从而对高考改革试点方案文本本身进行科学性、公平性、认可度等评估研究（详见第三章）。

第三，高考改革试点方案的实施效果评估。运用焦点小组访谈的方法，从高中教师、高中学生、高校教师、高校学生4类利益相关者视角对浙江与上海两地高考改革试点方案的实施效果进行评价，呈现高考综合改革的成效、问题与争议；运用调查问卷的方法，从高中教师、高中学生、高中学生家长、高校教师、高校学生5类利益相关者的视角对浙江高考综合改革的制度文本、实施过程、实施效果、条件保障进行评价，深入分析高考综合改革的实施效果（详见第四章）。

第四，高考改革试点方案对高中教育影响评估。主要运用焦点小组访谈的方法，从高中教师、高中学生的视角呈现高考改革试点方案在科目改革、选课走班、综合素质评价、学生生涯规划四个方面带来的影响，带来的改革成效、存在的问题与争议，分别提出四个方面的策略建议、高中学校发展的策略建议等（详见第五章）。

第五，高考改革试点方案对高等学校的影响评估。主要运用焦点小组访谈和案例分析的方法，从高校招生部门负责人和高校学生的视角呈现高考改革试点方案对高校招生与人才培养各环节带来的影响、高校综合评价招生实施的成效、存在的问题、各高校的应对策略等，并提出高等学校如何应对高考改革挑战的对策建议（详见第六章）。

第六，高考改革试点方案的科学性与公平性评估。主要运用焦点小组访谈的方法，从利益相关者视角评价高考改革试点方案的科学性与公平性，包括考试科目、考试命题、等级赋分、招生录取、配套改革的科学性，招生计划分配方式、考试内容与形式、招生录取方式的公平性等，并提出改进高考改革科学性与公平性的策略建议（详见第七章）。

第七，高考改革试点方案调整的策略选择。结合高考改革试点方案跟踪与评估的结果，分析高考综合改革面临的挑战与机遇，包括转变教育思想和教育观念、明晰人才培养规格和选拔标准、探索综合评价和多元录取机制、深化人才培养模式改革、探索学校体制机制创新、提高教师队伍整体水平等。最后，提出高考改革政策调整的策略选择包括改进方法技术，加强科学决策；加强系统设计，促进多方联动；探索体制创新，重视政策调整；促进多元参与，实现协同治理（详见第八章）。

（二）研究目标

以理论研究为基础，通过对当前高考改革试点方案的研究、跟踪与评估，力争实现以下目标：

（1）从高考改革试点方案跟踪与评估的学术视角和实践角度出发，融合多样的研究方法和研究工具，力求实现理论与方法创新，提高课题研究在分析和解决问题上的针对性。

（2）研究高考改革试点方案对高考本身、基础教育、高等教育及高校学生发展的影响，探讨高考改革试点方案在发挥推进教育公平和效率方面的有效作用方式。

（3）通过对国家高考改革试点方案的实证研究和量化分析，探索并开发适合我国高教改革发展实际、可用于现状诊断的精简实用的质量标准和评估指标体系，针对高考改革不同的相关方开发相应的评估工具。

（4）从高考试点方案相关方的各自职责出发，根据教育评价理论和考试理论，合理界定高考相关各方的职责与功能范围，对高考改革试点方案设计与运行状态进行精确描述，并构建一整套高效运行的动态跟踪监测机制。

（5）形成高考改革试点方案跟踪与评估年度研究报告、研究总报告以及完善高考改革试点方案的意见建议，为完善高考改革试点方案和促进推广实施提供具有可操作性的政策咨询，为国家和教育主管部门决策提供智力支撑。

二、研究方法

研究内容决定研究方法。本课题坚持以报考改革试点实践中的重大问题为导向，根据实际需要采用和组合各种研究方法和手段，主要包括：

（一）文本分析

文本分析法，主要通过对改革试点方案及相关政策法规的文本进行规范分析，明晰政策的目标和设计思路，分析政策的连贯性、一致性和外部配套性。

1. 纵向比较

自 1977 年中共中央、国务院作出恢复高考的重大决定以来，教育部（国家教育委员会）几乎每年都会发布关于做好普通高等学校招生工作的政策文件，对高考招生工作进行部署。1981 年、1983~1986 年、2000~2019 年度全国普通高校招生录取工作的通知都随文颁布了当年的普通高等学校招生规定；《中国教育改革和发展纲要》《国家中长期教育改革和发展规划纲要（2010~2020 年）》《普通高等学校招生暂行条例》等文件亦明确指出了我国高考改革的方向,这些政策文件是我国高校招生工作的重要行动纲领。以这些政策文本为研究对象,从中既可以窥见政策的延续性,又凸显出每年高考改革的重要动向,分析改革开放40多年来我国高考改革的制度变迁过程、政策发展脉络和重要价值调整,提供历史经验借鉴。

2. 横向比较

2014年,《实施意见》颁布以来,浙江、上海、山东、北京、天津、海南等试点省份相继颁布本省域深化高校考试招生制度综合改革试点方案,笔者以这些改革方案为研究对象,比较高考改革试点方案的差异与共同之处,从中描绘我国高考改革的未来愿景以及高考综合改革试点方案的变化过程,体现高考改革试点的示范作用。

(二) 量化分析法

量化分析法,主要是对通过问卷调查等手段收集的统计数据进行相应的描述性分析和相关性分析,该方法有利于为改革试点方案的目标达成情况、对基础教育的导向和影响情况、对高等教育人才选拔和培养的影响,对高考改革试点评估提供较为全面和准确的评估和监测。

1. 政策文本认可度评价

2017年,课题组面向实施高考综合改革试点的浙江、上海、山东、北京四个省市的高中教师、高校招生部门管理者、教育行政部门管理者等发放了调查问卷《关于我国高考政策公平性评价的调查问卷》(教师卷),从高考制度的公平性、高考改革的参与度、高考改革的认可度三个维度对新高考方案进行评价。研究按照分层抽样的策略,以浙江、上海、北京、山东四个启动高考综合改革试点的省市为案例,向这些地区的高中校长和教师群体发放调查问卷,从利益相关者的角度对新高考的公平性进行评价与分析。学生和家长群体也是重要的利益相关者,但是鉴于新高考改革实施时间短,学生尚未参加高考,学生和家长对国家和地方层面的高考改革政策可能了解有限,因此,仅选取能够对高考改革相对较为了解的高中教师群体作为研究对象。共获取有效样本1 221个,根据这些数据分析高中教师对高考综合改革文本的认可度(见第三章第二节)。

2. 改革效果认可度评价

2018~2019年,课题组从浙江省新高考改革的制度文本、实施过程、实施效果、条件保障四个维度,开发面向高校教师、高校学生、高中学生、高中教师、高中学生家长等群体的《浙江省高考综合改革政策实施现状的调查问卷》。调查样本选取遵循三个原则:一是随机原则,尽可能通过有限样本得到客观、真实的结果,避免主观随意选取样本;二是多样原则,综合考虑各类学校、各地、各种群体等因素，确保多样性、代表性和覆盖面；三是方便原则，在不影响随机和多样性原则前提下，不给被试增加负担，充分利用网络平台填写问卷，提高效率。共计回收问卷 88 921 份，剔除无效问卷后，共获取有效样本 71 843 份，其中，高中教师样本问卷 2 357 份，高中家长样本问卷 12 336 份，高中学生样本问卷 13 025 份，高校教师样本问卷 8 490 份，高校学样本生问卷 35 635 份。根据调查问卷完成对浙江省高考综合改革实施效果的评估研究（见第四章第二节）。

（三）质性分析法

质性分析法，主要是通过访谈和观察等手段收集相关的质性数据，然后借助 MAXQDA 等辅助工具对资料进行多级编码，在此基础上进行类属分析。该方法有利于对改革试点方案实施过程中的真实情景以及实施结果的深层影响进行深入的理解性和建构性的分析解释。

1. 2015 年高考改革试点省份调研

2015 年 11～12 月，项目组对上海、浙江两地高考综合改革试点工作进行调研，主要内容是了解上海、浙江两地开展高考综合改革试点的进展情况，研讨需要解决的相关问题。调研的方式主要分为两种：一是召开座谈会，在上海、浙江两地均召开各级教育行政部门、教育考试院、高校和高中负责人座谈会，听取工作情况介绍，研讨有关问题；二是深入当地高校、中学实地调研，与学校负责同志、教师、学生和家长代表座谈。在各省份召开座谈会听取情况介绍的基础上，课题组在上海分四组分别前往复旦大学、上海应用技术学院、浦东中学和曹杨中学，在浙江分三组分别前往杭州师范大学、萧山二中、富阳中学进行实地调研。

2. 2016 年高考改革试点省份调研

2016 年 4 月，项目组对浙江省高考综合改革试点工作进行调研。项目组参加省级教育行政部门、区县级教育行政部门、大学分管招生工作领导和招办主任、中学校长、教师和学生家长五场座谈会，听取改革整体情况汇报，了解改革落地进展。深入浙江工业大学和桐城中学，实地了解高校招生信息公开和监督管理情况，以及高中学业水平考试和综合素质评价开展情况。

2016 年 5 月，项目组对上海市高考综合改革试点工作进行调研。项目组参加市级教育行政部门、区县级教育行政部门（分城区、农村）、大学分管招生工作领导和招办主任、中学校长和教师、学生和家长座谈会，听取改革整体情况的汇报，了解改革进展。深入上海交通大学、崇明中学、格致中学、金山中学，实地了解高校招生信息公开和监督管理情况以及高中学业水平考试和综合素质评价开展情况。

3. 2017 年高考改革试点省份调研

2017 年 8 月，项目组在浙江、上海两地新高考招生录取结束后，参加两地调研。课题组分别参考试组、高中组和高校组调研,针对高校分管校领导、招办人员和师生代表,高中(涵盖两地不同办学水平学校)校长和师生代表,考试机构工作人员等召开了12场座谈会;分别与浙江省教育厅、上海市教委负责同志就高考综合改革试点实施情况展开深入讨论,并就进一步改进和推广提出意见和建议。座谈对象中的高中校长和教师涵盖了浙江和上海两地的优质高中、薄弱高中;高校招生部门管理者涵盖了部属院校和地方院校;高中学生包括高三毕业生和高三新生;教育行政部门和考试机构的管理者涵盖了国家和地方两级考试机构,具有较强的代表性(见表0-1)。

表0-1　　　　浙江、上海访谈对象分布　　　　单位:人

利益相关群体	类别	浙江	上海	合计
高中(51人)	高中校长	18	18	36
	高中教师	5	10	15
学生(46人)	高三新生	4	4	8
	大一新生	18	20	38
高校(21人)	高校招生部门	12	9	21
行政(31人)	考试部门	8	2	10
	教育行政部门	1	3	4
	咨询专家	8	9	17
合计(149人)		74	75	149

第三节　研究难点与创新

一、研究重点与难点

(一)研究重点

(1)高考改革试点方案的文本分析与评价。本研究从纵向上比较我国高考改革政策变迁的历史脉络,分析我国高考改革试点方案的来处;横向上比较各地高考改革试点方案的差异以及与《实施意见》的符合度,分析我国高考改革试点方案的当下。从利益相关者的视角评价高考改革试点方案的认可度与满意度,了解

高考改革试点方案的未来面向。对高考改革试点方案的政策文本分析是高考改革试点方案跟踪与评估研究的重点之一。

（2）高考改革对高中教学与高校招生、人才培养的影响评估。高考改革是一项系统性改革，涉及教学与考试、高中与高校、招生与培养等不同的教育环节，需要高校、高中、学生、家长、社会多部门的协同。本研究运用调查问卷、焦点小组方案、案例研究、数据分析等不同的研究方法，从利益相关者视角呈现高考改革试点方案对高中教学、高校招生、高校人才培养的影响，这也是本研究的重点之二。

（3）高考改革试点方案的科学性与公平性。科学性与公平性是政策评估的两个主要的评价标准与维度，本研究以高考改革试点方案的科学性与公平性为研究重点，聚焦招生计划分配、考试内容与形式、招生录取方式等各方面的科学性与公平性问题，尤其是呈现不同利益相关者视角中的争议，并针对这些有争议的问题提出改进的策略建议。

（二）研究难点

（1）高考改革试点方案选取和跟踪评估的复杂性。高考改革涉及考试方案与招生方案改革，在我国招考不分离在一定程度上存在，把考试方案和招生方案区别开来进行分析，会有一定的难度。另外，我国幅员辽阔，地区差异很大，不同地区高考改革试点方案在改革内容和操作等方面不尽相同，如何选取具有典型性的高考改革试点方案是本课题的难点。

（2）学术研究的科学性与价值取向的多元性之间的矛盾。高考改革不仅仅是一个学术研究的课题，也是一个价值选择的过程，必须关注现实问题，分析不同利益群体的价值冲突，回应不同利益群体的关切。如何兼顾学术研究的科学性与价值选择的多元性，是本课题的难点。

二、研究创新

（一）研究问题创新

本研究追踪我国教育改革领域的热点与难点问题，从教育行政部门管理者、高校招生部门管理者、高中校长和教师、学生与家长等利益相关群体的视角挖掘高考改革中存在的问题，倾听多元利益诉求，从多元利益相关群体视域融合的视角提出政策改进的建议，体现出研究问题的前沿性。

（二）研究内容创新

本研究面对高考试点方案实施过程中对基础教育、高等教育领域带来的影响与挑战，针对高中选课走班、选考科目等级赋分、中学生综合素质评价、综合评价招生录取方式等新一轮高考改革中出现的问题逐一进行破解，无论是对高考改革试点省份的政策调整，还是对后续试点省份的方案制定都具有创新性与指导性。

（三）研究方法创新

本课题综合运用文本分析、问卷调查、焦点小组访谈、案例研究等方法，尤其注重先第四代评估理论的观点与方法，聚焦利益相关者的主张、焦虑与争议，并对这些争议进行过协商以及反馈；同时注重多种研究方法、不同资料来源、不同利益相关者视角的相互验证，增加研究的有效性，在研究方法上具有一定的创新性。

（四）研究观点创新

本研究聚焦高考改革研究领域的科学性与公平性等关键问题，同时围绕新一轮高考改革对高中教育、高等教育等领域产生的新的挑战，提出相应的改革建议，具有较高的学术价值和应用价值。同时，研究成果的社会影响开始初步显现，项目组接受地方考试院委托，承担高考综合改革实施效果的第三方评估任务，无论是大众还是社会舆论都寄予了较高的社会期待，课题研究的社会效应显现。

第一章

文献述评

第一节 国内研究的文献综述

在中国知网上进行检索,范围限定在哲学社会科学期刊,起止年限为1978~2018年,检索"题名"限定为"高考",共检索到期刊文献34 673条,各年份的文献数量分布如图1-1所示(检索日期为2018年12月19日)。1979年关注高考的文献共21篇,随后,学术界对高考的关注持续增加,2005年文献数量(1 303篇)首次突破1 000篇/年,并在随后的几年不断增加,2012年(2 402篇)首次突破2 000篇/年,2014年达到顶峰,有2 402篇。

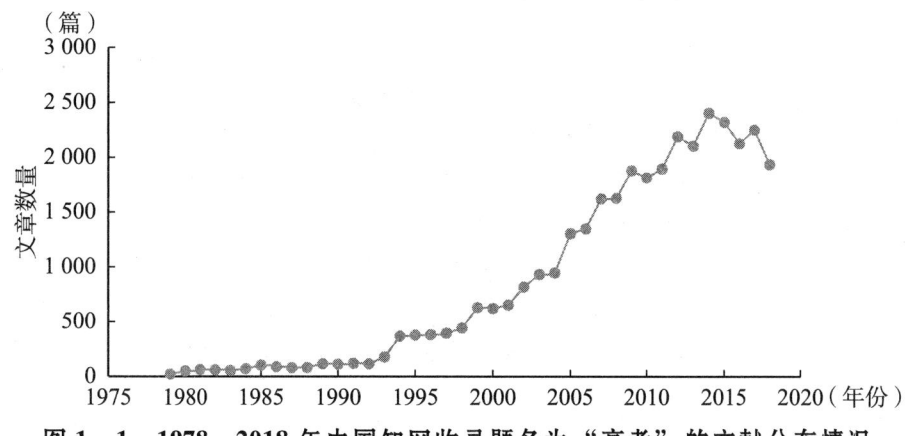

图1-1 1978~2018年中国知网收录题名为"高考"的文献分布情况

2014～2018 年，题名包含"高考"的期刊文献 11 032 篇，其中 2014 年 2 402 篇，2015 年 2 320 篇，2016 年 2 126 篇，2017 年 2 249 篇，2018 年 1 935 篇，基本上维持在每年 2 000 篇左右的水平。

鉴于中国知网数据库对导出文献数量的限制，对所得文献按照时间由近到远排序，选取前 6 000 条，使用 CiteSpace 软件对所选文献进行词频共现分析。通过对所选文献的关键词词频共现分析发现，2014～2018 年发布在中国知网上题名包含"高考"的期刊文献研究的焦点首先是语文、数学、英语、物理等科目高考真题以及模拟题的分析、高考备考的分析、对核心素养的关注等，接下来转移到考试招生制度的改革、高考综合改革等，再到立德树人、课程标准等。通过分析发现，这些期刊文献有相当大一部分是关于语文、数学、物理等各科目高考真题、模拟题的分析等，与本研究主题没有直接的关系，故需要对检索所得文献进行分析和筛选。对所得文献按照时间由近到远排序，选取前 6 000 条，经过筛选，得到与研究主题有关的文献 736 条，再次使用 CiteSpace 软件对所选文件进行词频共现分析。通过对所选文献的关键词进行词频共现分析发现，2014～2018 年发布在中国知网上题名包含"高考"的期刊文献研究的焦点在高考改革、综合素质评价、考试招生制度改革、高考招生制度、学业水平测试、高考与教育公平、高考综合改革、高考的选考科目、高中职业生涯教育、异地高考、选课走班、高考志愿填报等方面。

通过对所选文献的关键词词频共现分析发现，2014～2018 年发布在中国知网上题名包含"高考"的与本研究有关的期刊文献在 2014 年研究的焦点主要包括高考名校衡水中学、素质教育、高校招生、教育公平、高中学业水平测试改革、高考教育公平、考试招生制度、高考命题、能力考查等方面。2015 年的研究焦点主要包括应试教育、高考制度、高中生涯规划、教育体制变革、教育理念、高考试题、学科素养、文理不分科、新高考、高考改革方案、综合素质评价、高考与补偿性、评价路径等。2016 年的研究焦点主要包括问题意识、行政权力、基础教育、自主高考、高考的公平性、生涯教育、高考备考、选课走班、学科核心素养、高考与新课标、社会主义核心价值观、高考招生、招生录取、平行志愿、重点高校与高考等。2017 年的研究焦点主要包括学校文化、学业水平测试、课程选择、学生发展指导、文理分科、新高考对寒门学子高等教育入学机会获得的影响、高考社会公平、高中职业生涯规划、高考志愿、招生制度变革、新高考的评价体系、新高考背景下的教学变革、新高考背景下教学管理等。2018 年的研究焦点主要包括高考的选考科目、新高考对高校人才培养的影响、新高考背景下的高中职业生涯规划教育、高考优惠政策、少数民族高考、多元智能理论、考试招生制度变革、恢复高考 40 年等方面。

本研究主要从以下四个方面对新高考改革的相关文献进行综述：一是新高考改革的价值取向；二是新高考改革的影响与挑战，包括对高中、高校、职业教育的影响及其应对策略；三是对新高考改革试点省份的案例研究；四是深化高考改革的路径探索。

一、新高考改革的价值取向

"新高考"是我国新世纪的一场旨在维护、促进个体高等教育选择权利表达与行使的高考革新活动，处处体现着求真、向善、崇美、依规、尚实的改革行动目标追求与基本理念，体现了"新高考"的本真意蕴与价值取向。求真即科学求真，科学性是高考的核心要素；向善即人文向善，监督公平性是高考的关键因素；崇美即艺术崇美，灵动性是高考的基本要求；依规即公平依规，规定性是高考的根本属性；崇实即标准崇实，现实性是高考永存的灵魂。[①] 已有研究认为，这场新的高考改革体现了统筹兼顾国家立场、注重社会公平公正、重视统筹公平与效率的关系、以学生为本立德树人、扩大高校自主权等价值取向。

（一）统筹兼顾的国家立场

高考改革不仅关系到国家创新人才的培养，而且涉及宏大的社会利益再分配，关系到维护我国改革发展稳定的大局。张铭凯、靳玉乐研究发现，此次高考改革突出了统筹兼顾、协同推进的国家立场。具体而言，新高考改革突出了国家需要，不仅引导青年一代掌握更加扎实的专业知识，为实现中华民族复兴的伟大梦想提供了强有力的人才保证，而且成为社会和谐、稳定、健康发展的重要保证。在改革政策的制定过程中，新高考强调了政府的主导作用，由政府主导改革，采取"试点先行"的方略减少改革阻力。[②]

（二）注重社会公平公正

秦春华认为，国务院颁布的《关于深化考试招生制度的实施意见》不仅着眼于高考招生制度的内容与形式等技术性问题，而且以更加高远的视野和更加恢宏的气度，将促进公平公正作为改革的基本价值取向，通过考试招生制度改革，进

[①] 尹达：《"新高考"的价值取向、现实挑战与路径选择》，载《陕西师范大学学报》（哲学社会科学版）2017年第4期。

[②] 张铭凯、靳玉乐：《新高考改革的价值取向》，载《河北师范大学学报》（教育科学版）2016年第1期。

一步强化了教育在实现代际转换、促进社会阶层流动、改变个人和家庭命运方面所具有的不可替代的功能,鼓励重建社会的正义、公平与公平。①

此外,庞君芳指出,促进公平应当成为高考作为实现人的社会化与价值需求的重要价值取向。高考通过其遴选、甄别以及间接引导等作用的发挥,可以促进社会阶层合理向上流动,促进教育公平和社会公平,对维护社会和谐稳定具有十分重要的作用。②张铭凯、靳玉乐指出,新高考改革通过注重实质公平、实施分类考试和加强监管与问责等措施,回应了公平公正的社会诉求。在招生改革方面,此次高考改革实施支援中西部地区招生协作计划与国家农村贫困地区定向招生专项计划,更加注重高考的实质性公平;在考试方式方面,高考改革试行普通高校与高职院校分别考试与录取的方式,尊重了教育结构的特殊性;在加强监督与问责方面,高考改革政策明确要求大幅减少、严格控制考试加分项目,自2015年起取消体育、艺术等特长生加分项目,并且进一步规范自主招生程序,确保了教育问责的实效。③

值得关注的是,余澄、王后雄认为高考改革在更加注重社会公平公正的同时,也蕴藏了公平的风险因素。④通过对新一轮高考改革重点任务的解析,余澄、王后雄认为高考改革是一项牵涉多方利益且范畴复杂的系统工程,高考综合改革所涉及的招生政策、科目设置、考试方法、自主招生、综合评价、多元录取等多个方面都可能影响到改革的公平性,或促进公平,或阻碍公平实现,或沦为公平陷阱。

(三) 重视统筹效率与公平

王成伟探讨了高考改革的内在价值根源,认为高考制度反映了国家的经济因素,高考的本质是关于社会利益分配的一个重要平台。高考作为推动社会流动的重要途径,其实质关涉社会利益分配问题,高考制度改革必然要在保障人民群众根本利益的基础上,实现社会利益公平分配的根本目标。就公平方面而言,高考制度改革所倡导的公平公正,根本上是对社会利益公平、科学分配目标的探寻和追求。就效率方面而言,最大限度地发挥优质教育资源的作用,将最有天资、最具有深造前途的学生招收到最好的大学加以培养,即合理配置人才和教育资源,是中国培养英才和建设世界一流大学的重要保证,因而也最符合效率原则。基于

---

① 秦春华:《促进公平公正:高考改革的价值取向》,载《中国高等教育》2014年第20期。
② 庞君芳:《高考公平的内涵、价值与实践向度》,载《课程·教材·教法》2017年第4期。
③ 张铭凯、靳玉乐:《新高考改革的价值取向》,载《河北师范大学学报》(教育科学版)2016年第1期。
④ 余澄、王后雄:《高考改革的公平风险分析》,载《课程·教材·教法》2015年第9期。

此，高考改革应坚守公平原则为要、效率原则为本的根本价值取向，立足人民的切身利益，公平公正地实现不同地域、不同社会阶层利益的合理平衡。①

有学者认为深化高考改革的过程中，务必正确处理好高考科学选才的教育功能与促进公平的社会功能之间的关系。② 在此基础上，边新灿认为公平选才和科学选才是贯穿高考制度完善和改革演进的两条主线，其实质依旧是公平和效益的关系，既构成了高考改革的内在逻辑，同时也是高考改革价值取向的分歧点和统一点。③

在高考改革实践中，公平与效率的博弈由来已久，成为驱动和制约高考改革的重要因素。边新灿论述了统一的高考制度的公平与效率困境，认为统一的高考制度一方面有利于保证起点公平、程序公平，具有很高的操作效益以及扩展效益和制度效益；另一方面在高质量效益维度差强人意，而且长期的片面评价和高度同一化的评价压抑了学生实践能力、创造精神的发展，从而在溢出效益上产生了严重弊端。④ 章建石从高考成绩的标准制度的变迁入手，分析了考试成绩评定过程中公平与效率的两难问题。章建石认为标准分制度本身具有维护公平与效率的功能，但是社会对高考改革在科学与公平维度上的特殊要求，以及政府在应对改革时对民意的依赖等，使得这一制度难以为继。⑤ 边新灿、蒋丽君、雷炜认为高考改革实践中价值的两难决策表现为科学性、公平性和可行性的各要素之间的有效平衡。如何处理好科学性和公平性、科学性和可行性的关系成为制约新高考改革的两对最基本范畴，只有妥善协调这两对矛盾关系，高考改革才有可能实现两翼齐飞。⑥

（四）以学生为本，立德树人

边新灿等将新高考改革的价值取向概括为"一体四面"。"一体"是指以学生为本体，以促进学生健康发展为根本目标。"四面"包含融通、综合、过程、选择四个方面："融通"即取消文理分科，实现知识融通，跨越非黑即白的两极

---

① 王成伟：《高考改革之内在价值根源》，载《中学政治教学参考》2017年第18期。
② 瞿振元：《坚持科学选才与促进公平的有机统一——对深化高考改革的几点认识》，载《中国高教研究》2014年第10期。
③ 边新灿：《公平选才和科学选才——高考改革两难价值取向的矛盾和统一》，载《中国高教研究》2015年第9期。
④ 边新灿：《精细把握高考改革的公平与效益逻辑》，载《中国教育学刊》2018年第11期。
⑤ 章建石：《一项公平与效率兼备的高考改革为什么难以为继？——标准分制度的变迁及其折射的治理困境》，载《北京师范大学学报》（社会科学版）2016年第1期。
⑥ 边新灿、蒋丽君、雷炜：《论新高考改革的价值取向与两难抉择》，载《中国高教研究》2017年第4期。

思维习惯;"综合"即实行综合评价,拓宽评价的宽度,改变"唯分数论"线性评价模式;"过程"即探索过程评价和发展性评价,延伸评价的长度,破解"一考定终身"难题;"选择"即扩大选择,培养学生的生涯规划意识和能力,扭转"共性淹没个性"局面。① 张铭凯等认为,此次高考改革在考试科目内容的选择、评价标准的转变、录取设计的完善等方面体现了以学生为本的价值旨归,凸显了学生在考试录取中的主体选择性,着眼于学生的个人关切和未来发展。②

此外,姜钢指出立德树人是教育的根本任务,在高考改革中发挥统领和主导作用,决定了高考的前行方向和运行轨迹,高考的其他功能必须建立在坚持立德树人根本任务的前提下。进一步而言,高考的性质地位决定了高考改革必须落实立德树人根本任务,高考的甄选功能决定了高考改革必须突出立德树人的基本要求,高考的导向作用要求高考改革必须坚实立德树人的基本原则。③

(五)扩大高校招生自主权

刘希伟研究发现在新高考制度下,高校可以选择不同的考试招生模式,自主确定是按专业还是按专业类招生,可以自主设置某一专业考生的选考科目要求,在录取考生时可以对学考科目的等级做出规定。尽管高校自身可能在专业报考要求的选考科目设置方面还没有做好充分准备,但是高校在招生工作中的自主权确实有所增加。④ 董秀华等也指出,新高考改革赋予了高校在选考科目设置、录取环节的设定等方面更多的自主权。⑤

二、新高考改革的影响与挑战

(一)对高中学校的影响及其应对策略

新高考改革不仅改变了高中生的大学入学考试形式,也为高中的教学、管理

---

① 边新灿、蒋丽君、雷炜:《论新高考改革的价值取向与两难抉择》,载《中国高教研究》2017年第4期。
② 张铭凯、靳玉乐:《新高考改革的价值取向》,载《河北师范大学学报》(教育科学版)2016年第1期。
③ 姜钢:《论高考"立德树人、服务选才、引导教学"的核心功能》,载《中国高等教育》2018年第11期。
④ 刘希伟:《新试点高考招生制度:价值、问题及政策建议》,载《教育发展研究》2016年第10期。
⑤ 董秀华、王薇、王洁:《新高考改革的理想目标与现实挑战》,载《复旦教育论坛》2017年第3期。

工作带来巨大挑战。当前的已有研究主要关注了新高考改革对高中生涯教育、综合素质评价、学科发展、教学组织形式的影响，并在此基础上提出了高中学校应对新高考改革的实践策略。

1. 新高考改革对高中生涯教育的影响及其应对策略

（1）新高考改革倒逼高中加强学生生涯教育。

陈宛玉等认为加强学生生涯教育是新高考改革下学校的必然选择。在传统高考背景下，高中生考试科目的选择相对简单，志愿填报主要遵循"院校优先"的原则。新高考不仅改变了过去简单的"文理分科"模式，录取方式也以"专业优先"为导向，使高中生不得不提前思考未来的职业生涯规划。高中阶段要注重培养学生的生涯规划意识，帮助学生加深自我认知，并协助学生探索大学、专业和职业，指导学生做好生涯决策，促使学生做好生涯管理。① 王爱芬也指出，新高考改革中选考科目的"专业导向"倒逼高中加强对学生生涯规划的指导。鉴于不同高校对同一专业科目的要求不尽相同，高中有必要为学生提供更为专业的生涯规划教育。②

（2）新高考改革背景下，高中加强生涯规划教育的可选择路径。

更新生涯教育观念，加强顶层设计。姜子豪认为，必须改变社会对生涯规划教育的功利性观念。应试教育大环境下生涯规划教育不会有长远的发展空间，即便是个别学校引入了生涯规划教育，也只会是形式主义、昙花一现。③ 此外，王爱芬等主张重构学校的教学理念，呼吁高中学校进一步转变教育理念和办学行为，摒弃"考什么就教什么"的功利化的课程实施理念，一切从学生的发展出发，重新构建以学生需求和发展为导向的新的课程制度。④ 樊丽芳认为高校应树立全面持续发展的人才培养理念，从学生成才成长的角度出发超越问题解决的思路，鼓励多元促进学生发展，大胆走出自己的特色之路，制定切实可行的学校生涯教育整体规划。⑤

构建专业的生涯规划课程体系。在教育教学活动中，学校可尝试开设专门的生涯规划教育课程，构建以必修课为主，以特色选修课程为辅的生涯辅导课程体系。必修课以高中生生涯辅导的目标和任务为导向，围绕学生面临的共性问题和发展需要；选修课可根据不同年级学生的差异性需求，开展针对性教育。此外，在开设专门的生涯规划课程的同时，也要注重生涯教育在各学科教学中的渗透，

---

① 陈宛玉、叶一舵、杨军：《新高考背景下高中生涯辅导的必要性、内容及实施途径》，载《教育评论》2017年第11期。

②④ 王爱芬、雷晓：《新高考改革背景下高中生涯规划教育及其实现路径》，载《教育理论与实践》2018年第1期。

③ 姜子豪：《新高考背景下普通高中的生涯规划教育》，载《教学与管理》2018年第9期。

⑤ 樊丽芳、乔志宏：《新高考改革倒逼高中强化生涯教育》，载《中国教育学刊》2017年第3期。

学科教学中可多向学生介绍与该科目相关的专业、职业的历史和未来，引发学生的好奇和关注。①

探索灵活多样的生涯规划教育形式。王爱芬建议除了常规的必修课、选修课形式以外，还可以有效利用专题讲座、班会辅导、体验活动、职业测评、生涯社团等多种形式帮助学生认识自我、理性分析自我，从而发现自身的兴趣和发展潜力。生涯规划教育课程的开设也可以从课堂教学、微课、慕课等多个方面着手，充分利用多媒体工具，辅助以相应的 MBTI、霍兰德、DISC 等职业测评工具，为学生做出正确的职业决策发挥引领作用。此外，还可以适当增加探究课、实践课、体验课的比重，让学生通过这些课程体验不同学科、不同专业领域方向的区别，找到自己的兴趣点。②

以学科教学为依托，将生涯规划教育渗透进学科教学中。余云以地理学科为例，探索了如何在中学地理教学中进行职业生涯教育。③ 余云认为在中学地理教学中进行职业生涯教育可以帮助中学生获得地理学科方面基本的生涯认知，了解地理学科的性质、内容、价值和前景，了解与地理相关的职业和工作内容，了解地理工作者和典型人物，生成地理学科方面的职业生涯意识，进而科学地进行职业生涯教育。在今后的教育教学改革中，学科教材中应安排职业生涯教育板块，学科老师在教学中也应注意渗透职业生涯意识，注重向学生阐释本学科的职业优势。

加强生涯教育师资队伍建设。在学校教育教学中，教师作为主导性力量发挥着不可替代的作用。在新高考改革的大背景下，加强高中生涯规划教师队伍建设是当务之急。陈宛玉等构想了生涯规划教师队伍的人员结构，认为合理的师资队伍应当包括：2 名生涯辅导专职人员以及学校的教务处教师、德育处教师、共青团教师、班主任和学科教师。在此基础上，学校还应结合不同辅导对象加强生涯师资的培养力度，给教师提供相关的培训和交流，逐步提升相应教师开展生涯辅导的能力。④

发挥学生的主体作用。有学者指出，学生是生涯规划的最终实施者和受益者，因此生涯规划教育的最终落脚点应是学生，注重学生的内在唤醒，帮助学生逐步形成自主选择能力。在教育教学中应注重引导学生通过认知和实践能力的提高增强决策意识和选择能力；通过意义感和价值感引发自主动

---

①④ 陈宛玉、叶一舵、杨军：《新高考背景下高中生涯辅导的必要性、内容及实施途径》，载《教育评论》2017 年第 11 期。

② 王爱芬、雷晓：《新高考改革背景下高中生涯规划教育及其实现路径》，载《教育理论与实践》2018 年第 1 期。

③ 余云、叶滢：《新高考改革背景下职业生涯教育探讨》，载《中学地理教学参考》2016 年第 5 期。

机，促进学生自主选择；通过树立积极的信念面对选择的不确定性，增强选择的自主性。①

积极获取外部支持，社会、学校、家长多方协作。生涯发展是一个复杂的系统，家庭、社区和社会发展都会对高中生的生涯发展产生重要影响。社会要积极主动为学生生涯规划教育提供丰富的资源，企业、政府部门、高校、公益组织等机构应当大力支持学校的生涯辅导教学，与学校合作开展实践活动。学校应当搭建生涯教育平台，让职业生涯教育纳入高中教育的常规课程体系，创新利用各种条件开展形式多样的职业生涯教育，切实重视学生的社会实践活动。家长要为孩子创造积极的成长环境，重视孩子的兴趣特长，配合学校生涯规划教育的开展。②

2. 新高考改革对高中学生综合素质评价的影响及其应对策略

（1）关于综合素质评价的内涵探讨。

朱哲认为综合素质评价将是高考改革的中心问题，把综合素质评价纳入高考有助于促使高中育人目标由"选拔"回归到"育人"。③ 王洪席认为综合素质评价的本质定位是鉴赏性评定，而非等级评价；综合素质档案的活动记录是择优而记，而非面面俱到；综合素质评价的主体构成是专家评价而非群众评价；综合素质评价的价值诉求是选拔与育人并举，而非单一旨趣。④

秦春华也表达了与之相似的看法：首先，综合素质评价中的素质不是指会弹钢琴这样的阳春白雪的技能，而是要统筹考虑农村学生成长的环境，设计出既能符合他们的实际情况，又能考察他们未来发展潜力的评价指标体系，寻找他们的潜在优势，为农村和家庭经济困难的学生提供上好大学的更大可能。其次，综合素质评价不是不考虑学业成绩，只不过不再是以一次性的高考成绩作为依据而已。最后，综合素质评价不是科技创新、社区服务、特长技能等非学业成绩项目的简单叠加，特别是对社会公布的大学招生指标中不宜明确罗列指向过于清晰的具体名录。⑤

陈培霞指出，高中学生综合素质评价是我国课改及高考改革的方向，具有一定的教育功能，有助于促进学生健康可持续成长。在实践中，综合素质评价的实施也将促进教师提高教学能力与水平以及学生的全面发展。⑥

---

① 樊丽芳、乔志宏：《新高考改革倒逼高中强化生涯教育》，载《中国教育学刊》2017年第3期。
② 李美华：《新高考模式下培养高中生职业生涯规划意识的思考》，载《教学与管理》2015年第34期。
③ 朱哲：《综合素质评价将是高考改革的中心问题》，载《人民教育》2015年第12期。
④ 王洪席：《高中学生综合素质评价：误读与澄清》，载《中国教育学刊》2016年第3期。
⑤ 秦春华、林莉：《高考改革与综合素质评价》，载《中国大学教学》2015年第7期。
⑥ 陈培霞：《完善高中学生综合素质评价体系的思考》，载《教育探索》2015年第6期。

（2）综合素质评价实践中的问题与困境。

栾泽认为高中学生综合素质评价中的实施困境存在于评价主体、评价指标、评价内容、评价过程、评价结果的运用五个方面。[①] 具体而言，一是评价主体多元化的困境：综合素质评价在具体实施过程中常常遇到不同评价主体的能力差异问题和如何确定各种评价所占权重问题，这会导致评价结果失真并引发矛盾问题，从而影响到评价结果的公正性。二是评价指标分解与合成的困境：在综合素质评价的具体实践中需要将一级指标分解成多个二级指标，分解的过程既需要确保指标与总体设计的联系性，又需要保证指标的相对独立性，但实际上当前的实践中难以做到。三是评价内容设定难以保证信度和效度：评价的内容和等级界定不清；评价内容的设置混乱，较多重复；评价内容的设置忽略了城乡差阶层差异。由于综合素质评价与高考挂钩，这一原本应作为过程性评价的工作变成了结果性评价。四是评价过程缺乏社会监督和保障：目前我国还没有形成一套完整的社会监督机制来全方位把握综合素质评价的整个过程，综合素质评价作为一种主观性评价，极易受到人情因素的影响干扰，从而导致招考制度诚信缺失与道德滑坡的困境，最终影响评价的公正性。五是评价结果的运用受困：学生综合素质评价在高校招生中实际上成了摆设，即便提供给了高校，高校也没有时间与机会进行参考。

刘志林、张惠指出当前高中生综合素质评价实践中的两大问题存在于评价的实施过程和评价制度设计两方面。[②] 一方面是综合素质评价实施过程混乱及欠缺科学性。综合素质评价的可操作性差，客观性、真实性难以保证。综合素质评价的公信力差，特长生加分政策、自主招生和保送生制度在实施过程中缺乏统一标准，主观随意性太强，让部分人有了利用权力和金钱操作的空间。综合素质评价的实施缺乏常态化。综合素质评价一直没有根植于学校正常的教育教学活动，而是被当作一件独立的工作进行，大多数学校也没有足够的师资力量和水平保证科学、客观、全面地顾及所有学生的综合素质发展和评价。另一方面，综合素质评价制度缺失，缺乏系统性。综合素质评价缺乏顶层设计和有效的制度衔接，与基础教育课程改革衔接不够，与高考制度的衔接不够，与大学人才选拔、培养制度的有效衔接不够。缺乏有效的监督机制，无法保证综合素质评价的诚信度，评价监督的主体不明确，监督内容和过程乏力。

[①] 栾泽：《高考改革综合素质评价冷思考》，载《当代教育科学》2017年第4期。
[②] 刘志林、张惠：《高考新政背景下高中综合素质评价的诉求和反思》，载《教育探索》2018年第3期。

赵利萍等探讨了将综合素质评价纳入高考招生范围所引发的问题。① 首先，综合素质评价自身不完善，将综合素质评价结果作为高校招生标准之一的区分度并不高，将会引起更大的教育不公平。其次是传统文化的心理模式带来的不适应问题。我国的教育趋向于"官本位"，讲求忠孝立国，长期以来学生只把考试成绩的高低当作唯一的学习动力，忽视学生的生命价值，严重阻碍了综合素质的培养和发展。最后是校园文化软环境缺失的问题。全国各个地区、各个学校的学生在综合素质方面应该有很大差异，其发展也是不能画等号的，但当前千校一面、千人一面的培养模式有悖于学校和学生的个性发展。

（3）在新高考背景下，改进高中学生综合素质评价的对策建议。

加强顶层设计并完善综合素质评价制度体系。刘志林等指出，首先应理顺综合素质评价与基础教育各体系之间的关系，以核心素养理念提升综合素质评价的导向性，以课程教学改革支撑综合素质评价的多元性，以招生制度改革凸显综合素质评价的重要性。其次，应推进综合素质评价体制机制建设。完善综合素质评价组织管理制度，培养专业评价队伍，构建综合素质评价的诚信机制，建立综合素质评价的监督机制。② 马嘉宾、张珊珊认为在具体的操作实践中，一是要保证综合素质评价的科学性。在实践中要体现综合素质评价的全面性（建立学生综合素质档案）、全程性（做好学生成长记录）、差异性（展示个性特点和兴趣特长）。二是要保证综合素质评价的客观性。在实践中注重行为考查，做好学生行为的收集和评价工作，注重质性评价，在高中三年中分段实施评价。三是保证综合素质评价的公正性，加强对高中学校实施综合素质评价的监督，加强对高等学校使用综合素质评价的监督。四是要保证综合素质评价的实效性，使综合素质评价与日常教育教学相结合，促进学生的全面发展和健康成长；综合素质评价结果与高校招生录取相挂钩，促进高校人才选拔的科学化。③

发挥大学在综合素质评价工作中的主体作用。秦春华强调了大学在高中学生综合素质评价中的主体作用，并认为若想有效发挥综合素质评价的作用，大学首先必须明确自身人才选拔的目标和定位：本校需要招收什么样的学生？在此基础上，大学务必建立起一套完善的招生综合评价系统④。这套评价系统应当是一整套可以量化以及不可量化的全面指标体系，可以通过特殊算法就申请学生提供的

---

① 赵利萍、周先进：《综合素质评价纳入高考招生的困境及其超越》，载《教育理论与实践》2015年第2期。
② 刘志林、张惠：《高考新政背景下高中综合素质评价的诉求和反思》，载《教育探索》2018年第3期。
③ 马嘉宾、张珊珊：《推行综合素质评价的操作策略研究》，载《中国教育学刊》2017年第2期。
④ 秦春华、林莉：《高考改革与综合素质评价》，载《中国大学教学》2015年第7期。

信息和材料进行综合判断。同时，评价过程中也要辅之以必要的人工阅读以防止优秀学生被系统筛除。其次，该系统还应当具有较强的自我监督功能，以确保招生过程的公平公正。最后，围绕综合素质评价系统，大学必须培训相应的专业化招生人员，以保障综合素质评价工作的有效开展。

科学运用多元化的综合素质评价方法。建立全方位的、开放度和更具弹性的综合素质评价标准。运用多种手段对学生的行为和学习过程进行评价。进一步优化各级各类大规模考试的形式和内容，加强各级考试内容与学生日常生活的联系，优化和拓展试题类型。加强对评价技术和工具的开发和研究，如有效利用档案袋评价、开发测试学生认知思维等通用能力的工具等。[①]

建立综合化的监督机制。王润、周先进指出当前高中学生综合素质评价工作存在监督主体不明确、监督内容模糊、信息公开机制缺位、诚信文化建设失位等问题[②]。鉴于此，建设综合化的监督机制是当务之急。具体而言，要明确监督主体，开展政府部门主导下的联合监督：政府部门要回归直接管理的职权本位，发挥自身在综合素质评价监督过程中的统筹作用；教育管理部门要联合学校，把监督政策落到实处。落实监督内容，明确监督对象，包括：对综合素质评价各级指标体系设置的监督；对综合素质评价标准设定和执行的监督；对综合素质评价表制定与填写的监督。革新监督方式，建立信息公开机制：在制度上可参照我国《政府信息公开条例》，将综合素质评价的内容信息划分为应主动公开的信息、依申请公开的信息；建立全省统一的电子信息平台。加强诚信文化建设，增进社会理解：加大对社会群体，尤其是教育管理部门、教师和家长的法制教育和诚信教育力度；着重提升教育诚信；加大对综合素质评价价值的宣传力度。完善自身，制定并健全监督章程，避免综合素质评价联动高考走向滞后、僵化品行的技术手段。

提高弄虚作假的违法违规成本，培育诚信文化氛围。李鑫认为，与加强对综合素质评价的监督相比，一些国家更加注重培育良好诚信文化的做法值得我国借鉴。例如美国在大学入学申请中没有设置专门的机构来审查综合素质评价，而主要靠人们的法制意识、诚信文化来开展，但一经查出有弄虚作假行为，即会执行非常严厉的惩罚。[③]

赵利萍等认为还应当加强综合素质评价研究，首先，从技术层面探索综合素

---

① 刘志林、张惠：《高考新政背景下高中综合素质评价的诉求和反思》，载《教育探索》2018年第3期。

② 王润、周先进：《高中生综合素质评价监督机制的构建——基于新一轮高考改革的思考》，载《教育理论与实践》2015年第26期。

③ 李鑫：《实行综合素质评价有利于推进教育公平吗？——针对当前高考改革政策的研究分析》，载《教育理论与实践》2017年第17期。

质评价与高考招生"硬挂钩"的可比性和区分度,完善自身评价体系[①]。其次,超越传统心理模式,改变片面追求升学率的不良现象,实现价值多元化。另外,加强校园文化建设,结合自身优势资源打造丰富多样的校园活动,为综合素质评价提供软环境。

此外,还有一些学者从综合素质评价的某一特定角度切入,探讨了当前高中学生综合素质评价中的困境及其应对策略。例如,朱沛沛从高考改革取消鼓励性加分项目并将其转移至学生综合素质档案或考生档案的角度,分析了当前高中学生综合素质评价中存在的不公平问题及解决对策[②]。朱沛沛认为将鼓励性加分转移至综合素质评价的做法,实现了对不同类型考试特长的区分,但是鼓励性加分项目所发挥的作用被降低了,甚至对高中教育的影响"甚微"。若要高考鼓励性加分项目的"重生",应将高中学生综合素质评价由学生的升学参考转变为升学依据,并且通过健全法律法规与完善监督机制的方式避免其引发新的公平问题。

漆家庆、唐智松关注了高考综合素质评价下乡村教育的困境及应对策略[③]。研究发现,在乡村学校开展综合素质评价的困境表现为现实环境缺乏与教育理念落后两方面。在综合素质发展的现实环境方面,乡村学校在基础设施方面发展滞后,城乡学校在校舍、教学设备、活动场所等方面存在较大差距;乡村学校教师结构性短缺现象严重,尤其艺术类和社会实践类教师十分缺乏,乡村学生的校外教育资源也十分短缺,校外时间可选择的社会艺术教育机构寥寥无几。在综合素质发展的教育理念方面,乡村学校应试教育理念的盛行导致乡村教育很难接受综合素质发展的理念,而学生综合素质均衡发展又要求学校以素质教育理念为导向,这种新旧挂念的矛盾制约乡村教育的发展进步。为了改善当前困境,一方面,教育部门必须发挥导向作用,抓住教育改革的机遇,制定适宜的政策,帮助乡村教育走出困境,提高农村学生的综合素质水平。另一方面,乡村学校也必须在综合素质评价纳入高考体系的大势冲击之下,积极转变教育理念,创造综合素质发展环境,积极追赶城市教育水平。

3. 新高考改革对高中学科教学的影响及其应对策略

新一轮的高考改革为高中的学科教学带来了不小的挑战,面对学生自主选考科目的改革措施,不同学科的发展均受到了不同的影响。已有研究主要关注了新

---

① 赵利萍、周先进:《综合素质评价纳入高考招生的困境及其超越》,载《教育理论与实践》2015年第2期。
② 朱沛沛:《高考鼓励性加分项目转入综合素质评价析论》,载《上海教育科研》2015年第12期。
③ 漆家庆、唐智松:《高考综合素质评价下乡村教育的困境及对策》,载《教学与管理》2016年第3期。

高考改革背景下高中物理学科、英语学科、地理学科的生存状况并探讨了以上学科在新高考改革过程中的发展策略。

（1）新高考改革背景下，物理学科"遇冷"现象分析及其破解。

新高考改革实施以来，浙江省高中生选学、选考物理科目的人数明显下降，这一现象引起了学者们的热议。已有研究主要关注了高中生选考物理学科的现状、选考人数减少的原因，以及破解"物理"学科遇冷的对策建议。

新高考改革背景下，高中生选考物理的人数呈断崖式下降趋势。有学者研究发现，浙江省7门选考科目中，物理选考人数的占比已非常低。浙江省2014级学生中选考物理的学生为8.9万人，占比36.0%，其他6科目选考人数占比为：政治42.1%、历史43.8%、地理48.1%、化学50.3%、生物50.4%、技术29.3%。2015级学生中选考物理的为7.6万人，占比30.0%。其他6科目选考人数占比最高为生物50.1%，最低为技术32.4%。[①]

物理学科的"遇冷"现象让很多改革者始料未及，针对这一现象，学界展开了积极的探讨，已有研究对物理"遇冷"原因的剖析可以概括为以下几个方面：

在多元科目选择制度下，物理学科的"萎缩"有一定合理性。浙江省实行文理分科时，文理科生的报考比例基本稳定在1∶2左右，即约有2/3的学生参加物理考试，新高考施行"3+3"选科模式之后，考生从原来只有文理两种选择变为现在的35种科目组合选择，理科类科目报考人数一定程度的"萎缩"，文科类科目报考人数一定程度的"膨胀"都在情理之中。[②]

赋分制的不合理性导致选考物理的优秀学生得分可能不高。在赋分制度模式下，学生各科目的总成绩可以放在一起比较，因此很多学生更愿意选择较为简单易学的科目，而不愿意选择需要有更多时间和精力投入的物理学科。爱物理、偏理性、数理逻辑好的学生比较焦虑，他们担心自己即使物理学得非常好，也有可能在等级赋分时得不到高分。这种焦虑、动摇的情绪在不断地向成绩段顶端的学生群体传导，造成大量爱物理的学生不敢选考物理。[③]

高考选考科目要求不尽合理，考生可轻易避开物理学科。冯成火指出，当前不少高校为追求更多生源的"量"和更高投档"分"，对专业选考科目范围要求设置过宽，甚至放弃对物理科目应有的门槛要求。[④] 此外，一些高校规定考生选

[①②] 冯成火：《新高考物理"遇冷"现象探究——基于浙江省高考改革试点的实践与思考》，载《中国高教研究》2018年第10期。

[③] 陈爱文、胡银泉：《尴尬的物理：浙江新高考下的学科失衡与制度改进》，载《中小学管理》2017年第9期。

[④] 冯成火：《新高考物理"遇冷"现象探究——基于浙江省高考改革试点的实践与思考》，载《中国高教研究》2018年第10期。

考指定科目的其中一门即可，没有把物理学科作为必须选择的硬性条件，考生可轻易通过选考其他科目而避开物理。①

针对物理学科"遇冷"现象，学者们普遍认为这是新高考改革制度设计不完善所带来的结果，因此破解这一现象的重点也主要存在于增加课程设置、改革考试方式、完善计分方式等外部策略，具体而言，主要有以下三个方面：

加强对高校设置专业选考科目范围的规范引导。冯成火建议招生高校依托国家颁布的《本科高校专业选考科目要求范围指引》，合理设置各专业的选考科目要求，加强对物理科目的重视。② 也有学者建议增加物理在高考录取中的权重，适当提高物理的分值，甚至建议报考理工科的学生必须考物理。③

调整优化当前的科目计分方式，设定不同科目的赋分权重。朱邦芬建议在现有高考选考框架不变的基础上，对相对赋分的记分方式适当优化。可以将考生群体的优秀程度（如语数外三门科目的平均成绩）作为一个权重因素，调整相对赋分成绩，从根本上缓解选考带来的博弈效应。④陈爱文建议设置"熔断机制"，斩断恐惧心理造成的连锁反应。所谓"熔断机制"，即当某一门学科在选考人数达不到一定要求时，如果考生按照赋分制的得分低于实际的卷面得分，则取学生的卷面得分作为其实际高考得分。⑤

加强高中物理教育，增加高中物理课的必修学时，改进物理必修课程授课内容。朱邦芬等提出，应提高高中物理课程合格的基本要求，特别是对新课程标准作大幅度修改，必修内容适当降低解题和定量计算的要求，但加强定性和半定量的物理概念的传授，确保合格的高中毕业生接受比较完整和系统的物理教育。⑥

（2）英语学科一年两考的做法利弊共存，有待进一步完善。

英语考试实行一科多考的举措利弊共存。一科多考打破了"一考定终身"的弊端，有利于教育部计划推行的普通高校基于统一高考和高中学业水平考试成绩的综合评价多元录取机制。但乔辉等的研究也指出，学生会为了追求更高的分数而不断参加考试，直到达到满意的分数为止，由此一来，一科多考的改革反而加重了学生的学业负担和家长的经济负担。⑦ 此外，文秋芳等认为一科多考也面临

---

① 罗晓东：《选考状态下浙江物理教学出现的问题及思考》，载《物理教师》2017 年第 3 期。
② 冯成火：《新高考物理"遇冷"现象探究——基于浙江省高考改革试点的实践与思考》，载《中国高教研究》2018 年第 10 期。
③⑥ 朱邦芬：《为什么浙江省高考学生选考物理人数大幅下降值得担忧》，载《物理》2017 年第 11 期。
⑤ 陈爱文、胡银泉：《尴尬的物理：浙江新高考下的学科失衡与制度改进》，载《中小学管理》2017 年第 9 期。
⑦ 乔辉：《高考英语改革的进展研究》，载《课程·教材·教法》2018 年第 3 期。

考试本身的技术性问题和考试内容的科学性问题，多次考试成绩的可比性问题很难解决，会引发新的不公平。①

降低英语考试比重的改革，会使贫困地区民族地区的英语教育资源配置被削弱，进一步加剧贫困地区与发达地区英语教育的两极化差异。张天伟认为，降低英语考试比重之后，贫困地区和民族地区本来就十分有限的教育资源会侧重分配到其他高考科目上，而发达地区虽然也面临同样的问题，但是家庭富裕的学生个人和家长处于学生自身发展等动因，即使不依靠学校教育，也会通过各种途径如参加课外辅导班、请家教甚至短期出国游学等方式来提高孩子的外语技能，培养其国际视野。降低英语分数比重的措施会进一步加剧人才培养的两极化差异。②

新高考改革中一些省份拟降低外语比重，提高语文比重的做法，遭到一些学者质疑。有学者认为，外语教育与学习不会影响汉语的学习，不应当通过降低英语考试比重来提倡和重视汉语。③ 卢俊认为，降低外语考试比重的做法体现了当前我国外语教育政策方向目标的模糊，缺乏对外语的合理定位，只有明确外语教育的实质，才能实现外语教育政策的真正作用。④

新高考改革背景下，英语教学与考试的改进对策研究。在新高考改革背景下，已有研究主要关注了高考中外语应该考什么、怎么考以及如何进行教学的问题。乔辉认为，高考英语考试要以课程标准为重要依据，兼顾高校选才需求的变化，落实对学生发展核心素养的考查；考试应采用符合国际语言测试发展趋势的综合性题型，将听说读写等多种模式结合起来考查，进一步优化试卷结构，加强题库建设以应对命题压力等。⑤ 邹太龙和喻侯林指出，新高考英语改革要把握优化评价方式、促进教育公平、减轻学生负担、推进素质教育，明确教育目标、提高教学效率的取向。⑥ 陈新忠建议进一步明晰英语学科的价值，将英语教育指向学生综合素质的培养；构建英语学习策略，促进学生自主学习；建设课程资源库，为学生语言学习提供多元通道；综合运用评价模式，实现学科素养的"教学评一体"等。⑦

---

① 文秋芳、李英杰、孙旻、张伶俐、杨松：《研制多套难度相似的思辨技能量具：实践与反思》，载《外语电化教学》2014 年第 4 期。
②③ 张天伟：《当前我国高考外语改革：问题与思考》，载《解放军外国语学院学报》2014 年第 5 期。
④ 卢俊：《我国高考制度改革对外语教育政策的影响研究》，载《教学与管理》2018 年第 18 期。
⑤ 乔辉：《高考英语改革的进展研究》，载《课程·教材·教法》2018 年第 3 期。
⑥ 邹太龙、喻侯林：《论新高考英语改革的四大价值取向》，载《教育理论与实践》2017 年第 17 期。
⑦ 陈新忠：《新高考背景下的高中英语教学改革》，载《中小学管理》2017 年第 9 期。

（3）新高考改革为地理学科带来机遇与挑战。

新高考改革背景下，高校招生对地理学科的需求分析。余云以2017年全国高校拟在浙江省招生的本科专业为例，分析了新高考改革背景下选考地理与高校招生专业的关联性。[①] 研究发现选考地理科目可报考的本科专业范围较广，限选科目涉及地理的本科专业有限，地理科学类专业在选考中涉及地理科目的比例较低，地理学相邻学科在选考中涉及地理科目的比例较低，文科类尤其是小语种专业对地理需求最大，军事情报类专业对地理要求较高。彭恋情、杨恬以上海2017年普通本科招生计划为例，分析了高考改革背景下，地理在高校选考科目中的地位。[②] 研究发现对地理科目有限制条件的专业相对较少；没有限选科目的院校多以普通高校为主，均可选考地理；没有提出限选科目的专业多为文科类专业，地理科目的一级学科对地理的需求不大。

新高考改革为地理学科带来新的发展机遇，有助于提高地理学科地位。韩加强[③]、马飞燕等[④]认为新高考改革为地理科目地位的提升及发展提供了契机。地理学科是高中课程中独有的跨文理学科，在自然科学和社会科学之间架起了一座桥梁，有独特的育人价值。不分文理打破了仅有文科生高考考地理的现状，使认真学习地理的学生人数增加，地理在文科中的"副科地位"有所改善。[⑤]

新高考改革背景下，地理学科的应对策略主要包括以下几个方面：

在地理教学中渗透生涯规划教育。在新高考改革实施选科制度的背景下，金子兴[⑥]、张连彬等主张有条件的学校可以考虑在高一上学期开设生涯规划和地理相关专业的介绍，为学生最终"选考"地理热身助力。[⑦] 乔慧锋等进一步指出，在高一年级应注重采取学科渗透的方式，培养学生兴趣，增加地理"被选择"的机会；高二年级注重学科渗透和地理职业生涯规划课程的灵活运用，发挥学生的自主性，加强能力和个性的培养；高三年级开设地理职业生涯规划培训课，辅助

---

① 余云、叶滢：《选考地理与高校招生的关联性分析——以2017年全国高校拟在浙江省招生的本科专业为例》，载《中学地理教学参考》2016年第13期。

② 彭恋情、杨恬：《高考改革背景下地理在高校选考科目中的地位——以上海市2017年普通本科招生计划为例》，载《中学地理教学参考》2018年第8期。

③ 韩加强：《新高考背景下中学地理教育的出路》，载《教学与管理》2015年第31期。

④ 马飞燕：《新高考背景下生涯规划教育在高中地理教学中的渗透》，载《中学地理教学参考》2017年第1期。

⑤ 张立肖、董婕：《谈高考改革背景下地理在"211"高校选考科目中的地位》，载《中学地理教学参考》2016年第16期。

⑥ 金子兴：《谈新高考制度下的教师专业发展——以浙江省地理学科为例》，载《中学地理教学参考》2015年第1期。

⑦ 张连彬：《高考改革背景下对地理教学变革的思考》，载《中学地理教学参考》2015年第1期。

学生报考志愿。① 马飞燕倡议学校积极开发利用职场体验资源,例如组织学生到国土资源、生态保护、城市规划、信息管理、旅游规划、放地方开发和教育管理等与地理学科相关的行业开展职业体验活动。②

抛开应试教育的束缚,大力实施素质教育。王志芳等指出,地理教学应加强素质教育,更加注重本土教学。③ 韩加强认为,地理不参加统一高考是一种挑战,同时也是一种机遇,不参加统一高考意味着应试教育对学科教育的影响减弱,地理教育者可以抛开应试教育的束缚,大胆开展学科素养的教育。摒弃复杂的地理原理,以正确的人地关系为思想为指导,回归地理教育的本真,提升学生的国民素养,包括关心乡土、关爱祖国、关注世界、学会生存、学会合作和可持续发展等地理学素养。④

改革教学方法,提升教师技能,应对走班制挑战。徐中平认为在高考改革下,学校要通过加强培训、实践考察、网络资源库、加强与大学的交流、完善教学评价制度和培养制度等方式,促进地理教师专业知识与技能的拓展,大力推进地理素质教育,使得地理教学更加生动、有趣,全面适应并推动高考改革。⑤ 王志芳等人认为"新高考"对地理教师提出了更高要求,建议学校选择优秀的地理教师担任"走班制"新课堂教师,积极主动改革教学内容,培养全面发展的高素质人才。⑥

4. 新高考改革对高中走班制的影响及其应对策略

(1) 新高考改革促进走班制的实施。

2014年新高考改革的正式启动对高中教学的课程内容、考试方式、录取制度等方面提出了新要求,这一转变促使越来越多的高中实行走班制,我国对走班制的探索也由此进入了深度实践阶段,具体表现为中学进一步整合走班课程体系,走班模式多元化,走班保障机制更加完善等方面。⑦ 王润和周先进指出走班制是我国高考制度发展和演进的必然结果,有着独特的内在逻辑与价值,走班制的实施有助于促进新一轮高考改革的顺利推行,满足学生个性发展的需求,有效

---

① 乔慧锋、裴娜娜、李佳成、贾盼:《新高考背景下地理职业生涯规划教育探究》,载《中学地理教学参考》2017年第12期。

② 马飞燕:《新高考背景下生涯规划教育在高中地理教学中的渗透》,载《中学地理教学参考》2017年第1期。

③⑥ 王志芳、查小春:《高考改革对高中地理教学的影响及应对策略研究》,载《中学地理教学参考》2017年第20期。

④ 韩加强:《新高考背景下中学地理教育的出路》,载《教学与管理》2015年第31期。

⑤ 徐中平:《高考改革下地理教师专业知识与技能拓展研究》,载《中学地理教学参考》2016年第24期。

⑦ 纪德奎、朱聪:《高考改革背景下"走班制"诉求与问题反思》,载《课程·教材·教法》2016年第10期。

提升高中教育教学质量。①

在走班制的实践形式方面，成硕、赵海勇、冯国明研究发现，新高考改革的启动促使浙江省各高中学校分别采取了"不走班"模式、"小走班"模式、"大走班"模式、"全走班"模式四种类型。②"不走班"模式类似传统的文、理分科走班；"小走班"模式是指部分学生或科目走班，即将三门或两门选科相同的学生有限组成班级，其他科目或学生走班教学；"大走班"模式指语文、数学、外语三门必考科目保持原有的行政班级不变，三门选考科目通过走班制进行教学；"全走班"模式是指语文、数学、外语和全部高考科目的课程都通过走班完成教学。每种走班模式都有其自身的利弊，学校应当根据自身实际情况慎重作出选择。

（2）新高考改革背景下，走班制为高中教学带来新的转变。

首先，学生的学习生活带来转变。③ 一方面，学生掌握了课程自主选择权，基本实现了人手一张课表。新高考改革迫使学生不能再等到填报志愿时再考虑自己今后想干什么，而是在高中阶段就必须对未来有所规划，进而依据自己的规划自主选择高中三年所要学习的科目和知识。走班制为学生的自主选课提供了可能，学生可以根据自己的专业特长和兴趣决定自己的课程表。另一方面，学生的同伴关系得到扩展。原本行政班级授课时，学生的主要同伴是固定不变的同桌，但是实行走班制之后，学生的学习、交往范围将完全打破班级甚至年级的局限，延伸至这个那个学校，学生的交往范围进一步扩大。

其次，学校的教学形式出现转变。④ 学校呈现出新型班级形态，教学班成为主要的授课形式。"走班制"不同于传统的固定班级模式，学生因学习能力和所选科目差异进入不同层次或类型的班级上课，以走班的形式流动到自己的上课班级，促使了教育个性化、选择性的实现。不同班级甚至不同年级的学生因选择同一门课程或进入同一层次水平学习而聚集到同一间教师，组成了新的教学班。

此外，走班制对教师的教学工作带来的转变。⑤ 选课走班制引导教师角色由学科教学者向学科教育者转变，由学习指导者向全面管理者转变，由课程执行者向课程建设者转变，从"孤独的教学者"向"合作的指导者"转变，促使教师

---

① 王润、周先进：《新高考改革背景下高中走班制机制构建》，载《当代教育科学》2016 年第 6 期。
② 成硕、赵海勇、冯国明：《从"不走"到"全走"：走班教学模式及保障策略研究》，载《中小学管理》2016 年第 12 期。
③④ 杜芳芳、金哲：《走班制视野下高中生学业生活的转变及学校行动》，载《湖南师范大学教育科学学报》2017 年第 2 期。
⑤ 王润、章全武：《选课走班背景下高中教师教学转变及其应对》，载《中国教育学刊》2018 年第 6 期。

队伍的结构体现随机性、等级性、团队性，促使教学文化从知识传输向师生对话的方式转变，从重视教师的"教"向重视学生的"学"转变。

（3）新高考背景下，走班制改革面临诸多挑战。

人们对于走班制存在认识误区。一些师生和家长对走班制期望值过高，认为只需走班制就能够实现教学效果的最优化，盲目乐观地认为走班制可以取代班级授课制成为主流教学组织形式，全面覆盖于各年级和各科课堂，从而忽略了其本身固有的局限。[①]

走班制导致班级管理难度增大。走班制在实现学生个性化发展的同时，也对班级管理构成新的挑战。走班制取代固定班级之后，班级管理的功能被弱化，纪律维护难以得到有效保障。一方面，由于大多数中学生自我约束能力不强，实行走班制有可能导致学生逃课、懒散现象发生，不利于学生的管理。[②] 另一方面，行政班班主任难以掌握流入到其他教学班的学生的情况，且由于行政班和教学班分开管理，任课教师和班主任把握学生的层次差异的难度增大，这给学生管理、班级管理以及学生动态变化的掌握带来不便。[③]

走班制的施行使得班级德育工作难以开展。首先，走班制导致德育主体的缺失。班主任是传统行政班级中负责班风、活动、文化建设、爱国主义与集体主义教育、心理健康教育的主要角色，但是走班制的实施不可避免地弱化了班主任的这一角色。其次，走班制导致原有的德育方式不再适用，原本通过宣读讲解、生生以及师生相互交流和讨论而展开的行政班级德育工作难以为继。[④]

走班制的流动性影响同辈群体的形成。对处于青少年时期的高中生来说，同辈群体的影响甚至可能超过父母和教师的影响。在走班制下，教学班的增加扩大了学生的交往范围，但是频繁的走班行为阻碍了同学间进行深层次的交流，容易出现学生集体观念淡化、班级归属感削弱、班级凝聚力下降等问题，不利于班级成员形成良好的同伴关系。[⑤]

学生选课缺乏合理规划。学生在获得选课自主权的同时，也面临着应该如何选课的困惑，学生既要从种类繁多、内容丰富的选修课中选择自己擅长或感兴趣的课程作为拓展科目，也需要在分层教学的必修课中找到适合自己发展水平和要求的班级层次，更要今早确定参加选考或学考的科目并加入相应的教学班进行学

[①②] 纪德奎、朱聪：《高考改革背景下"走班制"诉求与问题反思》，载《课程·教材·教法》2016年第10期。

[③⑤] 杜芳芳、金哲：《走班制视野下高中生学业生活的转变及学校行动》，载《湖南师范大学教育科学学报》2017年第2期。

[④] 王润：《新高考改革背景下高中实施走班制的问题审视与路径超越》，载《中国教育学刊》2016年第12期。

习,这对学生来说是个不小的挑战。杜芳芳[①]、纪德奎[②]、王润[③]等的研究皆表明学生在选课过程中容易出现盲目跟风行为,由于不清楚自己究竟要学哪些课程而造成课程结构的不合理。

走班制导致教师教学难度增大。由于对学生的基本情况缺乏了解,任课教师难以依据学生的情况进行有针对性的教学,此外,由于选修不同模块课程的学生基础不同,教师在对学生进行评价和考核时亦存在困难。[④]

欠发达地区面临教育资源供给不足的困境。在一些欠发达地区,许多学校现有的硬件设施和师资长期处于供给不足的状态,实施走班制使得教学班数量增加,学生选择课程导致各学科选修人数不均衡,因此教室和教师等资源的短缺将难以满足分班的要求,导致走班制的效果受到影响。[⑤]

此外,王润进一步指出了走班制在从应然状态走向实然状态的过程中遭遇的文化阻力。[⑥]这一阻力首先表现为课程文化阻力:高中的课程标准、课程计划与教科书相对较为单一,针对性不强,而且课程制度文化一直以来都是一考试大纲为标杆、"题海战术"、从高一年级就开始标准化的"高考模拟"等错误做法,有违走班制实施的初衷。其次是学习文化的束缚:我国传统的学习方式含有惰性因素,学生主动性较差,学习文化具有封闭性特征,学生沉溺于教科书、作业本等静态的课程文本。此外,还有评价文化的桎梏:"分数至上"的观念依旧主导当前的评价模式。

(4) 新高考背景下,完善走班制的可选路径探索。

面对走班制存在的种种困境,纪德奎和朱聪(2016)提出了四点改革建议:第一,辩证认识走班制,走出认识误区;第二,建立走班管理机制,发挥集体教化效应;第三,优化走班过程,加强教师转型升级与资源建设;第四,构建"互联网+走班"模式,弘扬乡土人文,提升走班制内涵。[⑦]

王润(2016)主张以"促进学生全面发展"为导向,寻求走班制实施的路径超越。具体而言,王润认为应当增强走班制的价值认同,提升实施走班制的信心,建立学生发展指导机制,改革教师培训体制,促进公众对走班制的价值认同;超越走班制的文化阻力,推动学生核心素养发展,寻找育人目标,发挥课程"发动机"作用,借助大数据促进学生深度学习,基于学生立场强化评价激励功

[①] 杜芳芳、金哲:《走班制视野下高中生学业生活的转变及学校行动》,载《湖南师范大学教育科学学报》2017年第2期。

[②④⑤⑦] 纪德奎、朱聪:《高考改革背景下"走班制"诉求与问题反思》,载《课程·教材·教法》2016年第10期。

[③⑥] 王润:《新高考改革背景下高中实施走班制的问题审视与路径超越》,载《中国教育学刊》2016年第12期。

能；改进学校管理体制，构建新型德育模式，完善学生与教师管理体制，加强学校文化建设与优化配备设施，构建新型德育模式。①

成硕等（2016）建议学校结合自身实际合理选择走班的形式，为走班制度的实施提供必备的物质准备，包括对教师功能进行明确标识、设置作业柜、对教室进行特别设计等。在此基础上，学校可设置灵活的学科辅导制度，为学生提供课外答疑辅导。此外，研究制定科学的教学评价方案也十分必要。②

在走班制的具体操作环节上，王润和周先进（2016）从学校怎样分班、教师怎样进行班级教学、学校怎样进行班级管理三个方面尝试构建了走班制的实施机制③。王润等（2016）建议高中学校从高二第一学期开始推行走班制，学校在分班时应当明确分班依据，合理确定班级数量和每班人数；教师必须构建适合走班制的教学方法论，尝试构建分类不分层或学科内分层的教学方式；建立"团队化"的班级管理模式，引导学生增强自主管理能力，构建以服务学生为宗旨的"学生自治委员会"。在此基础上，走班制的保障机制也不容忽视，为保障走班制的顺利推行，学生、教师、学校、家长的多方联动十分必要。学生需要做好充足的准备，教师务必在教学和管理工作中主动作出转变，学校必须高度重视走班制改革，从多方面配合走班制的开展，学生家长也应积极配合走班制教学改革。

王润与章全武（2018）指出，面对高考背景下的走班制新形势，学校、教师、学生都应当积极作出转变。对学校而言，应当创设条件，提供教师教学制度支持：加强课程建设顶层设计，创设科学的选课走班体制；健全教师培训机制，实行教师动态、交叉分层任教制度；完善教师评价体制，创新学生管理办法。对教师而言，应该完善自身，积极践行选课走班教学机制：正确认识选课走班的价值，配合学校推进教学组织形式改革；提升个人专业技能与素养，培养合作精神与能力；彰显学生生命价值，实现"教"与"学"的统一。对学生而言，应当快速进入走班情景，积极配合教师教学：积极配合学校选课走班制度，慎重选科；加强与导师的沟通与交流，有效自主学习。④

---

① 王润：《新高考改革背景下高中实施走班制的问题审视与路径超越》，载《中国教育学刊》2016年第12期。
② 成硕、赵海勇、冯国明：《从"不走"到"全走"：走班教学模式及保障策略研究》，载《中小学管理》2016年第12期。
③ 王润、周先进：《新高考改革背景下高中走班制机制构建》，载《当代教育科学》2016年第6期。
④ 王润、章全武：《选课走班背景下高中教师教学转变及其应对》，载《中国教育学刊》2018年第6期。

（二）对高等学校的影响及其应对策略

高考的一端连着高中学校，另一端连接着高校，既是高中教育的终点也是学生未来接受高等教育的起始点，高考的改革不仅深刻地影响了高中学校的教学与管理工作，也对大学的招生以及教育教学工作带了改革压力，在一定程度上倒逼大学进行招生和教育教学改革。

1. 新高考改革给高校招生工作带来的影响与挑战

高校生源结构变化。有学者指出，文理分科的取消与自主选考的施行使传统理科学生比例大幅下降，导致了高校生源结构的变化。一方面，选考科目和时间上的个体策略性行为，导致学生入校时的能力与以往学生差异巨大，学生自主选科带来了科目的冷热不均问题。另一方面，由于中学教学资源的客观约束，不少学校集中力量发展特色科目，引导学生从集群层面形成"比较优势"，由此一来可能加重学生的偏科现象，导致学生在知识结构上的欠缺。同时，新方案可能导致工科男女比例重构，学生基础知识不足，理工类高校或专业的人才选拔难度增大。[①]

高考成绩区分度降低，带来人才选拔的精度问题。一方面，考试分数折算系统本身导致高教成绩区分度降低。另一方面，学生自主选科策略也会造成高考成绩区分度降低或扭曲，由于等级赋分重在相对位次，"目前成绩"不好的学生会主动追求相对较为容易的学科参与竞争，这种行为事实上降低了高选拔度科目的区分度，或者扭曲了其分数价值。但秦春华认为，高考成绩区分度下降是新高考制度下必然出现的内生性现象，只有在一定程度上弱化了高考的选拔性功能，才能实现促进学生健康成长成才和维护社会公平公正两个政策目标。[②]

同一高校不同专业之间的生源差距进一步拉大。已有研究表明，无论是浙江的"专业+院校"志愿填报模式还是上海的"专业群+高校"志愿填报模式，事实上都打破了将学校作为一个整体进行投档的传统模式，高校录取分数线的概念不复存在。新高考方案强化了学生对专业的选择，学生"择大学"变成了"择专业"。[③] 在新高考制度下，学校依靠投档调剂方式，利用优势专业拉动冷门专业，为冷门专业调剂生源的做法不再奏效，高校的学科、专业之间可能形成一种强劲的洗牌效应。[④]

[①②] 秦春华：《让高校成为大学招生录取的主体》，载《华东师范大学学报》（教育科学版）2018年第3期。

[③] 王小虎、潘昆峰、苗苗：《高考改革对高水平大学招生的影响及其应对》，载《中国高教研究》2017年第4期。

[④] 刘希伟：《新试点高考招生制度：价值、问题及政策建议》，载《教育发展研究》2016年第10期。

校招生逐渐与高考分离，高校获得更多招生自主权。陈方泉等（2015）认为，给予高校和学生更多的自主选择权是当代教育的必然发展趋势。以前高等学校除了自主招生外，考与招基本相同。高考改革后，实行多元录取，打破了一本、二本分类录取等方式的改革，使得高考与高校招生有了比较明显的区分，高考的内容与高校招生的要求可以有不同的选择。[①] 秦春华（2018）指出，"新"高考制度和"旧"高考制度之间的根本区别在于，是否能够充分发挥高校在大学招生录取中的主体性作用，从被动录取转向主动招生，使高校的招生录取标准在促进学生健康成长成才中发挥正向引导功能。[②]

与此同时，新一轮的考试招生制度改革也对高校的招生改革提出了新的要求。传统上依据高考成绩排队顺次录取的"简单招生模式"将逐步被基于高校办学特点和学生自身特点的多元化、个性化、科学化、自主化录取所替代。高校招生工作不再是被动依据成绩完成录取，而应是主动依据新的政策建立适合大学自身办学特点的招生模式，这对大学招生工作提出了全新的挑战。[③]

2. 新高考改革背景下，高校的应对策略探究

（1）走到主战场，主动发挥积极作用。秦春华（2018）认为，大学招生录取有四个利益相关者：考生、中学、高校和各省市教育考试院。大学是新一轮考试招生制度改革的总枢纽，一定要让高校成为大学招生录取工作中的主体。大学要积极寻找并发现自己的使命，以是否符合大学使命作为是否录取的重要标准，务必要从战略高度思考中国顶尖大学的招生录取制度，探索除以成绩录取以外的其他道路选择并着重加强高校招生能力建设。[④] 陈方泉等（2015）指出高校在高考改革中要勇于担当、积极探索，要大力推进招生录取改革探索，大力推进旨在促进学生全面发展的教育教学改革。[⑤] 王小虎等（2017）建议大学要强化招生工作中的专业和学科宣传，提前介入中学生职业规划，可尝试深化与优质中学的合作，实现选才育才无缝衔接。[⑥]

（2）根据大学专业需求，合理确定选考科目。傅维利（2015）主张以严谨科学的态度做好选考科目的选择工作。首先，各个高校都应设置专门的组织机构或设立专项课题，结合本校各个专业的培养目标、教育特色、生源状况、就业去向、毕业生之后发展水平和对课程结构、教育方式的改革期望等，深入研究不同

---

①⑤ 陈方泉、叶志明、叶红：《高考改革与高校教育教学改革的相互作用》，载《中国高等教育》2015年第12期。

②④ 秦春华：《让高校成为大学招生录取的主体》，载《华东师范大学学报》（教育科学版）2018年第3期。

③ 于涵、张弘：《大学招生亟需科学合理的顶层设计》，载《中国高等教育》2015年第2期。

⑥ 王小虎、潘昆峰、苗苗：《高考改革对高水平大学招生的影响及其应对》，载《中国高教研究》2017年第4期。

专业对学生最佳知识结构和职业取向等，并以此作为科学依据对各个专业的选考科目做出全面而明确的规定。其次，同层次学校的同类型专业要加强合作研究，力争在较短时间推出相同或相似专业选考科目。建议由教育部和各省、自治区、直辖市教育主管部门牵头，同批次录取高校的相同或相近专业进行协作研究，最后拿出具有指导意义的选考科目优先推荐清单。①

于世洁等（2015）认为高校选考科目的制定要遵循"符合高校人才培养要求""引导高中学生健康成长""易于公众理解和接受"三大原则。在具体操作时，应当注意以下几点：有明显单一科目属性的专业应强调科目相关性，设置单一选考科目要求；有多个科目属性的专业尽量区分相关科目的主次关系，将主科目属性设为选考要求；招生非常"热"的专业，可锁定最具竞争力的考生生源，以提高选拔效率；没有明显科目属性的专业可考虑用排除法，排除不适合的考生，以保证生源范围。②

边新灿（2015）建议高校深入研究、科学确定本校招生专业选考科目要求，明确本专业是按照专业招生还是按照专业类招生，某些交叉学科还可以在参考中学综合素质评价时对高中学考等级提出要求。③

（3）探索建立更为完善的自主招生制度。傅维利（2015）主张具有自主考试权的高校，应进一步提升自主考试的科学性，力争用较短时间推出一批既符合本校招生专业特色，又利于选拔适宜新生的考试、考察方式。高校要破除临时观念，提高自主招生考试的科学化水平，设立稳定且强有力的招生组织机构，以保证各项研究和试点工作持续稳定开展，并且要以改革创新的精神不断探索自主考试的新方式，构建符合高校自身特点的自主考试方式。④

于世洁等（2017）以清华大学为例，探讨了新高考改革背景下高校多元招生录取模式的构建与实践。⑤例如，清华大学为应对高考改革新政策，在注重全面发展的基础上选拔领军人才，自2015年开始实施"领军人才选拔"，不再沿用以往"领军计划"的中学推荐模式，而是采用学生自主报名的方式。在评审时，首次对考生的申请材料进行综合素质的评级和量化评价，组织专家从学习及获奖情况、社会工作和社团活动情况、文体特长、参加志愿服务活动情况以及突出事迹等多方面，分析评价其学科特长和研究性学习能力、领导力和责任感、服务意识等综合素质。通过专家组的认真审核，所有报名的考生被评定为优秀、良好、通

---

① ④ 傅维利：《高考改革与高校责任主体的回归》，载《中国高等教育》2015年第12期。
② 于世洁、徐宁汉、杨帆、尹佳：《新高考改革下高校选考科目的制定》，载《清华大学教育研究》2015年第2期。
③ 边新灿：《新一轮高考改革对中学教育的影响及因应对策》，载《中国教育学刊》2015年第7期。
⑤ 于世洁、徐宁汉：《高校多元招生录取模式的构建与实践》，载《中国高等教育》2017年第1期。

过和不通过四类，前三类的学生还将得到一个综合评价的量化分数。为了贯彻落实新一轮高考改革的精神，清华大学结合自身人才培养目标，将自主招生的选才方向缩小为学科特长型，并且进一步细化和明确了自主招生的人才定位与分类，按照学科竞赛类（2016年更名为学科奥赛类）、研究创作类和突出才能类三个方向，更加科学细致地进行针对性选拔，力求人才选拔方式进一步由同质型向多样型转化，在自主招生改革中积累了有益经验。

在扩大高校招生自主权的同时也应当建立严格的监督防范机制。一方面以严格的规定防止招生腐败行为，以立法的方式使得违规的机构和个人付出沉重代价。① 另一方面，高校在甄别虚假信息和惩治作假行为方面要有新突破，防止学生报考时弄虚作假。②

（4）主动应对高考变革，综合推进教育教学改革。陈方泉等（2015）认为，新的高考方案取消文理分科等举措必将促使高校更加注重学科交叉、文理渗透，或者以通识教育为切入点来推进教育教学改革，注重更新大学课程体系、教学内容、教学方法等，实现中学和大学内容的有效衔接。在大众创业、万众创新的背景下，窄促的专业知识建构已完全不符合时代要求，新高考在注重学生综合素养的同时也为下一阶段大学的人才培养奠定了学科交叉的基础。③ 王小虎等（2017）认为大学可尝试推进大类培养，以此为契机提升人才培养水平。④ 范藻（2014）建议新建本科院校在高考改革背景下实现由教学型到教学—服务型的办学定位转变，由技能型到技能—素质型的人才定位转变，由应用型到应用—基础型的专业定向转变，由实践型到实践—通识型的课程定制转变。⑤

（5）积极争取社会多方支持。有学者指出，大学招生方案和标准的拟订，也需要征得尽可能多的利益相关者的理解和支持。因此，针对可能影响潜在生源报考选择的对象群体（如区县教育部门、中学校长、高三年级教师及家长等）的政策宣传和解读、招生咨询培训等工作，都需要有意识地加强，以提高社会各界对政策的理解和接受度。⑥

---

① 秦春华：《让高校成为大学招生录取的主体》，载《华东师范大学学报》（教育科学版）2018年第3期。
② 傅维利：《高考改革与高校责任主体的回归》，载《中国高等教育》2015年第12期。
③ 陈方泉、叶志明、叶红：《高考改革与高校教育教学改革的相互作用》，载《中国高等教育》2015年第12期。
④ 王小虎、潘昆峰、苗苗：《高考改革对高水平大学招生的影响及其应对》，载《中国高教研究》2017年第4期。
⑤ 范藻：《高考改革背景下新建本科院校综合改革路径分析》，载《国家教育行政学院学报》2014年第9期。
⑥ 董秀华、王薇、王歆妙：《新高考改革：高校招生面临的挑战与变革》，载《复旦教育论坛》2018年第3期。

（三）对职业教育的影响及其应对策略

2014年3月22日，教育部副部长鲁昕在中国发展高峰论坛表示，教育部将出台高考改革方案，将高考一分为二：一是技术技能型高考，二是学术型高考，拟将部分普通本科院校转型为职业院校，旨在培养应用技术技能人才。[①] 2014年6月22日，《国务院关于加快发展现代职业教育的决定》指出："（要）采取试点推动、示范引领等方式，引导一批普通本科高等学校向应用技术类型高等学校转型，重点举办本科职业教育"。[②] 基于此，已有研究成果主要关注了实行技术技能型高考与学术型高考（简称"双轨制"）改革给职业教育带来的影响，以及职业院校在"双轨制"改革背景下的发展策略。

1. 实行"双轨制"高考的影响分析

有助于消弭人们对职业教育的偏见，提高职业教育地位。蒋丽君、边新灿等（2016）认为新高考改革的实施有利于逐渐消弭偏见，引导社会形成对高职教育的正确认知，[③] 促使高等职业教育观念被更广泛地接受。[④] 独立的高考招生模式在一定程度上化解了高职院校在高考招生中"末位录取地位"的尴尬，有利于缓解社会对高职教育的"低视"现象，在社会意识层面改变人们对高职教育的认识，促进高职教育社会形象的提升。[⑤] 此外，新高考改革也有利于高职院校专业的人才选拔，帮助其获得更为优质、专业思想稳固的生源。[⑥]

有助于促进职业教育与普通教育合理分流。唐高华等（2014）认为，"双轨制"高考改革打破了传统高考改革模式的框架，通过分类考试的方式，高职院校在高考制度上不再与普通高校捆绑式发展，打破了沿袭多年的普通高校和高职院校高考"一张卷""先本后专录取"的高考模式，有利于实现高职教育独立招考的个性化发展。推行"学术类"和"职业类"的"双轨制"高考，有利于彰显高职院校与普通高校的各自教育特色。另外，"双轨制"高考注重了类型教育的特殊性，在招生制度上，通过国家层面的顶层设计，为高职教育与普通高等教育

[①] 佚名：《教育部副部长鲁昕在"中国发展高层论坛2014"上的讲话》，载《国土资源高等职业教育研究》2014年第2期。

[②] 国务院关于加快发展现代职业教育的决定，http://www.jyb.cn/zyjy/zyjyxw/201446/t20140622_587161.html。

[③⑥] 蒋丽君、边新灿、卓奕源：《对高等职业教育考试招生的若干思考——以新高考改革为视角》，载《中国高教研究》2016年第7期。

[④] 李道军：《高考改革对高等职业教育发展的影响研究》，载《教育探索》2014年第11期。

[⑤] 唐高华、湛邵斌：《"双轨制"高考改革的意义、影响与对策——基于高职教育发展的视角》，载《职业技术教育》2014年第28期。

两类教育的相互沟通、独立并行发展提供了更多的现实可能。① 路迪（2014）认为，两类人才、两种模式的高考新政，将技能型人才的高考和学术型人才的高考分开，开辟了技能型和学术型两类人才不同的培养渠道，既为职业型院校的发展提供了良好契机，也为考生的自主选择提供了条件和保障。②

有助于构建完善的职业教育体系。"双轨制"高考模式改革从高考招生制度上，使高职教育摆脱普通高等教育的框架，形成有别于普通高等教育的高考模式，有助于构建适合高职教育自身发展的独立体系。③有利于拓宽中高职教育的融通，促进职业教育体系整体优化发展。④此外，李道军（2014）认为在新高考改革背景下，高等职业教育有望逐渐形成独立完善的体系，在不久的将来建成一定数量的高层次的高等职业院校，实现职业教育的层次优化。⑤

借助"双轨制"发展职业教育有利于落实异地高考政策。祝蕾（2017）指出当前我国的异地高考政策的全面放开仍然面临很多问题和困难，而借助技能型高考发展现代职业教育，可以作为异地高考改革的突破口，在一定程度上促进异地高考政策的落实。⑥

2. "双轨制"高考制度存在的问题及其破解

（1）"双轨制"高考存在的问题分析。有学者指出，由于当前我国"双轨制"高考理论体系不成熟、实践运行不成熟、社会观念不成熟、国家就业配套与保障体系不到位等因素，现阶段的"双轨制"高考存在诸多问题，包括：改革的理念问题影响了双轨制高考改革的健康发展；改革的内容问题影响了双轨制高考改革的视域拓展；改革的方式问题影响了双轨制高考改革的吸引力；改革的主体素质问题影响了双轨制高考改革的主体力量；改革的保障机制问题影响了双轨制高考改革的基础性条件配置等。⑦

（2）"双规制"高考改革举措的完善路径。把握"双轨制"高考改革的关键问题，寻找改革的最优路径。谢安富（2014）指出，"双轨制"高考改革要把握普职分流的时机、普职教育的不同步性、职业院校办学质量、高招招生制度的完善等关键问题。⑧ 具体而言，要注重把握普通教育与职业教育分流的时机，从高

---

①③ 唐高华、湛邵斌：《"双轨制"高考改革的意义、影响与对策——基于高职教育发展的视角》，载《职业技术教育》2014年第28期。
② 路迪：《"立地"与"顶尖"都不应偏废》，载《教育与职业》2014年第31期。
④ 蒋丽君、边新灿、卓奕源：《对高等职业教育考试招生的若干思考——以新高考改革为视角》，载《中国高教研究》2016年第7期。
⑤ 李道军：《高考改革对高等职业教育发展的影响研究》，载《教育探索》2014年第11期。
⑥ 祝蕾：《"双轨制"高考制度改革的使命、困境与出路》，载《学术探索》2017年第4期。
⑦ 白鹤龙：《新时期双轨制高考的改革路径》，载《教学与管理》2016年第22期。
⑧ 谢宝富：《"双轨制"高考：问题透视与改革前瞻》，载《中国教育学刊》2014年第11期。

中阶段开始分流；适当缩短职业教育的学制，发挥职业教育的比较优势；切实提高职业院校办学质量，尝试进行宽进严出的教学与评价改革；还有必要建立符合我国国情的高考招生制度。

解决"双轨制"高考改革的难点问题，突破改革的现实困境。祝蕾（2017）认为，当前我国"双轨制"高考改革不可避免地遇到高校的分轨与定位、考核与分轨依据的确定、公平与效率的平衡、改革的社会支持系统构建等难点问题，只有有效解决以上难点问题，才有可能实现当前改革困境的突破。[①] 在改革实践中，应当实现教育主体与人才培养导向转变，包括由普通教育为主向普通教育与职业教育双主体的转化，由学历导向向职业导向的转化。合理规划建设技术型本科院校。构建普通高校与技术型高校沟通的有效机制。优化院校招生录取模式，实行分离志愿投档招生及就业渠道由"单一入出"向"多元入出"的转化。

把握"双轨制"高考的核心要素，多方位完善双轨制高考改革。白鹤龙（2016）提出以人才培养为主，不断完善双轨制高考改革的理念体系；以考试内容改革为主，不断完善双轨制高考改革的内容体系；以渐进改革为主，不断完善双轨制高考改革的方式与途径；以地方改革为主，国家指导为辅，不断提升双轨制高考改革的主体力量；以经费、政策与就业保障为主，不断完善双轨制高考改革的保障体系。[②]

三、对新高考改革试点省市的研究

已有研究主要关注了上海、浙江、北京三个进行高考改革试点的地区。上海和浙江省作为首批进行新高考改革试点的地区，受到了全国各界的广泛关注，学者们总结分析了上海和浙江省改革的成就与不足，并为进一步完善两地的高考改革政策提出了建议。此外，北京市因其首都地位的特殊性也受到了研究者们较多关注，一些学者对北京改革试点的举措和影响进行了调查研究。

（一）对浙沪高考改革试点情况的研究

1. 上海、浙江高考改革试点的举措与成就

余澄和王后雄（2015）认为上海、浙江高考科目设置改革的核心问题，就是要改变现行单一、僵化、数量过少的考试科目设置，建立"科目齐全，层级多

---

① 祝蕾：《"双轨制"高考制度改革的使命、困境与出路》，载《学术探索》2017年第4期。
② 白鹤龙：《新时期双轨制高考的改革路径》，载《教学与管理》2016年第22期。

样,高校指定,分类考试,学生选考"的高考科目设置模式。① 研究指出,上海和浙江省的改革具有明确的价值导向:一是扩大考生和高校双向选择权,把考试科目的选择权交给考生,同时也有助于高校选拔适合本校培养目标及专业特长培养要求的学生;二是实行综合评价选拔的招生方式,试图给每个人以科学的评价和定位;三是力图从根本上克服一考定终身的弊端,为学生提供多种升学发展选择的通道;四是注重理顺高考与学业水平考试的关系,探索招生录取与高中课程学习相关联的可操作办法;五是着力减轻考生心理压力和考试负担,增加学生的升学选择和考试机会,缓解学生焦虑。

詹真荣等(2018)认为,浙江省高考改革扩大了学生的选择权,增强了学生的获得感,新高考更加注重考查学生综合素质,有助于从源头上推进素质教育;新高考"专业+学校"的志愿填报模式获得考生好评;此外,新高考还倒逼高中学校、高等学校教育教学改革,促进教育的整体发展。②

2. 上海、浙江改革中存在的问题分析

浙江和上海作为首批进行高考改革的试点地区,其改革方案与实施效果受到了学者们的重点关注,尤其浙江省的改革实践成为研究讨论的热点。已有研究主要关注了上海和浙江省高考改革中的新变化以及浙江省在高考改革实践中暴露的问题和解决对策。

新高考改革难以摆脱固有问题的束缚。上海与浙江两地的高考改革方案存在较多一致性,在改革实践中也出现了类似的问题和阻碍,一些学者在研究中往往把上海和浙江同时作为研究对象,从较为宏观的角度分析两地高考改革的现状。刘希伟分析指出,上海与浙江试点改革的实践中存在应试主义教育、学科专业录取要求与考生知识基础不匹配、基于考生群体异质性的分数不等值(统一科目不同层次考试之间的分数不等值、不同科目之间的分数不等值)以及考试效度与区分度不够等问题。③

高考改革打乱原本教学秩序,给师生带来较大挑战。黄勤雁(2017)基于对浙江、上海两地的实地调研,提出当前浙江、上海的高考综合改革试点过程中课程科目过多、师资结构失衡、分类走班扰乱原本教学计划、学生选课迷茫、学生生涯规划指导工作不到位等问题。④ 文东茅等(2015)指出,高考改革背景下高

---

① 余澄、王后雄:《我国高考科目设置的发展历程及其改革价值取向》,载《教育理论与实践》2015年第35期。
② 詹真荣、熊乐兰:《高考新政的回顾与展望——以浙江省"新高考"改革为例》,载《社会科学战线》2018年第10期。
③ 刘希伟:《新试点高考招生制度:价值、问题及政策建议》,载《教育发展研究》2016年第10期。
④ 黄勤雁:《浙江、上海高考综合改革启示录——关于浙江、上海高考综合改革实施情况的调研》,载《教育探索》2017年第5期。

中选课制和走班制的实施给中学带了巨大的压力和挑战，办学实力相对薄弱的中学在师资队伍、资源条件、课程开设、教学制度建设等方面还难以真正满足新高考改革需要。①

高考科目选择成为困扰学生的突出问题。杜芳芳和金哲（2016）调查了浙江省五所高中学生的科目选择意向，认为当前存在科目选择功利主义倾向严重、学生对选科感到茫然和焦虑、学习状态尚未实现转型、自主选择能力有待提高等问题。② 刘宝剑（2015）调查了浙江省 2014 级高中生的选科情况，发现高中生在选择高考科目时存在着一定的盲目性和随意性，较多学生主要依据当前的学业成绩选择高考考试科目，而对学科兴趣的重视不足。③

浙江省师生对改革中的综合素质评价方案认可度较低。凌浩和孙玉丽（2017）以浙江省宁波市为例，指出浙江省高考改革中师生对综合素质评价认可度较低的问题，研究表明学生认为评价结果依旧对升学影响不大，同时评价内容无法体现个性化特征且参与方式较为被动，而且学校领导层对此缺乏足够的重视。④

3. 进一步推进上海、浙江高考改革的对策建议

基于上海和浙江省高考改革的实践问题，学者们积极探讨了破解当前改革困境，推动高考改革发展的应对策略。杨胜大（2016）认为，在新高考改革背景下，高中学校的改革也势在必行，试点改革地区的学校应把握高考改革的历史机遇，从新高考中拎出课程设置的主线，以制度创新解决"组织变革"的难题，创新教师管理方式，通过一系列的主动变革，把高考改革带来的种种困难化解为学校持续发展的动力。⑤ 黄勤雁（2017）建议浙江、上海两地的高中学校进一步优化课程设置，为学生开展生涯规划指导，引导学生合理选课。此外，学校有必要进一步整合教师资源以应对教师需求的"潮汐现象"，探索行政班与教学班并存情况下的教师管理制度，并且提升教师职业素养，应对新高考的新挑战。⑥

---

① 文东茅、林小英、马莉萍、李祎：《能力建设与高考改革同行——对浙江高考改革试点的调查》，载《中国高等教育》2015 年第 12 期。

② 杜芳芳、金哲：《新高考改革背景下高中生科目选择意向现状及对策——基于浙江省五所高中的调查分析》，载《教育理论与实践》2016 年第 8 期。

③ 刘宝剑：《关于高中生选择高考科目的调查与思考——以浙江省 2014 级学生为例》，载《教育研究》2015 年第 10 期。

④ 凌浩、孙玉丽：《新高考后普通高中综合素质评价师生认可度分析——以宁波市为例》，载《上海教育科研》2017 年第 6 期。

⑤ 杨胜大：《所有的难题都是良机——浙江省义乌中学对新高考的实践应答》，载《人民教育》2016 年第 14 期。

⑥ 黄勤雁：《浙江、上海高考综合改革启示录——关于浙江、上海高考综合改革实施情况的调研》，载《教育探索》2017 年第 5 期。

（二）对北京高考改革试点情况的研究

北京市教育委员会发展规划处（2016）发文阐释了北京高考改革的整体思路和主要举措。在改革思路上，主要包含三个方面：第一，给学生更多选择权，促进学生全面发展和个性成长；第二，打"资源优质"与"机会优质"的政策组合拳，着力促进教育公平；第三，既充分借鉴浙江、上海改革方案，又突出首都特色。基于此，目前实施的高考改革内容主要有：将语数外 3 门科目作为统考科目；英语考试一年两考；高校招生录取依据 3 门统考科目的总成绩和 3 门普通高中学业水平等级性考试科目成绩。[①]

袁顶国和刘晓凤（2015）对北京市高考改革方案的内容进行了透视，发现改革后的北京高考方案确立了全面发展、兴趣导向、勇于创新、个性自由的教育价值观，教育公平成为高考改革的首要和核心价值追求。此外，新高考致力于全面实施素质教育，着力提高教育质量，并且重视对汉语本位的"回归"，努力发扬中华文化精粹。[②]

洪志忠（2014）认为高考改革是一件十分复杂的事情，北京高考改革方案的颁布只是高考改革进程中的一个起点。从外部制度而言，改革方案并没有从根本上挑战应试教育；从内部制度来看，改革方案受路径依赖因素的制约将面临重重阻碍。鉴于此，高考改革应当更加注重招生考试制度的完善和高考内容及题型的改革，走出应试教育的"死循环"。[③]

杨德军等（2018）对北京市高考综合改革试点年级学生的选课情况进行了调查。研究发现，2017 级高中生的开课情况和具体实施相对平稳，学生选课的主要影响因素涉及个人兴趣爱好、学习情况和大学报考要求等。在所有科目中，化学和物理学科最受学生喜欢，大部分学生倾向于选择三个理科或者两理一文的组合模式，其中物理—化学—生物、地理—物理—化学的选科组合方式所占比例最高。[④] 石芳（2018）通过分析 2018 年北京卷的政治高考试题，发现高考改革之后的政治试题体现了贯彻时代要求、强化问题意识、加强综合意识的教育要求，更加注重立德树人作用的发挥，加强了社会主义核心价值观、中华优秀传统文

[①] 北京市教育委员会发展规划处：《北京考招改革凸显扬长教育理念》，载《人民教育》2016 年第 16 期。

[②] 袁顶国、刘晓凤：《升降之间的教育转换：北京市高考改革方案价值追求透视》，载《教育理论与实践》2015 年第 2 期。

[③] 洪志忠：《制度视角下教育变革的复杂性——基于北京高考新方案的解读》，载《教育学术月刊》2014 年第 11 期。

[④] 杨德军、黄晓玲、朱传世、范佳午：《北京市高考综合改革试点年级学生选课调查及分析》，载《教育科学研究》2018 年第 6 期。

化和革命文化、社会主义先进文化教育，考试题目更加强化问题意识，突出创新精神。①

四、深化高考改革的路径探索

起始于2014年的新一轮高考改革正如火如荼地进行，虽然至今已有4年的改革历程，但是却也刚刚向前迈出了艰难的第一步。随着第二批高考改革试点省份的加入，我国的新高考改革将在实践中不断探索和完善。已有研究在总结试点改革省市经验和教训的基础上，对进一步深化我国新高考改革的意见和建议主要可归结为以下四个方面：

（一）推进高中教育教学改革

有学者提出高中学校应当建立教学质量监控与评估体系来应对新高考改革带来的种种挑战，化挑战为机遇。具体而言，可基于本校具体情况制定教学质量的多重目标；基于大数据技术建立教学质量过程反馈机制，为学生提供个性化的成绩诊断报告，帮助师生分析、反思教学方法和学习效果；基于增量构建教学质量评价方法，突出"差异性和发展性"的理念。② 邵迎春（2016）认为，可以通过实施学科分层教学以及成长导师制来破解新高考改革中的学校管理难题。③ 吴坚（2016）建议高中要比原有行政班教学模式增加配置20%～50%的教学资源以应对高考改革。④ 傅欣（2016）认为高中学校要面向高考综合改革的趋势建立健全形成性的校本反馈评价机制。⑤

（二）改进高考成绩计分方式

陆一萍和韦小满（2017）尝试构建了必考科目与选考科目相结合的分数体系。对于必考科目而言，可通过测验等值技术实现不同次考试之间原始分数的等值，尝试建立量表分数；对于选考科目而言，可以采取编制标杆卷，选取代表性样本并进行试测，设定等级标准，进行测验等值等方式。⑥ 王森（2018）研究指

---

① 石芳：《立德树人，谱写高考改革新篇章》，载《中学政治教学参考》2018年第25期。
② 浙江省温州第二高级中学：《新高考下教学质量监控与评估体系的初步构建》，载《人民教育》2018年第Z3期。
③ 邵迎春：《分层教学与成长导师制：破解新高考学校管理难题》，载《人民教育》2016年第14期。
④ 吴坚：《高考变了，高中怎么办？》，载《人民教育》2016年第14期。
⑤ 傅欣：《面向高考综合改革的校本评价认识和策略研究》，载《全球教育展望》2016年第3期。
⑥ 陆一萍、韦小满：《新一轮高考改革中分数体系的建构》，载《教育科学》2017年第1期。

出当前新高考改革的一大困境在于没有找到恰当合适的选考科目计分方式,建议借鉴英国 A-level 考试、香港 HKDSE 考试、澳大利亚 HSC 考试等通用的计分方式,采用"量表化"方法改进新高考选考科目计分方式,强化不同选考科目之间的可比功能,从技术上保障考生的选择权利,引导学生理性选考。①

(三) 扩大高校自主招生权限

郑若玲(2016)建议通过自主招生制度的发展和完善来避免统一考试招生的诸种弊端。享有高度的招生自主权是世界一流大学的普遍特征,自主招生的意义不仅仅在于为试点高校选拔优秀生源,而且在于对高考多元化与多样化改革探索的有力推动,在于对素质教育及德智体全面发展教育目标的有效践行。② 陈方泉(2015)等指出,给予高校和学生更多的自主选择权是当代教育的必然发展趋势,未来应当进一步扩大高校自主招生范围和比重。③

(四) 构建中国特色高考制度

瞿振元(2017)主张构建中国特色现代考试招生制度,从政治经济、历史文化、教育内部联系等不同视阈认识高考,把考试内容和考试方式的改革作为主要任务,保障考试招生制度改革与推进国家治理体系和治理能力现代化相适应,与高等教育普及化发展阶段相适应。④ 袁振国(2018)建议教育行政部门做好实施规则,出台配套政策和具体办法;高中学校积极创新育人模式,促进学生个性发展;高中与大学相互支持、相互配合共同搭建招生改革的联动机制;家校紧密结合,共同促进学生的精神世界和人格成长。⑤ 王守仁(2014)强调高考改革务必从我国国情出发,慎之又慎。⑥ 童锋等(2014)建议从我国的高考文化实际出发,构建因应我国传统文化和社会现实的高考理论,探究渐进式的高考改革模式,构建公平公正的高考招生风气。⑦

---

① 王森:《新高考选考科目计分机制改进研究》,载《教育科学》2018 年第 2 期。
② 郑若玲:《破除统考迷思深化招生改革》,载《复旦教育论坛》2016 年第 1 期。
③ 陈方泉、叶志明、叶红:《高考改革与高校教育教学改革的相互作用》,载《中国高等教育》2015 年第 12 期。
④ 瞿振元:《建设中国特色现代考试招生制度》,载《教育研究》2017 年第 10 期。
⑤ 袁振国:《在改革中探索和完善具有中国特色的高考制度》,载《华东师范大学学报》(教育科学版)2018 年第 3 期。
⑥ 王守仁:《高考改革要从中国国情出发》,载《外国语》(上海外国语大学学报)2014 年第 6 期。
⑦ 童锋、夏泉、陈夏:《论高考文化现象规律及其对我国高考改革的启示》,载《中国教育学刊》2014 年第 11 期。

第二节 国外研究的文献综述

在社会科学引文索引（Social Sciences Citation Index，SSCI）进行检索，起止年限为 1900~2018 年，设定检索的方式为"以'大学入学考试'为主题"（topic = college entrance examination），共检索到期刊文献 397 条。

通过对所选文献的关键词进行词频共现分析发现，1990~2018 年发布在社会科学引文索引上且主题包含"大学入学考试"的期刊文献研究的焦点在学业成就（academic achievement）、学业表现（performance）、与高等教育（higher education）的关系、学业获得（attainment）、高考改革（reform）、高中学生学业压力（stress）、高考的效度（validity）、高考录取（admission）、新高考背景下的教学改革（teaching reform）、学生的学习动机（motivation）、考试焦虑（test anxiety）、不同性别（gender）的学生高等教育机会的获得、个体差异性（individual difference）等方面。

通过对所选文献关键词的词频共现分析发现，1990~2018 年发布在社会科学引文索引上且主题包含"大学入学考试"的期刊文献研究在 2001~2007 的研究焦点在学习动机（motivation）、学业成就（academic achievement）、学业表现（academic performance）等方面，2011 年前后的研究焦点主要为学业压力（stress），2013~2017 年的研究焦点主要包括学业表现（academic performance）、考试焦虑（test anxiety）、不同性别（gender）的学生在高等教育机会的获得、个体差异性（individual difference）、教育评估（assessment）、高考录取（admission）、备考策略（strategy）等方面。其他年份相关文献的研究主题相对较为零散。

鉴于国外高等教育入学招生机制的复杂性，以及高等教育入学考试与高校招生程序的相对分离，在检索国外相关研究成果时，不仅关注了国外学者关于高等教育入学考试的相关研究，同时也关注了国外学者对大学招生机制的探讨。首先，美国的研究者主要关注了国内当前最常采用的标准化入学考试"学业能力倾向测验"（Scholastic Assessment Test，SAT）和"美国大学入学考试"（American College Test，ACT）在高校招生录取中所发挥的作用，并且对医学领域和药学领域的专业性入学考试进行了分析。其次，为搜集国外有关大学招生机制的相关研究成果，在《社会科学引文检索》网络数据库中分别以"大学录取"（university acceptance）和"大学招生"（university recruitment）为主题进行文献检索，结果显示国外对于这一主题的研究成果相对较为分散，不同国家、不同领域的研究者分别从不同角度各抒己见，共同探索了大学招生机制中存在的挑战、困境以及解决对策等，国外学者的相关研究对我们具有启发意义。

一、国外考试招生制度改革趋势

（一）美国"八年研究"改革的启示

美国进步教育协会（The Progressive Education Association）为了改善中学与大学的关系，使中学能够更加自由地修订课程，发起了"八年研究"（Eight-Year Study）计划，并成立了专门的"中学与大学关系委员会"（the Commission on the Relation of School and College）。"八年研究"计划实际是一项实验合作计划，共有 30 所中学和 300 余所大学合作进行。实验分两个阶段，采取跟踪研究的方式。第一个阶段为 1933~1936 年，30 所实验中学按照进步主义教育原则进行改造，包括自由制订教学计划、编制课程等 5 个方面。中学需详细记录学生在整个中学期间的发展情况并根据评价委员会制定的各项准则，判断学生是否合格。第二阶段为 1936~1940 年，一些合格的学生经校长的推荐信和中学的各项记录表，进入实验大学学习。大学期间，评价委员会负责对实验中学的毕业生进行跟踪研究与对比研究：自 1936 年入学的学生开始，一直到 1939 年最后一届学生入学，评价委员会按一定的标准选取了 1 450 组学生，从他们的学习成绩、智能等共 5 个方面，通过问卷调查、访谈、轶事记录等多种方式采集数据，进行比较和追踪研究。实验证明，整个实验组和对照组之间的平均差异并不大，但每个年级中合作中学的毕业生无论是使用大学的标准来衡量，还是用实验的指标或同龄人的评价来看，都比对照组要好一些。

"八年研究"是美国教育史上唯一全面的、纵向的同类课程改革，首次采用了大规模的追踪研究法，整个实验过程组织严密，有专门的理论支撑并对学生的学习效果开发了多种类型的评价方法，以每年统计或是记录的翔实数据作以分析和比较，对我们进行追踪研究提供了很好的借鉴。

（二）国际考试招生制度借鉴

通过对美国、英国、澳大利亚、日本、韩国考试招生制度的文献梳理和分析，各国在考试招生制度上呈现以下特征：

1. 高考考试科目设置广泛

以澳大利亚和日本为例，澳大利亚高考科目设置广泛，学生可供按其兴趣特长自由选择，每年各州划定毕业考试科目的范围之后，允许学生根据个人兴趣、特长选课，每所高中都有几十甚至上百门课程可供选择，从最基本的英语、数学、物理、化学到音乐、美术、舞蹈、戏剧、编程等。这些课程都可以作为高考科目，学生们可以在考试中充分发挥自己的特长，并且为大学专业课程的选择及将来职业道路的选择奠定基础。而无论选哪几门，分值都是平等的。日本的多数大学一般要求考生提供5科成绩即可，但"大学入试中心考试"本身设有6科31门考试科目，考生可通过招生简章了解各大学要求考生报考哪些学科、科目。

2. 高校录取选拔标准多元

高校招生录取标准较为多样化，例如美国高校录取标准包括：中学学业成绩和所修课程、入学考试成绩、课外活动中的才能、入学申请书、推荐信和面试。此外，各高校还有专门针对特长学生和少数民族学生的特殊选拔标准。英国高校的录取选拔除了依据"普通教育高级水平证书"（General Certificate of Education Advanced Level，A-Level）成绩外，还参考其他因素如：对申请专业学习动机和努力程度、以前的工作经历、学生作业档案、对所选专业未来就业行业的热爱程度、申请的专业与申请人的兴趣和就业倾向是否适合、非学术成就和课外兴趣是否能够使大学学习团体受益、清晰的思考力和理解力等。

3. 考试机制灵活

各国考试机制的灵活性主要体现在考试科目的选择和处理突发情况的能力方面。如澳大利亚的考生可以自由选择科目程度和高考时间，如果一个学生在11年级就选了12年级的数学和外语，就可以提前参加高考。韩国日前公布了"2014年度高考体制改革方案"，将目前每年一次的考试改为分两次进行，考生可自愿选择考试次数，成绩取两次考试中分数最高的一次。日本虽然实行的是全国性统一考试，但日本考试中心还准备了第二次考试，为那些考试当天因为疾病、交通等意外情况不能参加考试的同学再提供一次机会，第二次考试的成绩等同于第一次考试。

4. 采取统一考试的国家纷纷采取措施改变"一考定终身"的格局

澳大利亚近年废除了全国高中毕业会考制度，取而代之的是以学生高中两年的综合成绩加上一次地区性的"全澳等级考试"成绩来决定考试是否被录取，而不是以一次会考成绩作为高校新生录取的唯一标准。按照澳大利亚新的高考制度，学生每门功课的综合成绩是根据其高中两年期末考试、课外作业、作为和演讲4项成绩来评定的，学校选取学生成绩最好的4门课合成个人原始分，作为大学录取的依据。韩国通过增加考试次数，缩减考试科目来克服"一考定终身"的弊端，目前韩国将考试科目由目前的八门缩减一半，仅保留语文、数学、英语和探求四门。

5. 高校在招生录取中具有较大的自主权

以具有全国统一考试的国家为例，日本考生根据所报考大学的要求，参加相关科目的考试。各大学可以自行决定是否选用这个方案以及所选用的科目数量（既可以选一科，也可以全选），各科成绩在总分中的比重也由各大学自主决定。韩国实行入学审查官制度，旨在让大学选拔录取到富有创新精神、具有良好个性和培养潜能，并且和学校自身发展目标、建校理念相吻合的优秀人才。审查官的主要任务是分析高中和大学的课程体系，积累整理相关的资料；研发最有效的选拔方法；审查评判申请者相关的所有材料，并决定是否录取；对通过审查的新生进行学业和大学生活适应等相关指导。

6. 制定实施分类招生政策

美国著名私立大学和优质州立大学实行严格的选拔性招生政策，也称"英才政策"，目的是选拔各种优秀人才，以保持一流的科研和教学水平。一般的州立大学实行"入学后的筛选政策"，即招生时对考生只进行一般性的选拔，入学后再根据需求对那些不够水准的学生进行逐年淘汰。两年制的社区学院实行开放的招生政策，即招生向所有具备高中毕业水准的成年人开放，给他们享受高等教育的机会。英国高校的选拔录取标准各不相同。传统精英大学入学标准一般要求申请人具有3科"普通教育高级水平证书"，并且考试成绩优秀；而大众型高等院校入学要求一般为2科"普通教育高级水平证书"，另外1科可以是范围广泛的职业资格证书和其他国家资格证书框架里的第三级证书。

二、国外考试招生制度研究重点

（一）标准化入学考试成绩作为高校招生依据的适切性分析

普遍来看，大多数学者反对高校将标准化的大学入学考试成绩作为主要的招生依据。加尔文等（Calvin et al., 2000）对标准化考试成绩在高等教育招生选拔机制中的作用提出了质疑。[①] 兹维克（Zwick R., 2007）探讨了在大学招生中使用标准化考试的争议性问题，研究认为尽管美国现行的标准化考试如"学业能力倾向测验"和"美国大学入学考试"能在一定程度上预测学生未来的学业成就，但以上这两项考试同样也在很大程度上限制了美国学生尤其是少数族裔进入大学的机会。在标准化考试之外，兹维克还讨论了两种不经考试的录取方式，即利用学生在高中阶段的班级排名或随机抽签的方式录取学生，并认为这些方式本身也存在弊端。与此同时，一些小型文理学院已不再强调考试，并在提高校

[①] Calvin, Allen. Use of standardized tests in admissions in postsecondary instituions of higher education. *Psychology, Public Policy, and Law*, 2000, 6 (1): 20-32.

园多样性，同时保持较高学术水平方面取得了一些成功，但大型院校难以复制这些做法。基于此，兹维克认为由于高等教育招生工作中选择性与平等性的内在矛盾，不论大学是否依据"学业能力倾向测验"和"美国大学入学考试"等标准化考试成绩录取学生，美国高等教育领域对大学招生录取方式的争论都将持续存在。[1]

塞沃森（Syverson S. , 2007）研究认为，学生的标准化考试成绩并不能用来预测学生在高等教育领域中的表现，更无法衡量学生的创造力，也不能预测学生在美术或表演艺术方面可能取得的成功。出于对标准化入学考试的不满，美国越来越多的院校如贝茨学院（Bates College）、鲍登学院（Bowdoin College）和圣约翰学院（马里兰校区）（St. John's College in Maryland）都已不再强制要求学生提供标准化考试成绩。塞沃森（Syverson S. , 2007）认为大学招生过程中对标准化成绩的弱化将成为高等教育发展的趋势。[2]

百力滋等（Pretz J. E. et al. , 2015）指出，当前美国的大学主要依据申请者在高中阶段的学业成绩和标准化考试（"学业能力倾向测验"和"美国大学入学考试"）成绩来筛选申请者，这一招生方式存在明显弊端。百力滋和考夫曼认为衡量大学是否成功的一种重要标准在于学生的创造性成就，而实证研究的结果表明，传统的以成绩为依据的招生标准未能体现出申请者的创造性能力。恰恰相反的是，在测验中自我创造性效能最高的学生在传统招生标准下却容易被视为能力较弱的申请者。[3]

欧蕾（D'Oyley V. R. , 1975）等以当前加拿大高校招生服务（Service of Admission to College and University, SACU）的危机为出发点，考察了加拿大大学招生服务中心的发展历史。研究发现，社会大环境的变化如加拿大的方言越来越多、招生人数停滞或下降、开放教育的认可度提高等因素，导致了参与高校招生服务测试的人数大幅下降，同时加拿大高校招生服务的选拔性功能也受到猛烈抨击。研究建议加拿大高校招生服务的考试应朝着促进生源分配和提供咨询职能的方向重新进行调整。[4]

---

[1] Zwick R. College Admissions in Twenty - First - Century America: The Role of Grades, Tests, and Games of Chance. *Harvard Educational Review*, 2007, 77 (4): 419 - 429.

[2] Syverson S. The role of standardized tests in college admissions: Test Optional admissions. *New Directions for Student Services*, 2007 (118): 55 - 70.

[3] Pretz J E, Kaufman J C. Do Traditional Admissions Criteria Reflect Applicant Creativity. *The Journal of Creative Behavior*, 2015: 58 - 76.

[4] D'Oyley V R, Hermann Müller - Solger. National testing for college and university: The role of the Service for Admission to College and University (SACU) in Canadian higher education. *International Review of Education*, 1975, 21 (1): 91 - 109.

研究者大多对医药学专业领域的标准化入学考试成绩持辩证看法，认为将其作为大学招生的重要参考依据具有一定合理性。哈维尔·特伦（Javier Touron，1987）的研究发现，高中排名和入学考试成绩可以预测医学院一年级学生的表现情况。[1] 芒森等（Munson J. W. et al.，1976）也指出学生参加"药学类高等教育入学考试"（Pharmacy College Admission Test，PCAT）的成绩可以在一定程度上预测学生入学后在专业学习中的成就。[2] 托罗西安·乔治（Torosian George，1978）等初步尝试探索了帮助佛罗里达高校的招生委员会了解药学院录取标准有效性的相关因素，认为可以使用佛罗里达大学和其他佛罗里达机构的学生的数据来预测药学院学生未来的平均绩点。[3]

　　斯托内克尔（Stalnaker J. M.，1950）[4]、朱利安（Julian E. R.，2005）[5]、科莱特（Kreiter C. D.，2007）[6]、哈雷（Haley J. V.，1973）[7] 等的研究均认为"医学类专业大学入学考试"（Medical College Admission Test，MCAT）成绩可以较好地预测学生在医学专业的学业成就或临床操作技能，可以作为高校甄选学生时的重要参考依据。但也有学者对 MCAT 的预测作用提出了质疑，如泰勒（Taylor C. W.，1950）认为该项考试成绩对学生在医学类学业成就方面的预测性有限[8]。此外，一些学者关注了影响学生"医学类专业大学入学考试"成绩的非智力因素，如霍杰特等（Hojat M. et al.，2000）指出在医学类专业大学入学考试中，示例写作部分的内容对学生的考试成绩会产生重要影响。[9] 哈尔佩恩等（Halpern D. F. et al.，1998）研究发现学生性别和惯用手（习惯用左手还是右手）的偏好

---

[1] Javier Touron. High School Ranks and Admission Tests as Predictors of First Year Medical Students' Performance. *Higher Education*，1987，16（3）：257－266.

[2] Munson J W，Bourne D W. Pharmacy College Admission Test（PCAT）as a predictor of academic success. *American Journal of Pharmaceutical Education*，1976，40（3）：237－239.

[3] Torosian G. An Analysis of Admission Criteria. *American Journal of Pharmaceutical Education*，1978，42（1）：33－45.

[4] Stalnaker J M. Medical College Admission Test. *Journal Association of American Medical Colleges*，1950，（25）：428.

[5] Julian E. R. Validity of the Medical College Admission Test for predicting medical school performance. *Academic Medicine Journal of the Association of American Medical Colleges*，2005，80（10）：910.

[6] Kreiter C. D.，Kreiter Y. A Validity Generalization Perspective on the Ability of Undergraduate GPA and the Medical College Admission Test to Predict Important Outcomes. *Teaching and Learning in Medicine*，2007，19（2）：95－100.

[7] Haley，J. V.，The Medical College Admission Test as a Predictor of Grade Factors. *Medical Education*，1973，48（1）：98－100.

[8] Taylor C. W. Check Studies on the Predictive Value of the Medical College Admission Test. *Association of American Medical Colleges*，1950，25（4）：269－271.

[9] Hojat M.，Erdmann J B，Veloski J J，et al. A validity study of the writing sample section of the medical college admission test. *Academic Medicine*，2000，75（10）：25－27.

也会影响学生在该项考试中的得分。[1]

(二) 社会经济等因素对高校招生录取结果的影响

在现行的高等教育招生机制下，美国精英阶层的子女可以获取更多的高等教育入学机会。勒塞纳斯·戴维（Lesesne David，2008）指出精英阶层可以通过较高的教育支出使其子女获得更高的大学录取率。研究检视了戈尔登（Golden）提出的"入学价格"（price of admission）观点，认为美国精英阶层能够通过更高的教育支出有效提高其高等教育录取概率，这种招生政策使得经济上具有优势的申请者更容易被高校录取。但若想改变大学的这种招生方式并不容易，因为大学的招生政策更多的是建立在曾经存在的精英统治的基础上，需要更大的外部压力或更大的回报才能推动这项改革。[2] 此外，莱图卡斯·琳恩（Letukas Lynn，2016）研究认为，美国学生的高考成绩受多方面因素的影响。教育系统的社会差异如居住地距离学校的距离、健康与营养状况、英语水平、社区和学校资源等因素，以及社会文化因素如受教育机会、获得考前辅导的机会等都会影响学生的高考成绩。[3] 萨基特等（Sackett P. R. et al.，2012）关注了学生的社会经济地位与大学入学考试成绩、高中成绩以及未来学业成绩之间的关系。研究发现大学入学考试成绩在预测随后的学业成绩方面表现出了对中学成绩的增量效度，而这种增量关系并没有受到社会经济地位的显著影响。研究发现大学在校生的社会经济地位与特定学校的申请者群体非常相似，因此阻碍美国社会经济地位低的学生进入大学的主要原因是他们的入学率太低，而不是他们在就读期间受到排斥。[4]

西蒙罗斯内达（Simmenrothnayda A.，2015）等的研究发现特殊的医学背景将影响学生申请医学类专业的成功率。研究指出 2014 年 2 月哥廷根大学（Gottingen University Medicine）医学专业的申请者当中将近一半的学生（44%）有医学背景，学生父母双方均是医生的情况最为常见。在父母双方均是医生的申请者当中，有 20% 的学生曾接受过医疗培训，这些申请者虽然在考试分数（人机考试和面试）、个人入学考试准备、接收或接受医学院入学名额方面都没有显示出

---

[1] Halpern D. F., Haviland M G, Killian C D. Handedness and Sex Differences in Intelligence: Evidence from the Medical College Admission Test. *Brain & Cognition*, 1998, 38 (1): 1–101.

[2] Lesesne David. The Price of Admission: How American Ruling Class Buys Its Way into Elite Colleges—and Who Gets Left Outside the Gates. *International Journal of Educational Advancement*, 2008, 8 (1): 43–45.

[3] Letukas L. College Admissions Testing: Current Understanding and Future Implications. *Sociology Compass*, 2016, 10 (1): 98–106.

[4] Sackett P. R., Kuncel N R, Beatty A S, et al. The Role of Socioeconomic Status in SAT – Grade Relationships and in College Admissions Decisions. *Psychological Science*, 2012, 23 (9): 1000–1007.

任何优势，但是却能够以相对更低的考试成绩被大学录取。[①]

皮尔斯（Pearse R. 1978）研究了印度尼西亚一所高水平大学的招生程序，认为大学的招生选拔程序中很可能存在学术性和非学术性的招生歧视，使得国家优秀人才得不到充分发展，并引起落榜者对学校的失望情绪。研究指出，大学在正式招生前从年龄、性别、教育背景等方面对申请者进行区分的做法已落后于社会的发展，而且不利于选拔优秀人才。基于此，皮尔斯建议印度尼西亚的大学采用招生配额机制，由此一来，大多数落榜者可以从自身因素寻找失败的原因，而不是参照大学的录用结果来判断自己的成败并归因于大学。[②]

（三）高校在招生宣传中吸引优秀生源的可选策略

1. 高校可利用互联网络吸引优秀学生

佩格拉罗（Pegoraro A.，2006）研究分析了互联网在加拿大的大学招生中所发挥的重要作用，主张通过构建大学之间的互联网络，建立大学招生平台网站来吸引更多潜在的优秀学生。利用网络进行招生宣传与传统的营销和推广形式不同，网站的质量不需要受到机构规模和预算的限制，有利于降低高校的招生成本，具有非常大的应用前景。佩格拉罗对2006年秋季加拿大大学网站内容的分析发现，网站的可用性水平从及格到良好不等，而网站上关系招生宣传的内容只达到中等及以下水平，网站建设在招生宣传中的巨大优势没有得到很好发挥。[③]

啦特·理查德等（Rutter Richard et al.，2016）的研究认为，高等教育领域已经严重市场化，随着院校之间竞争的加剧，高等教育市场上对生源的竞争相当激烈。在这场竞争中，大学应当有效利用自身的声誉资本和品牌优势来吸引生源，积极利用社交媒体打造大学的品牌活动。当大学以互动的方式使用社交媒体时，会产生一种特别强烈和积极的效果，在脸谱网（Facebook）上吸引大量的点赞或者在推特（Twitter）上获得大量关注者等措施都有利于大学提高自身声誉并吸引生源。[④]

2. 高校可利用叙事法进行大学招生宣传

伯恩斯·米歇尔（Burns Michael E.，2015）研究认为当前美国的高中生已经不再是仅仅依照大学的学术水平进行择校，而是更加关注大学能给他带来的综

[①] Simmenrothnayda A, Yvonne Görlich. Medical school admission test: advantages for students whose parents are medical doctors. *Bmc Medical Education*, 2015, 15（1）: 1–6.

[②] Pearse R. The role of selection based on academic criteria in the recruitment process at an Indonesian government university. *Higher Education*, 1978, 7（2）: 157–176.

[③] Pegoraro A. *Using university websites for student recruitment: A study of Canadian university home pages examining relationship marketing tactics and website usability*. The university of Nebraska, 2006: 1–45.

[④] Rutter R, Roper S, Lettice F. Social Media Interaction, the University Brand and Recruitment Performance. *Journal of Business Research*, 2016, 69（8）: 3096–3104.

合性影响。研究中通过分析比较高中生对四所不同大学招聘材料的看法，发现叙事法是一个有效的宣传方式，向学生讲述代表大学学术和社会两方面的故事能帮助学生在大学里形象化自己，使其对高等教育的理念更加具体。①

伯恩斯·米歇尔等（Burns M. et al.，2012）以美国北达科他州立大学为例，研究了以叙事为基础的大学招生宣传片在招生过程中发挥的作用。研究发现，不同类型的叙事方式对潜在生源的影响不同，较高的叙事概率和叙事忠实度对学生择校态度有正向影响，对学生择校的主观规范信念和感知行为控制的影响较弱，但仍有正向影响。②

3. 高校可主动采取措施吸引国际留学生

王晓燕（Wang Xiaoyan，2009）分析了加拿大两所研究型大学招募国际留学生的主要策略，以及留学生选择这两所学校的主要因素。研究发现，高校招收留学生的举措受省政府政策、高校领导、高校传统与组织结构、财务状况、办学能力、省内高等教育体制等诸多因素的影响。一方面，两所研究型大学均通过组织校园参观、举办讲座、设置访客中心以及维护大学网站等方式向学生提供最新资讯，主动争取国际生源。另一方面，大多数国际留学生在选择大学时首先依据的是学校的声誉和课程质量，其次是大学对自己国家学位的认可、大学学费和生活费用等，再次是学校的社会适应力。此外，研究发现国际学生平均从6个以上的渠道获取大学信息，而大学提供的信息源被认为比公共信息源更重要，而且也是大多数学生获取大学招生信息的主要来源。③

摩尕伊（Mogaji E.，2016）认为高校在招生宣传工作中，可以把大学网站作为吸引国际留学生的营销传播工具。当前的网络广告可能不是一个有效的营销策略，相反一些恰当的网站设计可以作为有效的营销工具，通过网站接触到全球的留学生。基于此，建议大学在招生宣传中除了明确学术项目和学费的标准信息外，还可以建设大学网站，为不同地区的生源提供大学组织机构、文化氛围、入学要求等具体信息。④

黄现等（Huang X. et al.，2015）基于关系营销理论，考察了国际留学生的招生机制，并提出高等教育市场营销的"公司对公司电子商务"（business to bus-

---

① Burns M. Recruiting Prospective Students with Stories: How Personal Stories Influence the Process of Choosing a University. *Communication Quarterly*，2015，63（1）：99 – 118.

② Burns M, Nelson Paul E, Raile Amber W, Littlefield Robert & Ray Chris. Story-selling: The Persuasive Effects of Using Stories in University Recruitment，*ProQuest Dissertations and Theses*，2012：135.

③ Wang Xiaoyan. *Institutional recruitment strategies and international undergraduate student university choice at two Canadian universities*. University of Toronto，2009：1 – 65.

④ Emmanuel Mogaji. *University Website Design in International Student Recruitment: Some Reflections*. Palgrave Macmillan，2016：99 – 117.

iness，简称 B2B）关系模型，研究认为大学与合作伙伴之间的教育合作已经达到相当高的水平，通过提供与接收国际留学生的方式实现合作互利，与商业运作中的 B2B 关系模式具有相似性。①

（四）高等教育招生机制改革的路径探索

布劳恩等（Braun S. et al.，2009）关注了德国高校招生录取过程中的州际差异。尽管德国不同地区的平均成绩差别很大，但由于全国范围内的中学毕业生都可以申请进入大学，所以地区来源对录取成功率的影响非常重要。基于德国"中央大学招生信息中心"（central clearing house）2006～2007 年的数据集，研究发现，若是假定各个州之间的成绩没有可比性的话，那么联邦各州之间的成功率确实存在巨大差异，大多数的差异可以用州一级的评分差异来解释。研究建议对联邦各州的招生进行配额并将申请者之间的竞争限制在州一级，由此打破州一级评分与大学录取过程中成功率之间的联系。②

麦萨德（Massadeh N.，2012）探讨了约旦公立大学的招生政策。研究发现，鉴于国家特殊的历史经历和经济状况，公立大学的录取规则具有多变性并且几乎对所有中学毕业生开放，但是这种大学招生政策已经对县城的经济和社会状况产生了负面影响。为解决这一不同寻常的录取政策和与之有关的社会经济问题，麦萨德建议通过提高课程标准和完善大学录取机制等措施来选拔精英学生。③

麦克·克拉伦（McClaran A.，2003）认为在高等教育大众化的推动下，英国高校的招生方式经历了从"录取"（admission）到"招生"（recruitment）的转变，实现了高等教育招生的专业化。在这一进程中，高等教育机构着力构建新的程序模型来应对高等教育大众化的压力并努力涵盖更多的学生群体，与此同时，这一新模型又反过来创造了新的人力资源和技术方面的需求。④

布鲁金克等（Bruggink T. H. et al.，1996）以一所文理学院为例，从理论上构建了大学招生的数据模型。研究认为，理想的学生素质包括领导能力、显著的

---

① Huang X, Balaraman P, Tarbert H. A Framework for Examining International Students' Recruitment From B2B Relationship Perspective. *Ideas in Marketing*: *Finding the New and Polishing the Old*. Springer Cham, 2015: 460–460.

② Braun S, Dwenger N. Success in the university admission process in Germany: regional provenance matters. *Higher Education*, 2009, 58（1）：71–80.

③ Massadeh N. Policies Governing Admission to Jordanian Public Universities. *Higher Education Policy*, 2012, 25（4）：535–550.

④ McClaran A. From "admissions" to "recruitment": The professionalisation of higher education admissions. *Tertiary Education and Management*, 2003, 9（2）：159–167.

成就和才能、文化及地域多样性、高学术表现等方面，但是能在以上所有属性中都占主导地位的申请人寥寥无几，因此必须通过数据模型来对申请者进行评判并为决策提供参考。研究发现，高校的录取结果确实比较符合学院的整体目标，但是录取结果的差异性阻碍了大学生源多元化的实现，招生人员对申请者中的特殊群体关照不足。[①]

泽维尔·博世（Xavier Bosch, 1999）总结了西班牙大学理事会的一项调查结果，发现西班牙的大学校长们对大学招生的程序表示不满；要求大学在招生方面获得更大自主权。[②] 还有学者探讨了南非的"双轨制"高考改革。建议高校的招生应更加关注具有学习潜力的人，并从理论层面尝试构建了南非高等教育招生的"双准入制度"。"双准入制度"有利于辨别出那些有较强学习潜力但当前学业表现不理想的学生，有利于纠正以往直接涉及种族、阶级、肤色、信仰、教派或家庭环境等歧视性因素的招生偏见，增加劣势群体学生获得高等教育入学机会。

第三节　国内外研究述评

一、研究数量

从研究数量来看，高考改革的研究文献数量呈现出逐步上升的趋势，并且与我国高考改革动向有密切相关。1979 年恢复高考以来，我国对高考改革研究的文献逐年递增，但在 1994 年之前，对高考改革的研究文献数量较少，2014 年达到恢复高考 40 年来的最高点。1999 年，我国高等教育开始大规模扩张，2003 年，我国开始实施自主招生政策，2008 年制定《国家中长期教育改革与发展规划纲要》，将考试制度改革作为国家教育体制改革的重要任务，2014 年国务院颁布《国务院关于深化考试招生制度改革的实施意见》，并启动浙江、上海试点高考改革方案，这些高考改革动向实施的时点与文献数量骤增的趋势基本一致。因此，可以初步判断，国家高考改革动向与学术界对高考改革问题的关注之间关系

---

① Bruggink T. H., Gambhir V. Statistical models for college admission and enrollment: A case study for a selective liberal arts college. *Research in Higher Education*, 1996, 37 (2): 221–240.

② Xavier Bosch. Spanish university chiefs blast recruitment system. *Nature*, 1999 (401): 419.

密切。

二、研究主题

通过对国内相关研究成果的分析，发现现有研究多数以经验总结为主，缺乏对高考改革的系统性评估。已有研究大多停留于对高考改革的理论探索和经验总结，对于高考改革方案的科学性评估、高校人才选拔的自主性问题、高考与基础教育相互衔接问题、考生对高考改革的适应性问题、高考改革的公平与效率问题、高考改革的舆论环境等关键性问题，虽有论述但不够深入，往往因缺乏实证研究而流于泛泛。尤其是在新一轮高考改革方案研究领域，已有文献主要以前瞻性研究为主，缺乏大规模实证跟踪与评价研究。

三、研究视角

已有文献研究视角多以微观为主，缺乏对宏观问题的关注。高考改革是一项系统性工程，一方面，改革的一端连接着基础教育，另一端连接着高等教育，可谓牵一发而动全身；另一方面，由于我国国土面积的广阔性以及各省份之间的复杂性和差异性，高考改革试点担负了"排头兵"的责任，是我国全面推进高考改革的"先锋队"。对于高考改革试点的相关研究既要立足于当地实践，也需要有宏观的战略思维和长远眼光，要能够跳出试点省市的具体实践，从更加宏观的视角总结高考改革的经验和教训，为改革试点工作的进一步推广做好铺垫。从这一角度来看，当前我国有关高考改革试点工作的研究虽然做到了立足当地实践，但是相对缺乏对全国性的宏观问题的系统性关注，研究的视角过于微观、局限。

四、研究方法

通过梳理国内外高考改革的相关研究，可以发现：国内高考改革的研究在方法上主要采用理论分析和比较研究，实证研究相对较少，当前已有的实证研究成果大多只选取某一时点或者某一具体学校为研究对象，缺乏对高考改革的系统、连贯、长期的跟踪研究，导致研究视角随政策快速转换，缺乏稳定性；研究结论受限于一时一地的情境，不具长效性等诸多问题。近年来，实证研究数量有所增加，如研究者以山东省某县级市高考数据进行实证分析认为，高考改革对农村考生造成了不利影响①；提出高考公平性评价的量化分析框架及指标体系，并以湖南省为对象测评②；利用浙江省九所高中联考的数据，模拟出自选科目和等级赋分后浙江和上海可能出现的自选科目满分人数，并对等级赋分可能出现的问题和对策进行讨论③等，都是以实证研究的方法对高考政策进行分析，但是总体来看，进行宏观层面的跟踪评价研究较少。

五、研究特点

在新高考改革之前，我国高等教育入学考试与高校的招生工作基本上是紧密捆绑在一起，高考成绩长期以来是高校招生的最主要依据。因此我国学者在探究高考问题时，基本上是把高等教育入学考试与高校的招生机制混在一起来研究，其研究成果也往往同时涉及以上两个方面。与我国不同的是，欧美许多国家的高等教育入学考试与高校招生工作相对独立，学生的入学考试成绩仅作为高校招生时的一项重要参考，而非绝对性因素。因此，国外的研究者通常把高等教育入学考试与高校的招生机制分别作为两个独立的研究对象，研究成果往往只关注高等教育入学考试的科学性、合理性以及考试成绩对学生未来学业表现的可预测性等，或者只关注高校招生机制的特点、问题、改进策略等方面。

通过国内外相关研究成果的对比分析，可以发现新高考改革实践是来自中国大地的一项非常具有"中国特色"的改革，但是从已有研究结果来看，我国学者对高考改革之"中国特色"的研究还不够深入，对于高考改革"中国特色"内涵的理解还不够到位，相关的理论和实践研究仍有待进一步扩充。尽管国外已有大量关于高校招生工作的成功经验以及相关研究成果，但其对于我国新高考改革的参考和借鉴意义依旧较为有限，我国的新高考改革研究离不开对我国国情的深入理解和分析，离不开对我国高考改革历史进程的全面把握，首先应当是一项具有"中国特色"的研究。

---

① 张冀南、刘思琦：《高考改革对城乡教育公平的影响——基于山东省某县级市高考数据的实证分析》，载《科学决策》2012年第5期。

② 张和生、余军民、郑岱：《高考公平指数的建构与测评——以湖南省为例》，载《北京大学教育评论》2013年第1期。

③ 文东茅、鲍旭明、傅攸：《等级赋分对高考区分度的影响——对浙江"九校联考"数据的模拟分析》，载《中国高教研究》2015年第6期。

第二章

高考改革的政策演变与路径选择[①]

第一节 我国高考改革的政策演变

改革开放40年来,我国高考的选拔标准、考试科目与内容、考试方式、录取方式及招生计划分配等都发生了较大变化,高考改革日趋注重全面发展、能力本位、综合评价和公平公正等价值取向。

一、政策演变

(一)选拔标准从知识本位走向能力本位,重视全面发展

1977年以来,教育部历年招生政策文件中都规定了当年招生工作遵循的基本原则和报考条件要求,从中可以看出,40年来,我国高考招生的标准发生了显著变化,政治标准逐步调整,年龄限制逐步放宽,从强化文化考察到重视德智体美全面发展,高考选拔的标准从政治本位、知识本位逐步走向能力本位。

[①] 钟秉林、王新凤:《我国高考改革的价值取向变迁与理性选择——基于40年高考招生政策文本分析的视角》,载《教育研究》2017年第10期。

1. 破除唯成分论，拓展入学机会

一是破除唯成分论，转而关注学生个人表现。1977 年恢复高考后，我国高考政策文件逐步对考生的政治标准进行了重大调整。凡是政治历史清楚，具有高中毕业或相当于高中毕业文化水平，身体健康者均可报考。教育部《关于一九七八年高等学校招生工作的意见》指出，要全面地正确地贯彻执行党的"有成分论，不唯成分论，重在政治表现"的政策。1979 年，教育部《关于高等学校录取新生政治审查工作的意见》强调，"政治审查，主要看本人的政治表现……父母及主要社会关系的政治问题和历史问题，一般不应影响考生的录取"。之后的 40 年，对考生的政治审查主要看报考者本人的政治思想品德表现。

二是放宽年龄限制，拓展社会成员入学机会。改革开放的前 20 余年，高考政策文件中对考生报名条件一直都有年龄限制："未婚，年龄一般不超过 25 周岁"，有实践经验者可以放宽到 28 岁。《2000 年普通高等学校招生工作规定》提出，从终身学习的理念和构建学习型社会的视角出发，进一步拓宽考生的报名条件，取消对考生年龄和婚否的限制。2014 年，国务院《关于深化考试招生制度改革的实施意见》（以下简称《意见》）强调，拓宽社会成员终身学习通道，扩大社会成员接受多样化教育的机会。2016 年 9 月，教育部专门出台了《关于推进高等教育学分认定和转换工作的意见》，鼓励探索多种形式学习成果认定，以满足人民群众多样化学习和发展需要。

三是将违规者拒之门外。历年文件报考条件中规定了不得报考人员的细则，明确了对报考人员思想品德的要求。2009 年以来，我国普通高等学校招生工作规定除了限制高校在校生、非应届毕业的在校生、服刑者参加高考之外，替考或者考试作弊的学生也被限制参加高考。这既是对报考人员基本权益的维护，也是对破坏考试规则的学生的惩戒，有利于维护高考制度的公平与公正。

2. 重视文化考察，探索综合评价

改革开放以来，我国高校招生工作一直按照"德智体全面衡量，择优录取"的原则选拔学生。《2002 年普通高等学校招生工作规定》指出，"高等学校招生工作应贯彻公平竞争、公正选拔，德智体全面考核、综合评价、择优录取，入学考核形式以文化考试为主的原则"。"综合评价"首次成为高校招生工作的基本原则。2003 年，取消了"入学考核形式以文化考试为主的原则"的表述，并将"德智体全面考核"调整为"德智体美全面考核"，强调全面发展、综合评价。2006 年，加入了"公开透明的原则"，"公平竞争、公正选拔、公开透明，德智体美全面考核、综合评价、择优录取"的基本原则沿用至今。

概而言之，改革开放以来，我国逐渐取消了对考生家庭出身等政治条件的限制，加强了对考生的文化考查，强调为经济社会发展培养高质量的建设者。进入

21世纪之后,"应试教育"倾向备受诟病,为了培养经济社会发展需要的多样化、高素质的高级专门人才,满足人民群众日益增长的受教育需求,高考政策取消了对年龄和婚否的限制条件,同时强调学生德智体美全面发展。人才选拔的标准从政治本位、知识本位逐步向全面发展和综合评价转变。

(二)考试科目从零散、分科走向融合,强调能力立意

改革开放40年来,我国高校招生考试的科目设置、考试内容和命题方式发生了很大变化。总体而言,考试科目逐步减少,文理从分科走向融合;高考内容从注重考查知识的获得,转向考查创新精神、综合素质及问题分析能力,强调能力立意;考试命题方式从分散到集中几经反复,更加注重命题质量。

1. 考试科目从分科走向融合,强调文理互通

1977年,高考文科考试科目为政治、语文、数学、史地;理科考试科目为政治、语文、数学、理化。1978年,文理科考试科目均为六门,文科考政治、语文、数学、外语、历史、地理,理科考政治、语文、数学、外语、物理、化学;外语为必考科目,但除了外语院校或专业外,成绩不计入总分。1979年,报考重点院校的考生外语成绩按照10%计入总分。1981年,理科考试科目增加了生物,外语成绩50%计入总分。1983年,按照《一九八三年全日制高等学校招考新生的规定》,外语成绩100%计入总分[①]。

1987年后,我国开始探索在普通高中会考基础上减少考试科目,形成各种科目组合,由高校确定选考科目组合。1987年,上海市开始探索自主命题,在会考基础上开展高考科目改革的试点,将高考科目减少为四门,分为六组,分别是语数外加政治、历史、地理、物理、化学、生物中的一门。1989年和1990年,国家教育委员会均发布文件规定当年的高考科目组合。1992年,国家教育委员会《关于在普通高中毕业会考基础上高考科目设置的意见》提出,按文理分科设置考试科目,文科考语文、数学、外语、历史和政治;理科考语文、数学、外语、物理和化学,语文和数学分别根据文理科的特点在试题内容方面适当加以区别,从1993年开始逐步实施。至此,在普通高中会考基础上的高考科目改革探索基本成形。

1999年,教育部《关于进一步深化普通高等学校招生考试制度改革的意见》提出,在广东省前期试点的基础上,试行"3+X"科目设置方案。"3"是指语文、数学、外语三门考试科目;"X"是指由高等学校根据本校层次特点的要求,从物理、化学、生物、政治、历史、地理六个科目或者综合科目中自行确定一门或几门考试。2000年开始,在广东、山西、吉林、江苏、浙江五省试点,并逐

---

① 杨学为:《高考文献》(下),高等教育出版社2003年版,第172页。

步推开。2002年，北京开始自主命题，到2006年自主命题的省市达到16个，高考命题采取统一命题（全国卷）与分省自主命题（地方卷）相结合的方式。这一时期的高考内容改革强调对考生能力和素质的考查，《教育部关于做好2007年普通高等学校招生工作的通知》指出，进一步深化高考内容改革，着力体现全面实施素质教育和培养创新人才的要求。

2014年，《意见》指出，浙江和上海作为高考综合改革首批试点省份进行高考科目设置改革。考生成绩由两部分组成，一是统考的语数外三科成绩；二是高中学生自选三科的等级考试赋分成绩，由考生根据报考高校要求和自身兴趣特长，在思想政治、历史、地理、物理、化学、生物等科目中自主选择。目前试点省市均按"3+3"组合进行高考科目设置，但选考科目组合有所不同，浙江省是从思想政治、历史、地理、物理、化学、生物、技术（含通用技术和信息技术）7门设有加试题的高中学考科目中，选择3门作为选考科目；上海是从普通高中6门学业水平考试自主选择3门作为选考科目；山东也是"6选3"，并探索将技术（含信息技术、通用技术）科目纳入等级考试科目。

2. 考试命题强调能力立意，命题方式几经调整

改革开放40年来，高考命题从注重考察知识的获得，转向考察创新精神、综合素质及问题分析能力。新一轮高考改革取消了文理分科，着重增强基础性、综合性，着重考查学生独立思考和运用所学知识分析问题、解决问题的能力，高考内容更加强调能力立意。同时为保证国家教育考试的质量和社会公信力，我国高考考试命题方式由分散走向集中。1977年，我国高考由省、市、自治区组织考试命题，县（区）统一组织考试。1978年调整为全国统一命题，省、市、自治区组织考试、评卷。2000年开始，在广东、山西、吉林、江苏、浙江五省开展自主命题试点，并逐步推开。2002年，北京开始自主命题，到2006年自主命题的省份达到16个。之后又逐步走向集中，2016年，使用全国统一试卷的省份从15个增至26个，国家教育考试机构编制多套不同的卷种供有关省份选用，形成"以统为主、统分结合"的命题格局，保证试卷信度和效度，提高命题质量。

（三）考试方式从单一走向多元，注重综合评价

改革开放40年来，我国高考招生从"一考定终身"的单一选拔方式，向一年两考、多次选择、综合评价和多元录取的方式转变，致力于改变过去唯分数论的弊端，实现综合评价，科学选才。

1. 预选基础上全国统考

1977年，我国恢复高考后的第一次考试采取口试和笔试等多种形式，提倡开卷考试。同时，还试招收少数应届高中毕业生直接上大学。1979年，我国实施全国

统一试题、统一录取标准、统一安排、统一划定重点院校录取分数的政策，也允许考生人数较多的省、市、自治区在高考前进行预选。1980年，四川、湖南、陕西、湖北等省结合高中毕业考试进行预选。1981年，放宽预选的人数，并将预选下放到中学。1987年，国家教育委员会颁布《普通高等学校招生暂行条例》明确我国普通高等学校招生实行统一考试，而统考前是否预选由地方招生委员会决定。

1987年，国家教育委员会同意上海在会考基础上减少高考科目。1989年，国家教育委员会发布《关于试行普通高中毕业会考制度的意见》，将会考作为检查、评估高中阶段教学质量、考核高中毕业生文化课学习是否合格的手段。1990年，国家教育委员会决定用两年时间在全国逐步实行普通高中毕业会考制度。1993年，开始实施会考科目基础上的高考科目设置方案，高考成绩基本相同时，可参照普通高中会考成绩决定取舍。

2. 统考基础上的多元评价

2014年，《意见》指出，要完善高中学业水平考试，各地要合理安排课程进度和考试时间，创造条件为有需要的学生提供同一科目参加两次考试的机会；规范高中学生综合素质评价，建立规范的学生综合素质档案，各省（区、市）制定综合素质评价基本要求，学校组织实施；加快推进高职院校分类考试，实行"文化素质＋职业技能"评价方式，学生也可参加统一高考进入高职院校。各地试点方案在落实方面有所差别，比如在考试次数方面，浙江方案规定学考与选考同卷进行，外语和选考科目一年两考；上海方案规定合格性考试和等级性考试分开进行，只有外语一年两考。2018年，浙江省《关于进一步深化高考改革试点的若干意见》规定，将学考与选考分离，选考科目只能报考一次；山东省《深化高等学校考试招生综合改革试点方案》提出，普通高中在校生只能参加一次选考科目等级考试，而且在夏季高考之后进行。在考试次数方面，浙江从提出选考科目全部一年两考调整到部分科目一年两考。同时，浙江、上海都提出建立科学合理的选考科目保障机制，确保学生专业学习基础与国家人才培养需求相适应，在考试方式改革方面进行政策微调。

（四）招生录取从效率优先到更加注重公平，实施阳光工程

改革开放40年来，"尊重志愿、分数由高到低、择优录取"是我国高等学校录取新生的一贯原则，高考录取看重分数，优先保证重点高校生源，注重效率；但也造成了唯分数论倾向以及高校之间的不公平竞争。近年来，通过各种改革措施，在保证生源质量的基础上更加强调公平性。

1. 逐渐推行平行志愿，取消录取批次，增加学生选择机会

《教育部关于一九七九年高等学校招生工作的意见》规定，要优先保证重点院校新生质量。全国重点院校如按规定的录取分数线在某些地区不能完成招生任务时，允许调整到成绩较好的地区录取。文件同时规定了第一批次录取的高校名单，之后第一批次录取高校数量逐年增加。2000 年以后，"211 工程"高校都在第一批次录取。这一方面保证了重点高校录取新生的质量，同时固化了高校身份，造成了高校间的不公平竞争。2008 年，教育部鼓励各省（区、市）采取平行志愿投档。2009 年，在湖南、江苏等 16 个省份进行平行志愿投档改革试点。2014 年，《意见》指出要改进录取方式，创造条件逐步取消高校招生录取批次，推进并完善平行志愿投档方式，增加高校和学生的双向选择机会。当前，部分省市已经取消录取批次或合并了本科二批、三批录取批次，实行平行志愿投档。

2. 清理和规范加分政策，改善公平录取政策环境

1977 年，我国高校在招生录取工作中，根据专业不同对考试成绩有所侧重，优先保证重点高校、医学院校、师范院校、农业院校的录取工作，注意招收少数民族学生、港澳台和归国华侨青年、女学生等。经过近 40 年的发展，高考加分政策受惠群体大为扩展，分为加分录取、减分录取、优先录取、加分投档等多种优惠政策。2014 年，教育部开始大幅度减少、严格控制高考加分项目，规定从 2015 年起取消体育、艺术等特长生加分项目，2015 年 1 月 1 日前取得相关奖励者可以获得适当加分投档，但不超过 5 分，2016 年起取消全部体育、艺术特长加分项目。2018 年，《关于做好 2018 年普通高校招生工作的通知》规定，全面取消体育特长生、中学生学科奥林匹克竞赛、科技类竞赛、省级优秀学生、思想政治品德有突出事迹等全国性高考加分项目，高校公平录取的政策环境进一步改善。

3. 探索多元录取方式，规范和完善自主招生

1993 年，国家教育委员会提出，对在培养人才方面有特殊要求的学校或专业，经过批准可以按系或地区，联合或单独组织招生考试，并按有关规章录取新生，把选拔新生的职权放到学校。2003 年，我国开始在部分高等学校开展自主选拔录取的试点。2007 年以来，我国通过高中新课程试验的省（区、市）、自主选拔录取试点高校、高考综合改革试点省市开展多元选拔机制的试验探索。2014 年，《意见》提出，要探索基于统一高考和高中学业水平考试成绩、参考综合素质评价的多元评价方式。浙江方案提出"三位一体"综合评价招生方式，高校依据统一高考、高中学考和综合素质评价成绩按比例合成综合成绩，择优录取；上海方案提出，将本科院校需要通过面试等方式考核学生能力的部分特色专业招生计划投放到春季考试招生中，依据统一考试成绩、普通高中学业水平考试成绩、面试（或技能测试）情况进行录取。同时，2014 年，《意见》提出，要完善自主招生，试点高校不得采用联考方式或者组织专门培训，控制招生规模，从 2015 年起自主招生安排在统考后进行。各地方案都强调规范录取程序和要求，做到信息公开公示，实现程序公平。

4. 实施"阳光工程"，以技术手段保障公平

1999 年，《教育部关于进一步深化普通高等学校招生考试制度改革的意见》强调，重点实施计算机网上录取。2001 年，全国实行计算机网上录取。网上录取是以技术手段实现录取公平的一项重要措施，是高校招生手段的革命性变革。2005 年，教育部强调实施高校招生"阳光工程"，颁布《关于高等学校招生工作实施阳光工程的通知》。此后历年招生政策文件都将实施"阳光工程"作为重要内容，招生录取的透明度和公平性显著提高。

（五）招生计划从质量优先走向综合考量，实施政策补偿

改革开放 40 年来，秉承以生源质量为主，兼顾地区平衡的原则，我国招生计划分配向生源质量好的省份倾斜，同时面向农村和艰苦地区、行业定向招生，强调对社会处境不利群体的政策补偿。

1. 向生源质量好的省份倾斜，兼顾区域公平和行业需求

恢复高考后，为保证招生质量，招生计划向重点高校倾斜，向考生质量好的地区倾斜。1984 年，教育部发布《关于改革教育部部属高等学校招生来源计划的意见》，强调贯彻择优录取的原则，将年度计划招生数的 30%～35% 安排到考生质量与招生工作较好的地区；同时，招生来源计划也兼顾到面向农村和艰苦地区、行业定向招生。1987 年，国家教育委员会颁布的《普通高等学校招生暂行条例》明确规定，中央部门所属学校，对工作与生活条件比较艰苦的地区，可在国家任务招生来源计划中确定适当比例，实行"定向招生、定向分配"。21 世纪以来，随着中国西部大开发战略，西部省份的招生来源计划有所增加。

2. 实施补偿性招生政策，促进入学机会公平

随着高等教育规模的扩张，高等教育入学机会的区域与城乡差异逐步扩大，高考改革政策文件更关注招生计划分配的公平性。教育部《2006 年普通高等学校招生来源计划管理试行办法》提出，部属高校招生要按照"生源质量为主，兼顾地区平衡"的原则，在保持各地计划总量相对稳定的同时，将计划增量部分向中西部高等教育欠发达且生源质量好、数量多的省区倾斜。2014 年，《意见》提出改进招生计划分配方式，提高中西部地区和人口大省高考录取率，继续实施"国家支援中西部地区招生协作计划"；增加农村学生上重点高校人数，继续实施"国家农村和贫困地区定向招生专项计划"，由重点高校面向贫困地区定向招生，形成对农村地区、中西部地区的系列补偿政策；完善中小学招生办法破解择校难题，推进义务教育均衡发展、完善义务教育免费就近入学办法、高中阶段教育机会的分配，以及进城务工人员随迁子女就学和升学问题等。北京、山东、海南、

天津方案都对此作出回应。

21世纪以来,招生计划分配依然面向生源质量较好的地区,民族班、民族预科班、国防生、免费师范生等定向招生计划依然存在,但招生政策更加关注区域公平和城乡公平,关注进城务工人员随迁子女入学问题和贫困地区农村考生上重点大学问题。高考改革从效率优先向公平效率兼顾转变,更加强调公平性价值取向。

二、改革趋势

改革开放40年来,我国高考改革具有渐进性和连续性的特点,呈现出注重科学性、自主性、选择性和公平性的基本价值取向。

(一)高考改革注重考试的效率,科学选拔人才

我国高考科目设置在会考(学业水平考试)基础上逐渐减少,文理从分科逐渐趋向于综合,以顺应经济社会发展需求和科技发展趋势,引导中小学校重视完善学生知识结构和思维方式,为高校培养创新型、复合型人才提供生源。考试内容以知识学习为基础,更加强调能力立意。考试命题方式以统为主、统分结合,保证试卷信度和效度,提高命题质量。在统考、学业水平考试、中学生综合素质评价的基础上探索综合评价。这些改革举措旨在提高高考的效率,科学选拔合适的学生进入高校深造,引导中小学教育改革发展的方向。

(二)高考改革注重扩大高校自主权,多元选拔人才

1977年恢复高考以来,我国高考政策就强调高校在科学选才中的重要作用,逐步扩大高校办学自主权。1987年,国家教育委员会《关于扩大普通高等学校录取新生工作权限的规定》提出,逐步扩大高等学校选拔新生的权限。20世纪90年代开始,允许高校按照各自的特色、风格和专业要求培养人才,把选拔新生的职权放到学校。2003年,部分高校开展自主选拔录取的试点。新一轮高考改革探索"两依据、一参考"的综合评价机制,逐步取消录取批次,尝试统一招生、自主招生、注册招生、定向招生、破格录取相结合的多元录取方式,这些改革举措都体现了扩大高校招生录取自主权的基本价值取向。

(三)高考改革注重增加学生的选择性,引导学生全面发展

改革开放40年来,高考招生的基本原则从德智体全面发展,调整为德智体美全面发展;加分政策从注重对少数民族等弱势群体的政策补偿,到逐步增加科

技创新、志愿者服务等加分项目；高考科目从文理分科，设置文综、理综固定科目，改革为学生根据自身发展和高校要求自主选择三科参加等级考试；本科和高职院校分类考试，高职院校探索注册入学；英语等科目实行一年两考等。这些改革举措都体现了以学生为本，给学生提供更多选择机会的重要价值取向。

（四）高考改革注重公平性，增加弱势群体入学机会

公平公正一直是我国高考改革的基本价值取向，高考公平的内涵和外延则随着时代进步在发生变化。具体表现在：注重个人政治表现，冲破家庭出身论的桎梏；取消年龄和婚否的限制，扩大受教育机会；清理和规范加分政策，出台"异地高考"政策，规范自主招生政策，维护入学机会公平；调整招生计划，缩小省际高考录取率差异，增加农村和贫困地区学生上重点大学的人数，促进教育公平和社会公正。总之，改革开放40年来，我国高考改革在推进形式正义和实质正义方面取得显著成效，公平竞争、公正选拔、公开透明等成为高考的主要指导原则，报考机会面前人人平等，实现机会的平等；分数面前人人平等，实现选拔标准的客观性与公正性；选择面前人人平等，达到录取条件的学校无权拒绝且其他高校无权强制录取，具有正义的属性。

第二节 新一轮高考改革的路径选择

一、高考改革的实践困境

改革开放40年来，我国高考改革经历了迂回曲折的发展过程，部分领域的改革进展缓慢甚至阻力重重，高考改革负重前行。

（一）高考改革是辗转迂回的发展过程

高考改革具有渐进性的特征，新一轮高考改革的亮点并不是突然出现的，而是在40年的改革进程中不断摸索形成的。不断"试错"的改革实践，为构建和完善我国现代考试制度提供了难能可贵的本土化经验，对此应有客观的认识和科学的判断。比如，考试文理分科还是不分科的争议，一直伴随着高考科目和内容改革的整个过程；对考试成绩评定的标准分方式的选择、扬弃，以及当下再度被

呼吁,一直处于争议之中;高考加分受惠群体的逐步扩展,到目前的大幅度减少,相关改革措施争议不断;以改变一考定终身的弊端而进行的新一轮高考改革,又产生了科学性与公平性的质疑。任何制度变革都是对当下社会发展需求的回应,还受到外部环境和技术条件的限制,在某个阶段试验失败的改革,在条件成熟的情况下也可能成功。但是同时,也需避免受急功近利"政绩观"影响,或缺乏对历史经验的借鉴而进行的盲目改革的行为。因此,高考改革问题的解决也需要在改革中继续探索,在发展中逐步形成共识。

(二) 高考改革在部分关键领域进展缓慢

由于社会、经济、文化等种种因素的制约,在高考招生制度改革的一些关键领域,改革推进还比较缓慢,一些理念先进或设计初衷很好的改革设想在实施中却遇到阻力。欲速则不达,对此应该有清醒的认识和坚韧的毅力,稳妥地探索前行。例如,高校招生自主权问题,从恢复高考开始就强调将招生权力下放到高校,进行了单独招生、联合招生、自主招生等各种探索。但目前这依然是高考改革中的薄弱环节,需要在深化综合改革中逐步到位。再如,中学生素质评价问题,1983 年我国就提出,应届高中毕业生报考高等学校,必须具备高中阶段的档案,供高校录取新生参考;之后又建立了考生电子档案。但迄今为止,中学生综合素质评价结果在高校录取中尚未发挥重要作用,需要高校和中学协同探索。新一轮高考改革将"两依据一参考"的综合评价招生录取作为重要改革举措,但在高校有限的招生自主权和总分录取模式的条件下,这一领域的改革依然任重而道远。

(三) 高考改革受制于多重社会功能

随着经济社会发展和高等教育规模扩张,高考的社会功能与工具价值逐渐增强。高考不仅是高校选拔人才的主要途径,引导着中小学教育教学的改革方向,还肩负着促进社会阶层流动的重要社会功能。尤应指出,在当前社会背景条件下,维护社会稳定与公平更成为高考的重要社会功能之一,对此应该有充分的认识。高考的首要功能是其选拔功能,即为不同类型的高校选拔合适的人才。但改革开放 40 年来,高考被赋予了过多的社会功能,甚至教育系统之外不能解决的问题也寄希望于通过高考改革实现,这无疑会使高考改革步履维艰。以高校招生自主权为例,高校作为人才选拔的主题,有权根据自身发展定位选择合适的生源,从国际比较来看,根据多元标准选拔学生是普遍发展趋势,我国虽然一直在倡导和鼓励高校发挥招生自主权,但因为社会诚信体系不健全等因素,至今尚未真正实现。高考改革受制于多重社会功能,必然步履艰难,有学者甚至提出为高考"减负"①。

二、高考改革的动力机制

改革开放 40 年来,我国高考改革在理想的价值追求与现实的差距间负重前行,经济社会和教育发展宏观环境的变化,各利益相关者不断增加与分化的利益诉求,对高考招生制度的科学性与公平性提出了变革需求,成为高考改革的动力机制。

(一)外部动因:适应经济社会发展需求

40 年前,社会百废待兴,要实现农业、工业、国防和科学技术现代化的宏伟目标,迫切需要从以阶级斗争为纲转到以经济建设为中心。因此,高考改革注重效率和质量,加强文化考查,选拔最好的生源,培养各行各业技术精英为经济社会发展服务。改革开放以后,我国经济体制发生了巨大变革,从计划经济向社会主义市场经济转变。人们的生活水平显著提高,完成了从解决温饱问题到实现小康水平的历史性跨越,朝向全面建成小康社会的目标努力。经济发展方式从要素驱动、投资驱动转向创新驱动,科学技术迅猛发展,学科发展趋于综合,移动互联网技术与教育教学融合。这些对高校选拔合适人才、培养不同层次和类型的高级专门人才提出了新要求。

(二)内部动因:适应教育发展现实需求

40 年前,中国教育发展的任务是"两基"攻坚:基本普及义务教育、基本扫除青壮年文盲。高等教育处于精英发展阶段,每年高考报名人数超过 500 万人,但实际录取只有 30 万人左右,录取率只有 6%。②经过 40 年的发展,中国教育的普及化程度大为提高,改革与发展的目标已经转向追求公平、优质的教育。高等教育规模急剧扩张,从精英教育向大众教育转变。2016 年,高等教育毛入学率达到 42.7%,录取率超过 76%,正加速迈向普及化阶段。高等学校分层、分类发展趋势明显,高校选拔人才的标准和方式趋于多样。在基础教育领域,九年免费义务教育全面普及,高中阶段教育基本普及,进入优质均衡发展新阶段,中小学课程改革、评价制度和教学方式改革以及教师专业发展得到高度重视,如何改变高考选拔标准单一、唯分数是论的现象,为中小学教育教学改革服务,是基础教育发展对高考改革的现实需求。

---

① 郑若玲:《高考改革的困境与突破》,载《厦门大学学报》(哲学社会科学版)2017 年第 3 期。
② 杨学为:《高考文献》(下),高等教育出版社 2003 年版,第 124 页。

（三）制度动因：应对公平性的严峻挑战

高考招生制度必须回应教育公平的现实诉求。其一，制度实施过程中背离设计初衷，影响入学机会公平。比如，高考加分政策设计的初衷是为不同发展天赋的孩子、社会处境不利群体的子女获得更好的发展机会，但政策执行过程中一度局部失控，出现了奖励性加分名目繁多、幅值过高、身份作假等现象，影响了社会公信力。其二，社会结构变迁带来新问题，高考面临新挑战。比如，在我国社会城市化进程中，随着时间延续，进城务工人员随迁子女的"异地高考"问题逐渐凸显。其三，高考成为社会阶层向上流动的阶梯，是学生改变个人和家庭境遇尤其是农村考生跨越城乡二元结构实现阶层递进的主要通道，关系着社会稳定和公正。但由于区域经济、社会、文化水平的差异，中西部地区、农村地区、贫困家庭、少数民族等弱势群体的入学机会尤其是进入重点大学的机会难以得到充分保障，高考招生制度的公平性受到质疑，必须通过政策调整促进入学机会公平。

（四）价值动因：平衡不同群体的利益诉求

40年来，随着中国社会结构变迁、体制改革深化以及教育规模扩张，高等教育利益相关者增多，高考改革牵涉多元利益主体，包括各级政府、发达地区和欠发达地区、不同社会阶层、性别群体等。不同利益群体关于高考改革的利益诉求和利益冲突会以价值观的形式体现在社会舆论、学术争论和政策制定中，呈现出不同的、矛盾的甚至相悖的价值取向。如现行的分省定额、划线录取政策，有观点认为其导致了省级政府与区县政府以及各区县政府之间的利益博弈；"异地高考"政策的制定和实施，体现出户籍人口和外来人口间的利益冲突；再如当前实行的加分政策、自主招生、综合素质评价等，有观点认为对弱势阶层子女不利等。高考改革政策的制定往往折射出不同利益群体的利益"博弈"，必须平衡各方利益诉求，争取最大限度的价值共识。

三、高考改革的路径选择

（一）遵循教育规律，回归高考基本功能

高考的基本功能是科学公正选拔人才。回顾40年来高考改革的价值取向变迁，可以看出，高考被赋予了更多的社会功能。比如，受制于户籍制度而产生的

进城务工人员随迁子女就地高考问题，资源分布不均衡而导致的入学机会城乡差异、区域差异问题，贫富差距拉大产生的入学机会阶层差异问题，大众化进程中优质高等教育资源供给短缺带来的"上好大学难"问题，等等。如果将这些问题都归责或寄望于高考改革，无疑会增加高考改革的艰巨性和复杂性。新一轮高考改革的基本目的是科学与公平地甄选适合于在不同层次和类型高校深造的人才，引导学生全面而有个性地发展，力求在增加学生选择机会和扩大高校招生自主权方面有所突破。以高校招生自主权为例，高校作为人才选拔和培养的主体，有权根据自身发展定位和人才培养目标及规格选择合适生源进入高校深造。在 40 年高考改革变迁中，尽管一直倡导扩大高校招生自主权，却囿于招生规模庞大、体制机制和方法手段不完善、社会诚信体系不健全等原因，至今未能全面实现。新一轮高考改革，应坚持落实高校招生自主权，稳妥扩大综合评价招生试点高校范围，不能因高考制度被捆绑过多功能而动摇这个改革方向。

（二）坚持与时俱进，平衡多元价值取向

新一轮高考改革的亮点是，强调按照学生的意愿和能力提供相应的教育，为学生提供更多的选择机会，发展每个学生的天赋才华，把重视补差的教育转变为注重扬长的教育，体现了对教育的理想价值的追求。高考改革政策的价值选择要与时俱进、结合实际。2017 年 10 月 18 日，习近平在中国共产党第十九次代表大会上的报告指出，"中国特色社会主义进入新时代，我国社会主要矛盾已经转化为人民日益增长的美好生活需要和不平衡不充分的发展之间的矛盾。"① 反映在高等教育领域，就是人民群众接受优质高等教育的迫切需求与优质高等教育资源供给短缺且不均衡之间的矛盾。在这样的背景下，不同利益群体具有不同的价值追求。优势群体更倾向于在享有优质教育资源的基础上追求教育的理想价值；而弱势群体往往更倾向于追求教育的工具价值，获得向上流动的稀缺机会。因此，在当前历史阶段，高考改革的价值选择应该兼顾理想价值与工具价值，兼顾效率与公平，兼顾科学与正义，在高考综合改革的实践探索中要高度重视和妥善协调这些关系。

（三）加强科学决策，正确引导社会舆论

高考改革事关国计民生，应构建国家主导、多元参与的协同治理体系，拓展利益相关者的参与途径，增加他们的实质参与，减少民众对直觉判断的依赖，正

---

① 习近平：《决胜全面建成小康社会　夺取新时代中国特色社会主义伟大胜利》，载《人民日报》2017 年 10 月 28 日第 1 版。

确引导社会舆论。对于政策制定者和管理者而言，应从公共政策主体的角度，悬置个体主观性的价值立场，实现科学决策并有效实施。高考是多元利益主体博弈的战场，改革涉及不同群体间利益的重新分配，多数改革措施在增进部分人利益同时，也会影响另一部分人的切身利益。政策制定者要站在多元利益主体的立场，根据社会和教育发展的状况，依靠专业的团队和科学的证据，对政策价值进行分析研判和权衡选择，谨慎地平衡各利益主体的诉求，实现科学民主决策。

（四）注重动态协调，实现制度理性创新

高考改革是一项系统工程，需要正视高考政策的系统性、持续性与发展性。坚持国家统一的考试制度不动摇，坚持以人为本、科学选才、促进公平的改革方向不动摇，以部分关键领域的改革为突破口，实现高考改革的协同推进，实现教育系统内外、教考招不同环节、中学与高校的系统推进。加强国家宏观层面的统筹协调，深化教育体制机制改革，建立相配套的长效保障机制，为高考改革提供制度保障和资源支撑，保证高考改革政策的持续性和稳定性，最大程度上实现改革预期。以发展性、动态性的眼光看待高考改革，从长远的角度对政策进行前瞻性系统评估，在高考改革进程中分析和解决高考改革的问题，允许试点省份、高校、领域对高考改革政策进行微调。高考制度变迁具有渐进性特点，需要在改革实施过程中保持政策的稳定性和持续性；高考制度也不是一成不变的，需要根据社会需求变化和教育发展趋势适时修正与完善。在动态发展中完善高考制度，才能保证高考招生制度的公平性与科学性，使这项人才选拔制度更具有生命力。

第三章

高考改革试点方案的认可度评估

第一节 高考改革试点方案的比较研究

《国务院关于深化考试招生制度改革的实施意见》(2014)（以下简称《实施意见》）颁布以来，我国地方层面相继启动高考综合改革，2014年第一批实行高考综合改革试点的省市是浙江和上海；2017年实行高考综合改革试点的省市是山东、北京、天津和海南。各省市陆续颁布高考改革试点方案，包括《浙江省深化高校考试招生制度综合改革试点方案》《上海市深化高等学校考试招生综合改革实施方案》《山东省深化考试招生制度改革实施方案》《北京市深化考试招生制度改革的实施意见》《天津市深化考试招生制度改革实施方案》《海南省深化考试招生制度改革实施方案》，下面分别简称"浙江方案""上海方案""山东方案""北京方案""天津方案""海南方案"。

本研究运用 MAXQDA 定性研究软件对这 7 个高考改革方案进行编码和分析，获得国家和地方高考综合改革方案的三级编码体系（见图 3-1）。可以看出，六省市高考改革试点方案与《实施意见》具有较大程度上的一致性。如北京方案的 30 个编码中有 27 个编码与《实施意见》一致，在改革任务与措施中，增加了"深化课程改革""初中学生参加高职考试办法""成人高考改革试点" 3 项内容，（见图 3-2）；浙江方案 25 个代码中，22 个代码与《实施意见》一致，

代码列表	国家	北京	浙江	天津	山东	上海	海南	总数
∨ 总体要求	1	1	1	1	1	1	1	7
指导思想	1	1	1	1	1	1	1	7
∨ 基本原则	1	1	1	1	1	1	1	7
育人为本	1	1	1	1	1		1	6
统筹谋划	1	1	1	1		1	1	6
科学选才	1	1	1	1	1	1	1	7
促进公平	1	1	1	1	1	1	1	7
∨ 主要任务和措施	1	1	1	1	1	1	1	7
改革目标	1	1	1	1	1	1	1	7
∨ 改进招生计划分配方式	1	1	1		1		1	5
提高中西部地区和人口大省高考录取率	1							1
增加农村学生上重点高校人数	1		1				1	3
＞ 完善中小学招生办法破解择校难题	1	1	1		1		1	5
∨ 改革考试形式和内容	1	1	1	1	1	1	1	7
深化课程改革		1						1
改革考试科目设置	1	1	1	1	1	1	1	7
深化高考考试内容改革	1		1	1		1		4
规范高中学生综合素质评价	1	1	1	1	1	1	1	7
完善高中学业水平考试	1		1	1	1	1	1	6
∨ 改革招生录取机制	1	1	1	1	1	1	1	7
减少和规范考试加分	1	1	1	1		1	1	6
完善和规范自主招生	1	1	1		1		1	5
完善高校招生选拔机制	1	1	1	1	1	1	1	7
志愿填报与录取方式	1	1	1	1	1	1	1	7
拓展社会成员终身学习通道	1		1			1		3
∨ 加快高职院校分类考试	1	1	1	1	1	1	1	7
高职考试科目与分值			1			1		2
高职院校考试方式	1		1					2
高职提前招生			1	1			1	3
中职学生参加高职考试方法	1		1					2
普通高中毕业生参加高职考试方法	1							1
初中学生参加高职考试方法		1						1
建立普通高中学生职业适应性测试制度						1		1
高职院校录取			1	1	1		1	4
成人高考改革试点			1					1
∨ 改革监督管理机制	1	1	1	1	1	1	1	7
加强信息公开		1	1		1		1	4
加强制度保障		1		1			1	3
加大违规查处	1							1
∨ 保障机制	1	1	1	1	1	1	1	7
加强组织领导	1	1	1	1		1	1	6
细化实施方案		1						1
有序推进实施	1	1					1	3
加强宣传引导	1	1		1		1	1	5
Σ 总数	37	30	25	29	31	25	26	203

图 3-1　国家和地方高考改革方案编码分布

其中增加"高职考试科目与分值""高职提前招生""高职院校录取"3项内容（见图3-3）；上海方案25个代码中，22个代码与《实施意见》一致，增加"高职考试科目与分值""高职提前招生""高职院校录取"三项内容（见图3-4）；山东方案31个代码中，29个代码与《实施意见》一致，增加"建立普通高中学生职业适应性测试制度""高职院校录取"两项内容（见图3-5）；天津方案29个代码中，27个代码与《实施意见》一致，增加"高职提前招生""高职院校录取"两项内容（见图3-6）；海南方案26个代码都与《实施方案》一致（见图3-7）。总之，《实施意见》与地方方案相比，增加了国家层面制度设计的内容，比如"改进招生计划分配方式""提高中西部地区和人口大省高考录取率""增加农村学生上重点高校人数"等内容；而地方方向与《实施意见》相比增加了地方教育改革内容，比如"高职提前招生""成人高考改革试点"等内容。

图3-2　改革任务与措施：国家与北京方案代码

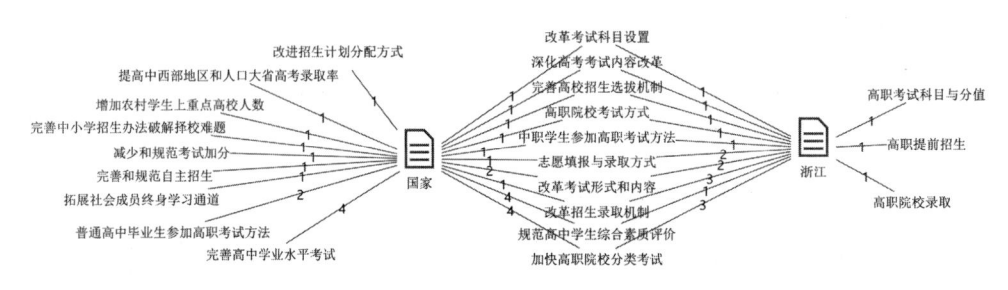

图3-3　改革任务与举措：国家与浙江方案代码

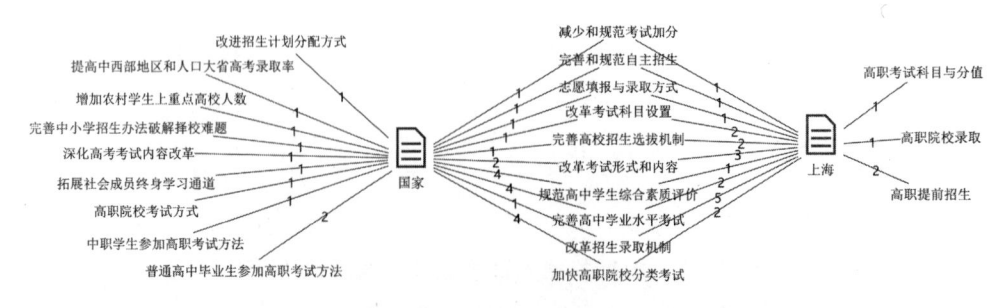

图3-4　改革任务与举措：国家与上海方案代码

图 3-5　改革任务与举措：国家与山东方案代码

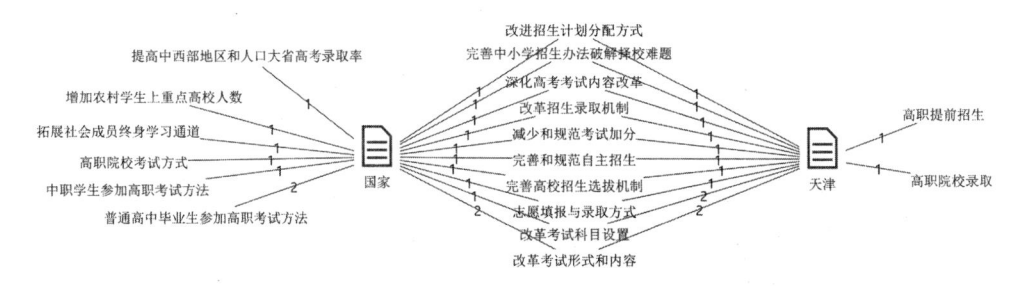

图 3-6　改革任务与举措：国家与天津方案代码

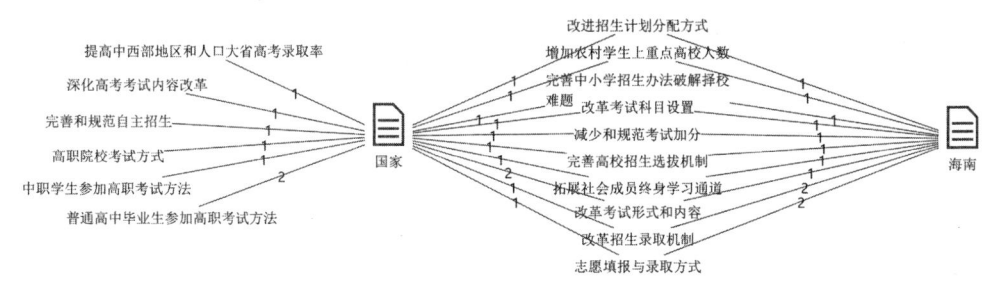

图 3-7　改革任务与举措：国家与海南方案代码

一、改革导向

改革的目的是解决既有考试招生制度中的问题。《实施意见》和上海方案都阐述了高考综合改革的背景，认为改革开放以来我国初步建立了相对完整的考试招生体系，对提高教育质量、提升国民素质、促进社会纵向流动、服务国家现代化建设发挥了不可替代的重要作用，符合中国国情，权威性、公平性都得到了社会认可。但是也存在一些社会反映强烈的问题，如唯分数论、一考定终身、区域和城乡入学机会差异、中小学择校现象突出、学生选择性不够和过度偏科等影响学生的全面发展和创新实践能力培养，迫切需要深化改革。

（一）基本原则

新一轮高考改革立足于当前中国社会的国家意识形态、区域发展定位，致力于为学生健康发展、科学选拔人才、维护社会公平而建立更加公平的考试制度，从而实现个体的发展、区域的发展、国家的发展。《实施意见》与地方高考改革试点方案都强调育人为本、统筹规划、促进公平、科学选才的基本原则，育人为本、促进公平、科学选才是高考综合改革的价值导向，统筹规划是高考改革的实施原则。

1. 育人为本

《实施意见》首先强调了高考综合改革的育人导向，扭转应试教育倾向，深入推进素质教育，促进学生德智体美全面发展："坚持育人为本，遵循教育规律。把促进学生健康成长成才作为改革的出发点和落脚点，扭转片面应试教育倾向，坚持正确育人导向，践行社会主义核心价值观，深入推进素质教育，培养德智体美全面发展的社会主义建设者和接班人。"北京方案与浙江方案都强调将学生健康成长成才作为改革的出发点、落脚点或者着力点，深入推进素质教育。天津方案强调"减轻学生过重学习负担。推动高中教育多样化特色发展，增强办学活力，为学生全面、健康发展创造更为有利的环境。"上海方案强调"通过优化高等学校考试招生制度功能，扭转片面应试教育倾向。"可以看出，各地高考改革试点方案都强调了改革的育人导向，天津方案将高中教育多样化特色发展作为着力点，而上海方案强调通过优化高校考试招生制度功能扭转片面应试教育倾向。

2. 科学选才

《实施意见》提出："体现科学高效，提高选拔水平。增加学生选择权，促进科学选才，完善政府监管机制，确保考试招生工作高效、有序实施。"可以说，强调了科学选才的改革导向，体现了高考改革的效率，并将增加学生选择性作为科学选才的途径，北京方案、浙江方案、天津方案都强调增加学生的选择性，上海方案、海南方案强调"增强高等学校和学生相互选择的多样性与匹配性"。上海方案、海南方案都强调逐步建立多元（多维）评价体系，充分体现学生全面发展导向，全面展示学生个性特长，上海方案格外强调"科学评估学生综合素质状况"，将综合素质评价作为全面评价学生的方式和手段。浙江方案和北京方案则格外强调了"分类考试""综合评价""多元录取"，将招生录取机制的改革作为促进科学选才的重点。

3. 促进公平

《实施意见》提出："着力完善规则，确保公平公正。把促进公平公正作为改革的基本价值取向，加强宏观调控，完善法律法规，健全体制机制，切实保障考试招生机会公平、程序公开、结果公正",明确将促进公平公正作为改革的基本价值取向,将公平的内涵界定为"机会公平""程序公开""结果公正"。北京方案、天津方案、上海方案、海南方案都明确把促进公平公正作为改革的基本价值取向,也明确提出切实保障考试招生机会公平、程序公开、结果公正。上海方案进一步提出,"在以考分为依据的基础上,实施分类考试、综合评价、多元录取,追求更高水平的公平。"这种更高水平的公平是指在以统一高考分数为依据的基础上,探索分类考试、综合评价、多元录取,给予学生和学校双向选择权,从而将更合适的人才选拔出来,实现有质量的公平。北京方案还将"立足首都实际"作为基本原则,"坚持以人为本,勇于创新,以首善标准推进考试招生制度改革,不断提升人民群众对改革成果的获得感。"这种公平是强调以人民为中心,使人民群众共享改革成果,强调教育的均衡发展以实现社会公平。

4. 统筹谋划

《实施意见》提出:"加强统筹谋划,积极稳妥推进。整体设计从基础教育到高等教育考试招生制度改革,促进普通教育、职业教育、继续教育之间衔接沟通,统筹实施考试、招生和管理制度综合改革,试点先行,稳步推进。"这表明了高考综合改革的实施路径,需要统筹各方力量,实现基础教育与高等教育的协调发展,实现普通教育、职业教育、继续教育不同教育类型的衔接,实现考试、招生、管理制度的统筹,实现试点改革、稳妥推进的高考改革实践路径。北京方案、天津方案、海南方案、山东方案都重申了这一基本原则,上海方案提出注重系统综合发展,"正确处理近期目标与长远目标的关系,循序渐进、稳妥实施,为未来进一步深化考试招生综合改革筑牢基础、拓展空间。正确处理教育综合改革整体设计与考试招生改革重点突破的关系,做好各项教育改革的衔接配套工作。正确处理教学与考试、考试与招生、招生与管理等关系,强化考试招生改革与人才培养的协同性。"可以说进一步从改革目标的角度,从教学、考试、招生、管理等不同环节的角度,从招生与人才培养的角度提出高考综合改革的系统性、协同性。

(二) 改革目标

《实施意见》规定,"2014 年启动考试招生制度改革试点,2017 年全面推进,到 2020 年基本建立中国特色现代教育考试招生制度,形成分类考试、综合评价、多元录取的考试招生模式,健全促进公平、科学选才、监督有力的体制机制,构建衔接沟通各级各类教育、认可多种学习成果的终身学习'立交桥'。"各地高考改革试点方案都明确了各地高考改革试点工作的目标,既与《实施意见》重要时间节点和政策目标保持基本一致,又体现了各地地方特色。

1. 第一批试点省份改革目标

按照这一制度设计,浙江、上海 2014 年启动高考综合改革试点工作。浙江的改革进度安排是:"全面深化统一高考招生改革,进一步完善高职提前招生、单独考试招生和'三位一体'招生改革,加快建立多类型、多元化考试招生制度……2014 年启动职业技能考试,2015 年 10 月开始实施选考科目多次考试,2016 年 10 月开始实施外语科目多次考试,2017 年开始全面实施高校考试招生制度综合改革。"上海的改革进度安排是"2014 年启动本市高等学校考试招生综合改革,2017 年整体实施。到 2020 年,初步建立符合教育规律、顺应时代要求、具有上海特点的高等学校考试招生制度。调整统一高考科目,完善普通高中学业水平考试制度,建立高中学生综合素质评价制度,形成分类考试、综合评价、多元录取、程序透明的高等学校考试招生模式。"

可以看出,一方面,浙江、上海作为第一批高考综合改革试点省市,2017 年第一届学生招生录取,因此 2017 年都是重要的时间节点,浙江方案提出全面实施高校考试招生制度综合改革,上海方案提出整体实施高校考试招生制度综合改革。另一方面,2020 年高考综合改革目标略有差异,浙江方案更强调高职提前招生、单独招生、"三位一体"招生等多类型、多元化招生制度;上海方案强调建立具有上海特点的高等学校考试招生制度,基本特点是分类考试、综合评价、多元录取、程序透明,比《实施方案》的考试招生模式特点增加了"程序透明"的规定。

2. 第二批试点省份改革目标

北京、山东、天津、海南四省市在改革目标上都是要到 2020 年基本建立具有地方特点的分类考试、综合评价、多元录取的考试招生模式。北京方案规定"到 2020 年基本建立符合首都教育实际的现代教育考试招生制度,形成分类考试、综合评价、多元录取的考试招生模式";天津方案规定"到 2020 年基本建立科学、公平,符合教育规律,顺应发展要求,具有天津特点的分类考试、综合评价、多元录取的考试招生模式";山东方案规定"2020 年全面推进,形成分类考试、综合评价、多元录取的考试招生模式""建立遵循教育规律、符合山东实际的教育考试招生制度";海南方案规定"到 2020 年基本建立现代教育考试招生制度,形成分类考试、综合评价、多元录取的考试招生模式"。

除此之外,第二批试点省份改革目标时间节点上也体现出改革的基础条件差异,比如天津方案提出"2016 年继续深化高职院校分类考试招生、高校自主招生等改革,2017 年全面启动考试招生制度改革。"山东方案提出"在 2015 年实施考试招生制度专项改革的基础上,2017 年启动高校考试招生综合改革试点。"高考综合改革是在高职分类考试、自主招生、考试招生制度专项改革等基础之上稳妥推进,体现制度的延续性与改革的衔接性。

二、改革任务与举措

（一）招生计划分配方式

我国高校招生的名额配置采取的是行政主导的招生计划分配方式，目前存在的主要问题是：刚性有余、柔性不足，地方和高校的权力有限；区域高等教育入学机会有差距，省际高等教育毛入学率、高考录取率和高考录取分数线差异较大；优质高等教育资源配置不均衡，弱势群体尤其是农村学生上重点高校人数偏少等。因此，必须通过加强宏观调控和实施专项计划，形成促进入学机会公平的长效机制。①《实施意见》、北京方案、天津方案和海南方案都将改进招生计划分配方式作为高考改革的主要任务之一，包括提高中西部地区和人口大省高考录取率、增加农村学生上重点高校人数、完善中小学招生办法破解择校难题。

1. 提高中西部地区和人口大省高考录取率

《实施意见》提出，"提高中西部地区和人口大省高考录取率。综合考虑生源数量及办学条件、毕业生就业状况等因素，完善国家招生计划编制办法，督促高校严格执行招生计划。继续实施支援中西部地区招生协作计划，在东部地区高校安排专门招生名额面向中西部地区招生。部属高校要公开招生名额分配原则和办法，合理确定分省招生计划，严格控制属地招生比例。2017年录取率最低省份与全国平均水平的差距从2013年的6个百分点缩小至4个百分点以内。"促进招生计划的区域均衡是国家的主要责任，地方方案中并没有对此作出回应。

2. 增加农村学生上重点高校人数

《实施意见》提出，"继续实施国家农村贫困地区定向招生专项计划，由重点高校面向贫困地区定向招生。部属高校、省属重点高校要安排一定比例的名额招收边远、贫困、民族地区优秀农村学生。2017年贫困地区农村学生进入重点高校人数明显增加，形成保障农村学生上重点高校的长效机制"。山东方案和海南方案中都对《实施意见》的这一要求作出回应，实施国家重点高校农村学生单独招生计划、省属重点高校招收农村学生专项计划等，增加农村及贫困地区学生获得优质高等教育资源的机会。海南方案明确提出形成国家、地方和高校共同保障农村学生上重点高校的长效机制："深入实施地方重点高校招收农村学生专项计划，完善海南大学、海南师范大学、海南医学院等省属本科高校招收农村学生

---

① 钟秉林：《深化综合改革，应对高考招生制度改革新挑战》，载《教育研究》2015年第3期。

的相关办法。到 2017 年，农村及贫困地区的学生进入重点高校的人数明显增加，形成国家、地方和高校共同保障农村学生上重点高校的长效机制。"山东方案还提出要严格招生区域范围，加强考生资格的审核，在落实国家政策方面有更加精细化的规定："进一步提高农村学生专项计划比例，扩大招生规模，完善招生办法，严格招生区域范围，加强考生资格审核，形成保障农村贫困地区学生升入重点高校的长效机制。"

3. 完善中小学招生办法破解择校难题

高等教育入学机会的获得是基础教育领域机会获得的延续，高考公平问题不能回避的是基础教育资源分布的不平衡。《实施意见》提出完善中小学招生办法破解择校难题，通过推进义务教育均衡发展、完善义务教育免费就近入学办法、高中阶段教育机会的分配以及进城务工人员随迁子女就学和升学问题的解决来实现高等教育起点的公平。北京、山东、海南、天津方案都回应了《实施意见》的这一举措，尤其是北京作为优质教育资源比较集中和教育发达程度比较高的地区，在这方面的改革举措走在全国前列，如坚持义务教育免试就近入学，整体设计小学入学、小升初办法，积极推进学区制和九年一贯对口招生，推广热点小学、初中多校划片，合理确定片区范围等。

（1）义务教育均衡发展。

《实施意见》提出"推进九年义务教育均衡发展，完善义务教育免试就近入学的具体办法，试行学区制和九年一贯对口招生"。北京方案进一步深化落实这一举措，明确提出"着力推动义务教育优质均衡发展"。全面深化基础教育综合改革，落实《中共北京市委北京市人民政府关于推进义务教育优质均衡发展的意见》，在实现区域内义务教育发展基本均衡的基础上，不断扩大优质教育资源，为落实义务教育免试就近入学制度奠定坚实基础。优化首都教育总体布局，发挥教育对推动京津冀协同发展的重要保障作用。

（2）高中阶段考试招生制度改革。

一是高中阶段招生名额分配。《实施意见》提出："实行优质普通高中和优质中等职业学校招生名额合理分配到区域内初中的办法。"北京方案明确提出高中招生计划改革的目标，向优质高中教育资源短缺的区和初中学校倾斜，引导义务教育均衡发展："完善普通高中招生计划分配方式。加大市级优质教育资源统筹力度，坚持和完善优质高中校部分招生计划分配到初中校制度，2016 年达到不低于招生计划 50% 的目标。招生政策向优质高中教育资源比较短缺的区和一般初中学校倾斜，引导全市义务教育均衡发展。"山东方案提出"完善优质普通高中指标生分配办法，扩大高中学校招生自主权，由学校根据自身办学需要和办学特色制订录取方案，实行综合录取、特长录取和推荐录取。"二是高中阶段学校考试招生方式。《实施意见》提出改进高中阶段学校考试招生方式,北京方案首先推进高级中等学校考试招生改革,山东方案提出"改变单纯以分数为依据的招生录取办法,建立多次考试、等级表达、综合评价、多元录取的考试招生机制。"三是改革高中阶段考试科目与分值,北京方案提出"推进考试科目和分值改革。坚持以学生为本,全面推进素质教育,尊重学生的兴趣多元化,为学生提供多种选择,促进学生德智体美全面发展。"四是改革高中阶段考试内容与形式,北京方案提出"严格按照义务教育各学科课程标准确定考试内容,注重考查学生9年义务教育的积累,注重对学生掌握基础知识、基本技能、基本思想和基本能力的考查。重视发挥考试的教育功能,在各科目考试内容中融入对社会主义核心价值观和中国传统文化内容的考查。扩大选材范围,突出首都特色,贴近生活,注重实践。推进中考体育考试改革,逐步增强考试项目的选择性,加强仪器设备在量评项目测试中的应用。探索建立初中学业水平考试和综合素质评价制度,研究出台实施办法。"

(3) 进城务工人员随迁子女就学和升学考试政策。

《实施意见》提出"进一步落实和完善进城务工人员随迁子女就学和升学考试的政策措施。"各地相继落实这一政策,天津方案提出"进一步完善进城务工人员随迁子女就学和升学的政策措施。"山东方案明确提出"完善随迁子女在当地入学和参加考试制度。各县(市、区)要结合当地实际完善随迁子女接受义务教育办法,坚持以全日制公办中小学为主、相对就近的原则,确保进城务工人员随迁子女在当地平等接受义务教育。各设区市要研究制定完成义务教育后随迁子女升入高中阶段学校的政策措施,保障随迁子女在当地平等参加高中考试入学权利。进一步完善进城务工人员随迁子女在我省参加高考报名的政策,凡具有我省高中阶段学校学籍并有完整学习经历的合格毕业生,均可在我省就地报名参加高考,并与当地考生享受同等录取政策。"

(二) 考试内容与形式

现行入学考试制度的主要问题是:每年仅提供一次考试,考生选择机会少,往往"一考定终身";考试内容过度强调统一性,不足以为特定学科和专业人才的选拔提供充足的依据,难以满足高校多样化的人才选拔需求;文理分科考试不利于对考生综合素质的考查,易导致高中生偏科;非户籍学生在流入地参加考试的政策有待完善,公平性受到影响,等等。因此,必须改革入学考试的方式和内容,增加考生的自主选择权,保证高考的科学性和规范性。[①]《实施意见》和地

---

① 钟秉林:《深化综合改革,应对高考招生制度改革新挑战》,载《教育研究》2015年第3期。

方方案中对高考内容的改革包括考试科目设置、考试内容、中学生综合素质评价和高中学业水平考试四个方面。

1. 考试科目设置改革

《实施意见》提出："改革考试科目设置。增强高考与高中学习的关联度，考生总成绩由统一高考的语文、数学、外语3个科目成绩和高中学业水平考试3个科目成绩组成。保持统一高考的语文、数学、外语科目不变、分值不变，不分文理科，外语科目提供两次考试机会。计入总成绩的高中学业水平考试科目，由考生根据报考高校要求和自身特长，在思想政治、历史、地理、物理、化学、生物等科目中自主选择。"可以看出，《实施意见》在考试科目设置改革上包括考试科目与考试次数的改革。

为加强高考与高中学习的关联度，考生成绩由语数外三科与学考三科成绩构成，取消文理分科，克服传统高考文理分科造成的学生偏科、知识结构单一的弊端。各地在落实《实施意见》方面各有不同，比如浙江是从思想政治、历史、地理、物理、化学、生物、技术（含通用技术和信息技术）7门设有加试题的高中学考科目中，选择3门作为选考科目；上海是学生从6门普通高中学业水平考试中自主选择3门作为等级性考试科目；山东也是"6选3"，探索将技术科目纳入等级考试科目："积极创造条件，将技术（含信息技术、通用技术）科目纳入等级考试科目。"

试点省市探索外语考试科目改革。浙江方案提出"外语分为英语、日语、俄语、德语、法语、西班牙语"；天津方案提出"逐步探索高考英语科目计算机化考试方式，力争实现一年多次考试，学生自愿参加，取最高成绩计入高考总分。"上海方案提出"外语考试包括笔试和听说测试，引导外语教学注重应用能力的培养。高中生最多参加两次外语考试，可选择其中较好的一次成绩计入高考总分。建设外语标准化考试题库和标准化考场。外语考试要为今后其他科目逐步推行标准化考试积累经验。"总之，高考改革试点省市除了外语科目包含多语种，实施外语一年两考之外，还探索外语标准化考试，为其他科目标准化考试积累经验。

《实施意见》提出外语两次考试机会，克服传统高考"一考定终身"的弊端。上海方案规定"外语考试一年举行两次，另外一次安排在每年1月。"山东、天津、海南方案均提出外语实行两次考试，选择其中最高一次的成绩计入高考录取总成绩，北京方案提出外语听力考试一年两考。浙江方案学考、选考、外语考试均实行一年两考："外语每年安排2次考试，1次在6月与语文、数学同期进行，考试对象限于当年高考考生；1次在10月与选考科目同期进行。选考科目每年安排2次考试，分别在4月和10月进行。外语和选考科目考生每科可报考2

次，选用其中 1 次成绩。"总之，在考试次数方面，除了浙江外语、选考、学考均给予考生两次考试机会之外，其他高考改革试点省市只是外语考试安排两次考试，而北京只是在外语听力考试给予两次考试机会。

2. 考试内容改革

考试命题内容增强基础性、综合性，着重考查学生独立思考和运用所学知识分析问题、解决问题的能力。《实施意见》提出深化高考考试内容改革，2015 年起增加使用全国统一命题试卷的省份。浙江方案提出突出考试命题的能力立意，"依据高校人才选拔要求和国家课程标准，科学设计命题内容，增强基础性、综合性，突出能力立意。主要考查考生运用所学知识独立思考与分析问题、解决问题的能力。"天津方案提出考试内容在注重基础性、综合性的同时要反映地方性知识，"深化统一高考考试内容改革。统一高考科目命题依据高校人才选拔要求和国家课程标准，科学设计试题内容，注重基础性、突出综合性、把握时代性、反映地方性。坚持能力立意，着重考查学生独立思考和运用所学知识分析问题、解决问题的能力。改进评分方式，加强评卷管理，完善评卷办法。加强命题专业管理队伍和命题专家队伍建设，提高命题专业化能力和水平。"山东方案提出增强考试内容的应用性："依据国家课程标准和高校选拔人才的要求，科学设计考试内容，着重考查学生独立思考和运用所学知识分析问题、解决问题的能力。加强考试命题研究，创新试题设计，突出能力考查，增强考试内容的综合性、基础性和应用性。"

北京方案中将深化课程教学改革作为高考考试形式与内容改革的一部分。"适应考试招生制度改革要求，结合国家课程方案和课程标准的调整，进一步完善课程计划，改革基础教育教学内容，丰富教学形式与方法，坚持因材施教，推进走班制，满足学生成长发展需求。加强中学生学业规划指导，培养学生自主选择能力。保障学校教室、设施设备等教学资源配置，加强师资队伍培养和培训，提升教师的教学能力和水平，强化课程教学改革的条件保障。"

3. 规范中学生综合素质评价

《实施意见》和地方方案对综合素质评价的功能、内容、管理、使用以及评价都作出了要求。

《实施意见》与高考改革试点方案都将学生思想品德、学业水平、身心健康、兴趣特长、社会实践五个方面作为综合素质评价档案的主要内容，除此之外，各试点方案也进一步强调地方特色的内容。如上海方案强调思想政治素质和道德品质、社会责任感、创新精神和实践能力："综合素质评价要突出学生思想政治素质和道德品质，客观记录学生的成长过程，整体反映学生德智体美全面发展情况和个性特长，引导学生践行社会主义核心价值观，增强社会责任感，培养创新精神和实践能力。"北京和天津方案强调艺术素养，北京方案还将志愿服务作为综合素质评价的内容，"综合素质评价要记录学生各方面发展状况，主要包括学生的思想道德、学业成就、身心健康、艺术素养、志愿服务、社会实践和个性发展等方面的实际情况，客观记录学生的成长过程，整体反映学生德智体美全面发展情况和个性特长，引导学生培育和践行社会主义核心价值观，增强社会责任感，培养创新精神和实践能力。"

《实施意见》提出各省（区、市）制定综合素质评价基本要求，学校组织实施。天津方案落实了这一要求，提出完善高中学生综合素质评价实施办法："根据教育部关于加强和改进普通高中学生综合素质评价的意见及要求，修订和完善我市高中学生综合素质评价实施办法，2016年选择部分区县先行试点，从2017年秋季入学的高中一年级开始全部实施。……完善全市统一搭建的高中学生综合素质评价信息化平台，健全客观、真实、准确记录信息的监督机制。"

《实施意见》指出综合素质评价主要反映学生德智体美全面发展情况，是学生毕业和升学的重要参考，北京方案认为综合素质评价是推进素质教育的重要制度，是发现和培养学生良好品行、促进学生健康成长的重要手段。总之，综合素质评价的使用一方面可以成为招生录取的参考，另一方面也可以成为推进素质教育、推进育人方式改革的途径。上海方案提出，"积极稳妥推进高中学生综合素质评价信息的使用。2017年起，推动高中学生综合素质评价信息在自主招生等环节中开始使用。高等学校应提前公布具体使用办法，使用情况必须规范、公开。"天津方案提出，"从2020年起，高校招生录取要将高中学生综合素质评价作为重要参考，在高校招生录取、高职院校分类考试招生录取中使用。高等学校要根据学校办学特色和人才培养要求，制定科学规范的高中学生综合素质评价体系和办法并提前公布。"北京方案除了提出从2020年开始，将综合素质评价作为高等学校招生录取的参考之外，还进一步提出综合素质评价在人才培养过程中作为参考等多种使用途径："学生综合素质评价结果为学校改进教育教学、家长有针对性地引导帮助学生提高综合素质提供参考信息，为学生和家长选择适宜于学生发展的学校以及在高一级学校更好地学习提供参考，同时也为高一级学校招生及新生入学后开展有针对性的教育提供参考。"

山东方案除了高中综合素质评价之外，还提出了完善初中综合素质评价的内容，"综合素质评价反映学生德智体美全面发展情况，评价内容一般包括思想品德、学业水平、身心健康、艺术素养、社会实践等方面。坚持过程性评价与终结性评价相结合，进行日常评价、学期评价和毕业评价。把初中学业水平考试成绩和综合素质评价结果作为高中阶段学校招生录取的依据。建立和完善审核制度、公示制度、复查复议和申诉制度、责任追究制度等配套措施。"体现了考试招生制度改革统筹谋划、协同推进的改革设计特点。

4. 完善高中学业水平考试

国家和地方方案都提出完善高中学业水平考试，包括学业水平考试的内容、考试安排、考试管理等方面。

在学业水平考试内容方面，注重引导学生全面发展，避免过度偏科。《实施意见》规定："考试范围覆盖国家规定的所有学习科目，引导学生认真学习每门课程，避免严重偏科。"上海方案规定，"从2014年秋季入学的高中一年级学生开始，普通高中学业水平考试设置语文、数学、外语、思想政治、历史、地理、物理、化学、生命科学、信息科技、体育与健身、艺术、劳动技术13门科目。"天津方案规定包括语文、数学、外语、思想政治、历史、地理、物理、化学、生物、信息技术、通用技术、音乐、体育与健康、美术14门科目，注重引导学生全面发展、避免过度偏科。

在考试安排上，注重提供多次考试机会。《实施意见》要求："各地要合理安排课程进度和考试时间，创造条件为有需要的学生提供同一科目参加两次考试的机会。"上海各科目考试分散在高中三年，普通高中学业水平考试允许社会考生参加，天津合格性考试分散在高中三年，不合格的考生还有一次考试机会，等级性考试安排在高三第二学期，只能报考一次。上海与天津方案中都允许社会考生参加。

在考试管理上，各地拥有自由裁量权。《实施意见》规定，"学业水平考试由省级教育行政部门按国家课程标准和考试要求组织实施，确保考试安全有序、成绩真实可信。"上海方案规定："普通高中学业水平考试成绩的呈现方式。合格性考试成绩以'合格/不合格'呈现。等级性考试成绩以合格性考试成绩合格为基础，按照等第呈现为A、B、C、D、E五等，分别占15%、30%、30%、20%和5%。"天津方案规定，合格性考试成绩以"合格""不合格"，等级性考试成绩以等级呈现，位次由高到低分为A、B、C、D、E五等，在计入高校招生录取总成绩时，每门科目成绩由五等细化为21级，相邻两级之间的分差均为3分，起点赋分40分，满分100分。总之，高考改革试点省市合格性考试多以"合格""不合格"呈现，但浙江省学考是以等级方式呈现，而海南语数外三科及选考科目都实施标准分。

（三）招生录取方式

现行招生录取机制的主要问题是：将高考统考成绩作为高校录取的唯一依据，标准单一，高校自主权小，加剧了基础教育学校的应试倾向，特殊人才难以脱颖而出；分批次录取，强化了学校的"等级身份"，而且在某种程度上误导了学生和家长对学校和专业的选择；设立了名目繁多的加分项目，加分分值过高，身份时有作假，破坏了高校录取的公平政策环境等。因此，必须改革招生录取机制，扩大高校招生自主权，探索和健全人才选拔的综合评价和多元录取机制。①高考录取机制的改革包括完善高校招生选拔机制、减少和规范加分、完善和规范自主招生、改革录取方式以及拓展社会成员终身学习通道。

1. 减少和规范考试加分

《实施意见》提出："减少和规范考试加分。大幅减少、严格控制考试加分项目，2015年起取消体育、艺术等特长生加分项目。确有必要保留的加分项目，应合理设置加分分值。探索完善边疆民族特困地区加分政策。地方性高考加分项目由省级人民政府确定并报教育部备案，原则上只适用于本省（区、市）所属高校在本省（区、市）招生。加强考生加分资格审核，严格认定程序，做好公开公示，强化监督管理。2014年底出台进一步减少和规范高考加分项目和分值的意见。"为进一步促进教育公平，提高人才选拔水平，教育部、国家民委、公安部、国家体育总局、中国科学技术协会联合出台《关于进一步减少和规范高考加分项目和分值的意见》，从2015年1月1日期取消体育特长生、中学生学科奥林匹克竞赛、科技类竞赛、省级优秀学生、思想政治品德有突出事迹等加分项目，考生的相关特长、突出事迹、优秀表现等情况记入学生综合素质档案或考生档案，供高校录取时参考。大幅减少地方性加分项目，完善确有必要保留的地方性加分项目。

试点方案都落实《实施意见》的规定，如北京方案规定，"从2015年起，取消体育、艺术等特长生、市三好学生、市优秀学生干部加分项目；2016年少数民族考生加5分投档，仅适用于北京市属高校招生录取；从2017年起，少数民族考生加分范围调整为'从边疆、山区、牧区、少数民族聚居地区在高中教育阶段转学到本市的少数民族考生'，加分分值为5分，仅适用于北京市属高校招生录取。"同时，减少和规范考试加分，并非不支持学生体育与艺术等特长的发展，如上海方案和海南方案都明确提出，"逐步将高考加分的激励导向功能转移至学生综合素质评价之中"。

2. 完善和规范自主招生

《实施意见》明确，自主招生主要选拔具有学科特长和创新潜质的优秀学生，申请学生要参加全国统一高考，试点高校不得采用联考方式或组织专门培训，严格控制自主招生规模，2015年自主招生安排在全国统一高考后进行。

各地试点方案都明确完善和规范自主招生的举措，并提出规范录取程序和要

---

① 钟秉林：《深化综合改革，应对高考招生制度改革新挑战》，载《教育研究》2015年第3期。

求，做到信息公开公示，实现程序公平。如北京方案提出，"完善和规范自主招生等特殊类型招生录取。继续推行高校自主招生、高水平艺术团和高水平运动队等特殊类型招生将单独设置志愿，安排在本科提前批次录取结束后本科一批录取开始前进行。相关高校要公开自主招生等特殊类型招生办法、考核程序和录取结果，确保公平公正。"上海方案规定，"根据国家统一部署，2015年起，推行自主招生安排在统一高考以后进行。相关高校依据高考成绩和学校自主考核情况，并参考普通高中学业水平考试成绩和高中学生综合素质评价信息，选拔具有学科特长和创新潜质的优秀学生。高校要规范并公开自主招生办法、考核程序和录取结果。"天津方案规定"根据教育部统一部署，高校自主招生安排在统一高考后进行。高等学校要完善招生程序，合理确定考核内容和形式，依据高考成绩和学校自主考核情况，参考普通高中学业水平考试成绩和高中学生综合素质评价，选拔具有学科特长和创新潜质的学生。符合高校要求的学生在公布高考成绩后单独填报自主招生志愿，在本科一批录取前完成录取。进一步规范录取程序和要求，加强信息公开公示，确保公平公正。"

3. 改革招生录取机制

《实施意见》提出："改革招生录取机制。探索基于统一高考和高中学业水平考试成绩、参考综合素质评价的多元录取机制。高校要根据自身办学定位和专业培养目标，研究提出对考生高中学业水平考试科目报考要求和综合素质评价使用办法，提前向社会公布。"各地试点方案规定了落实"两依据一参考"的多元录取机制改革，如浙江方案提出"三位一体"招生模式，既"高校依据考生统一高考、高中学考和综合素质评价成绩按比例合成综合成绩，择优录取……高考成绩占比原则上不低于综合成绩的50%。"北京方案提出，"从2020年起，在市属高校探索开展综合评价招生改革试点，在市属高校中设立学业水平考试成绩、统一考试成绩、综合素质评价多维度综合评价招生方式。"山东方案提出，"探索本科高校综合评价招生。自2016年起，在部分中央部属高校和办学水平较高的省属本科高校，选择部分专业开展综合评价招生改革，探索'统一高考+学业水平考试+学校考核（综合素质评价+面试）'的招生方式。高校依据考生的统一高考成绩、高中学业水平考试成绩和学校考核成绩，按比例形成综合成绩，择优录取。"

4. 改革志愿填报与投档方式

《实施意见》提出："改进录取方式。推行高考成绩公布后填报志愿方式。创造条件逐步取消高校招生录取批次。改进投档录取模式，推进并完善平行志愿投档方式，增加高校和学生的双向选择机会。2015年起在有条件的省份开展录取批次改革试点。"也就是说投档录取模式的改革，主要包括平行志愿投档方式和逐步取消录取批次。

投档录取模式改革的方向是平行志愿投档。浙江实施"专业（类）+学校"的平行志愿投档模式，山东从2020年起招生采用"专业（类）+学校"志愿填报和招生录取方式，探索实行考生一档多投、多次选择的投档模式，增加高校与考生之间双向选择机会。上海方案规定，按照学生的高考总分和院校志愿，分学校实行平行志愿投档和录取，探索学生多次选择、被多所高等学校录取的可行性，增加高等学校与学生的双向选择机会。海南方案提出分学校实行平行志愿投档和录取。北京方案提出"继续推行高考本科志愿和单考单招志愿填报时间从考前填报调整为考后知分填报，并将本科一、二、三批次志愿设置从平行志愿组方式调整为大平行方式，按照'分数优先、遵循志愿'的原则进行投档。"

在取消录取批次上，各省进度不一。北京方案提出，"从2017年起，将本科二批与本科三批合并为本科二批。待条件成熟，将本科一批与本科二批合并为本科普通批。"山东从2017年起夏季高考本科段招生除提前批次外，实行统一批次录取。浙江方案规定，"录取不分批次，按考生总成绩，分大类实行专业平行投档。"海南方案规定，"从2017年起，将本科第一批和本科第二批合并录取，从2020年起录取批次仅设本科批次和专科批次。"上海方案规定，"2016年起，合并本科第一、第二招生批次，并按照学生的高考总分和院校志愿，分学校实行平行志愿投档和录取。在此基础上，探索学生多次选择、被多所高等学校录取的可行性，增加高等学校与学生的双向选择机会。"

5. 拓展社会成员终身学习通道

《实施意见》提出，扩大社会成员接受多样化教育机会，探索建立多种形式学习成果的认定转换制度，试行普通高校、高职院校、成人高校之间学分转换，实现多种学习渠道、学习方式、学习过程的相互衔接，构建人才成长"立交桥"。2016年9月，教育部出台《关于推进高等教育学分认定和转换工作的意见》，提出"到2020年，高等教育学分认定和转换体系要更加完善，国家公共服务平台初步建成"。北京方案和海南方案中都提出要拓宽社会成员终身学习通道，如北京方案提出，构建终身学习立交桥，为社会成员接受多样化高质量教育提供更多机会，探索职业教育与普通教育相衔接的机制，探索建立成人高考、自学考试和社会考试多种学习成果的积累认定转换制度，实现不同类型学习结果的互认和衔接。海南方案提出，"扩大社会成员接受多样化教育机会，完善中等职业学校注册入学和成人高等学历教育弹性学制等制度。创造条件为残疾人等特殊群体参加考试提供服务。"

（四）高职分类考试招生

《实施意见》指出，"加快推进高职院校分类考试，高职院校考试招生与普通高校相对分开,实行'文化素质+职业技能'评价方式。中职学校毕业生报考高职院校,参加文化基础与职业技能相结合的测试。普通高中毕业生报考高职院校,参加职业适应性测试,文化素质成绩使用高中学业水平考试成绩,参考综合素质评价。学生也可参加统一高考进入高职院校。2015 年通过分类考试录取的学生占高职院校招生总数的一半左右,2017 年成为主渠道。"

1. 高职考试方式改革

浙江方案规定了高职提前招生和单独考试招生等招生录取办法。一是高职提前招生。"考生自主报考。普通高中学生以高中学考成绩为基本依据,中职学生以全省统一组织的职业技能考试成绩为基本依据。高校根据有关规定确定报考条件、选拔评价办法和录取规则,并在招生章程中公布。高校对考生文化素质和职业适应性进行综合评价,择优录取。考生可报考多所高校,并可同时被多所高校拟录取,考生选择确认 1 所录取高校。已被录取的考生不再参加其他考试招生。"二是单独考试招生。"高职院校面向中职学校包括中专学校、技工学校招生,实行文化素质和职业技能相结合,综合评价,择优录取。探索把试点范围有计划扩大到普通高校应用型本科专业。"

天津方案规定,"从 2017 年起,普通高中毕业生通过春季高考报考高职院校,参加职业适应性测试,文化素质成绩使用普通高中学业水平考试成绩,参考高中学生综合素质评价;中职学校毕业生通过春季高考报考高职院校,参加文化基础与职业技能相结合的测试;探索春季高考英语科目考试成绩由全国英语等级考试(PETS)成绩认定的办法。"

上海方案规定,"鼓励专科高职院校把特色专业招生和主要招生计划安排在统一高考之前,作为专科高职院校招生的主渠道;在专科层次依法自主招生中,率先探索学生多次选择、被多所专科高职院校录取的方式。"

北京方案规定,探索职业院校招收初中毕业生改革实验,完善五年制高职招生、"3+2"中高职衔接招生试点;开展高端技术技能人才贯通培养实验,继续支持部分示范职业院校与示范高中、本科院校、国内外大企业合作,选择对接产业发展、适合贯通培养的优势专业招收初中应届毕业生,完成高中阶段基础文化课学习和专科高等职业教育后,通过专升本考试(测试)进入本科高校学习。

2. 高职院校录取改革

浙江方案规定:"高校分专业类或专业确定文化和职业技能考试成绩要求,也可提出外语成绩以及其他要求,并在招生章程中公布。考生志愿由'专业+学校'组成。录取不分批次,按考生总成绩,分大类实行专业平行投档。"

天津方案规定:"改进高职院校统一高考招生录取办法。从 2017 年起,对参加统一高考报考高职院校的学生,高职院校依据语文、数学、外语 3 门科目统一高考成绩，参考普通高中学业水平考试成绩和高中学生综合素质评价进行录取。"

山东方案规定："高职（高专）院校招生录取采取春季高考、单独招生、综合评价招生等方式进行。春季高考，依据'文化素质'和'专业技能'考试成绩，参考学生综合素质评价信息录取考生。单独招生，录取中职学生以招生院校组织的考试成绩和中职学生学业水平考试为依据，参考高中阶段学生综合素质评价信息；录取普通高中学生以普通高中学业水平合格考试成绩和职业适应性测试结果为依据，参考高中阶段学生综合素质评价信息。高职（高专）综合评价招生，可以以考生高考（含春季高考、夏季高考）成绩为依据，也可以以中职学生学业水平考试成绩或普通高中学业水平合格考试成绩及职业适应性测试结果为依据，参考综合素质评价信息录取。优化五年制高等职业教育招生录取方式，实行以初中学业水平考试等级为依据、参考综合素质评价的录取方式；进一步完善技能拔尖人才招生办法，拓宽技能拔尖人才的升学渠道，逐步扩大高职院校招收有实践经历人员的比例。"

上海方案规定："完善'文化素质+职业技能'招生录取制度。健全与普通高等学校相对分开、符合职业教育特征的专科高职院校考试招生制度。在现有基础上，2017年起，在本市专科层次依法自主招生中，高中生应参加报考学校组织的职业适应性测试。专科高职院校依据普通高中学业水平考试成绩、职业适应性测试情况和综合素质评价信息进行录取，为深化普职融通、改革普通高中课程创造条件。优化'三校生'参加本市专科层次依法自主招生机制。2018年起，专科高职院校依据'三校生'的文化素质（中等职业教育的公共基础课学习水平考试、思想品德评价等）和职业技能（专业技能学习记录情况等）进行录取。"

北京方案规定："推进成人高考改革试点。在不断总结经验的基础上，继续扩大我市成人高校招生考试改革试点的范围，进一步完善英语专业英语口语等级考试替代英语科目考试、探索校企合作人才培养模式，实行统考与职业技能测试相结合入学方式的改革试点方案。"

三、改革保障机制

（一）加强组织领导

《实施意见》强调细化实施方案，要求各地各有关部门要高度重视考试招生制度改革，切实加强领导。各地试点方案中关于改革保障的着力点表现为：一是强调协同领导机制。比如北京方案提出成立北京市深化考试招生制度改革领导小组，由市委常委、教工委书记和市政府主管领导任组长，市教委主任任副组长，成员由市教委、市人力社保局、北京教育考试院、北京教育科学研究院等单位的负责同志组成，强调成员单位形成推进考试招生制度改革的整体合力。二是强调提升政府管理效能。浙江方案提出各级政府及教育行政主管部门要切实转变管理观念，改进管理方式，提高管理能力；明确高校与政府在考试招生中的权责关系，在发挥高校招生评价选拔主体作用的同时，完善监督管理体系；加强专业化队伍建设，提高统一高考、高中学考、职业技能考试和高校综合素质测试的科学化水平。天津方案强调建立健全管理制度和基础教育评估体系，通过专项督导动态监控教学过程和结果。三是加强基础条件建设。山东方案强调，采取切实措施、加大经费投入，改善高中学校办学条件，强化师资队伍建设，提高学校的课程实施能力，满足学生个性化选课和走班要求；加强考试招生机构建设，充实考试命题人员，完善标准化考点建设，提高考试招生机构的考试组织和管理水平。海南方案强调各市县政府及其教育等部门要切实转变管理观念，改进管理方式，提高管理能力，为新的考试招生改革方案的实施提供强有力的组织、制度、人事、经费保障，及时解决教学及辅助用房、师资、教学设备等资源短缺问题；健全各级各类考试招生机构，加强考试命题等专业化队伍建设，提高统一高考、普通高中学业水平考试、职业适应性测试的科学化水平。

（二）有序推进实施

《实施意见》强调有序推进实施高考改革，要充分考虑教育的周期性，提前公布考试招生制度改革实施方案，给考生和社会以明确、稳定的预期；及时研究解决改革中遇到的新情况新问题，不断总结经验、调整完善措施。各地试点方案重点通过完善配套措施，做好风险预案的方式推进高考综合改革。如北京方案提出，根据国家考试招生制度改革的进展和要求，及时制定完善初中和高中学业水平考试、学生综合素质评价、高等职业教育分类考试、普通高校考试招生、随迁子女在京接受义务教育后升学等方面的具体实施办法，形成系统完备的考试招生制度体系，保证各项改革的稳步实施。山东方案强调要统筹规划，积极稳妥、循序渐进、逐步推开；充分考虑社会各方面的承受能力，做好各项具体实施方案的可行性论证，加强风险评估，保证各项改革稳步实施。

（三）加强宣传引导

《实施意见》提出，加强宣传引导，加大对改革方案和政策的宣传解读力度，及时回应社会关切，解疑释惑、凝聚共识，营造良好改革氛围。北京方案提出，创新招生咨询服务形式，提高咨询服务质量；天津方案提出，加强学生学业规划指导，培养学生自主选择能力，加强对学生、教师及工作人员的诚信教育和管理，积极营造诚信考试、公正选才的良好环境；山东方案提出，畅通信息公开发布渠道，针对公众关心的问题，主动、及时、全面、准确地发布信息；及时组织专家做好解读工作，提高政策解读的针对性、科学性、权威性和有效性，让公众更好地知晓、理解改革；加强舆情监测，及时回应社会关切，营造良好改革氛围。

四、小结

通过《实施意见》与 6 省市高考改革试点方案的文本比较，可以得出以下结论：

第一，促进公平、科学选才、引导学生健康成长是高考改革的基本目标，其中促进公平是改革的基本价值导向。《实施意见》明确规定招生录取中促进区域公平、城乡公平的措施和指标；以完善高中学业水平考试和规范高中学生综合素质评价为手段，提高高考制度本身的公平性和有效；减少和规范考试加分，避免权力寻租；逐步取消录取批次，完善平行志愿，尊重学生的选择权和学习权；完善和规范自主招生，自主招生在全国统一高考后进行，避免提前掐尖；完善监督管理机制，深入实施阳光工程，保障高考公平公正。各地都明确落实这样的改革目标。

第二，6 省市高考改革试点方案与《实施意见》保持高度一致性，但是又强调地方特点。从对试点方案的三级编码体系来看，各地改革方案与《实施意见》在改革目标、价值导向等方面保持高度一致性，但是同时，又因为教育管理权限的不同在改革举措与内容等方面体现出差异，尤其是各地在改革的着力点方面会根据区域与教育发展的特点有所不同，也会体现地方特色，如各地都强调到 2020 年构建具有地方特色的考试招生模式。

第三，浙江、上海作为首轮试点省份体现出改革的示范效应，比如在考试科目设置、考试次数、考试时间安排等方面，第二批改革试点省份已经做出了相应的调整，比如在考试次数上，第二批试点省份除了外语科目两次考试外，没有再按照《实施意见》的要求进行多次考试的尝试。同时后续改革的省份，如山东方案中也格外强调要加强风险的评估与舆情监测。

第四，体现出高考制度改革的渐进性与延续性。高考改革试点方案中，对改革的时间节点、改革的重点、改革的目标等方面，各地会充分考虑已有改革的基础，一方面给予新制度以缓冲期，另一方面也是吸取以往改革成功的经验。比如北京方案强调课程改革的成效，浙江方案在"三位一体"试点经验的基础上完善综合评价招生，同时，改革条件相对较为薄弱的省份，会着力加强基础条件建设，为高考改革奠定基础。

第二节 高中教师对高考改革试点方案的认同研究

高考改革牵一发而动全身。近些年，国内先后爆发了江苏、湖北减招等引起的群体性事件。公众的深度忧虑和强烈抵制不仅造成了公共决策的困局，而且隐藏着巨大的社会风险。高考改革群体性事件呈现出公共利益与地方利益的纠葛，"街头散步"绝非解决问题的最佳途径，"大闹大解决，小闹小解决，不闹不解决"更非治理常态。已有研究表明，利益认同、制度认同和价值认同的流失，是导致群体性事件发生的重要诱因。[①] 提高公众对新高考政策的认同感，是降低高考群体性事件发生的风险，从源头化解社会风险的重要手段之一。

一、数据来源与样本描述

本研究按照分层抽样的策略，2017 年以浙江、上海、北京、山东四个启动高考综合改革试点的省市为案例，向这些地区的高中校长和教师群体发放调查问卷，从利益相关者的角度对新高考的公平性进行评价与分析。学生和家长群体也是重要的利益相关者，但是鉴于新高考改革实施时间短，学生和家长对国家和地方层面的高考改革政策可能了解有限，因此，本研究仅选取能够对高考改革相对较为了解的高中教师群体作为研究对象。

本研究通过问卷调查共获取 1 221 个高中教师有效样本。在有效样本中，非试点省份教师占 46.2%，试点省份教师占 53.8%；年轻教师（30 岁及以下）占 25.6%，年长教师（30 岁以上）占 74.4%；男性教师占 41%，女性教师占 59%；少数民族教师占 16.5%，非少数民族教师占 83.5%；城市教师占 68.6%，乡镇教师占 16.1%，农村教师占 15.4%（见表 3-1）。

表 3-1　　　　　　　本研究的样本分布情况

属性		样本数	百分比（%）
地区	非试点省份	564	46.2
	试点省份[a]	657	53.8

[①] 柴玲、尉建文：《政治认同、政府信任与群体性事件——以北京市新生代农民工为例》，载《云南民族大学学报》（哲学社会科学版）2018 年第 1 期。

续表

属性		样本数	百分比（%）
年龄	年轻教师（30岁及以下）	312	25.6
	年长教师（30岁以上）	909	74.4
性别	男	500	41.0
	女	721	59.0
民族	少数民族	202	16.5
	汉族	1 019	83.5
户籍	城市	837	68.6
	乡镇	196	16.1
	农村	188	15.4

注：a表示2017年，新高考试点省份包括北京、上海、浙江、山东。

二、研究发现

（一）高中教师关于高考制度的公平性感知研究

课题组结合国内专家意见自编了"高中教师高考改革公平性感知量表"，分别调研高中教师对高考整体政策及以下八项子政策的公平性感知情况：规范高考加分政策、农村高考专项政策、支援中西部政策、异地高考政策、综合素质评价政策、全国命题与分省命题结合政策、自主招生加分政策、少数民族加分政策。量表采用利克特5点计分法（1 = "非常不公平"，5 = "非常公平"），得分越高，则默认教师对该政策公平性的认可度越高。需要说明的是，考虑到部分高中教师对新高考具体政策不了解，课题组在各题项下设置了"不了解"选项，并在问卷分析过程中将这部分受访者在该题项上的回答进行剔除。

1. 全体高中教师关于高考制度公平性的感知

图3-8列出了高中教师关于高考制度公平性感知的均值和分布情况，均值越高，教师对公平性的认可度越高。由图3-8可知，高中教师对高考各项子政策的公平性感知均分从大到小依次为"规范高考加分政策"（M = 4.26）、"农村高考专项政策"（M = 4.01）、"支援中西部政策"（M = 3.79）、"异地高考政策"（M = 3.65）、"综合素质评价政策"（M = 3.64）、"全国命题与分省命题结合政策"（M = 3.6）、"自主招生加分政策"（M = 3.58）、"少数民族加分政策"（M = 3.35）。其中，"规范高考加分政策""农村高考专项政策""支援中西

部政策""异地高考政策""综合素质评价政策"高于对高考政策公平性的总体评价（M=3.62），"全国命题与分省命题结合政策""自主招生加分政策""少数民族加分政策"低于对高考政策公平性的总体评价（M=3.62）。

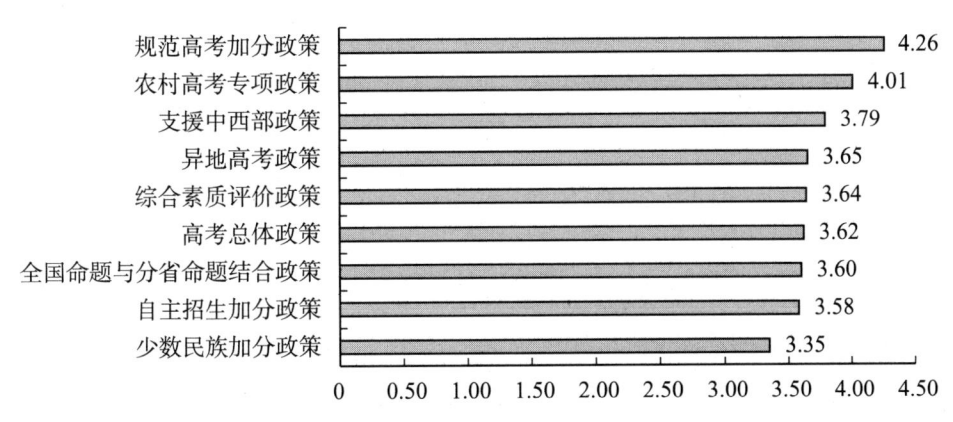

政策	均值
规范高考加分政策	4.26
农村高考专项政策	4.01
支援中西部政策	3.79
异地高考政策	3.65
综合素质评价政策	3.64
高考总体政策	3.62
全国命题与分省命题结合政策	3.60
自主招生加分政策	3.58
少数民族加分政策	3.35

图3-8 高考政策公平性评价的均值比较

2. 高中教师关于高考制度公平性的感知：分地区比较

表3-2列出了不同地区高中教师关于高考总体政策及部分子政策的公平性感知情况。资料显示，高考改革试点省市教师（M=3.60）与非试点省市教师（M=3.64）在高考总体政策的公平性感知上无显著差异。在子政策方面，试点省市教师对"异地高考政策""少数民族加分政策""农村高考专项政策""支援中西部政策""自主招生加分政策""综合素质评价政策"的公平性感知显著低于非高考改革试点省市教师，而对"规范高考加分政策"的公平性感知则显著高于非高考改革试点省市教师。

表3-2 高中教师关于高考制度公平性的感知：分地区比较

	组别	样本量	均值	标准差	T值	η²
高考总体政策	非试点省市	564	3.64	0.963	0.658	0.04%
	试点省市	657	3.60	0.824		
异地高考政策	非试点省市	535	3.70	0.863	2.094*	0.39%
	试点省市	598	3.60	0.862		
少数民族加分政策	非试点省市	557	3.54	1.077	5.764***	2.71%
	试点省市	640	3.18	1.045		
农村高考专项政策	非试点省市	559	4.12	0.828	4.146***	1.40%
	试点省市	654	3.92	0.875		

续表

组别		样本量	均值	标准差	T值	η^2
支援中西部政策	非试点省市	561	3.92	0.965	4.266***	1.48%
	试点省市	652	3.69	0.916		
自主招生加分政策	非试点省市	557	3.72	0.967	4.785***	1.85%
	试点省市	652	3.45	1.023		
综合素质评价政策	非试点省市	555	3.79	0.953	4.812***	1.88%
	试点省市	649	3.52	1.000		
规范高考加分政策	非试点省市	558	4.15	0.767	-4.768***	1.88%
	试点省市	653	4.35	0.677		
全国命题与分省命题结合政策	非试点省市	561	3.58	1.097	-0.604	0.03%
	试点省市	655	3.62	1.020		

注：(1) 由于教师对不同子政策的了解情况存在差异，故上表中不同子政策所对应的样本量不同。(2) * 表示 p<0.05；** 表示 p<0.01；*** 表示 p<0.001。

3. 高中教师关于高考制度公平性的感知：分年龄比较

表3-3列出了不同年龄高中教师关于高考总体政策及部分子政策的公平性感知情况。数据显示，年轻教师对"高考总体政策"的公平性感知（M=3.79）显著高于年长教师（M=3.56）。在子政策方面，年轻教师对"异地高考政策""少数民族加分政策""支援中西部政策""自主招生加分政策""综合素质评价政策""全国命题与分省命题结合政策"的公平性感知均显著高于年长教师，而对"规范高考加分政策"的公平性感知则显著低于年长教师。

表3-3　高中教师关于高考制度公平性的感知：分年龄比较

组别		样本量	均值	标准差	T值	η^2
高考总体政策	年轻教师	312	3.79	0.783	4.128***	1.20%
	年长教师	909	3.56	0.918		
异地高考政策	年轻教师	289	3.83	0.730	4.592***	1.50%
	年长教师	844	3.58	0.897		
少数民族加分政策	年轻教师	308	3.51	1.045	3.149**	0.80%
	年长教师	889	3.29	1.079		
农村高考专项政策	年轻教师	308	4.07	0.779	1.455	0.20%
	年长教师	905	3.99	0.885		

续表

组别		样本量	均值	标准差	T值	η^2
支援中西部政策	年轻教师	308	3.91	0.847	2.619**	0.50%
	年长教师	905	3.75	0.974		
自主招生加分政策	年轻教师	308	3.86	0.825	6.533***	2.70%
	年长教师	901	3.48	1.044		
综合素质评价政策	年轻教师	304	3.90	0.849	5.944***	2.40%
	年长教师	900	3.55	1.015		
规范高考加分政策	年轻教师	307	4.06	0.775	-5.317***	2.50%
	年长教师	904	4.33	0.697		
全国命题与分省命题结合政策	年轻教师	309	3.78	0.904	3.665***	0.90%
	年长教师	907	3.55	1.097		

注："年轻教师"指年龄为30岁及其以下的教师；年长教师指年龄为30岁以上的教师。* 表示 $p<0.05$；** 表示 $p<0.01$；*** 表示 $p<0.001$。

4. 高中教师关于高考制度公平性的感知：分性别比较

表3-4列出了不同性别高中教师关于高考总体政策及部分子政策的公平性感知情况。数据显示，男性教师（M=3.68）在高考总体政策的公平性感知上高于女性教师（M=3.58）。在子政策方面，男教师对"农村高考专项政策""支援中西部政策""规范高考加分政策"的公平性感知显著高于女性教师，在其他子政策上面的公平性感知与女性教师无显著差异。

表3-4　高中教师关于高考制度公平性的感知：分性别比较

组别		样本量	均值	标准差	T值	η^2
高考总体政策	男	500	3.68	0.912	1.963*	0.30%
	女	721	3.58	0.874		
异地高考政策	男	488	3.68	0.881	1.231	0.10%
	女	645	3.62	0.851		
少数民族加分政策	男	493	3.40	1.145	1.483	0.20%
	女	704	3.31	1.020		
农村高考专项政策	男	498	4.10	0.908	3.082**	0.80%
	女	715	3.95	0.819		
支援中西部政策	男	498	3.88	0.988	2.814**	0.60%
	女	715	3.73	0.910		

续表

组别		样本量	均值	标准差	T值	η^2
自主招生加分政策	男	497	3.59	1.080	0.448	0.00%
	女	712	3.56	0.952		
综合素质评价政策	男	494	3.67	1.066	0.941	0.10%
	女	710	3.62	0.929		
规范高考加分政策	男	496	4.35	0.741	3.770***	1.20%
	女	715	4.19	0.710		
全国命题与分省命题结合政策	男	497	3.64	1.147	0.946	0.10%
	女	719	3.58	0.988		

注：* 表示 $p<0.05$；** 表示 $p<0.01$；*** 表示 $p<0.001$。

5. 高中教师关于高考制度公平性的感知：分户籍比较

表 3-5 列出了不同户籍高中教师关于高考总体政策及部分子政策的公平性感知情况。数据显示，农村教师（$M=3.72$）与非农村教师（$M=3.60$）在高考总体政策的公平性感知上无显著差异。在子政策方面，农村教师对"异地高考政策""农村高考专项政策""支援中西部政策""自主招生加分政策""综合素质评价政策""全国命题与分省命题结合政策"的公平性感知显著高于非农村教师，而对"规范高考加分政策"的公平性感知则显著低于非农村教师。

表 3-5　高中教师关于高考制度公平性的感知：分户籍比较

组别		样本量	均值	标准差	T值	η^2
高考总体政策	农村	188	3.72	0.930	1.671	0.20%
	非农村	1 033	3.60	0.882		
异地高考政策	农村	178	3.83	0.743	3.410**	0.80%
	非农村	955	3.61	0.881		
少数民族加分政策	农村	185	3.40	1.138	0.723	0.00%
	非农村	1 012	3.34	1.062		
农村高考专项政策	农村	186	4.16	0.725	2.616**	0.60%
	非农村	1 027	3.98	0.880		
支援中西部政策	农村	185	3.95	0.768	2.929**	0.50%
	非农村	1 028	3.76	0.972		
自主招生加分政策	农村	185	3.78	0.814	3.519***	0.70%
	非农村	1 024	3.54	1.033		

续表

组别		样本量	均值	标准差	T值	η^2
综合素质评价政策	农村	185	3.96	0.747	5.975***	1.90%
	非农村	1 019	3.58	1.015		
规范高考加分政策	农村	186	4.07	0.750	-3.784***	1.20%
	非农村	1 025	4.29	0.717		
全国命题与分省命题结合政策	农村	186	3.80	0.907	3.031**	0.60%
	非农村	1 030	3.57	1.077		

注："非农村"指户口为"城市"或"乡镇"的教师。*表示 $p < 0.05$；**表示 $p < 0.01$；***表示 $p < 0.001$。

6. 高中教师关于高考制度公平性的感知：分民族比较

表3-6列出了不同民族高中教师关于高考总体政策及部分子政策的公平性感知情况。数据显示，少数教师（M=4.00）在高考总体政策的公平性感知上高于汉族教师（M=3.54）。在子政策方面，少数民族教师对"异地高考政策""少数民族加分政策""农村高考专项政策""支援中西部政策""自主招生加分政策""综合素质评价政策""全国命题与分省命题结合政策"的公平性感知显著高于汉族教师，对"规范高考加分政策"的公平性感知则显著低于汉族教师。

表3-6　　高中教师关于高考制度公平性的感知：分民族比较

组别		样本量	均值	标准差	T值	η^2
高考总体政策	少数民族	202	4.00	0.769	7.569***	3.71%
	汉族	1 019	3.54	0.894		
异地高考政策	少数民族	197	3.91	0.797	5.009***	1.95%
	汉族	936	3.59	0.868		
少数民族加分政策	少数民族	202	4.16	0.791	15.148***	11.73%
	汉族	995	3.18	1.048		
农村高考专项政策	少数民族	202	4.40	0.663	7.135***	4.03%
	汉族	1 011	3.93	0.874		
支援中西部政策[a]	少数民族	200	4.40	0.649	13.186***	8.03%
	汉族	1 013	3.67	0.950		
自主招生加分政策	少数民族	201	4.01	0.943	7.080***	3.72%
	汉族	1 008	3.49	0.996		
综合素质评价政策	少数民族	199	4.06	0.900	6.992***	3.48%
	汉族	1 005	3.56	0.984		

续表

组别		样本量	均值	标准差	T值	η^2
规范高考加分政策	少数民族	202	4.08	0.809	-3.791***	1.17%
	汉族	1 009	4.30	0.704		
全国命题与分省命题结合政策	少数民族	202	3.95	0.924	5.675***	2.14%
	汉族	1 014	3.54	1.067		

注：a 表示由于本研究少数民族样本主要集中于贵州（西部）地区，故在本题中，样本群体对"支援中西部政策"的差异可能还受地区影响。* 表示 $p<0.05$；** 表示 $p<0.01$；*** 表示 $p<0.001$。

（二）高中教师关于新高考主要举措的了解及认可度研究

课题组结合国内专家意见自编了《高中教师高考改革认可度量表》，该量表共分为四个维度，分别为：改革方向认可度、招生计划分配认可度、考试内容与方式认可度、招生录取方式认可度。总量表克朗巴赫 α 系数和折半信度系数分别为 0.874 和 0.805，各维度所包含的子问题及信度检验结果见表 3-7。量表采用李克特 5 点计分（1 = "非常不公平"，5 = "非常公平"），得分越高，则默认教师对该政策公平性的认可度越高。需要说明的是，考虑到部分高中教师对新高考具体政策不了解，课题组在各题项下设置了"不了解"选项，并在问卷分析过程中将这部分受访者在该题项上的回答进行剔除。

表 3-7　《高中教师高考改革认可度量表》信度检验结果

维度	题项	克朗巴赫 α 系数	折半信度系数
改革方向	浙江和上海等省市试点先行，推向全国	0.796	0.814
	本省新高考改革方案		
	新一轮高考改革的总体方向		
招生计划分配	增加农村学生上重点高校人数	0.736	0.738
	提高中西部地区和人口大省高考录取率		
考试内容与方式	高中学业水平等级考试实行等级赋分制	0.795	0.772
	取消文理分科		
	部分考试科目一年两考		
	必考+选考的考试科目设置		

续表

维度	题项	克朗巴赫 α 系数	折半信度系数
招生录取方式	规范考试加分项目，取消体育、艺术特长加分	0.706	0.736
	探索综合评价招生		
	完善和规范自主招生，自主招生放在统考后进行		
	将中学生综合素质评价作为高校录取参考		
	改革招生录取机制，本科统一批次录取		

从信度检测的结果来看，总量表克朗巴赫 α 系数和折半信度系数大于 0.800，各因子克朗巴赫 α 系数和和折半信度系数在 0.700 以上。根据信度判定标准（张文彤，2004），量表及其各因子之间具有较好的内部一致性、稳定性和可靠性。

1. 全体高中教师对我国高考改革主要举措的了解情况

表 3-8 列出了高中教师对我国高考改革主要举措了解情况。数据显示，2017 年，高中教师对我国高考改革主要举措的了解率在 93.04%～98.85% 之间。97% 以上的高中教师对招生计划分配、考试内容与方式、招生录取方式三个方面的举措有所了解。

表 3-8　高中教师对我国高考改革主要举措了解情况

	高考改革主要举措	了解人数	了解率（%）	排序
改革方向	浙江和上海等省市试点先行，推向全国	1 184	96.97	12
	本省新高考改革方案	1 142	93.53	13
	新一轮高考改革的总体方向	1 136	93.04	14
招生计划分配	增加农村学生上重点高校人数	1 196	97.95	10
	提高中西部地区和人口大省高考录取率	1 187	97.22	11
考试内容与方式	高中学业水平等级考试实行等级赋分制	1 201	98.36	4
	取消文理分科	1 199	98.20	7
	部分考试科目一年两考	1 199	98.20	7
	必考+选考的考试科目设置	1 197	98.03	9

续表

高考改革主要举措		了解人数	了解率（%）	排序
招生录取方式	规范考试加分项目，取消体育、艺术特长加分	1 207	98.85	1
	探索综合评价招生	1 207	98.85	1
	完善和规范自主招生，自主招生放在统考后进行	1 203	98.53	3
	将中学生综合素质评价作为高校录取参考	1 201	98.36	4
	改革招生录取机制，本科统一批次录取	1 201	98.36	4

2. 高中教师对我国高考改革主要举措的认可度（全体样本）

表 3-9 列出了高中教师对我国高考改革主要举措的认可度情况。数据显示，我国高中教师对高考改革主要举措的认可度均值在 3.16~3.98 之间。在招生计划分配、考试内容与方式、招生录取方式三个维度中，高中教师的认可度从大到小依次为招生录取方式（M=3.77）、招生计划分配（M=3.70）、考试内容与方式（M=3.30）。

表 3-9　　高中教师对我国高考改革主要举措的认可度

	改革内容	认可度均值	排序
改革方向（M=3.36）	浙江和上海等省市试点先行，推向全国	3.43	7
	本省新高考改革方案	3.31	12
	新一轮高考改革的总体方向	3.32	11
招生计划分配（M=3.70）	增加农村学生上重点高校人数	3.74	4
	提高中西部地区和人口大省高考录取率	3.64	6
考试内容与方式（M=3.30）	高中学业水平等级考试实行等级赋分制	3.37	10
	取消文理分科	3.26	13
	部分考试科目一年两考	3.16	14
	必考+选考的考试科目设置	3.41	9
招生录取方式（M=3.77）	规范考试加分项目	3.73	5
	探索综合评价招生	3.90	2
	完善和规范自主招生，自主招生放在统考后进行	3.98	1
	将中学生综合素质评价作为高校录取参考	3.41	8
	改革招生录取机制，本科统一批次录取	3.83	3

3. 高中教师对我国高考改革主要举措的认可度（分地区比较）

表 3-10 列出了不同地区高中教师关于高考改革的认可度。结果表明，在改

革方向层面,是否为高考改革试点省市对高中教师"新一轮高考改革总体方向""浙江和上海等省市试点先行,推向全国""本省新高考改革方案"的认可度均有显著影响($p<0.05$)。平均而言,高考改革试点省市(北京、浙江、上海、山东)高中教师"新一轮高考改革总体方向""浙江和上海等省市试点先行,推向全国""本省新高考改革方案"认可度(均值分别为3.20、3.29、3.13)均显著低于非试点省市(均值分别为3.48、3.60、3.55)。

表3-10　　高中教师关于高考改革的认可度:分地区比较

高考改革举措		分组	样本量	均值	标准差	T值	η^2
改革方向	新一轮高考改革的总体方向	非试点省市	502	3.48	0.888	5.015***	2.17%
		试点省市	634	3.20	0.957		
	浙江和上海等省市试点先行,推向全国	非试点省市	537	3.60	0.961	5.122***	2.13%
		试点省市	647	3.29	1.068		
	本省新高考改革方案	非试点省市	504	3.55	0.932	7.029***	4.00%
		试点省市	638	3.13	1.107		
招生计划分配	提高中西部地区和人口大省高考录取率	非试点省市	541	3.84	0.966	6.217***	3.14%
		试点省市	646	3.48	0.992		
	增加农村学生上重点高校人数	非试点省市	544	3.94	0.865	6.852***	3.75%
		试点省市	652	3.58	0.914		
考试内容与方式	必考+选考的考试科目设置	非试点省市	550	3.61	0.984	6.020***	2.90%
		试点省市	647	3.25	1.093		
	取消文理分科	非试点省市	549	3.38	1.149	3.297**	0.89%
		试点省市	650	3.16	1.233		
	部分考试科目一年两考	非试点省市	549	3.37	1.141	5.456***	2.39%
		试点省市	650	2.99	1.241		
	高中学业水平等级考试实行等级赋分制	非试点省市	551	3.66	0.924	8.932***	6.01%
		试点省市	650	3.12	1.179		
	将中学生综合素质评价作为高校录取参考	非试点省市	552	3.62	0.997	6.260***	3.11%
		试点省市	649	3.24	1.11		
招生录取方式	规范考试加分项目,取消体育、艺术特长加分	非试点省市	555	3.59	1.05	-4.446***	1.64%
		试点省市	652	3.85	0.944		
	探索综合评价招生	非试点省市	554	3.95	0.79	1.676	0.23%
		试点省市	653	3.87	0.886		

续表

高考改革举措		分组	样本量	均值	标准差	T值	η^2
招生录取方式	完善和规范自主招生，自主招生放在统考后进行	非试点省市	551	3.98	0.812	-0.045	0.00%
		试点省市	652	3.98	0.811		
	改革招生录取机制，本科统一批次录取	非试点省市	554	3.79	0.889	-1.38	0.16%
		试点省市	647	3.86	0.884		

注：* 表示 p<0.05；** 表示 p<0.01；*** 表示 p<0.001。

在招生计划分配层面，是否为高考改革试点省份对高中教师"提高中西部地区和人口大省高考录取率""增加农村学生上重点高校人数"这两项政策的认可度均有显著影响（p<0.05）。平均而言，高考改革试点省市（北京、浙江、上海、山东）高中教师对这两项政策的认可度（均值分别为3.48、3.58）均显著低于非试点省市（均值分别为3.84、3.94）。

在考试内容与方式方面，是否为高考改革试点省市对高中教师"必考+选考的考试科目设置""取消文理分科""部分考试科目一年两考""高中学业水平等级考试实行等级赋分制""将中学生综合素质评价作为高校录取参考"这五项政策的认可度均有显著影响（p<0.05）。平均而言，高考改革试点省市（北京、浙江、上海、山东）高中教师对这五项政策的认可度（均值分别为3.25、3.16、2.99、3.12、3.24）均显著低于非试点省市（均值分别为3.61、3.38、3.37、3.66、3.62）。

在招生录取方式方面，是否为高考改革试点省市对高中教师关于"规范考试加分项目，取消体育、艺术特长加分"政策的认可度有显著影响，平均而言，高考改革试点省市高中教师对该政策的认可度（M=3.85）显著高于非高考改革试点省市（M=3.59）。是否为高考改革试点省市对高中教师关于"探索综合评价招生""完善和规范自主招生，自主招生放在统考后进行""改革招生录取机制，本科统一批次录取"这三项政策的认可度均无显著影响。

（三）高中教师的高考改革参与情况

1. 高中教师在我国高考改革政策制定过程中的参与情况

由图3-9可知，在全体高中教师样本中，仅有17%的被访者表示较多或经常参与高考改革政策制定，在剩下83%的被访者中，有59%的被调查者表示较少或完全不参与高考改革政策制定。

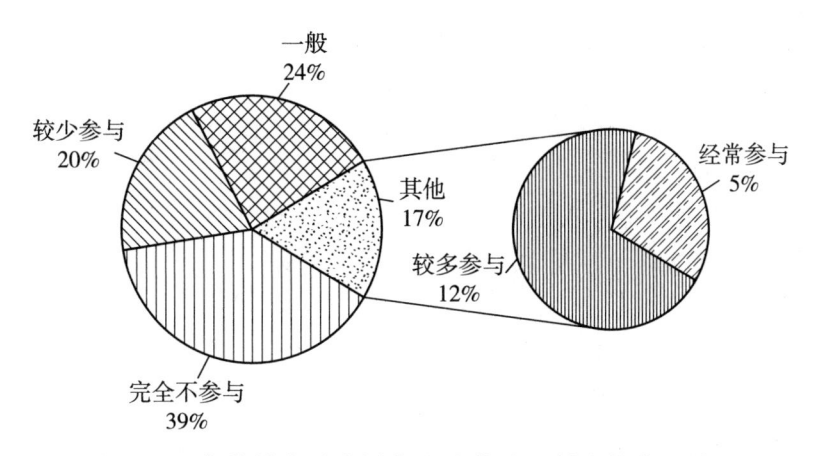

图 3-9　全体样本对我国高考改革政策制定的参与情况

表 3-11 列出了不同高中教师对新高考政策制定的参与情况。数据显示，不同省市、年龄、性别、户籍、民族高中教师对新高考政策制定的参与程度较低，并存在显著差异。平均而言，高考改革试点省份高中教师对高考政策制定的参与度（M=2.11）显著低于非高考改革试点省市教师（M=2.40）；年轻教师对高考政策制定的参与度（M=2.51）显著高于年长教师（M=2.15）；男性高中教师对高考政策制定的参与度（M=2.38）显著高于女性教师（M=2.15）；农村高中教师对高考政策制定的参与度（M=2.47）显著高于非农村教师（M=2.20）；少数民族高中教师对高考政策制定的参与度（M=2.63）显著高于汉族教师（M=2.17）。

表 3-11　不同群体高中教师对我国高考政策制定的参与情况

组别		样本量	均值	标准差	T 值	η^2
省份	非试点省份	564	2.40	1.257	4.034***	1.3%
	试点省份	657	2.11	1.204		
年龄	年轻教师	312	2.51	1.255	4.484***	1.7%
	年长教师	909	2.15	1.217		
性别	男性	500	2.38	1.288	3.260**	0.9%
	女性	721	2.15	1.190		
户籍	农村	188	2.47	1.251	2.708**	0.60%
	非农村	1 033	2.20	1.230		
民族	少数民族	202	2.63	1.366	4.468***	1.9%
	汉族	1 019	2.17	1.195		

注：* 表示 $p<0.05$；** 表示 $p<0.01$；*** 表示 $p<0.001$。

2. 高中教师对我国高考改革动向的了解渠道

（1）高中教师了解我国高考改革动向的渠道（全体样本）。

为调查高中教师了解我国高考改革动向的渠道，课题组以多选题的形式询问了高中教师以下问题：

问：您主要通过哪些渠道了解当前高考改革的动向呢？（多选）

  A. 国家政策文件

  B. 上级领导传达

  C. 专著、论文、研究报告等

  D. 网络、电视、报纸、杂志等大众媒体

  E. 微信、微博、博客等自媒体

  F. 教师、家人、朋友等他人

调查结果显示，高中教师了解高考改革动向的渠道主要是"网络、电视、报纸、杂志等大众媒体"（76.5%），接下来分别为"上级领导传达"（70.4%）、"国家政策文件"（67.8%）、"微信、微博、博客等自媒体"（56.4%）、"教师、家人、朋友等他人"（54.2%）、"专著、论文、研究报告等"（24.1%）（见表3-12）。

表3-12   高中教师了解高考改革动向的渠道（多选）

渠道	样本数	百分比（%）
国家政策文件	827	67.8
上级领导传达	858	70.4
专著、论文、研究报告等	294	24.1
网络、电视、报纸、杂志等大众媒体	933	76.5
微信、微博、博客等自媒体	688	56.4
教师、家人、朋友等他人	661	54.2

（2）高中教师了解我国高考改革动向的渠道（分地区比较）。

分地区比较结果显示，高考改革试点省市教师最主要通过"上级领导传达"了解高考改革动向（76.86%），非高考改革试点省市教师最主要通过"网络、电视、报纸、杂志等大众媒体"（80.67%）了解高考改革动向；两者均较少通过"专著、论文、研究报告等"渠道了解高考改革动向（见表3-13）。

表 3-13　高中教师了解高考改革动向的渠道：分地区比较（多选）

渠道	非试点省份（N=564） 样本数	百分比（%）	试点省份（N=657） 样本数	百分比（%）
国家政策文件	395	70.04	432	65.75
上级领导传达	353	62.59	505	76.86
专著、论文、研究报告等	158	28.01	136	20.70
网络、电视、报纸、杂志等大众媒体	455	80.67	478	72.75
微信、微博、博客等自媒体	310	54.96	378	57.53
教师、家人、朋友等他人	312	55.32	349	53.12

（3）高中教师了解我国高考改革动向的渠道（分性别比较）。

分性别比较结果显示，男性教师和女性教师均十分依赖"网络、电视、报纸、杂志等大众媒体""国家政策文件""上级领导传达"三种渠道了解高考改革动向，较少通过"专著、论文、研究报告等"渠道了解高考改革动向。相比于男性教师，女性教师了解高考改革动向的渠道更广泛（见表3-14）。

表 3-14　高中教师了解高考改革动向的渠道：分性别比较（多选）

渠道	男性（N=500） 样本数	百分比（%）	女性（N=721） 样本数	百分比（%）
国家政策文件	370	74.00	457	63.38
上级领导传达	325	65.00	533	73.93
专著、论文、研究报告等	126	25.20	168	23.30
网络、电视、报纸、杂志等大众媒体	362	72.40	571	79.20
微信、微博、博客等自媒体	233	46.60	455	63.11
教师、家人、朋友等他人	224	44.80	437	60.61

（4）高中教师了解我国高考改革动向的渠道（分年龄比较）。

分年龄比较结果显示，年轻教师和年长教师获取高考改革动向的渠道基本一致，均主要依赖于"网络、电视、报纸、杂志等大众媒体""上级领导传达""国家政策文件"三种渠道。但年轻教师通过"微信、微博、博客等自媒体""教师、家人、朋友等他人""专著、论文、研究报告等"这三种渠道获取高考改革动态的比例明显高于年长教师（见表3-15）。

表 3-15　　高中教师了解高考改革动向的渠道：分年龄比较（多选）

渠道	年轻教师（N=312）样本数	百分比（%）	年长教师（N=909）样本数	百分比（%）
国家政策文件	206	66.03	621	68.32
上级领导传达	212	67.95	646	71.07
专著、论文、研究报告等	109	34.94	185	20.35
网络、电视、报纸、杂志等大众媒体	241	77.24	692	76.13
微信、微博、博客等自媒体	207	66.35	481	52.92
教师、家人、朋友等他人	188	60.26	473	52.04

注：本研究将年龄为 30 岁及以下的教师定义为年轻教师；将 30 岁以上教师定义为年长教师。

（5）高中教师了解我国高考改革动向的渠道（分户籍比较）。

分户籍比较结果显示，城市教师和非城市教师获取高考改革动向的渠道基本一致，均主要依赖于"网络、电视、报纸、杂志等大众媒体""上级领导传达""国家政策文件"三种渠道；但非城市教师通过"微信、微博、博客等自媒体""教师、家人、朋友等他人"这两种渠道获取高考改革动态的比例明显高于城市教师（见表 3-16）。

表 3-16　　高中教师了解高考改革动向的渠道：分户籍比较（多选）

渠道	城市教师（N=837）样本数	百分比（%）	非城市教师（N=384）样本数	百分比（%）
国家政策文件	583	69.65	244	63.54
上级领导传达	613	73.24	245	63.80
专著、论文、研究报告等	199	23.78	95	24.74
网络、电视、报纸、杂志等大众媒体	642	76.70	291	75.78
微信、微博、博客等自媒体	456	54.48	232	60.42
教师、家人、朋友等他人	429	51.25	232	60.42

注："非城市"教师包括乡镇教师和农村教师。

(6) 高中教师了解我国高考改革动向的渠道（分民族比较）。

分民族比较结果显示，少数民族教师最主要通过"国家政策文件"了解高考改革动向（81.19%），汉族教师最主要通过"网络、电视、报纸、杂志等大众媒体"（76.05%）了解高考改革动向；两者均较少通过"专著、论文、研究报告等"渠道了解高考改革动向（见表3-17）。

表3-17　　高中教师了解高考改革动向的渠道：分民族比较（多选）

渠道	汉族教师（N=1 019）样本数	百分比（%）	少数民族教师（N=202）样本数	百分比（%）
国家政策文件	663	65.06	164	81.19
上级领导传达	720	70.66	138	68.32
专著、论文、研究报告等	239	23.45	55	27.23
网络、电视、报纸、杂志等大众媒体	775	76.05	158	78.22
微信、微博、博客等自媒体	579	56.82	109	53.96
教师、家人、朋友等他人	563	55.25	98	48.51

3. 高中教师对我国高考改革的参与态度

（1）高中教师应对不合理政策的方式。

为了解高中教师对我国高考改革的参与态度，课题组以多选题的形式询问了高中教师以下问题：

问：当您认为一项高考政策不合理时，您会选择以下哪些方式？

A. 提出政策建议，并向有关部门谏言

B. 公开表达自己的观点（论文、大众媒体、自媒体等）

C. 向相关部门施加压力

D. 消极抱怨

E. 无奈服从

调查结果显示，当认为一项高考政策不合理时，高中老师的反应依次为"无奈服从"（61.7%）、"提出政策建议，并向有关部门谏言"（33.8%）、"通过论文、媒体表达观点"（26.5%）、"消极抱怨"（23.1%）、"向相关部门施加压力"（6.0%）。由此可知，多数高中教师认为一项高考政策不合理时，会倾向于选择"无奈服从"（见表3-18）。

表 3-18　　　　高中教师应对不合理政策的方式（多选）

方式	样本数	百分比（%）
提出政策建议，并向有关部门谏言	413	33.8
通过论文、媒体表达观点	323	26.5
向相关部门施加压力	73	6.0
消极抱怨	282	23.1
无奈服从	753	61.7

（2）高中教师应对不合理政策的方式（分地区比较）。

分地区比较结果显示，当认为一项高考政策不合理时，高考改革试点省市教师和非高考改革试点省市教师均主要采取"无奈服从"的应对方式；但相对而言，非试点省市教师比试点省市教师更偏向于采取"提出政策建议，并向有关部门谏言""通过论文、媒体表达观点""向相关部门施加压力"这类积极应对的方式（见表 3-19）。

表 3-19　　高中教师应对不合理政策的方式：分地区比较（多选）

方式	非试点省份（N=564）样本数	百分比（%）	试点省份（N=657）样本数	百分比（%）
提出政策建议，并向有关部门谏言	228	40.43	185	28.16
通过论文、媒体表达观点	181	32.09	142	21.61
向相关部门施加压力	54	9.57	19	2.89
消极抱怨	127	22.52	155	23.59
无奈服从	303	53.72	450	68.49

（3）高中教师应对不合理政策的方式（分性别比较）。

分性别统计结果表明，当认为一项高考政策不合理时，男性教师和女性教师均主要偏向于"无奈服从"；但相对而言，男性教师比女性教师更偏向于采取"提出政策建议，并向有关部门谏言""通过论文、媒体表达观点"这类积极应对的方式（见表 3-20）。

表 3-20　　高中教师应对不合理政策的方式：分性别比较（多选）

方式	男性（N=500） 样本数	百分比（%）	女性（N=721） 样本数	百分比（%）
提出政策建议	204	40.80	209	28.99
通过论文、媒体表达观点	151	30.20	172	23.86
向相关部门施加压力	35	7.00	38	5.27
消极抱怨	89	17.80	193	26.77
无奈服从	278	55.60	475	65.88

（4）高中教师应对不合理政策的方式（分年龄比较）。

分年龄统计结果表明，当认为一项高考政策不合理时，年轻教师和年长教师均主要偏向于采取"无奈服从"的应对方式；但相对而言，年轻教师比年长教师更偏向于采取"提出政策建议，并向有关部门谏言""通过论文、媒体表达观点""向相关部门施加压力"这类积极应对的方式（见表 3-21）。

表 3-21　　高中教师应对不合理政策的方式：分年龄比较（多选）

方式	年轻教师（N=312） 样本数	百分比（%）	年长教师（N=909） 样本数	百分比（%）
提出政策建议	147	47.12	266	29.26
通过论文、媒体表达观点	100	32.05	223	24.53
向相关部门施加压力	33	10.58	40	4.40
消极抱怨	64	20.51	218	23.98
无奈服从	151	48.40	602	66.23

（5）高中教师应对不合理政策的方式（分户籍比较）。

分户籍比较结果显示，当认为一项高考政策不合理时，非城市教师和城市教师采取的应对方式基本一致，均主要采取"无奈服从""提出政策建议"这两种应对方式；但相对而言，非城市教师采取"提出政策建议""向相关部门施加压力"等积极应对方式的比例更高（见表 3-22）。

表 3-22　　高中教师应对不合理政策的方式：户籍比较（多选）

方式	城市教师（N=837）样本数	百分比（%）	非城市教师（N=384）样本数	百分比（%）
提出政策建议	255	30.47	158	41.15
通过论文、媒体表达观点	223	26.64	100	26.04
向相关部门施加压力	42	5.02	31	8.07
消极抱怨	196	23.42	86	22.40
无奈服从	546	65.23	207	53.91

注："非城市"教师包括乡镇教师和农村教师。

（6）高中教师应对不合理政策的方式（分民族比较）。

分民族统计结果表明，当认为一项高考政策不合理时，少数民族教师主要采取"提出政策建议，并向有关部门谏言""通过论文、媒体表达观点""向相关部门施加压力"等积极的应对方式，汉族教师最主要采取"无奈服从""消极抱怨"等消极的应对方式（见表 3-23）。

表 3-23　　高中教师应对不合理政策的方式：分民族比较（多选）

方式	汉族教师（N=1 019）样本数	百分比（%）	少数民族教师（N=202）样本数	百分比（%）
提出政策建议	298	29.24	115	56.93
通过论文、媒体表达观点	244	23.95	79	39.11
向相关部门施加压力	54	5.30	19	9.41
消极抱怨	256	25.12	26	12.87
无奈服从	672	65.95	81	40.10

三、小结

新一轮高考改革实施了多项措施促进公平，实施过程中受到普遍认可，被调查者认为我国现行高考制度依然是比较公平的人才选拔制度，新一轮高考改革也能够较好地回应人民群众对高考的公平诉求，尤其是取消录取批次、实施平行志愿，实施重点大学面向贫困地区农村学生的专项计划、国家支援中西部招生协作计划等提高高考的城乡公平和区域公平举措，受到肯定。但是在高考改革过程中依然存在公平性质疑，新高考改革过程中也产生了新的公平问题。

第一，区域公平问题依然存在。我国从1952年以来实施分省定额的高考录取政策，招生计划分配的区域公平质疑依然存在，1/3左右的被调查者认为这很不公平，来自山东高考大省的被调查者的观点与北京、上海的被调查者有明显差异。我国目前实施全国统一命题和分省命题相结合的命题方式，接近2/3的被调查者非常不赞同这种命题方式，并认为这种命题方式以形式的公平掩盖了实质的不公平，山东和浙江的被调查者更倾向于认可这一观点。对北京这样外来人口较多的城市来说，异地高考政策并没有从实质上解决进城务工人员随迁子女就地入学问题，来自北京的被调查更倾向于认为这一政策不公平。

第二，城乡公平问题更加凸显。新一轮高考改革更加强调考试内容的能力立意和多元化的招生录取方式，强调学生的全面发展和综合评价，这种改革导向可能会对农村学生不利。从考试命题来看，接近2/3的被调查者都认为"高考命题存在一定的城市中心化倾向"，这一观点存在明显的区域差异。从自主招生政策来看，接近六成的被调查者赞成自主招生政策，但超过2/3的被调查者认为自主招生政策对社会处境不利群体的学生不利，山东和浙江的被调查者更倾向于认可这一观点。从"两依据一参考"录取方式来看，2/3的被调查者认为将高中学生的综合素质评价作为高考录取学生的参考，对农村学生更不利。

第三，性别公平有待验证。新一轮高考改革取消了文理分科，在高考科目设置上采取"3+3"的模式，统考科目语数外三科加上三门选考科目，这更进一步凸显了语言学科的重要性，甚至存在"得语文者得天下"的观点。被调查者对"高考语数外必考科目中有两门语言学科，对男生更不利"这一观点，赞同与反对者的比例相当，上海的被调查者与其他三省市相比存在显著差异，更倾向于认可这一观点。无独有偶，美国学者也关注考试内容中的"性别偏见"问题，但对考试测验中女生比男生更有语言优势的观点存在争议。1988年范戈尔德（Feingold）通过对高中生差异能力测验（DAT）和学术能力评估测试（SAT）进行追踪分析发现，在语言推理能力成绩方面男女生并没有显著差异[1]。因此这个问题需要进行大规模数据分析才可定论。

新一轮高考改革是一场全面系统的改革，从政策方案的制订到实施过程的评价跟踪，各部门的重视程度与参与度都史无前例，各利益相关群体的参与度有所提高。但从被调查者的视角来看，绝大多数利益相关者无论是高考改革政策制定

---

[1] Benjamin Greene. Verbal Abilities, Gender, and the Introductory Economics Course: A New Lookatan Old Assumption, *The Journal of Economic Education*, 1997: 13 – 30.

的参与度，还是高考招生制度咨询与投诉的渠道来说都比较有限，被调查者首先依赖于通过大众媒体和自媒体获得高考改革动向。

　　只有具有管理职务的利益相关者参与，高考改革的了解渠道和程度才更多一些。强调利益相关者的参与，既是对利益相关者个体的尊重和利益诉求表达的合理途径，也是社会义务本身的自我实现。构建国家主导、多元参与的协同治理体系，拓展利益相关者参与途径，增加他们的实质参与，减少民众对直觉判断的依赖，是实现高考公平的重要途径。

第四章

高考改革试点方案的实施效果评估[①]

2017 年 8 月，随着高校招生录取工作结束，从 2014 年正式启动的新一轮高考综合改革试点"平稳落地"。项目组在高考招生录取结束后对高考改革试点省市进行调研座谈，从各方利益相关者视角来看，新高考模式下的高考招生录取工作"有条不紊"，各方获得感较强。为进一步深入评估高考改革试点方案实施效果，2018～2019 年，项目组对浙江省进行深入的跟踪调研，对高校教师、高校学生、高中教师、高中学生、高中学生家长五类群体进行问卷调查，了解其对高考改革试点方案实施效果的评估。本章将对两次调研的结果予以呈现。

第一节 观点：实施成效与争议[②]

教育行政部门管理者认为高考改革平稳落地，高考实现"平安考试、平静录取、平稳落地"。地方考试机构积极探索考试技术改革，在全国发挥引领和示范作用。高中学校校长和教师认为，经过三年的辛苦努力，交出了一份满意的答卷，学生获得更好的发展和更多入学机会，中上办学水平但独具特色的中学获得

---

① 为了便于叙述，本书将受访者进行了编码处理。高校以"U + 数字"编码表示；高中学校以"M + 数字"编码表示；教育行政部门以"A + 数字"编码表示，下同。

② 王新凤：《利益相关者视角下的高考综合改革实施效果分析》，载《中国考试》2019 年第 1 期，第 24~29 页。

感强，通过综合评价招生录取进入重点高校的学生增多。高校招生管理者认为，高校在改革中加强了与中学的衔接，尤其是通过综合评价招生获得了更符合专业学科需要的优质生源，改革总体平稳，冷门专业与热门专业录取与往年没有明显差距。学生认为，通过新高考扬长避短，个性、特长和优势得到更好发展，对自己的评价是在"预料之中"，同学多数发挥正常，没有爆出太大冷门。

一、实施成效

（一）促进学生全面发展

新高考对学生发展的促进作用集中在满足学生的兴趣发展需求，增加学生的选择机会，以及促进学生全面发展等方面。同时，新高考还打破了"一考定终身"的传统高考模式的弊端，分解了高考的压力，更致力于学生能力培养。选课走班制在一定程度上加强了学生之间的交流，增强了学生社会交往能力。文理分科到"3+3选科"增强了知识的完整性。

1. 满足兴趣与选择需求

新高考在科目选择和平行志愿录取环节赋予了学生选择权，学生、中学、高校和行政四类群体都认为尊重学生的兴趣和选择，是新高考最大的亮点之一。学生认为，自由选科后可以根据自己的兴趣爱好，避开弱势学科，选择优势和擅长的学科，自由规划高中三年的学习，避免过早进行文理分科对发展的限制，学生觉得越学越开心，学习体验比较好（浙江M1中学学生，2017）。学生群体多数都认可这个观点（见表4-1）。中学校长和教师认为，过去"补短"的教育成为"扬长"的教育，学生获得更高效和愉悦的学习体验；从固定班级教学中的被动角色，转变为主动选择的角色，有助于激发学生学习兴趣和积极性及自主意识；促进学生全面而有个性地发展，有助于学生综合素养的养成。高校招生管理者认为，可以招收到具有文理贯通的知识基础和交叉学科知识基础的生源，满足各专业对学生基础知识的不同要求。考试机构管理者认为，这种选择性的效果体现为投档率、志愿的满足率高，退档率低，在一定程度上可望避免入学后转专业的问题。

表4-1　　　　　　上海M7中学座谈学生选科理由

编码	性别	年级	选择科目	选科理由
S1	男	高三	地理 物理 历史	我选择这些科目主要是因为我比较擅长，也考虑到未来就业，大学专业选择方面

续表

编码	性别	年级	选择科目	选科理由
S2	男	高三	地理化学历史	选择地理，是因为我爱地理。选择化学是因为化学能拓宽以后可以选择的专业，选历史是因为喜欢历史。选择小三门的原则就是喜欢，能学到东西，一生都能记住
S3	女	高三	地理生物历史	选择地理、生物的话是因为比较喜欢，我文科比较好一点，逻辑思维也比较好，对历史这些是感兴趣，很喜欢关于历史的内容。也包括比较擅长这些学科。我想要学到以前不知道但是很感兴趣的东西
S4	女	高三	历史政治地理	我理科不太擅长，我喜欢文科。选择历史和地理，也让我学到很多对以后职业有帮助的知识，我以后想当老师，我认为这些学科对人文素养的培养比较好
S5	男	复旦大一	物理化学地理	我选择地理，是因为地理可以先考，本来也想选生物，但高二不能考掉生物，所以就选了地理。选择物理和化学，是因为我做化学方面的竞赛。我比较喜欢物理
S6	男	同济大一	物理化学地理	我选择地理是也因为高二能考。选择物理和化学是因为我对理科比较感兴趣，也是我比较擅长的科目
S7	女	东华大一	物理化学地理	另外三门学的不怎么好，学习兴趣没有这三门高。地理可以高二考的，我当时选地理是想考掉一门，减掉后面学习的压力
S8	女	复旦大一	地理生物物理	我比较喜欢地理，也因为可以提前考掉。我选生物，是因为我喜欢生命科学。选择物理是因为报考大学的时候，物理的选择性会比较多一些。我自己选专业，我妈会提出意见，最终综合起来考虑
S9	女	上大大一	物理历史地理	选择地理和历史是因为兴趣，物理的专业选择比较广一些

2. 提升学生综合素质

提升学生综合素质主要体现在实施中学生综合素质评价方面。上海市的综合素质评价重视中学生的社会实践活动和研究性学习，在基础教育领域具有一定的导向功能，促进中学、家长和学生一起重视学生的全面发展和综合素质的提升。上海某中学学生认为，在社会实践活动中获得了职业体验、历史文化、新知识、社会责任感等多方面的新体验（见表4-2）；有些中学将研究型课程、艺术教育等特色指标融入综合素质评价，更好地反映学校自身的特色，促进学生的全面发展。"但毋庸置疑的是改革让我们的综合能力得到了提升，高中阶段的社团活动、志愿者活动、课题研究、社会调查……这些让我们学习之外的能力有了很大的提升，促进了全面发展，确实受益匪浅。"（U9高校学生，2017）

表4-2　　　　　　　　上海 M7 中学与高三毕业生座谈

编码	问：已经毕业的综合实践活动方面的情况怎么样？	获得
S5	还是比较有意思的。收获很多。主要收获是在某小学做志愿者的时候，大概40个小时60个课时。能从老师的角度看其他同学，帮助老师管理小孩子们，感到做老师的味道	职业体验
S6	我主要是在徐家汇景区、教堂和藏书楼一带。其实让我做志愿者，就是买票什么的，给来参观的游客指导一下。工作人员会介绍这边的文化什么的，我觉得从志愿者中，也能学到很多东西。我最喜欢天主教堂，觉得这个天主教堂建筑能够代表西方的文化	文化
S7	社会实践活动，主要是给我们一种经历。以前没有机会做志愿者活动。因为综合素质评价有了这个要求，必须做志愿者。开始跟他们一起去景区做志愿者，开始的时候是功利的心态。但做的过程中还是很有趣的。能够学到很多东西。我第一次进入天主教堂，以前没有进过。才知道天主教堂有很多规定，凳子是跪的，而不是坐的。最后，就不仅仅是完成这60个学时，我还做过很多其他志愿者。我们大学有很多志愿者社团，有各种名字的志愿者社团。其中一个是致力于助残的志愿者活动，我还不是很了解，但我到学校会进一步了解，然后参加	有趣； 新知； 社会责任感
S8	我也是在徐家汇景区，主要在教堂、藏书楼、圣母院一带。给予我的很大帮助是人与人之间的沟通，有些游客不理解，我们提醒他们，他们不理解，就要学会跟他们沟通。觉得志愿者活动对自己有帮助。大家可能不太了解圣母院，中午是不参观的，要做餐厅。圣母院有很悠久的历史文化。有时候人们会忽略圣母院，我会带他们参观一下，带他们参观的过程中，会和跟他们交流	社会性； 文化

续表

编码	问：已经毕业的综合实践活动方面的情况怎么样？	获得
S9	我当时是在徐家汇图书馆，基本上是整理书籍。我的收获是，那里很多书籍很旧、很破。但是周围全是书的感觉，与电子化的时代很不一样，我很愿意去。就是觉得挺好的，挺憧憬的	体验

3. 打破"一考定终身"

打破"一考定终身"主要体现在"3+3考试"科目设置和综合评价招生方面。综合评价招生是指按照"两依据一参考"，即依据统考成绩和学考成绩，参考中学生综合素质评价结果录取学生，浙江实施"三位一体"，上海按照6：3：1的比重确定统考、面试和学考比重，这都赋予了学生更多选择机会。有高校教师认为，招生录取制度改革应该是自恢复高考制度以来力度最大的一次，"这几十年来，唯一没变的就是一考定终身的局面，无论是哪种改革，高考成绩仍是唯一的衡量标准，三天高考决定了考生的命运。这也是中国的教育制度最饱受诟病的一点。而这次，上海和浙江的高考综合制度改革试点，就是打破了一考定终身的局面，给予考生多次考试的机会，同时增加了三位一体、高职提前招生等多种选拔方式，让更多综合能力强的学生脱颖而出。"（U1高校教师，2017）

一方面，学生获得感强。有高校教师认为，综合评价招生给了考生更多的机会，成绩比较优秀的学生如果高考没有发挥好，可以通过综合评价招生录取，分数会比正式录取分数低十分左右，给了这部分学生机会。有通过综合评价招生进入高校的学生认为，"复旦大学我是三位一体进去的，给比高考分数不到一点点的学生一个机会，我觉得是比较好的。对学生的素质要求比较全面，这样有些学习可能没有那么好的学生得到这个优势。我裸分是上不去的，但通过三位一体能够上。"（浙江M1中学S2，2017）另一方面，高校教师希望获得综合评价招生的愿望强烈，"浙江的四种招生模式中，三位一体招生经过了7年的改革试点，选拔了一批优秀、适合且具有潜力的学生，形成了系列成熟的制度、程序和方法经验，已经取得了比较好的试点经验和试点成效，得到了学生、家长、高中学校的广泛认可，可以进一步扩大与推广。"（U2高校教师，2017）

4. 分散考试压力

按照新高考制度设计，高考被分解为学业水平考试和高考统考两个环节，学业水平考试分为合格性考试（学考）和等级性考试（选考）。浙江省学考与选考合一，一年两考；上海在高一阶段需完成地理、信息科技两门合格性考试；高二阶段需要完成物理、化学、生物、政治、历史五门合格性考试以及一门等级性考试；高三阶段需完成语文、数学、外语三门合格性考试及二门等级性考试。传统高考变成了两种类型的三次考试，再加上一年两考，原有的一次性高考分解为多次考试。受访者认为，多次考试有利于缓解考试压力。

第一，在高二就可以选考，在一定程度上缓解了考生高三备考的学习压力和心理压力。"总体来说高考改革将原来高三的负担在一定程度上分散至高二，较好地解决了学生心理负担，尤其是 6 月高考的负担。原因是选考提前考，减轻了 6 月考试科目和高三学习负担。"（浙江 M18 中学校长，2017）而且学生可以根据自己的学习特点，相对自由地安排学习时间："我在高一高二并不冒尖，大概处于一两百名，科目太多对我的负担太大。到高三有了针对性，每一阶段有目标，可以根据目标一步一步努力地学，成绩提高到了年级 20 名的成绩。'3 + 3' 和英语一年两考对我来说是有益的。英语一年两考降低了偶然性。"（上海 M12 中学 S4，2017）

第二，对于考不好的学生来讲还有一次考试机会，缓解"一考定终身"的压力。"学有余力的考生学习压力更轻了。学霸可以选择高二结束所有选考科目考试、高三上学期结束英语考试，在以前高三苦苦挣扎 6 门功课的时候，现在可以开开心心只学两门——语文和数学。抗压能力弱的这次考不好还有下次，再也不用担心一考定终身了。"（浙江 M14 中学校长，2017）"因为今年新增加一次机会，往年没有英语一年两考的。这相当于给平时增加了一次机会吧。有的一考英文成绩不理想，二考的时候，我身边有增加 10 分以上的同学，这对他们大学的选择还是有非常重要的意义的。英语也给一考成绩比较优秀的同学，给了他们其他科目有准备的空间。既然一考分数这么好，第二个学期就不认真准备二考了，将一考作为高考成绩，对本来已经非常紧张的时间有更加合理的分配吧。高三下学期冲刺阶段，可以给薄弱的科目充分的复习，温故知新抓漏洞。这是我感受比较深刻的一点。"（上海 M12 中学 S3，2017）

第三，多次考试缓解了社会关注的压力，也有受访者认为当前独生子女的抗压能力比较弱，多次考试可以提高学生的抗压能力。"一年安排两次学考和选考，学生又有两次考试机会，很大程度上减轻了学生考试的压力，同时高考来自社会关注度和压力也减轻不少。"（浙江 M8 中学校长，2017）"两次高考，一般人认为考试次数多了会对学生产生心理压力，但实践证明，两次机会，会缓解学生的考试压力。再者，我们的学生，独生子女为主，抗压能力是比较低的，需要磨炼。心理学上讲，不超出人的心理承受能力范围的压力，如果成为常态，反而能够提高人的抗压能力。"（浙江 M10 中学校长，2017）

第四，上海合格性考试只划分为"合格""不合格"，减轻学生备考负担。"学业水平考试包括合格性考试和等级性考试两个部分。从统一考试变为分散考试的变化，有利于缓解考生的学习压力和心理压力。随着学业水平考试制度的完善，严格控制合格性考试、等级性考试的内容和难度，除计入高校招生录取总成绩的 3 科以等级呈现成绩外，其他科目只考必修内容，达到国家规定的基本教学要求，成绩合格即可，这样可以相对减轻学生备考负担。"（上海 M3 中学校长，2017）

5. 强化能力培养

受访者认为新高考改革强调了能力培养和学科素养。在上海的访谈中，中学校长和教师都多次提到新高考试题更加强调能力培养，并认可这种能力培养为导向的改革方向："实际上上海的命题对学生能力的考查越来越重视。从春考跟这次秋考来说，数学试卷的命题我觉得是非常成功的，可以看到对学生数学能力和思维的要求，跟以往有一种传承发展，所以在这个方面我感觉到这种导向是非常成功的。"（上海 M9 中学校长，2017）同时，上海外语考试加入了口试，高校教师也认为对英语教学效果有提高："本身英语就是应用。口语表达是一种应用，能够帮助听和阅读。以前也有，只是没有纳入总分而已。我们学校投入很大，有很多原版书籍和报纸等，学生接触英语的机会比较多。"（上海 M7 中学教师 T3，2017）有教师认为，等级考命题较好地体现了对学生学科素养的考察："近两年等级考的命题在学科素养的体现还是比较明显，强调综合的思维能力、人际关系，有环境问题的问题，还有青藏高原地震的问题，还有实践活动能力等。"（上海 M7 中学教师 T4，2017）

6. 促进知识的完整性

我国学者曾经预计高考科目改革后，大量学生会选择文理科目兼修，这样将有助于消除过去文理分科带来的种种弊端，考生的知识及能力的整体性将变得更好，素质也将更加全面[①]。文理分科转为"3＋3 科目"设置之后，在一定程度上实现了知识完整性的政策改革初衷，当然这一点在文综、理综的时代已经有初步的实现。有学生认为，"学科与学科之间，单科选科变成了多元，科目间是有联系的，特别是纯理和纯文的同学感觉更明确。举个例子吧，历史中有一个题目，要求将铜铁铝金属的人类演变的顺序写出来，开始就是死记硬背，但是历史和化学结合的话，就转变金属活动性的问题，文理是可以互相促进理解的。"（U1 高校学生 S10，2017）

7. 拓展人际交往空间

选课走班制的实施，学生失去了原有行政班级管理的稳定性，但是同时也因为选科不同，加强了学生之间的互动与交流，除了行政班级的同学之外，还有选科班级的同学，拓展了学生学习、生活和交往的空间。有教师认为，"走班制还

---

① 于世洁、徐宁汉、杨帆、尹佳：《新高考改革下高校选考科目的制定》，载《清华大学教育研究》2015 年第 2 期。

能扩大学生的交往范围。由于没有了固定班级,学生在每门科目的学习中会接触到不同的同学,交往范围可以扩大几倍,有利于培养学生的社交能力。"(上海M3 中学校长,2017)

(二) 引领中学特色发展

新高考改革促进了中学的特色发展,倒逼高中学校推进教育现代化进程,激励中学教师提升自身学科素养,在一定程度上可以促进高中学校的发展。

1. 促进高中特色发展

2017 年首轮新高考落地,具有办学特色的高中具有较强的获得感,有高中学校校长表示将致力于推进本校的特色化发展,开设特色课程,开发特色的综合素质评价项目,促进高中学校的多样化发展。"这一轮浙江高中教学改革中最大的亮点是减少必修增加选修,开发校本选修课,建设特色示范高中,让每所高中都有自己的特色。"(浙江 M5 中学校长,2017)"在新高考改革的指挥棒下,我觉得更重要的是回归到我们学校的培养目标和办学理念,把我们的课程建设作为重中之重,最终对照我们的培养目标和办学理念来踏踏实实地推进综合素质教育,无论是我们的基础课程、拓展课程还是研究性课程,还有孩子的未来职业规划、其他方面的能力等等。"(上海 M11 中学校长,2017)"今年我校的高考本科率是上涨 16 个百分点,一方面是这些年我们加强教学研究与管理,充分调动广大教师积极性,在过程中对新高考政策的解读与把握(所产生的)较好的结果;另一方面也说明新高考改革对于我们这类特色学校的发展是机遇大于挑战。新高考鼓励高中学校多样化办学,办出特色,办出水平。"(上海 M20 中学校长,2017)

2. 促进教育现代化

新高考倒逼高中学校推进教学管理的现代化进程,如为适应选课走班的需要引入现代化的科技手段设计现代化的选课系统、进行教学评价等。新高考之后的基础教育逐渐具有了现代化的形态,这个方面的影响不局限于考试,而是整个学校。有中学校长认为,"走班实行之后,学生考勤方式亟待现代化科技手段的介入,教学质量监控和教师的教学绩效评价应以过程和结果并重,行政班起点评价、教学班增量评价看起来是教师绩效范畴的问题,但反过来也是促进教学秩序规范有序,联通顺畅的一种重要手段"(浙江 M6 中学校长,2017)"新高考倒逼学校教育教学管理进行改革。新的考试制度,使学校旧有的管理制度不再适用,必须作出改革,以适应新的形势。"(浙江 M10 中学校长,2017)"我们创建了一个'渐进式的选课咨询系统',对学生高一年级的学业水平、学科负担指数、职业倾向和性格特征以及相应高校选科要求的匹配都有一个系统数据的概率分析,为学生选课提供咨询。"(上海 M18 中学校长,2017)

3. 促进教师发展

新高考促进高中学校教师提升自身的科学素养和教学能力。选课走班制使学生对教师的选择性增强，不能及时提高自身素质的教师可能就被学生"抛弃"，有教师认为现在需要"讨好"学生，"学生在科目选择上的变化对教师自身素养的提升起到促进作用。"（浙江 M6 中学校长，2017）同时，因为学生选科的倾向性导致教师结构性缺编，物理教师大量剩余，上海中学则探索让具有良好科学素养的教师开设拓展性的研究型课程，"对于选择人数较少、工作量不足的一些学科教师，则更多地承担拓展型、研究型课程的建设工作，既弥补了工作量，又推进了校本课程建设，还提高了教师的课程素养。"（上海 M19 中学校长，2017）这也可以说代表了一种改革的方向。

（三）倒逼高校深化改革

从高校的角度来讲，新高考后高校投档满足率高，倒逼高校专业结构的调整，促进与中学的衔接，增强了办学自主权，初步实现科学选才的改革目标。

1. 投档满足率高

一是取消录取批次后，高等学校不必受制于原先录取批次的限制，显著提高了原来的一本院校的投档满足率，部分外地高校在征求志愿前完成招生计划，部分本科提前批的高校能够招到有专业志愿的考生。有教育考试院的院长认为，"高校的投档满足率大幅提高。一二本合并显著提高了原来一本院校的投档满足率。以原一本批次招生院校参加征求志愿的数据为例，2015 年有 35 所院校（理科）参加征求志愿，2016 年实行本科批次合并后，参加征求志愿的原一本院校文科 2 所，理科 4 所。一二本合并也使得未完成计划的外省市高水平大学大幅减少。因地域原因，往年兰州大学、西北农林科技大学、石河子大学等往年一本征求志愿的'常客'，今年在征求志愿前均完成了招生计划；尤其在本科提前批次，像中国公安、国际关系学院、中国武警、交大医学院、复旦医学院等院校都招到了有专业志愿的考生，而不必受制于原先的一本线。"（A1 机构院长，2017）

二是"三位一体"等综合评价招生模式下，具有专业特色的高校能够招到具有专业忠诚度的优质学生，高校、院系、专业要求扩大综合评价招生的积极性高。"我校三位一体已实行了 4 年，能使专业选拔到专业忠诚度高，学科基础扎实，品德能力突出的学生，因新高考改革的推进，院系和专业的积极性得到极大调动，院系和专业对三位一体的认可度极高，我们希望明年能进一步加大'三位一体'招生名额。"（U1 高校教师，2017）"今年'三位一体'我校一如既往地录取到了优质生源。98% 的考生高考成绩超省一段线 577 分，53.67% 考生超过 602 分（我校普通类专业最低分），各项数据优于往年。"（U4 高校教师，2017）

三是在自由选科的背景下,高校能够招到符合学科专业特色的考生。"从高校专业选考范围看,无论选哪三门科,每个学生都至少有 66% 以上的专业可以选报,比原来分文理两类的选择面要广得多。现行的'必考+选考'模式有利于大学招生,特别是对于很多文理交融的学科来说,更容易招到合适的学生。"(U6 高校教师,2017)"我们学校每年在上海招生,二本以上本科批次 1 170 多人,还有提前批招生,每年要招 70 多人在上海。我们今年提前批的话,因为我们是海事的,所招的学生都是要出海、上船的,有一个身体的特殊的要求,像视力、身高都是有要求的。所以往年最担心的是提前批招不满,每年招到二本线就没有生源了。原来我们的专业老师一直提出招的理科学生都是学物理化学和生物,为什么没有学地理的?今年根据高考改革,我们招生就换成了物理化学和地理。今年招生情况非常好,在上海比本科线高二十几分就录满了。这个问题可能是因为把生物换成了地理以后可选的人数多了,总量大了,今年的提前批录得非常好。"(U5 高校教师,2017)

2. 倒逼专业结构调整

新高考倒逼高校调整和优化专业结构。新高考落地,高校对高考改革的重视程度和参与程度明显增加。新高考倒逼高校注重特色专业的宣传,加强学科专业建设和专业结构调整,优化人才培养方案,被动等待的高校在新高考模式下可能面临生存危机。"高考科目改革促使高校招生注重对专业宣传的重视,加大对专业建设的调整和加快对人才培养质量的提升。带来的影响:(1)倒逼高校进行专业结构调整,加强专业内涵建设,更加注重专业特色和社会需求,也为高校专业建设提供了重新定位和发展求变的机遇;(2)就录取模式来说,高校招生成为专业之间的竞争,部分专业将被市场淘汰;(3)就生源质量来说,同一段内扁平化,不同段内差距较大,对这样的生源结构变化,需做出人才培养方案的调整,高校的生源层次也更加凸显;(4)就专业知识体系来说,高考科目改革使得高校可以自行确定专业(类)的科目选考要求,然后同一专业(类)在不同高校之间选考科目要求不同,学科、专业录取要求与考生知识结构匹配效果如何,还需及时的科学追踪。"(U6 高校教师,2017)

3. 促进招生与培养的结合

新高考促进高校加强了招生与培养的结合:"这次印象最深的是高校的重视程度提高,参与面明显增加,高职都有很大收获。现在的高校已经把招生录取工作和学校内部的专业建设和学校内部的人才培养模式的改革结合在一起了。这是非常明显的变化。"(专家 Z 校长,2017)当然,高校如何面对文理交叉、知识结构多元化的生源变革,并保证和提高人才培养质量,这对传统的人才培养模式提出了挑战。"高考制度的改革主要是增加了学生的选择权,更好地展示考生的优点和特长，这就需要高校的专业要有特色，要有吸引力，对学校的专业建设和人才培养方案都提出了很大的挑战。"（U7 高校教师，2017）

4. 促进高校与中学的衔接

高校加强了对中学的宣传，以利于招收到充足而优质的生源；通过"三位一体"等综合评价招生环节加强了与中学的衔接，改变了过去"见分不见人"的现象。"我觉得三位一体还有一个比较不错的地方，就是能够做到高中教育跟大学教育的衔接，这个体现在（三位一体）评委的设计上。比如说我们这一组就有一个来自高中的校长，也作为评委之一。在进行三位一体的时候考生会研究这个学校的相关信息，学校根据自身特色会出什么题等。高校也作为一种角色进入高中，学生、家长在适应中也会加强这个衔接。我们的高考制度明显的弊端就是高校归高校、高中归高中。三位一体我觉得这个还是有价值的。"（U8 高校教师，2017）"原来的传统高考是见分。原来我们在上海是一所二本的高校，去年取消一二本以后就没有这个概念。目前在全国的 28 个省市招生有 22 个省市也是二本招。现在高中综合素质评价信息在春考里面的使用，不仅是见分、见人，因为春考还有一个面试，然后还见材料，就是见到了学生三年高中经历的真实情况的一个反应，体现了高校一定的自主选拔性。"（U12 高校教师，2017）

高校既要满足专业培养的需求，又要保证生源质量，必须通过系统研究、提出合理的选考科目，这对高校来说是一个不小的挑战，"这就要求学校想清楚，要选择什么样的人才，如何选择，使得招生选拔符合学校人才培养目标，为今后人才培养和教学安排打下更好的基础。"（U2 高校教师，2017）。这些都改变了过去招生与培养分离的局面，高考不再是高中教育的"独角戏"。

5. 增加高校招生自主权

新高考赋予了高校更多的招生自主权，通过设置选考科目，通过"三位一体"等多种类型的招生模式，选拔符合高校专业发展和培养要求的学生，有助于高校办出特色，实现多样化发展。"把更多的选择权交给高校，有助于高校选拔适合自身培养要求的学生，有助于高校及学科专业办出特色，实现多样化发展。"（U19 高校教师，2017）"本轮改革对于高校招生来讲，学校可以根据自己的办学特色、定位以及不同学科专业的需要，对考生提出选考科目范围要求，为高校在人才选拔方面提供了更多的自主选择权。"（U2 高校教师，2017）"高校自主权扩大了，每个高校每个院系可以根据自己专业的特点设置不同的选考科目，招收不同的人才。"（浙江 M14 中学教师，2017）

（四）维护高考公平公正

新高考的公平性体现在：一是尊重学生个体差异，增强了学生的选择性，实现了过程公平。"高考改革增加了学生的选择性,也是高考公平的一种体现。比如自主招生的方式,艺术团等工作的考量,不再将分数作为唯一的选择标准,这是一种公平的导向。"(专家 M 校长,2017)二是英语等科目一年两考,高校多元录取,改变了唯分数论,实现了结果公平。三是高考改革万众瞩目,在高度透明度背景下的改革探索成功落地,实现了程序公平。尤其在教育行政部门管理者看来,高考改革的公平性体现为信访和投诉的减少,人民群众的满意度提高。"9 所学校的综合评价招生改革试点,2016 年一共是 1 766 人的计划,在这个过程中零信访和投诉。我们依然如履薄冰,今年更不能出问题,今年是 2 000 个学生,依然做到公平公正的保障。我们非常严肃、严格地确保稳定。"(A3 机构负责人,2017)"今年信访投诉减少,仅为去年的 1/4。媒体说有二段滑档的现象,这是无中生有、杜撰来的,实际上比去年提高 3%。我们每天信访到 11 点,但没有此类投诉和上访。"(A3 机构院长,2017)

二、问题与争议

(一)关于应试负担

对试点省份高考改革在一定程度上强化应试负担的问题,是对新高考的争议之一,具体表现在,对学生学习负担、传统教学秩序、教师压力和素质教育的重视程度等四个方面的影响。

1. 对学生学习负担的影响

首先是因为考试次数的增加。一年两考给学生更多机会的同时,多数学生并没有放弃考第二次。考得好的学生,不愿意放弃再次提分的机会;考得不好的,更要争取第二次考出好成绩。但两次考试竞争对手不同,心理压力增加,学习负担加重。其次是考试难度增加。数学不分文理科之后,考试难度加重了传统意义上的文科学生的学习负担;浙江选考和学考合一,选考科目也要区分等级,加重学生学习负担;上海由"3+1"变为"3+3",选考科目增加两门,教师对难度不确定,增加学生学习负担。"高三一开始,六门科目的紧张学习便令我招架不住,每天都是很累。虽说小三门被降低了难度,但是学习上的量加起来相信还是超过了原来的一门科目。更多的科目也意味着更多的考试练习,也增加了体力和精神上的负担,而那些已经考完一门地理的同学就相对比我轻松一些,可惜此时后悔已经来不及了。"(U9 高校学生,2017)再次,考试战线拉长,冲刺高考提前。原来冲刺高考是高三下学期的事情,现在高二就开始准备等级考试,高二俨然成了小高三。最后,高一结束时学生要确定选考科目,因此学校一般会在高一将全部科目开齐,高一学生的课业压力会非常重。总之,考试时间、考试次数、考试科目等方面的改革在一定程度上会影响学生学习负担的主观感受(见表4-3)。

表 4-3　　　　　　　上海 M7 中学师生座谈关于学习负担

编码	高二、高三、高一哪一年最累?	
S1	高二累,但是高三很紧张,心情忐忑,虽然高一的课很多,但是内容比较简单,没有高二那么难。高二复习内容多。(那为什么高三忐忑?)因为大家可能都紧张吧。高一是晚上11点,高二是10:30左右	累; 紧张
S2	高一比高二累。高一学十门课。因为初中到高中有个适应期,上了高三有压力但是有目标。英语是可以高三上学期就考。一个阶梯一个阶梯走向目标是值得努力的。所以,我觉得高一最累	课程多; 适应; 压力
S3	高二累一点。因为高一大部分都是基础课,没有高二那么深。以前是高三最累,但现在高二就有高考的压力。我觉得现在压力更大。一方面有课业压力,还有以后大学选什么,以及对未来的压力,也会有一点。主要是来自未来的压力和考试的压力	备考压力; 课业压力; 未来的压力
S4	高一比高二累。因为有10门课,作业都堆在一起。初中很早就能睡觉。但高中第一天就做到十一二点都做不完。高一11点,高二也差不多。但现在也基本适应这个时间了。高三现在还没开始,还不知道会怎样。不过不像高一那么多内容。高二选课也选好了,但是考试比较多,地理要高考,压力也是大的。但是现在适应这个压力了。基本朝着这个目标去努力	作业多; 考试多
S6	高三累。因为突然意识到要高考,命运就要被改变了。高三也没有高一高二那么多作业,只是不停地刷题,不是说生理上的压力,(而是)心理上比较疲惫。没有时间课外活动,心理压力大。高三比高一高二晚,大概十一点半以后	命运; 刷题; 疲惫
S7	高二累。高一大家刚进入高中,有新鲜感。很努力也不觉得特别累。高二一方面新鲜感过去了,各种考试等级考、合格考、各种活动,事情特别多。压力最大的是高三。地理高二考,但也是把双刃剑。如果分数不高,进入高三有压力,会感觉高三已经被甩了几分了,有很大压力。但高三的科目少了,没有高二那么累。一般是晚上11:30左右吧	考试多; 压力

续表

编码	高二、高三、高一哪一年最累？	
S8	高一累。高一上来很多都没听过。初中学过的内容，也没有什么衔接。高一政策还没有出来。还没有定下来。很多不确定因素。一会一个因素。但我还是觉得初中到高中这个因素更多一些。晚上十一点睡觉	与初中衔接；不确定

2. 对传统教学秩序的影响

首先，选考科目时间安排干扰正常教学秩序。浙江省第一届学生的选考科目时间安排在每年的10月和4月，处于学期中间。"至于缺乏上进心的部分学生，不考第二次的，则从表面上1月份到6月份，与其他在同一教室里听课，对班级的管理是个挑战。"（浙江M17中学校长，2017）"考试时间安排在每年的10月和4月，刚好处在学期中间，大家知道一旦一门学科考试结束（无论学考还是选考），学校一定要进行教学安排上的调整，重新安排教师岗位。另外作为考点学校一年安排两次选考，同时又有自己学校的期中期末检测，对于教务部门工作要求很高，对于学校的教学管理也增加难度。"（浙江M8中学校长，2017）上海等级考在5月份，等级考之前学生无心语数外，之后学习内容单调，也影响了正常的教学秩序。"等级性考试安排在每年5月份，学业水平考试在6月份，初衷是把这两种考试分开。但实践下来，是有些问题的，以等级考为例，5月份，等级考前的一个月左右，学生为了冲刺等级考，专攻加三学科，无心思于语数外等学科学习，影响了正常的教学秩序；而等级考试后，近一个月时间，学习内容较为单调。并且给学校绩效工作分配方面也带了一定的困难。"（上海M14中学校长，2017）

其次，考试次数增加，每次考试的重视程度都很高，学校领导承担主要责任，考点学校承担更多工作，学校教学管理难度增加。"对学校管理带来的影响较大，首先考试次数明显增多，每次考试都是高级别的考试，学校及主要领导都要承担主要责任，容不得一丝差错。学校要从报名、信息确认、发准考证、送考等各环节细致入微地工作，特别是4~6月的合格考和等级性考试交错在一起，更容易搞混。承担考点的学校，还要额外完成更多的任务，学校教师平时工作都很累，考试时都不愿意承担监考任务，无疑也增加了学校有关部门的工作难度。"（上海M8中学校长，2017）"跟改革前相比，增加的考试主要是等级性考试和英语的第一次考试，再加上原有的合格考、高考，学校明显感觉考试次数增加了，组织考试的工作量、压力明显增大了。特别是每学年的第二学期，学校在组织考试方面花费了大量的精力，一定程度上影响了学校其他方面的工作。"（上海M19

中学校长，2017)"当前学业水平考试的合格性考试、等级性考试时间以及在校三年年年参加考试的考试次数对学校管理带来的影响较大。例如地理和生物，高一可以合格考，高二等级考，到了高三，如果学生的加三学科中含有地理和生物两门，则他们的日常课表中至少会有8节自习课；如果学生的加三学科中含有地理和生物两门之一，则他们的日常课表中至少会有4节自习课，而在大走班的背景下，各行政班的教学管理难度增大。"(上海M10中学校长，2017)

最后，考试增加使学校教学安排发生经常性变化，干扰正常教学秩序和节奏。试点省市高考改革打破了传统教学秩序的平衡，在新的平衡秩序形成的过程中，教师群体会感受到高考改革带来的干扰。"教学节奏被破坏，每学期教学安排经常性发生变化，如：教师的课表的变化、教学班的变化、课时的变化等，教学管理难度加大。"(浙江M10中学校长，2017)"从教学管理的角度讲，高三等级考和高考时间隔一个月，各校都会因阶段性侧重而调整各科课时，影响了正常课程计划。"(上海M19中学校长，2017)"但由于考试机会增加，各校考试安排的随意性也增加。各校为了使本校的学生在考试中利益最大化，对于学科教学内容和进度进行不合理的调整，还有学科间课时分配的合理性也受到了影响，这样无形中会增加学生学习的盲目性和学习负担。"(浙江M8中学校长，2017)"安排两次考试极大地解决了一考定终生问题，有效舒缓了学生、家长、学校压力。现行4月、10月考试时间对学生寒暑假影响比较大（学生会加大学习强度），对学校管理而言，会要求在比较短的时间完成课务安排大调整，学生考完选考和英语后如果弃考会产生大量自修时间，也给学校管理带来一定挑战。"(浙江M18中学校长，2017)

3. 对教师压力的影响

一是考试科目改革后学生的选课偏好，导致生物、地理教师结构性缺编，在职老师工作压力大。"加生物的多，但是生物老师有限，前一阵子生物女老师相继怀孕不能上课，剩下的男老师，一个要带5个班，一个老师要上六七个班，全部排满，教师资源也是压力。"(U13高校学生，2017)

二是语数外三门课程的教师和选考三科目的教师之间工作量和工作时间不匹配，造成语数外三门教师工作压力与强度增加。"七选三老师和语数外老师分歧很大就在这里。我是语文老师，我强烈支持六月份考试。去年这一届，七选三的老师怎么安排怎么管理。第二语数外的老师每一周的课时是二十多节，有三个高血压，两个高烧不退，还有，七八个老师到了年级办公室来报告说天已经在转了，我说没倒下就要坚持下去。一个萝卜一个坑，没有人能替你。我们咬牙坚持，相互搀扶着，流着泪，流着血坚持下来。我们强烈希望是六月份。学校里面管理也不好管理，这部分老师课时已经结束了，最多就是年级里给值班之类的，

偶尔排一下。"（浙江 M1 中学教师 T1，2017）

三是改革初期，因为对改革政策、考试难度等目标不明确，教师压力增大。高考改革对教师压力的影响呈现出结构性的不平衡，语数外三科老师压力大，而部分选考科目老师，如物理教师还可能会出现结构性剩余，高考改革教师绩效考核评价方面也会面临挑战。"我们调研的过程中感觉到，任课教师在改革过程中改变教学难度的情况下，教师的目标定位依然比较高。以在'3+1'时期的难度来对待'3+3'考试，高中教师的压力非常大。"（A1 机构 G 主任，2017）"高一合格性考试开始，高二学生开始面临等级考，因此高中三年学生考试压力始终较大，而一开始课程标准并不明晰，教师对难度的把控心里没底，也造成了现实焦虑。"（上海 M16 中学校长，2017）

4. 对开展素质教育的影响

以上海为例，素质教育是上海市基础教育的优势与亮点，但高考科目由"3+1"转变为"3+3"后，高三的备考战线拉长到了高二，应试压力增强影响到学生对素质教育的热情和精力，甚至放弃上体育课，影响学生身体健康。"最后生物、地理等级考被安排在高二，一定程度上降低了高三的负担，但是许多之前积极参加活动的同学，会迫于高考的压力，在高二下学期就辞去班级中活动职务，比如我们班有一段时间陷入没有团支书的窘境。学校也会为了给同学腾出更多时间，应付高考，延后或者减少高二下学期校级活动的安排。"（U10 高校学生，2017）"我在想如高二考地理生物政策的施行，学生在高二的时候，课余时间少，对学生活动有很大冲击，这种思想会传播至高一。高一还可以，高二就拉不到志愿者。在'3+1'的时候，高二还没有冲刺的气氛在里面，'3+3'把学生节奏往前带了，提前进入冲刺阶段。"（U11 高校学生，2017）"高二要进行地理和生物等级考，会与学生活动形成冲突，比如时间是在五月上学，与我们学校的五四活动有冲击。我们不得不放弃了我们学校比较特色的活动，相应地变成相对比较功利的综合素质评价有关的志愿者活动。"（U12 高校学生，2017）

这个问题需要教师加强引导，应试教育的思想影响需要更长时间去改变。"由于考试时间安排等许多原因，使得学生和家长对除文化课程学习有考试压力外，对学校组织的其他如艺术素养提升、社会实践活动等缺乏热情和兴趣，如我校每年组织的国际交流项目，今年暑假学生对学校交流学习（活动）的热情明显下降，主要原因是学生担心出国交流会影响十一月份高二学生的第一次选考或学考成绩，使得该项工作的实施难度增大，使学生综合素质评价的效度下降。"（浙江 M12 中学校长，2017）

（二）关于"功利化"选科

"3+3"高考科目设置政策设计的初衷是尊重学生的兴趣，加强文理融合，拓宽学生的知识结构，促进学生的全面发展，但实施过程中在增加学生选择性的同时，也出现了"田忌赛马"和物理学科遇冷现象，削弱科学基础，需要引起重视。

1. "田忌赛马"的功利化选科倾向

选科并非仅仅根据学生的兴趣进行选择，而是受到家庭、学校、高校、社会等各方面的影响，在优质教育资源有限的前提下，学生科目选择首先考虑如何将学习成绩最大化，在高考这场智力游戏中获得最好的博弈结果。"尽管改革的初衷非常好，但在具体实施中还是出现了一些非理性的选择。比如第一年的学考、选考中出现的'田忌赛马'现象。"（U14 高校教师，2017）

功利化选科带来的影响：一是这种充分权衡利弊的选择使选科出现"驱赶效应"和"磁吸效应"（浙江 M5 中学校长，2017），即大量优秀学生放弃选考物理，而转向技术等相对容易拿到高分的学科。二是这些功利化的选科倾向，违背了高考科目改革"文理不分科，学生全面发展"的改革初衷。"按照目前的选科模式来看，选择看似很多，实则有限。学生多半会采用'田忌赛马'的方式，平衡学科利弊，做出最终选择，而非从自身生涯规划的能力和兴趣出发，这或多或少有违政策制定的初衷。"（上海 M3 中学校长，2017）考生与家长确定选考科目的困惑，与专业确定选考科目类似，有很多考生也没有从自身爱好、性格、特长等条件去选择；特别是高中教育导向中对学生职业生涯分析相对薄弱，仍然更着重于分析应试教育：哪些科目容易得高分、哪些科目大学作为选考科目。（U17 高校教师，2017）"但是现实肯定是每个家长都要考虑这个因素。兴趣爱好、特长发展跟高考得分，他肯定要权衡，最终权衡的结果肯定是我怎么得高分放在第一位，不是说首先满足兴趣特长的发展。那么这样我们改革的初衷，可能是没有全部实现或者说只实现了部分。有一部分考生可能既满足兴趣爱好又得高分，也有一部分是为了得高分抛弃了自己的兴趣爱好。"（A4 机构负责人，2017）三是学生科目组合方式不符合知识结构的合理性。"学考和选考科目分开有利于学生扬长避短，文理交叉，选择更有利于自己发展的学科组合。这个设计原来是非常好，但是整个社会，学生比较功利，学生往往从总分最大化的角度去选择和考虑。这样就会出现一些当初我们觉得不太理解的组合，以前是理化生、政史地，现在有些组合，让我这个学数学的觉得很怪，比如生物技术政治这种组合，我心目中觉得这种组合是很怪的。"（浙江 M6 中学校长，2017）

导致学生功利化选科的原因：一是实施等级赋分之后，学生考试成绩的高低取决于考试群体。因此，甚至会出现通过控制考生群体达到提高成绩的目的。"目前的计分方式是简单按照原始分数的排名来赋值，这就导致一个学生在某一门科目上能够获得的成绩，除了取决于自身的知识水平外，还在很大程度上取决于什么样的考生也同时选择这门科目。这就会导致田忌赛马、高中有选择性地或者强制性地开设某些选考科目的主要问题。因此,这也就存在一个可能被操作利用的漏洞:可以通过控制参加某批次某科目的考生群体,来达到提高成绩的目的。"(U6 高校教师,2017)二是高考改革没有改变总分录取的模式。"新高考改革设计,没有打破一个基本框架,就是按照'3+3'的总分进行排序、录取。为了避免招生'荒',很多高校粗糙地采用放宽科目限制的办法。所以学生在选择科目的时候,首要关注的还是哪一个科目组合会得到高分。很多学生在选择的时候,没有考虑自己的兴趣(包括学科兴趣、未来的大学兴趣和专业兴趣)。在这种功利的想法面前,原来一些难学又考验学生能力的学科地位淡化,按学生兴趣选择相关学科变成了一句空话。"(上海 M2 中学校长,2017)

2. 物理学科选考人数下降

无论是浙沪两地区域层面,还是学校层面,物理选考人数大规模下降已是不争的事实,薄弱学校甚至出现个位数学生选考以致全部放弃选考物理的现象。"从 14 年到现在,选课选科确实存在一些倾向……现在从我们学校角度来讲,物理上的选择是明显减少。今年毕业生 450 人,选物理的 160 多,2018 届选物理的 120 多。另外现在就是地理跟生物在高二选,另外四个是在高三,这个也会一定程度地影响学生的选择。"(上海 M9 中学校长,2017)而物理学科对学生的核心素养、高校人才培养以及经济社会发展来讲,都非常重要。"我们认为,这种结果肯定是违背了教育改革的初心,我们需要注重培养人的核心素养,物理学科是培养学生理性思维与数理逻辑的一门重要学科。从现实需求来看,物理也是大学理工科的基础,是现代应用技术的基础,是理工科学生继续学习的基本保障。从大学公布的专业要求来中,对物理有要求的占了有要求的总专业 91%。"(浙江 M12 中学校长,2017)

这个结果受多种因素制约:"受学科能力要求、学生学习基础、等级分评价机制、社会环境等因素影响,物理的选科人数出现了一定的下降。"(上海 M3 中学校长,2017)"由于高水平院校很多专业在选考科目要求上只要求一门物理,从而导致尖子生大多选择物理来作为他们的选考科目之一,根据赋分制按比例划分成绩的规则,很多物理成绩不是特别拔尖的学生在选择选考科目的时候就避开物理,导致接下去几届选择物理的考生大大减少等各种现象。"(U14 高校教师,2017)被访谈者担心这将对我国高校理工学科、拔尖创新型人才、民族科学素养的提升以及创新型国家建设产生影响。

我国学者 2014 年曾面向京津地区 21 所高校的 552 个本科招生专业进行高校选考科目设置的调研,调研结果是超过 70%的文科类专业将不设选考科目要求,其余专业里,设置历史为选考科目的最多;理科类专业的选考科目设置比例为物理 42%、化学 40%、生物 12%，工科类专业选考科目设置比例为物理 73%、化学 18%、生物 8%。并由此预测未来高校各专业对物理科目的要求最多，这使得考生对物理科目的需求远大于其他科目，因此新高考后高中对物理教师的课时需求将远大于其他科目课时需求，师资结构面临调整。① 但事实证明，远非如此。

3. 削弱知识基础

选考科目提前使选考科目面临课时不足、教师不得不削减部分课程内容的情况，削弱学科知识的基础。同时因为学生学科组合的趋易避难和随意性，在一定程度上也会影响学生知识体系的完整性与科学性，不利于学生的后续发展。"同时一些学生组合选择不科学，有（较）大的随意性，也削弱了高中知识体系的完整性、科学性，不利于学生的后续发展。例如，有一些学生选了生物不选化学，选了技术不选物理，选了历史不选政治。"（浙江 M5 中学校长，2017）"我是生物老师。七选三老师的感受一样的。课时严重不足。生物是高一没有开课，高一下学期一个星期开了一节课，一个学期下来就上了一章的内容。下面我们等着高二的四月份考试了。课时严重不足。刚才（老师说）物理实验没有做。我们也是实验不能做。有规定，高一的时候一共开的课是有限制的，我们生物作出了牺牲没有开课。我们应该也是学生选课选生物的是受到影响的。高一下学期不考的科目基本确定下来了，但生物没怎么上，不了解。但是他们第一届特别紧，学生实验也来不及做。匆匆忙忙考试了。"（浙江 M1 中学校长，2017）

而且在学校生涯教育还没有同步发展的前提下，学生的选择能力有限，选择科目的随意性和投机心理，可能对学生的长远发展有负面影响。自由选择造成学生基础知识、学科的系统性和完整性削弱的结果，也违背了高考改革尊重学生兴趣和促进学生全面发展的初衷。"说心里话，我们中国的孩子从幼儿园开始，他就不是自己来选择，他不会选择，他用分数、老师好不好来选择，真正根据兴趣选择太理想化了……另一方面，传统文理分科的固有思维使得学生在现阶段选择无法明确学科方向，七选三如果缺少专业指导就会有投机心理，唯分数的心态对学生长远发展会有一定的负面影响。"（浙江 M6 中学校长，2017）"对于刚步入高中的学生，在高一下学期就得做出选择是比较困难的。原因是对高中课程了解不够深入和全面，学科兴趣没有真正建立，学科能力和潜力也不清楚，大学的专业要求、自己的职业理想不了解，单凭几次学校测验成绩，学生的选择就比较盲目，往往出现跟同学走，跟老师走，选择后反复现象严重。"（浙江 M4 中学校长，2017）

---

① 于世洁、徐宁汉、杨帆、尹佳：《新高考改革下高校选考科目的制定》，载《清华大学教育研究》2015 年第 2 期。

教育领域的改革如高考改革，具有改革周期长，对整个国民教育具有反拨作用，以及背负树人兴国之重任，教育改革的负面影响不可逆转，这些特殊性导致高考改革方案尽量完善，从前瞻性和系统思维角度出发以尽量避免可能出现的问题。[1]

（三）尚需时间检验的问题

1. 生源结构多元

高校生源结构多元化是新高考后高校面临的新变化，具体表现在：一是选考科目组合多，学生的学科结构多元化，同一专业的学生可能面临多种学科组合。"生源科目组合较多，学科基础差异较大。由于选考科目为6选3组合，因此进校生源的科目组合较以往有较大变化，不同学生各科目掌握情况差异性也较大。"（U9高校教师，2017）二是生源的学业水平差异很大，学生选科不同，对学科的掌握情况也不同，生源层次由扁平化向两极化发展。"高考改革对高校招生、人才培养带来的影响是多方面的：例如，冷热门专业生源两极分化；生源成绩间距拉大；生源知识结构多元化；以及对院校的专业建设、人才培养、招生能力提出更高的要求。"（U4高校教师，2017）"生源质量来说，同一段内扁平化，不同段内差距较大，对这样的生源结构变化，需做出人才培养方案的调整，高校的生源层次也更加凸显。"（U6高校教师，2017）

面对多样化的生源结构，高校初步开始采取措施，但是这对高校人才培养将产生有利还是不利的影响，当前还很难判断。"那么在后续的人才培养过程中，如何在一个相同的专业内，既实现培养目标又能够因材施教，这是人才培养方案重新修订时需要考虑的重要因素。"（U3高校教师，2017）我国学者预测新高考改革将使高校面临生源群体多样化的现实，学生学科基础不一，从而使得高校教学环节急需调整，需要开展分层教学[2]。目前部分高校对某专业没有选修物理或者化学基础学科的学生以自学、微课、选修课等方式进行补课。但是可以肯定的是，新高考制度下高校生源结构的多样化，将对高校的专业教学带来挑战，倒逼高校深化教育教学改革，挖掘凝练专业特色。而且在新高考模式下，也将对学校的特色专业建设、人才培养提出挑战，否则在生源紧张又无调剂生源的前提下，部分专业或者学校将面临生存危机。

---

[1] 陶百强：《对我国新高考方案高中学业水平考试的思考与政策建议——浙江、上海2014年高考改革学业水平考试方案商榷》，载《中国考试》2015年第8期。

[2] 于世洁、徐宁汉、杨帆、尹佳：《新高考改革下高校选考科目的制定》，载《清华大学教育研究》2015年第2期。

2. 考试难度降低

浙江和上海选考科目的内容难度降低，这是从教育行政部门到学校、师生都能普遍了解到的情况。但对考试难度降低带来的影响，尚不明朗。"现在的难度下降了不少。比过去，物理、化学、生物全部下降了。知识内容减少了，原来13章，内容删掉很多。现在是用等级考的水平与这些学科高考的水平比，会考、等级考与原来的会考是一个等级的，不比会考难。过去会考的程度与现在等级考的程度差不多。"（上海 M7 中学教师 T1，2017）

一是考试难度降低并没有改变分分必争的状态。因为选考科目试行等级赋分制，因此从家长和学生的角度会更加重视分数，并没有实现减负的目的。"原来我们认为等级考完以后大家不会分分必争的，都不是太重视，但实际上反而有点加重。等级考分数相差一分，说不定就相差一个等级，实际要相差三分。因此对于我们中学来看，家长学生会重视，也是一个心态的问题。"（上海 M11 中学校长，2017）

二是考试难度降低后，对考试内容应该教授到什么程度尚不明确，教师因为考试内容不确定，而有焦虑或者担心的心理。"到底是培养学生一些什么点，主观题目特别多，分值特别大。我们也没有接触过，挺可怕的。去年说生物考试像写作文一样。我们没有看到去年的卷子。听学生回忆说主观题多，分值大，现在感觉没有底。"（上海 M7 中学教师 T2，2017）"整个难度下降，但知识点的内容在增加。从考试院和教研的角度来讲，有些内容点到为止，当然点到什么层次是没有参考和指导的。"（上海 M7 中学教师 T5，2017）"小三门科目的难度会比原来有所降低。但是究竟会低多少？虽然我们做过两套样卷，虽然公布了难度系数，但对于没有高考真题的我们依然是茫然无措的。大多数的老师在更注重基础知识和书上冷门知识点的同时，也不敢放弃对能力题的训练，以防高考的难度超出了预期。"（U10 高校学生，2017）

三是浙江省选考和学考一张卷，学考 70 分，选考 30 分，学考内容降低难度，选考内容的 30 分区分高考，其区分度怎样还存在疑虑。"学考选考同一张卷也有问题，区分度太小，学考占 70 分，选考才 30 分，相当于要用 30 分的试题来区分高考。由于学业水平考试的性质决定，要保证几乎所有学生都能顺利合格，共同卷中的 70 分必然是低难度的，也是低区分度的。这样一来，真正具有较大区分度的也就是 30 分。"（U6 高校教师，2017）

3. 变革的焦虑

新高考给各利益相关者带来焦虑。一方面对个体而言改革会带来"变革焦虑"，如数学不分文理使得原来一些文科强理科弱的同学优势不再，他们会有"焦虑"；又如学业水平合格考等级考的设置使得这些学科教师的学科地位不稳定，他们也会有"焦虑"；比如在家长们看来，志愿者活动毕竟不能产生分数，对于强制性的社会实践，家长们更有"焦虑"，总之对于这些由认知所带来的矛盾与冲突，我们认为将长期存在。另一方面对学校而言改革也会带来"变革焦虑"，如学生选课使得原有的行政班功能被削弱，班级管理模式被打乱了，学生思想教育工作如何抓？还如学生选科使得原有的教师队伍出现了过剩和短缺，如何按需配置教师，又如何解决教师富余问题？更如英语实施一年两次高考，附带着还增加了口语测试，学校如何调整教学内容、教学进度、教学节奏，又如何改进口语教学软硬件建设？这些都对传统的学校管理模式带来了冲击，这是客观存在。（上海 M1 中学校长，2017）

受人才培养周期的影响，还需要在更长远的时间角度来考虑高考改革的影响，有的影响因素尚未出现，有的正面影响因素长远来看未必是好的，有的负面影响如改革的不确定性和焦虑，随着时间的推移可能将不再是问题。总体而言，被访谈者认为目前就对新高考政策实施效果下定论为时尚早。

（四）研究讨论与理性反思

浙江和上海高考综合改革平稳落地，学生、中学、高校有多方获得感，在促进学生发展、科学选才、保证公平等方面初见成效。但是同时也出现了如关于应试负担加重和"功利化"选科等有争议的问题，而高考选考科目考试难度降低，高校生源结构多元化等问题对人才培养产生何种影响，尚需要时间检验。对此，我们应该有理性的认识。

1. 理性看待成就

新一轮高考综合改革平稳落地，试点省市各级行政部门、中学、学生和家长、高校等各方利益相关者为改革付出了艰辛的努力。成绩来之不易，对此应该充分肯定。新一轮高考综合改革在满足学生的兴趣与选择，促进学生全面发展，分解考试压力，破解"一考定终身"的弊端，强调能力立意等方面确实实现了以人为本、促进学生全面发展的改革初衷。同时，也有观点认为新高考可能过度强调了选择性，而科学性和公平性有待进一步加强。尤其是高校招生自主权一直是高考改革的关键领域，但是改革进展缓慢[①]，访谈中高校招生部门要求扩大招生自主权，扩大高校综合评价招生范围。这也是高考改革需要坚持的方向。最后，高考改革立足于现有的现实基础和条件，因此试点省份高考综合改革的经验推广需要充分考虑各个省市的现实情况，因地制宜。

---

① 钟秉林、王新凤：《我国高考改革的价值变迁与理性选择——基于40年高考招生政策文本分析的视角》，载《教育研究》2017 年第 10 期。

2. 客观理解争议

从不同利益相关者的视角中，可以更好地理解高考改革中出现的有争议的问题。

如关于高考改革对应试负担的影响问题，从不同利益相关者的视角来看，应试负担可以分解为对学生学习负担的影响、对中学教学秩序的影响、对教师教学压力的影响、对素质教育的影响四个维度，中学校长、教师和学生对此反应并不相同。学生对应试负担的反映并强烈，反而认为多次考试分解考试压力，"压力适中"；而中学校长更多是从打破了传统教学秩序稳定与平衡的角度来理解应试负担；中学教师的压力则是则是因为学生选科带来教师结构性缺编和工作压力分配不均衡造成的。

同时，关于"功利化"选科的问题，在优质教育资源有限的前提下，学生和家长通过选科扬长避短，在高考这场博弈中实现利益最大化，部分高校没有限定选考科目，可以最大化地获得优质生源等，都是从自身立场和利益诉求出发做出的选择，其"功利性"本无可厚非。"以前没有任何选择权的学生，现在可以自主选择考哪三门等级考科目，外语也可以选择是考一次还是考两次等，只要有选择，自然会有实现收益最大化的目标存在，而选择本身也是反映学生综合能力的重要标志，若单纯地用'功利'来评判学生显然是不恰当的。"① 对从人才培养和国家发展的长远发展来看，就需要多方合力，既要引导学生合理选科，引导高校科学设置选考科目，也要改进考试技术，以更大程度上实现其科学性与公平性，兼顾各利益相关群体的利益诉求。

3. 加强科学决策

对高考改革中有争议的问题，政策制定者要站在多元利益主体的立场，根据社会和教育发展的状况，依靠专业团队和科学的证据，对问题进行分析研判的基础上作出策略选择。如果是对学生的发展有切实促进作用，那么改革的初衷与方向就是要坚持的，只需要对影响改革进程的问题进行具体分析、科学研究就可以加以解决。同时，鼓励各利益相关者的多元参与，实现协同治理。从不同利益相关者的角度理解高考改革，尤其是关注高中学校教师和学生的利益诉求，关注政策执行者与目标群体被忽略了的声音，理解他们的认同与抗争是影响高考改革成败的关键。最后，充分认识到高考改革的复杂性、长期性与全局性，在高考改革过程中对政策进行动态的调整，从更长远的时间与实践角度看待高考改革的影响。

---

① 郑方贤：《新高考改革，最终应指向人才培养模式变革》，载《文汇报》2018 年 3 月 30 日。

第二节 数据：满意度与认可度

一、研究设计

（一）问卷设计

为更好地总结和评估浙江高考改革的经验与成效，发现其中的问题与不足，促进浙江高考改革持续推进。2019年1月项目组以在线问卷调研方式对浙江省11个市的高中及一百多所高校进行高考综合改革第三方评估。从新高考改革的制度文本、实施过程、实施效果、条件保障四个维度，对浙江省高中教师、高中学生、高中家长、高校教师、高校学生五类群体进行问卷调查。

项目组根据国内调研情况与专家意见自编了《浙江省新高考改革试点工作评价量表》。该量表分为高中教师卷、高中学生卷、高中学生家长卷、高校教师卷、高校学生卷五个版本，每个版本均分为政策文本评价、实施过程评价、实施效果评价和实施条件评价四个子维度。根据不同人群特点，五个版本子维度中的问题及表述各有差异。调查量表采用利克特（Likert）6点计分方式，即"完全不认同""基本不认同""有点不认同""有点认同""基本认同""完全认同"，分别评定为1~6分，所有题项均采用正向计分方式，得分越高，表明被调查者对该表述的认同率越高。为避免被调查者因不了解新高考政策而随意作答，问卷在采用六点量表法的基础上，增加了"不了解"选项（不计分）。项目组在后期问卷分析时，将未选择"不了解"选项的被调查者人数占总被调查者人数的比例记为"了解率"，将选择"有点认同""基本认同""完全认同"三个选项的被调查者人数占总被调查者人数的比例记为"认同率"。

（二）调研过程

本研究采取分层抽样方法，向浙江省高中教师、高中学生、高中学生家长、高校教师和高校学生五个重要的利益相关群体发放调查问卷。

项目组于2019年1月9日至16日在浙江省开展了线上预调查。其中，在高校问卷部分，分别抽取该省一所本科院校和一所高职院校进行试测，回收高校教师试测样本 312 份，高校学生试测样本 883 份；在高中问卷部分，抽取该省某中等发达城市中的 2 所高中学校进行试测，分别回收高中教师试测样本 117 份，高中学生试测样本 715 份，高中学生家长试测样本 637 份。项目组对回收问卷进行初步分析后，剔除问卷高低分组 T 检验未达到显著性的题项，并根据访谈情况对问卷进行了部分调整，形成正式问卷。

项目组于 2019 年 1 月 16 日至 23 日在浙江省开展了在线正式问卷调查工作。调查样本选取遵循：一是随机原则，尽可能通过有限样本得到客观、真实的结果，避免主观随意选取样本；二是多样原则，综合考虑各类学校、各地、各种群体等因素，确保多样性、代表性和覆盖面；三是方便选择，在尽量不影响随机和多样性原则前提下，不给被试增加负担，充分利用网络平台填写问卷，提高效率。

高中群体抽样方法为：（1）在浙江省 10 个地级市（不包括已经做过预调查的城市）分别抽取优质高中、普通高中、薄弱高中各 2 所。（2）在各样本学校高一、高二、高三 3 个年级中，分别在每个年级抽取 2 个班级（如无分层，随机抽取平行班级 2 个；如有分层，则抽取创新班与普通班各 1 个班级）。（3）各样本班级教师、学生、学生家长全员参与。

高校群体抽样方法为：（1）学校招生办负责人与工作人员。请全省高校（不包括已经参加预调查的 2 所高校）在本部门抽选不低于 4 人进行问卷调查，调查对象需包括高校招生办公室负责人、招生工作人员。（2）二级学院的教学与行政岗位教师。请各高校随机抽取 2 个文科和 2 个理工科（含农林医）二级学院，样本学院的在职教师均参与问卷调查（包括授课教师与行政教师）。（3）二级学院浙江生源。请被调研学校的样本学院分别抽取本院 2017 级、2018 级浙江生源学生各 50 人。若某个年级的浙江生源学生不足 50 人，则抽取另外一所与之学科相近学院，直至抽满样本数。

（三）样本分布

样本实际回收情况如下：此次问卷调查回收问卷共计 84 706 份，其中，高中教师样本问卷 2 478 份，高中家长样本问卷 13 826 份，高中学生样本问卷 15 517 份，高校教师样本问卷 9 443 份，高校学生样本问卷 43 442 份（包括通过高职提前招生进入高校的学生样本问卷 3 129 份，通过单独考试招生进入高校的学生样本问卷 3 659 份）。剔除无效问卷后[①]，共获取有效样本 71 843 份（80.80%），其中，高中教师样本问卷 2 357 份（95.16%），高中家长样本问卷 12 336 份

[①] 在进行数据处理过程中，项目组将每份问卷中相同答案数量过高或高中校名信息填写不全的样本做剔除处理。

（89.22%），高中学生样本问卷 13 025 份（83.94%），高校教师样本问卷 8 490 份（89.90%），高校学生样本问卷 35 635 份（82.03%）。

（四）信效度检验

从问卷调查看，修订后的问卷具有很高的信度。一般认为，内部一致性（Cronbach's alpha）信度系数在 0.7 以上表示量表测量的是同一个事件，具有较高的信度。[①] 各版本量表的总体信度 α 值均大于 0.950，各维度的内部一致性系数均大于 0.800，表明问卷具有良好的信度。在对效度进行检验时，KMO 测量系数值越大，表明变量间的共同因素越多，越适合进行因素分析。各版本量表总体抽样适当性的 KMO 值均大于 0.950，系数值符合标准要求，可以有效进行因素分析。

二、研究内容

（一）对制度文本的评价

浙江省为贯彻落实《国务院关于深化考试招生制度改革的实施意见》精神，先后制定了《浙江省深化高校考试招生制度综合改革试点方案（2014 年）》和《浙江省人民政府关于进一步深化高考综合改革试点的若干意见（2017 年）》（以下分别简称《试点方案》和《若干意见》）。

高中教师、高中学生、高中家长、高校教师、高校学生五类群体对《试点方案》的了解率和认同率范围分别为 77.8% ~ 98.5% 和 60.7% ~ 72.1%（见表 4-4），对《若干意见》的了解率和认同率范围分别为 78.7% ~ 97.5% 和 61.8% ~ 74.5%。其中，五类群体对《试点方案》的了解率从高到低依次为高中教师、高校学生、高校教师、高中家长、高中学生；对《若干意见》的了解率从高到低依次为高中教师、高校学生、高校教师、高中学生、高中家长。

表 4-4　　不同群体关于两个政策文本的总体认同率分析

群体	本题有效样本量（人）	《试点方案》了解率（%）	《试点方案》认同率（%）	《若干意见》了解率（%）	《若干意见》认同率（%）
高中教师	2 357	98.5	62.4	97.5	69.9
高中学生	13 025	77.8	68.4	79.1	70.1

[①] 吴明隆：《SPSS 统计应用实务》，重庆大学出版社 2009 年版，第 9 页。

续表

群体	本题有效样本量（人）	《试点方案》了解率（%）	《试点方案》认同率（%）	《若干意见》了解率（%）	《若干意见》认同率（%）
高中家长	12 336	79.4	62.7	78.7	63.4
高校教师	7 624	79.6	60.7	79.1	61.8
高校学生*	29 201	88.1	72.1	88.1	74.3

注：*主要包括统一高考招生、自主招生、三位一体、国家专项计划考生。本题没有问高职提前单招学生和单独考试招生学生。

在绝对认同率（认同该政策文本的被调查者人数占总被调查者人数比例）方面，五类群体对《试点方案》的认同率从高到低依次为高校学生、高中学生、高中家长、高中教师、高校教师；对《若干意见》的认同率从高到低依次为高校学生、高中学生、高中教师、高中家长、高校教师。

（二）对实施过程的评价

1. 高考改革政策宣传情况

新高考改革的成功离不开政策的有效宣传和解读。《试点方案》要求，要"加强对各项政策、规定和要求的宣传解读，凝聚改革共识，营造良好氛围"。《若干意见》进一步规定，要"加大政策宣传力度，积极宣传各地各校的改革成果，努力为深化高考综合改革创造良好的舆论环境"。为了解浙江省新高考政策的宣传情况及高中学生、家长获得新高考政策信息的渠道，项目组就相关问题分别对高中教师、高中学生、高中家长群体展开了调查。

为了解高中学校的政策宣传渠道，项目组询问了高中教师以下问题："您所在的中学通过哪些渠道向学生、家长宣传新高考政策？"调研结果表明，高中教师对于新高考政策的宣传主要通过家长会，此类渠道占比达96.8%。通过专题宣讲、宣传资料和微信群、QQ群的宣传，也达到了近70%（见表4-5）。

表4-5　　　　　　　高中新高考政策宣传渠道

题项	样本数	百分比（%）
专题宣讲（考试机构+高校招生宣传等）	1 634	69.3
家长会	2 282	96.8
宣传资料	1 581	67.1

续表

题项	样本数	百分比（%）
微信群/QQ 群	1 645	69.8
其他	219	9.3

注：(1) 样本来源：高中教师卷。(2) 本题有效样本为 2 357 个。

为了解学生、家长的高考改革政策信息获取渠道，项目组分别询问了高中学生、高校学生、高中家长三类群体以下问题：您主要通过哪些渠道了解新高考政策？调查结果显示，高中学生和经历过新高考的高校学生当年获取新高考政策信息的渠道主要为学校组织的专题宣讲会，百分比分别为 56.7% 和 71.8%（见表 4-6）。两类群体通过学校组织的家长会、官方网站、自己上网查资料这三个渠道获取信息的百分比均约为 50%。高中生通过高校在中学组织的招生宣传和通过家长 QQ 群/微信群的占比只有 26.7% 和 24.6%。高校学生通过家长 QQ 群/微信群获得高考政策的百分比非常低，只有 9.2%。相比于学生，家长对"学校组织的家长会""家长 QQ 群/微信群"的依赖性更大，百分比分别为 75.0% 和 29.1%。对"学校组织的专题宣讲会""官方网站""自己上网查资料""高校在中学举办的招生宣传"等渠道的依赖性更小。值得一提的是，不论是学生还是家长，自己主动上网查资料的比例均不足 50%。

表 4-6　　　　学生、家长新高考政策信息获取渠道

题项	高中学生 样本数	高中学生 百分比（%）	高校学生 样本数	高校学生 百分比（%）	高中家长 样本数	高中家长 百分比（%）
学校组织的家长会	7 146	54.9	14 276	48.9	9 251	75.0
学校组织的专题宣讲会	7 389	56.7	20 957	71.8	4 823	39.1
高校在中学举办的招生宣传	3 476	26.7	13 470	46.1	1 572	12.7
官方网站	6 648	51.0	14 094	48.3	5 029	40.8
家长 QQ 群/微信群	3 205	24.6	2 675	9.2	3 592	29.1
自己上网查资料	5 812	44.6	13 727	47.0	3 300	26.8
其他	1 144	8.8	2 902	9.9	1 004	8.1

注：本题高中学生有效样本为 13 025 个；高校学生有效样本为 29 021 个（不包括高职提前招生学生和单独考试招生学生）；高中家长有效样本为 12 336 个。

2. 不同群体对政策宣传的感知程度

为了解不同群体对于浙江新高考政策宣传力度的感知程度，调研组对高中教师、高中学生和高中家长以及高校学生对：(1) 我了解选考科目等级赋分的计算规则；(2) 我向学生介绍过选考科目等级赋分的计算规则；(3) 高考政策宣传力度能够满足新高考的需要等三方面的认同率进行了调查。

调查结果显示，多数高校学生、高中学生、高中家长都认同"教师介绍过选考科目等级赋分的计算规则"，认同率达到 90% 以上。认同"介绍过等级赋分规则"的高中教师达到了 91.5%；高中学生、高中教师、统一高考招生学生对于"学生了解等级赋分规则"这一说法的认同率在 90.0% 以上，高中家长、高职提前单招学生、单独考试招生学生的认同率为 80% 以上。高校学生对"高考政策宣传力度能够满足新高考的需要"这一说法认同率较高，达到 90.1%（见图 4-1）。

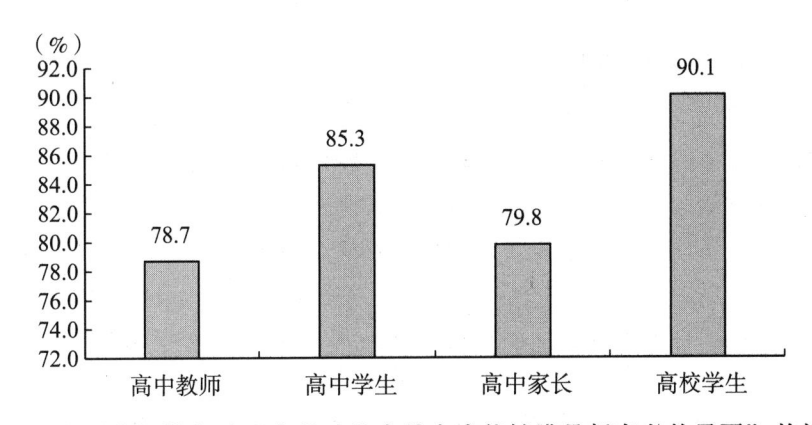

图 4-1　各利益相关者对"高考政策宣传力度能够满足新高考的需要"的认可度

3. 高等学校专业选考科目确定

为了解高校专业选考科目的确定，调研组设计了四个题目，了解高校教师对高校选考科目的认同率，包括：(1) 高校确定专业选考科目时主要考虑人才培养要求；(2) 高校确定专业选考科目时主要考虑高校专业建设需求；(3) 高校确定专业选考科目时主要参考浙江省本科高校专业选考科目指引；(4) 高校确定专业选考科目主要考虑可报优质生源的数量这四个方面进行了调查。

调查结果显示，本科行政教师和高职行政以及教学教师对于"高校确定专业选考科目时主要考虑人才培养要求"的认同率在 90% 以上（见表 4-7），本科教学教师则相对较低，为 83.1%；高职行政教师对"高校确定专业选考科目时主要考虑高校专业建设需求"的认同率最高，为 90.8%，本科教学教师的认同率最低，为 79.1%。在"高校确定专业选考科目时主要参考浙江省本科高校专业选考科目指引"这一方面，不同岗位的教师看法有所差异。本科行政教师和高职行政教师以及教学教师的认同率在80%以上，本科教学教师的认同率则相对较低，为76.1%；对于"高校确定专业选考科目主要考虑可报优质生源的数量"这一方面，高职行政教师的认同率最高，为88.0%，本科教学教师的认同率最低，为74.0%。

表4-7　　　　　　高校确定选考科目时参考的依据　　　　　　单位:%

题项	本科行政教师	本科教学教师	高职行政教师	高职教学教师
人才培养要求	90.3	83.1	93.4	93.6
高校专业建设需求	87.3	79.1	90.8	89.7
省本科高校专业选考科目指引	87.4	76.1	87.5	84.0
生源质量	83.2	74.0	88.0	82.2

(三) 对实施效果的评价

1. 对高考改革的总体评价

浙江省高考综合改革是国家深化改革的重要方面，是国务院颁发的考试招生制度改革的重要组成部分。自2014年启动高考改革试点以来，浙江省先行先试，态度积极、勇于改革、勇于担当，两轮新高考录取平稳落地，初步实现改革预期。调查问卷显示，高校学生、高中学生、高中学生家长、高校教师、高中教师对浙江省高考综合改革的总体满意度分别是81.7%、79.9%、68.6%、60.7%、55.7%，高校学生满意度最高。

由图4-2可以看出，各相关群体对"我对浙江省高考综合改革总体实施情况满意"的认同率有所不同。81.7%的高校学生认可高考改革实施的总体效果，其中88.5%单独考试招生学生和85.9%高职提前单招学生认可高考改革实施的整体成效，80.7%统一高考招生学生认可高考改革的整体成效。同时，79.9%高中学生认可高考改革实施的整体成效。这在一定程度上体现了浙江省高考改革以学生为中心的改革目标。教师群体，无论是高校教师群体还是高中教师群体对高考改革实施成效的认同率较低。55.7%的高中教师认可高考改革实施的整体成效，而只有48.4%本科高校教师认可高考改革实施的整体成效。

《试点方案》提出，浙江省高考综合改革的指导思想是："全面贯彻党的教育方针，适应经济社会发展对多样化高素质人才的需要，从有利于促进学生健康发展、科学选拔各类人才和维护社会公平出发，实施高校考试招生制度综合改革，构建更加公平公正、科学高效和灵活多样的高校考试招生制度"。2017年，《浙江省人民政府关于进一步深化高考综合改革试点的若干意见》再次强调，"进一步深化高考综合改革试点，要……，使考试招生制度改革更加有利于学生全面而有个性地发展、更加有利于国家选拔培养人才、更加有利于维护教育公平。"由此可知，浙江省高考改革的目标为三个"有利于"，即（1）有利于促进学生健康发展；（2）有利于科学选拔各类人才；（3）有利于维护社会公平。

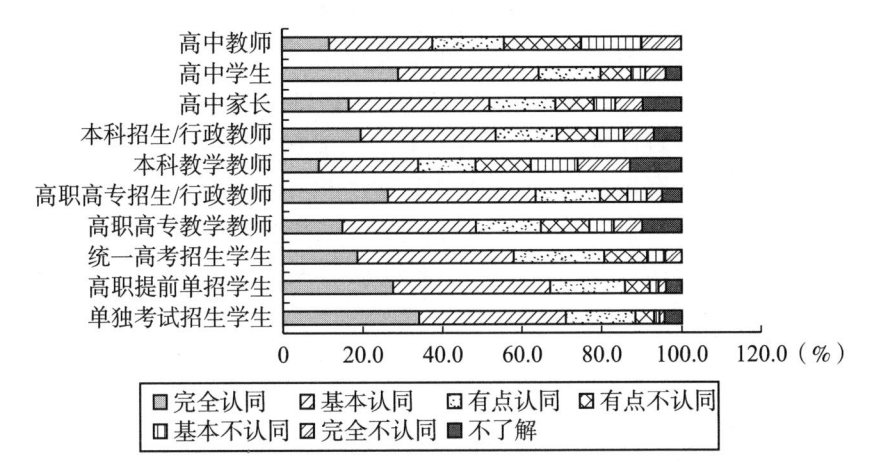

图 4-2　不同群体关于浙江高考改革整体成效的认同率

根据线上调查，五个群体的被调查者对浙江高考改革的理念基本持认同态度。但在改革理念的落实层面上，不同群体表现出较大差异。总体而言，学生对新高考改革理念的落实程度评价高于教师和学生家长群体，大约80%的高中生和高校学生认为浙江新高考改革有利于促进学生健康发展，有利于高校科学选拔各类人才，有利于维护社会公平。对上述三个观点持赞同态度的高中家长、大学教师和高中教师比例大约为70%、60%和50%（见图4-3）。

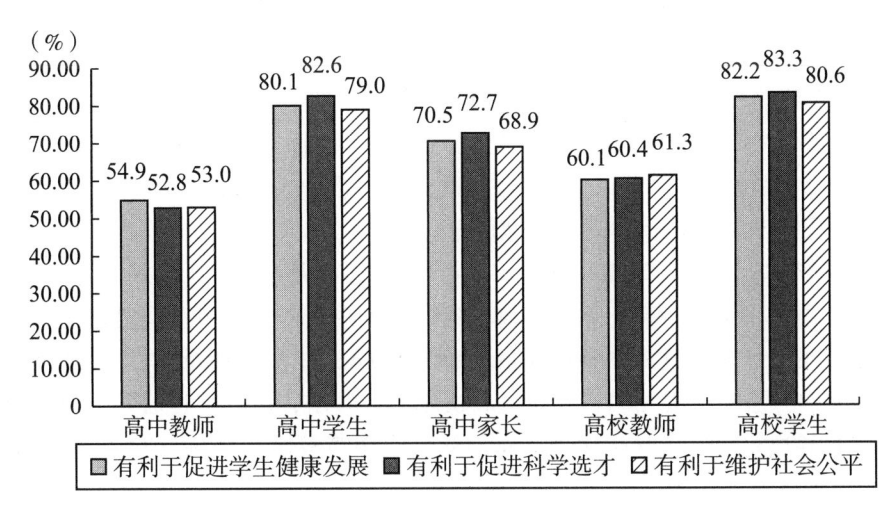

图 4-3　不同群体关于浙江高考改革理念落实程度的看法

2. 高考改革对学生的影响

（1）关于学生的选择权。

《试点方案》提出，要"强化分类考试、综合评价和多元录取机制，增加学生的选择性"；"加强中学生学业规划指导，培养学生自主选择能力"。《若干意见》进一步指出，"按照国家顶层设计和总体部署，以促进学生全面发展、健康成长为出发点和落脚点，以扩大学生选择权为突破口，围绕国务院文件提出的试点目标，改革考试科目设置，扩大学生选择权，实现文理融通、学其所好"。以上文件共同指向本次高考改革的一项重要目标在于"扩大学生选择权"。

为调查学生的选课情况，项目组分别询问了大学生和高中生以下问题："您高中选报的科目为哪些"。以下为高校学生的35种选科组合情况①（见图4-4）：

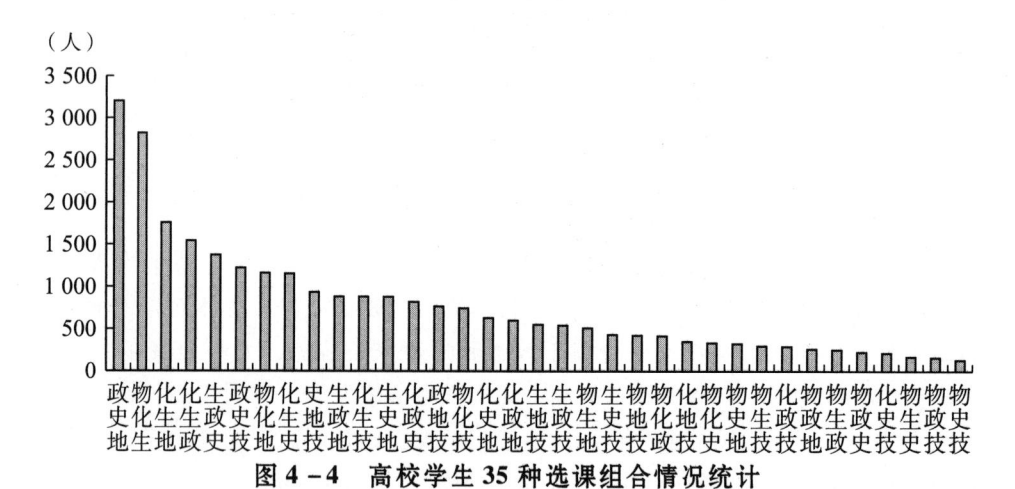

图4-4　高校学生35种选课组合情况统计

注：在后期问卷处理过程中，仅保留了选科为3门的样本，剔除了未选、选择1门、2门或3门以上的样本。故本题实际有效样本为27 289人。

在35种学科组合内，主流组合依旧是传统的"文综"（政治、历史、地理）和"理综"（物理、化学、生物），但这两种组合的比例之和仅占全体被调查者的22.1%。除传统的"文综""理综"之外，许多学生选择了"化生地""化生政""物化地"等组合，体现了文理融合。

为了解"七选三"政策出台后，学生是否真正做到了"自主"选择考试科目。项目组分别询问了高中生和高校学生以下问题："您当初在决定选考科目过程时，以下对您做出这一选择影响最大的为（　）"。由表4-8可知，超过75%的学生在选科过程中，是由自己做出选科决定的。其中，值得一提的是，回答由自己做出选科决定的高中学生比例（81.4%）高于高校学生比例（77.7%），而回

---

① 由于部分高中学生尚未进行选科或当前并未选科结束，故此处只呈现高校学生数据。

答对自己做出选科决定影响最大的为"家长""教师"的高中学生比例均低于高校学生,这在一定程度上体现出,随着新高考政策的实施,学生在选科过程中的"自主性"在增强。

表4-8 对学生做出选科决定影响最大的人

题项	高中学生		高校学生	
	样本数	百分比(%)	样本数	百分比(%)
自己	9 308	81.4	22 701	77.7
家长	602	5.3	2 064	7.1
老师	850	7.4	2 672	9.2
同学	303	2.7	1 309	4.5
学长学姐	159	1.4	157	0.5
其他	207	1.8	298	1.0
总计	11 429	100.0	29 201	100.0

为了解学生是否因为"喜好"才选择当前组合,在学生填写完自己的选科组合后,项目组分别就每门学科设置了"您是否因为喜好这门学科"题项。① 高校学生卷调查结果显示,在所选的三门科目中,三门都喜欢的占22.9%,两门喜欢的占32.4%,一门喜欢的占28.2%,一门都不喜欢的占16.5%(见图4-5)。

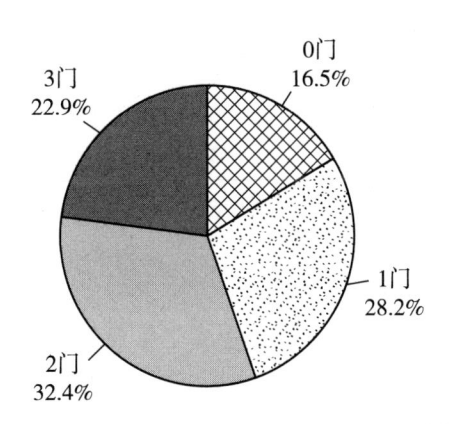

图4-5 高校学生在选科过程中因"喜好"而选择的科目数量

注:在后期问卷处理过程中,仅保留了选科为3门的样本,剔除了未选、选择1门、2门或3门以上的样本。故本题实际有效样本为27 289人。

① 由于部分高中学生尚未进行选科或当前并未选科结束,故此处只呈现高校学生数据。

在线调查显示，多数被调查者认同新高考改革达到了"培养学生选择能力，扩大学生选择权"的初衷。具体表现为：①超过65%的高中教师、高中学生、高中家长认为实行选考有利于培养学生的选择能力；②超过75%的高中教师、高中学生、高中家长认为文理融合有利于学生学有所好；③超过65%的高中教师、高中学生、高中家长认为一年两考有利于打破"一考定终身"的弊端；④超过80%的高中教师、高中学生、高中家长认为"三位一体"招生有利于增加学生选择机会。

（2）关于学生的兴趣与特长。

《若干意见》要求，"高中学校要尊重学生自主选择权，保护和促进学生兴趣特长发展，加强职业生涯规划指导，引导学生在确定选考科目时把国家需要、高校要求和自己的爱好特长、未来专业学习的学业要求结合起来，在投身中国梦的伟大实践中实现个人理想和抱负。""完善高中综合素质评价机制。坚持全面评价、客观记录、民主评定、公开公正的原则，客观反映学生综合素质和个性特长发展状况，构建多元综合素质评价体系，形成实施素质教育长效机制，积极探索综合素质评价在招生选拔中的运用。"

为了解被调查者关于新高考对学生兴趣与特长的影响的看法，项目组分别询问了高中教师、高中学生、高中学生家长、高校学生、高校教师关于以下几个说法的认同率：①实行选考有利于满足学生兴趣与特长；②取消录取批次有利于满足学生专业兴趣；③中学生综合素质评价促进学生全面发展。调查结果显示，在选考方面，80%以上的学生和家长认同实行选考有利于满足学生兴趣与特长；高中教师关于这一说法的认同率相对较低，仅为70%左右。在取消录取批次方面，75%以上的高校教师认同"取消录取批次有利于满足学生专业兴趣"。在综合素质评价方面，85%以上的学生和家长认同"中学生综合素质评价促进学生全面发展"；高中教师关于这一说法的认同率相对较低，仅为70%左右。

（3）关于学生的学习过程。

为进一步了解不同群体关于新高考对学生学习过程影响的评价，项目组对高中教师、高中家长和高中学生关于：①中学生综合素质评价真实地记录了学生表现；②选课走班有利于对学生因材施教；③选课走班有利于扩大学生人际交往空间；④文理融合有利于完善学生的知识结构这些方面进行了调查。

调查结果显示，对于"中学生综合素质评价真实地记录了学生表现"这一说法，高中教师、高中家长和高中学生的认同率均比较高，其中高中家长的认同率最高，为91.1%；而关于"选课走班有利于对学生因材施教"这一说法，三类群体的认同率都比较低，其中高中教师最低，为65.1%；89.0%的高中学生认为"文理融合有利于完善学生的知识结构"，相对于高中教师74.5%的认同率较高；

"选课走班有利于扩大学生人际交往空间"这一观点，高中教师和高中家长的认同率都比较低，分别为65.2%和73.8%（见表4-9、图4-6）。

表4-9　不同群体关于新高考对学生学习过程影响的评价　　　　单位：%

题项	高中教师	高中学生	高中家长
（1）综合评价真实记录表现	80.7	89.5	91.1
（2）走班利于因材施教	65.1	83.7	75.5
（3）文理融合利于完善知识结构	74.5	89.0	82.3
（4）走班利于扩大学生交往	65.2	84.9	73.8

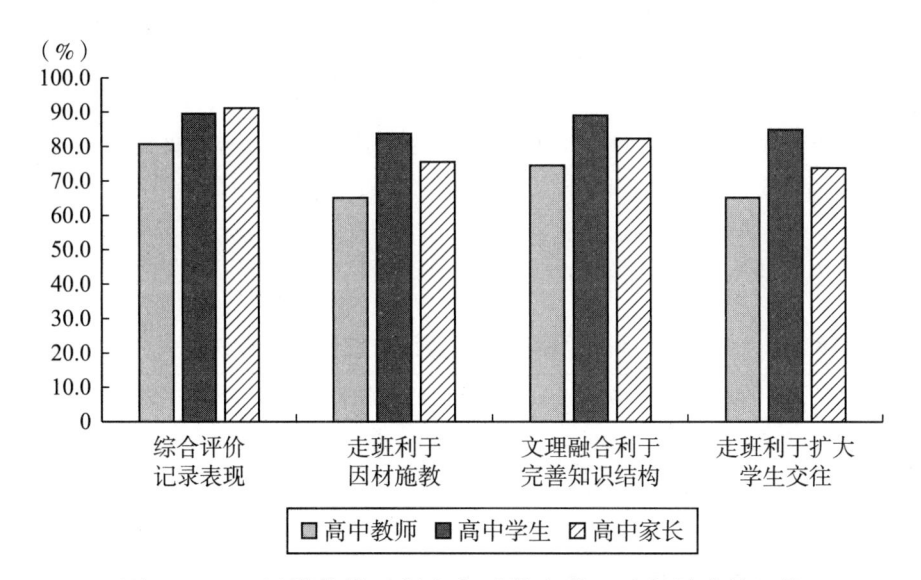

图4-6　不同群体关于新高考对学生学习过程影响的评价

（4）关于学生的志愿填报。

为了解不同群体关于新高考各项政策对学生志愿填报影响的评价，项目组分别询问了高中教师、高中学生、高中学生家长、高校学生关于以下几个说法的认同率：①"专业+学校"的志愿填报方式有助于学生明确专业选择意向；②"专业+学校"志愿填报拓展了学生的选择范围；③"专业+学校"的填报方式增加了考生报考难度；④取消录取批次增加了考生报考难度；⑤平行志愿到专业降低了考生录取风险；⑥本科高校专业选考科目指引实施效果明显；⑦学校"三位一体"招生录取过程参考了高中综合素质评价的结果；⑧中学生综合素质评价在录取中的作用尚未体现。

调查结果显示，高中教师、高中学生、高中家长高度认同"专业+学校"的志愿填报方式有助于学生明确专业选择意向，认同率均高于86.4%。关于"专业+学校"的志愿填报方式有助于学生明确专业选择意向，高校教师也高度认同。关于"专业+学校"的填报方式和取消录取批次增加了考生报考难度，高中教师、高中学生、高中家长、高校教师和高校学生的认同率在60%~80%之间。对于"平行志愿到专业降低了考生录取风险"，以及"中学生综合素质评价在录取中的作用尚未体现"选项，高中教师、高中学生、高中家长、高校学生的认同率也相对较高[①]。高校教师认为学校"三位一体"招生录取过程参考了高中综合素质评价的结果。但对本科高校专业选考科目指引实施效果明显，高中教师的认同率只有66.2%。

3. 高考改革对高中学校的影响

（1）对高中课程改革的影响。

为了解被调查者关于新高考对于新课改的影响和看法，项目组询问了高中教师关于以下几个说法的认同率：①新高考促进了高中课改；②关注学生成长过程；③选考呼应了新课改。调查结果显示，有68.7%的教师认为新高考促进了高中的课改；69.4%的教师认为新高考关注了学生成长的过程；69.2%的教师认为选考呼应了新课改（见表4-10）。

表4-10　　　　高中教师关于新高考对新课改的影响的看法

题项	选考呼应了新课改 样本数	选考呼应了新课改 百分比（%）	关注学生成长过程 样本数	关注学生成长过程 百分比（%）	新高考促进了高中课改 样本数	新高考促进了高中课改 百分比（%）
完全认同	385	16.3	384	16.3	406	17.2
基本认同	714	30.3	745	31.6	714	30.3
有点认同	532	22.6	506	21.5	500	21.2
有点不认同	304	12.9	302	12.8	306	13.0
基本不认同	268	11.4	265	11.2	267	11.3
完全不认同	154	6.5	155	6.6	164	7.0
总计	2 357	100.0	2 357	100.0	2 357	100.0

注：表中的数字为各群体对该表述的认同率。

---

① 关于"中学生综合素质评价在录取中的作用尚未体现"的重要原因在于中学生综合素质评价标准不统一。调查结果显示，分别有89.7%的高中教师、73.1%的高中学生、83.4%的统一高考招生学生、66.1%的高中家长、80.4%的高中提前招生学生、77.8%的单独招生学生认同"中学生综合素质评价标准不统一"这一表述。

(2) 对高中学校发展的影响。

为了解被调查者关于新高考对于高中学校建设的影响,项目组询问了高中教师关于以下几个说法的认同率:①新高考有利于促进高中学校特色发展;②新高考有利于提升高中学校教育信息化水平。调查结果显示,大约65%以上的高中教师认同"新高考有利于促进高中学校特色发展""有利于提升高中学校教育信息化水平"这两个说法。其中,15%左右的高中教师完全认同,30%左右的教师基本认同;22%左右的教师有点认同(见表4-11)。

表4-11　高中教师关于新高考对学校建设影响的看法

题项	促进高中特色发展		提升高中信息化水平	
	样本数	百分比(%)	样本数	百分比(%)
完全认同	362	15.4	380	16.1
基本认同	698	29.6	726	30.8
有点认同	520	22.1	565	24.0
有点不认同	298	12.6	266	11.3
基本不认同	269	11.4	239	10.1
完全不认同	210	8.9	181	7.7
总计	2 357	100.0	2 357	100.0

(3) 对高中教学安排的影响。

《若干意见》提出,"高中教育要坚持育人为本,遵循教育教学规律,依据办学条件,合理安排教学计划,均衡设置课程,有序推进选课走班,保障正常教学秩序。全面落实国家课程方案和各学科课程标准,确保学生基本学科素养和统一培养目标,努力探索和构建适应全面发展、选课走班需要的教学管理制度"。

为了解被调查者关于新高考对于高中学校课程建设的影响,项目组询问了高中教师、高中学生、高中家长、高校统一高考招考学生、高职提前单招学生、单独考试招生学生是否认同以下说法:①高中学校存在"套餐制"选课的现象;②部分科目多次考试,影响了正常教学秩序。调查结果显示:在存在"套餐制"选课方面,接近80%的高中教师认为存在这一现象,高中学生与高中学生家长对于这一说法的认同率比较低,分别为70%左右和60%左右。统一高考招生学生和高职提前单招学生对于这一说法的认同率较高,均为80%左右;单独考试招生学生对于这一说法的认同率较前两者低,大约为70%。对于新高考是否影响了教学秩序,高中教师对这一说法的认同率很高,约为90%;高中学生和单独考试招生学生对这一说法的认同率相近,均为不到70%;统一高考招生学生和高职提前单招学生的认同率约为75%；高中学生家长的认同率最低，接近60%（见表4-12）。

表4-12　不同群体关于新高考对课程教学的影响的评价　　　单位：%

题项	高中教师	高中学生	高中家长	高校学生 统一高考招生学生	高校学生 高职提前单招学生	高校学生 单独考试招生学生
存在套餐制选课	80.1	68.4	59.7	80.2	79.1	73.4
影响教学秩序	92.1	68.0	59.0	76.8	72.7	69.1

注：表中的数字为各群体对该表述的认同率。

（4）对高中教师的影响。

为了解新高考对于高中教师的影响，项目组针对以下问题对高中教师进行了调查：①在最忙的时间段内，高中教师每天的平均工作时间；②2014年前后，高中教师的教学压力和心理压力变化总体情况；③高中教师对新高考给教师带来的其他影响的评价。

在高中教师工作时间方面，1.7%的教师工作时间在8小时及以下，41.3%的教师的工作时间在8~10小时，26.2%的教师工作时间在10~12小时，30.8%的教师工作时间在12小时以上（见表4-13）。

表4-13　　　　　　　　高中教师工作时间

工作时间	样本数	百分比（%）
8小时及以下	39	1.7
8~10小时	926	41.3
10~12小时	587	26.2
12小时以上	689	30.8

注：本题有效样本量为2 241人。

关于高中教师压力的变化，在教学压力方面，64.0%的教师认为自己的教学压力比以前更大；22.9%的教师认为多数时间在加重，少数时间在减轻；5.2%的教师认为和以前没什么区别，只有0.5%的教师认为比以前更轻。在心理压力方面，64.4%的教师认为教师的心理压力比以前更重；20.2%的教师认为多数时间在加重，少数时间在减轻；7.3%的教师认为和以前没什么区别；0.7%的教师认为比以前更轻（见表4-14）。以上表明，新高考政策实施后，多数教师的教学压力和心理压力均有所上升。

表 4-14　　2014 年前后高中教师的教学压力和心理压力变化

题项	教学负担 样本数	百分比（%）	累计百分比（%）	心理负担 样本数	百分比（%）	累计百分比（%）
比以前更重	1 509	64.0	64.0	1 517	64.4	64.4
多数时间觉得在加重，少数时间觉得在减轻	539	22.9	86.9	477	20.2	84.6
少数时间觉得在加重，多数时间觉得在加重	43	1.8	88.7	55	2.3	86.9
和以前没什么区别	123	5.2	93.9	171	7.3	94.2
比以前更轻	11	0.5	94.4	16	0.7	94.9
其他	132	5.6	100.0	121	5.1	100.0
总计	2 357	100.0		2 357	100.0	

为了解高中教师对新高考给教师带来的影响的评价，项目组对高中教师关于以下几个方面的认同率进行了调查：①新高考有利于教师专业发展；②结构性缺编加重教师负担；③结构性缺编增加评价难度。调查结果显示，对于新高考是否有利于教师专业发展方面，有 63.4% 的教师认同这一说法，认同率较低；对于结构性缺编加重教师负担方面，将近 95% 的教师认同这一说法，认可程度较高；同时，90% 以上的教师认为结构性缺编增加了评价难度（见表 4-15）。

表 4-15　　高中教师对新高考给教师带来的影响的评价

题项	新高考有利于教师专业发展 样本数	百分比（%）	结构性缺编加重工作负担 样本数	百分比（%）	结构性缺编增加评价难度 样本数	百分比（%）
完全认同	344	14.6	1244	52.8	1 089	46.2
基本认同	643	27.3	676	28.7	758	32.2
有点认同	507	21.5	316	13.4	362	15.4
有点不认同	350	14.9	69	2.9	79	3.4
基本不认同	271	11.5	24	1.0	38	1.6
完全不认同	242	10.3	28	1.2	31	1.3
总计	2 357	100.0	2 357	100.0	2 357	100.0

4. 高考改革对高校的影响

（1）关于志愿填报。

为了解高校招生和行政教师关于"专业+学校"提高投档满足率的看法，调研组对于这一问题进行了调查，调查结果显示，本科招生和行政教师关于这一看法认同率达了82.60%，高职招生和行政教师的认同率达到了88.15%，二者对于"专业+学校"的志愿填报方式认同率均比较高（见表4-16）。

表4-16　高校行政教师关于"专业+学校"提高投档满足率的看法

题项	本科行政教师 样本数	本科行政教师 百分比（%）	高职行政教师 样本数	高职行政教师 百分比（%）
完全认同	320	29.0	342	35.2
基本认同	392	35.5	359	37.0
有点认同	200	18.1	155	16.0
有点不认同	52	4.7	37	3.8
基本不认同	25	2.3	21	2.2
完全不认同	34	3.1	12	1.2
不了解	80	7.3	45	4.6
总计	1 103	100.0	971	100.0

（2）关于招生宣传。

为了解高校招生和行政教师对于新高考对高校招生宣传的影响的评价，调研组针对这一问题询问了其关于：①学校加强了招生宣传；②学校加强了与中学的衔接；③新高考促进高校与中学衔接这三个方面的认可程度。结果显示，对于"学校加强了招生宣传"这一问题，本科和高职院校的教师的认同率都很高，均达到了95%以上；在"学校加强了与中学的衔接"这一方面，本科和高职院校的教师的认可程度也比较高，达到了90%；而对于"新高考促进高校与中学衔接"这一观点，本科学校的教师的认同率则比较低，为78.1%，高职院校的教师则比本科学校的教师高，为84.7%（见表4-17）。

表4-17　高校行政教师关于新高考对招生宣传的影响的评价　　单位：%

题项	本科行政教师	高职行政教师
学校加强了招生宣传	96.4	96.9
学校加强了与中学的衔接	91.5	94.0
新高考促进高校与中学衔接	78.1	84.7

注：表中的数字为各群体对该表述的认同率。

(3) 关于专业设置。

为了解高校学生对于专业设置相关问题的认同率，项目组询问了不同群体对以下说法的认同率：①冷门专业遭遇生源危机；②学生选考科目与高校专业不匹配；③新高考倒逼高校专业结构优化；④要求转专业的学生增加，增加了教学管理难度；⑤学校进一步完善了转专业制度，满足新高考学生学习需求；⑥高校选考科目设置宽泛。

调查结果显示，高职行政教师对于"冷门专业遭遇生源危机"这一说法的认同率相对较高，达到了89.3%；在"学生选考科目与高校专业不匹配"这一方面，高校教师的认同率均比较低，本科行政教师为63.1%，本科教学教师和高职教师为70%以上；对于"新高考倒逼高校专业结构优化"这一说法，高职教学教师的认同率最低，为69.1%，高职行政教师的认同率最高，为86.0%；关于"要求转专业的学生增加"这一方面，本科教学教师和高职教学教师的认同率均在72%左右；本科行政教师、高职行政教师以及高职教学教师对于"学校进一步完善了转专业制度，满足新高考学生学习需求"这一说法的认同率很高，均超过了90%；"高校选考科目设置宽泛"这一方面，本科行政教师的认可程度最低，为67.5%，高职教学教师对于这一说法的认同率最高，为80.60%（见表4-18）。

表4-18　高校教师关于新高考对高校专业设置影响的评价　　　　单位：%

题项	高校教师			
	本科行政教师	本科教学教师	高职行政教师	高职教学教师
冷门专业遭遇生源危机	84.1	79.9	89.3	85.9
学生选考科目与高校专业不匹配	63.1	72.8	77.9	76.9
新高考倒逼高校专业结构优化	77.2	57.1	86.0	69.1
要求转专业的学生增加	—	72.8	—	72.6
学校进一步完善了转专业制度	93.2	85.6	94.3	92.0
高校选考科目设置宽泛	67.5	72.7	81.4	80.6

注：(1) 表内数字为各群体关于该表述的认同率；(2) "—"表示该问题在这一群体问卷中未涉及。

(4) 关于人才培养方式改革。

《若干意见》要求，要"深化高校育人方式改革。高校要深化教育教学改革，提高人才培养质量。主动适应高考综合改革要求，结合学校办学特色，规范设置招生条件，明确相关专业的选考科目，强化科学选才工作"。

为了解新高考对高校育人方式改革的影响，项目组分别询问了不同高校教师群体是否认同下列表述：①新高考倒逼高校人才培养模式改革；②学校实行大类招生培养应对多元化生源的挑战；③学校增设了基础性和衔接性课程，加强学生知识基础；④多元化生源倒逼高校教学改革；⑤学校实施分层分类教学，满足了学生学习需求。

调查结果显示，高校教师对于学校实行大类招生培养应对多元化生源的挑战、学校增设了基础性和衔接性课程加强学生知识基础、倒逼高校教学改革、学校实施分层分类教学的认同率均超过70%。而本科教学教师对于新高考倒逼高校人才培养模式改革的认同率只有57.9%。

（5）关于高校发展。

为了解新高考对于高校发展的影响，调研组对本科招生行政教师和高职行政教师以及高职招生和行政教师关于"取消录取批次有利于高校公平竞争"和"取消录取批次有利于高校特色发展"这两个问题进行了调查，调查结果显示，高职招生和行政教师对于"取消录取批次有利于高校公平竞争"这一问题的认同率比本科教师的要高，认可程度达到了84.9%，本科行政教师关于这一问题的认同率只有79.2%。对于"取消录取批次有利于高校特色发展"这一问题的看法，高职的行政教师仍然比本科的行政教师高，具体为高职的教师为85.1%，本科为78.6%。

（四）对条件保障的评价

《若干意见》提出，"高考综合改革是一项涉及面广、影响深远的综合性工程，必须加大人力、物力和财力投入，不断保障和优化高考综合改革所需的各项条件。各级政府要坚持把教育事业放在优先位置，新增财力优先用于深化教育改革。建立高中教育经费保障机制，加强高中教师力量配备，完善高中教师绩效工资制度。按照高考综合改革的要求，完善高中学校的功能布局，加强教育教学设施建设"。为了解不同群体关于"浙江省当前条件是否能够适应新高考的挑战"的看法，项目组分别从省级、高校、高中三个层面条件保障设置了相关问题。

1. 高中层面条件保障

在高中层面条件保障方面，项目组分别从"我校教室资源能满足选课走班等新高考改革的需要""我校师资能满足选课走班等新高考改革的需要""我校学生生涯规划教育能够指导学生发展""我校教学设施能满足新高考的需要""我校课程资源能够满足学生的选课需求""我校教学管理制度能够满足新高考的需要""我校教师绩效评价制度能够适应新高考的需要""我校教育经费能够适应新高考的需要"等维度对高中教师和高中学生进行询问。

调查显示，在高中层面，除了师资和教育经费能满足新高考改革需要条件保障的认同率均只有 68.3% 外，高中教师对其他选项的认同率均高于 71.7%。认为校级层面的条件保障尚处于理想状态（见表 4-19）。此外，高中学生对前 6 项条件保障的认同率更高，均高于 82.6%。

表 4-19　高中教师和学生关于本校高考政策实施条件保障的评价　　单位：%

题项	高中教师	高中学生
教室资源能满足选课走班等新高考改革的需要	76.2	83.9
师资能满足选课走班等新高考改革的需要	68.3	82.6
学生生涯规划教育能够指导学生发展	75.5	83.3
教学设施能满足新高考的需要	77.0	84.3
课程资源能够满足学生的选课需求	78.9	85.8
教学管理制度能够满足新高考的需要	80.5	86.1
教师绩效评价制度能够适应新高考的需要	71.7	—
教育经费能够适应新高考的需要	68.3	—

注：(1) 表内数字为各群体关于该表述的认同率；(2) "—"表示该问题在这一群体问卷中未涉及。

2. 高校层面条件保障

在高校层面条件保障方面，项目组分别从"本校对新高考生源特征的研究""本校对接新高考的招生方案""本校的人力资源配备""本校的招生工作经费""本校与考试部门、中学的互动和衔接机制""本校的人才培养模式""本校的招生宣传力度""本校学院与专业的参与度"等维度对不同群体的高校教师进行询问。

调查结果显示，本科行政教师、高职行政教师和高职教学教师对上述高校层面的 8 项条件保障认同率较高，均高于 78.2%，认为这些校级层面的条件保障能较好地适应新高考的挑战。本科教学教师对本校的人力资源配备、本校的人才培养模式、本校学院与专业的参与度的认同率分别为 71.8%、74.8%、75.8%，相对其他类型教师稍低（见表 4-20）。

表 4-20　不同高校教师群体关于新高考条件保障的评价（高校层面）　　单位：%

题项	高校教师			
	本科行政教师	本科教学教师	高职行政教师	高职教学教师
本校对新高考生源特征的研究	78.2	—	86.4	—
本校对接新高考的招生方案	85.0	—	88.6	—

续表

题项	高校教师			
	本科行政教师	本科教学教师	高职行政教师	高职教学教师
本校的人力资源配备	81.6	71.8	86.5	83.0
本校的招生工作经费	80.2	—	84.6	—
本校与考试部门、中学的互动和衔接机制	83.1	—	88.0	—
本校的人才培养模式	89.0	74.8	92.2	85.5
本校的招生宣传力度	92.1	—	93.0	—
本校学院与专业的参与度	90.9	75.8	92.8	86.5

注：（1）本题一共设置了7个选项，分别为"完全适应""基本适应""有点适应""有点不适应""基本不适应""完全不适应""不了解"。表格中为回答"完全适应""基本适应""有点适应"的高校教师比例之和。（2）表格数字为各群体关于该表述的认同率。（3）"—"表示该问题在这一群体问卷中未涉及。

3. 省级层面条件保障

在省级层面条件保障方面，项目组分别从"本省本科高校专业选考科目指引""本省的信息网络等技术支持""本省的选考科目保障机制"三个角度对高校教师进行询问。

调查结果显示，75.2%的本科行政教师和63.2%的本科教学教师认为"本科高校专业选考科目指引"这一政策保障能够适应新高考的挑战。超过74.7%的本科行政教师和高职行政教师认为本省的信息网络等技术支持、本省的选考科目保障机制能够适应新高考的挑战（见表4-21）。

表4-21　不同高校教师群体关于新高考条件保障的评价（省级层面）　　　　　单位：%

题项	高校教师		
	本科行政教师	本科教学教师	高职行政教师
本省本科高校专业选考科目指引	75.2	63.2	—
本省的信息网络等技术支持	81.9	—	88.3
本省的选考科目保障机制	74.7	—	82.8

注：（1）本题一共设置了7个选项，分别为"完全适应""基本适应""有点适应""有点不适应""基本不适应""完全不适应""不了解"。表中数字为回答"完全适应""基本适应""有点适应"的高校教师比例之和。（2）表格数字为各群体关于该表述的认同率。（3）"—"表示该问题在这一群体问卷中未涉及。

三、研究结论

（一）制度文本

浙江省经过四年改革探索，为全国高考综合改革提供了有益的改革成果与经验借鉴。2017年，浙江省人民政府针对高考改革过程中出现的"新情况""新问题"，在广泛征求意见的基础上，出台《若干意见》，进一步完善学考、选考安排，率先建立选考科目保障机制，推进学校育人方式改革。首先，从调查问卷结果的分析来看，各利益相关者对《若干意见》的认可度要高于《试点方案》，在一定程度上说明浙江省高考改革试点方案政策调整的效果。其次，高中教师、高中学生、高中家长、高校教师、高校学生五类群体的认可度呈现出差异，其中高校教师和高中学生的认可度最高，高中教师的认可度最低，在一定程度上说明，改革贯彻了以学生为中心的改革导向，学生作为改革的受益者较为认可改革效果。而高中教师和高校教师的认可度较低。最后，从对高考改革政策文本的了解度来看，无论是对《试点方案》还是《若干意见》，高中教师的了解程度最高，其次是高校学生。这表明高中教师和高校学生作为高考改革的直接利益相关者对高考改革政策保持较大程度的关注。

（二）实施过程

浙江省作为高考综合改革试点地区，按照国家有关要求，凝聚各方力量，积极谋划和制订试点方案；强化顶层设计，注重综合改革，强调系统推进，不断完善配套政策；细化实施方案，进行风险分析，制定应急预案等，为试点工作平稳、有序开展提供了强有力的组织和制度保障。

从高考改革实施的过程来看，本研究只呈现高考改革政策的宣传和高校专业选考科目确定两个维度。从高考改革政策的宣传来看，高中学生和高校学生最主要的途径是通过高中学校组织的专题宣讲活动，而高中学生家长则通过家长会和家长群等网络联系方式，可以说高考改革政策的宣传可以更多通过加强家校联结来实现。作为等级赋分的计算规则可以说是高考改革政策中较难解释的政策，以此为例了解高考改革试点省份的政策宣传力度来看，高校学生、高中学生、高中家长的认可度较高，90%以上被调查者都认为对此比较了解；高校学生对高考政策宣传满足需要的认可度较高。从高校确定选考科目的依据来讲，高校教师更大程度上主要考虑人才培养的要求，参考《浙江省本科高校专业选考指引》；而高职院校教师更多考虑高校专业建设的需求以及可报优质生源的数量。

（三）实施效果

浙江高考综合改革是国家深化改革的重要方面，是国务院启动考试招生制度改革的重要组成部分。自 2014 年启动高考改革试点以来，浙江省先行先试，态度积极、勇于改革、勇于担当，两轮新高考录取平稳落地，初步实现改革预期。

第一，从对高考改革实施的总体效果来看，高校学生和高中学生保持较高的满意度，这与政策文本的认可度一致，体现了改革以学生为中心的特点。高中教师和高校负责教学的教师对改革效果的总体满意度较低，体现了高考改革给高中教师和高校负责教学工作的教师既有工作秩序带来的影响。同时，从高考改革的目标达成度来看，五类利益相关者较为认可改革目标"有利于促进学生健康发展""有利于科学选拔各类人才""有利于维护社会公平"的达成，80% 以上的高校学生、高中学生认可高考改革目标的达成，但高中教师认可度较低。

第二，从对高考改革对学生的影响来看，改革增加了学生的选择性，学生实现了文理融通的科目选择，而且随着高考政策的实施，学生选科过程中的自主性在增强。多数被调查者也认可高考改革增加了学生的选择性，有利于满足学生的兴趣与特长，促进学生的全面发展。尤其是"专业+学校"的平行志愿投档方式，各利益相关群体的认可度较高。

第三，从高考改革对高中的影响来看，改革促进了高中学校的特色发展，但也给高中教师带来较大的工作负担。较多高中教师群体认为高中学校存在"套餐制"选课走班的现象，多次考试对高中教学秩序带来影响和冲击。尤其是对多次考试的评价，高中教师与高中学生群体的评价呈现出较大的差异。高中教师工作时间长，新高考之后承受较大的心理压力和工作压力，90% 以上的高中教师认为高考改革后教师结构性缺编增加了教师的工作负担，教师结构性缺编也增加了教学评价的难度。

第四，从高考改革对高校的影响来看，高校普遍加强专业结构调整与人才培养模式变革。一是"专业+学校"的志愿投档方式提高了投档满足率。82.6% 以上的高校教师认为高考改革实施"专业+学校"的平行志愿投档方式，提高了投档满足率，尤其高职院校认可率更高。二是高考改革后高校普遍加强了招生宣传，增强了与中学的衔接。三是高考改革后，对高校的专业结构调整带来较大的挑战，尤其是高职院校冷门专业将遭遇生源危机，未来尽可能获得优质生源，高职院校选考科目设置较为宽泛。四是高校为了应对新高考带来的生源结构的变化，普遍完善了转专业制度，增设基础性和衔接性课程加强学生的知识基础，导致高校人才培养模式的变革。五是高校教师普遍认可取消录取批次这一改革措施，认为有利于促进高校公平竞争，取消录取批次，也有利于促进高校的特色发展。

（四）条件保障

新一轮高考改革对教育教学基础条件提出了很高的要求，高考改革评估包括对政府部门的经费投入、教师编制、教室资源、教学设置、生涯规划教育与综合素质评价平台等外部保障条件。从高中层面条件保障来看，高中学校教育教学资源配置与制度建设能够基本满足新高考政策实施的要求，高中学生对学校教师资源、师资条件、生涯规划指导、教学设施、课程资源等方面较为认可，高中教师对师资条件和教育经费等方面保障程度的认可度略低。从高校层面来看，高校教师对招生对本校应对新高考招生方面的资源保障认可度较高，对人才培养改革方面的保障情况认可度略低。从省级层面条件保障来看，高校招生部门对高校专业选考科目指引、信息网络等技术支持、选考科目保障机制等方面有较高的认可度。

第五章

高考改革试点方案对高中教育的影响评估

第一节 科目改革的问题与对策

国内学者对高考科目改革的关注点主要集中在对新高考"3+3"选考科目设置的研究、高考科目设置的理论研究、学业水平考试研究、高考英语科目研究等方面。

一是选考研究。让要涉及选科科目设置下高校、中学、学生如何进行理性选择。刘宝剑认为,新高考实施过程中,高中生应该全面考虑政策、社会、个人、家庭、学校等方面的因素,遵循具有普遍意义的原则,即将个人意愿与社会需要相结合,当前现状与变化趋势相结合,本人意愿与他人意见相结合,谨慎选择与坦然面对相结合。采取务实有效的策略和方法,比如志向坚定者,首选最相关科目,兴趣明确者首选最喜欢科目,偏科明显着首选最拿手的科目,各科均衡者首选最适用科目,成绩一般者首选最自信科目。[①] 另外一项研究中,他对浙江省选考科目的情况进行实证研究,发现高一时已选定三科的学生占70.58%,在所选科目和科目组合上,男女学生、城乡学生以及不同成绩水平学生之间均存在较大差异;76.33%的学生认为在选择高考科目时起决定作用的是自己,主要考虑因

---

① 刘宝剑:《高中生选择高考科目的因素分析与务实策略》,载《教育理论与实践》2015年第32期。

素是学科成绩、兴趣和信心。① 于世洁等分析了新高考科目设置对考生、中学以及高校的影响,探讨了高校在制定选考科目时应考虑的原则并给出了具体建议,包括:(1)有明显单一科目属性的专业强调科目相关性,设置单一选考科目要求;(2)有多个科目属性的专业尽量区分相关科目的主次关系,将主科目属性设为选考要求;(3)招生非常"热"的专业,可锁定最具竞争力的考生生源,以提高选拔效率;(4)没有明显科目属性的专业可考虑用排除法,排除不适合的考生,以保证生源范围等②。

二是考试科目设置的理论研究。余澄和王后雄认为我国高考科目设置的演变历经了"高校单独招考模式""大文大理设置模式""两考并置模式""3+X 设科模式""新课程 3+X 设科模式"五大阶段。新高考在扩大高校与考生双向选择、理顺高考与学考的关系方面有明确的价值取向③。罗立祝逐一分析了新高考后文理不分科、外语一年两次考试以及学业水平考试制度对高中教育教学的影响。④

三是高考英语科目考试。刘毳回顾了高考英语科目的地位演变,认为高考制度创立以来的 60 多年间,高考外语科目经历了三个阶段的演变,从 1949~1945 年间的外语必考科目的名不副实,到 1978~1990 年期间外语科目地位直线上升,再到 1990 年以来高考外语地位稳固,新高考在外语考试次数、分值和听力方面做出改革探索⑤。马彪等提出高考科目改革思路,认为外语科目不再实行全国统考是可行的,同时也提出了一个系统的高考考试科目组成图,以期实现分层考试、分类录取⑥。

新高考下的"3+3"高考科目设置政策设计的初衷是加强文理融合,拓宽学生的知识结构,促进学生的全面发展。从受访者的视角来看,新高考科目改革实现了这一改革初衷,增加学生的选择性是各利益相关者最为认可新高考的方面。但是同时高考科目改革也带来了选科人数畸多畸少、教师结构性缺编的问题,与之相适应的选课走班的教学资源不足,同时高考选科挑战学生的选择能力,也带来选择文科科目学生人数增加而理科科目人数下降的问题,引发社会关注。

---

① 刘宝剑:《关于高中生选择高考科目的调查与思考——以浙江省 2014 级学生为例》,载《教育研究》2015 年第 10 期。
② 于世洁、徐宁汉、杨帆、尹佳:《新高考改革下高校选考科目的制定》,载《清华大学教育研究》2015 年第 2 期。
③ 余澄、王后雄:《我国高考科目设置的发展历程及其改革价值取向》,载《教育理论与实践》2015 年第 35 期。
④ 罗立祝:《高考科目设置改革对高中教育的影响》,载《中国考试》2015 年第 9 期。
⑤ 刘毳:《高考英语科目的地位演变与政策导向》,载《考试研究》2014 年第 1 期。
⑥ 马彪、刘明岩、厉浩:《高考考试科目设置改革研究》,载《教育理论与实践》2014 年第 14 期。

一、科目改革的优点

（一）增加学生选择权

给予学生更多选择权，尊重学生的兴趣和特长。新高考最大的优点就是增加学生选择的机会，让每个学生可以根据自己的兴趣、特长、优势选择高考科目。这既有利于学生的个性发展，也有利于引导学生拓展知识面。这在传统高考模式下是做不到的。"高考科目改革最大优点在于给予学生更多选择机会，文理不分科，每一名学生都可根据自己的兴趣、特长和优势去选考部分学科，这是让每一名学生发挥自己长项的'以长博长'，既为学生个性发展留出空间，又有利于引导学生拓宽知识面，为学生今后发展打下更加扎实的学习基础。"（上海 M3 中学校长，2017）

（二）激发学习主动性

学生能够根据自身的兴趣爱好、优势特长以及就业方向等选择合适的科目，激发学生学习的内驱力，对增加学生学习效率有积极的意义。"学生可以根据自己的兴趣特长和就业方向选择适合自己的科目，对激发学习兴趣，增强（提高）学习效率有着积极意义。"（浙江 M8 中学校长，2017）受访者认为，"高考科目改革对学生选课总体能做到趋利避害，虽然有时不能完全做到选择自己最擅长的，至少可以选择避开自己最不喜欢的，这是最突出的优点之一。"（浙江 M2 中学校长，2017）"本次高考的核心之一就是给予学生更多的选择权，从科目的选择权（'6 选 3'）到考试的选择权（考试时间、英语两考），学生选择的多样性在增加了学校管理难度的同时，但也激发了学生发展的主动性，有助于减轻学生的学习负担和压力。"（上海 M4 中学校长，2017）

二、科目改革的影响

（一）物理选科人数下降

物理选科人数下降的原因包括：学科能力要求、学生学习基础、等级分评价机制、大学放松选科要求等。从浙江和上海各中学近两届或者三届的选科分布情况来看（如表 5-1 和表 5-2 所示），物理选科人数出现不同程度的下降。这在不同层次的学校中表现不同，在农村中学或者相对薄弱的中学影响比较大，甚至出现个位数选择物理学科以及全校弃选物理学科的情况。"高考科目改革，学生选课造成教师结构性缺编,以物理学科为例,我校今年新高二 8 个班级 280 名学生,选择物理学科的仅 18 人。"(浙江 M17 中学校长,2017)"我校 2014 级考生中选考物理的有 238 人、到 2015 级考生中选考物理的人数降为 110 人、2016 级选考物理的考生仅剩 41 人;与此同时,我市农村高中选考物理的人数大多接近零。"(浙江 M14 中学校长,2017)"尤其是技术学科报考人数从 2017~2018 年出现井喷式的增长,物理、化学人数骤减。各个兄弟学校的调查来看都存在同样的趋势,物理学科人数急剧下降,而且几年内很难改变物理人数不断减少的现象。"(浙江 M11 中学校长,2017)

表 5-1　　上海 M4 中学 2017 届和 2018 届学生选科分布　　单位:人

	物理	化学	生物	政治	历史	地理
新高考 2017 届	53	65	148	17	67	156
新高考 2018 届	43	43	135	28	67	149

表 5-2　　浙江 M11 中学 2017~2019 届学生选科人数分布　　单位:人

	物理	化学	生物	技术	政治	历史	地理
2017 届	250	275	276	68	207	145	226
2018 届	117	115	250	301	217	207	224
2019 届	68	171	263	231	241	268	229

(二)教师"潮汐"现象

1. 教师结构性缺编

选考人数畸多畸少首先带来的问题就是教师的结构性缺编。就上海来说,物理和化学老师出现过剩,地理和生物老师极度紧缺。教师出现结构性、阶段性缺编的结果使不同科目老师的工作量出现很大不同,物理和化学老师课时普遍不足,而地理和生物老师课时太多。"在教师结构方面,因为各选科人数的不均衡,如 2017 届学生选学生物、历史、地理的较多,选学物理的较少,而学校已有教师结构并不能与之完全吻合,导致生物、历史这些科目的教学班人数多,而物理科目的教学班人数则相对较少,这样就会造成教学资源投入的不平衡。"(上海 M3 中学校长,2017)"这种选择往往具有不确定性,导致学校的师资力量会出现阶段性、结构性的缺编。"(如表 5-3 所示)(上海 M4 中学校长,2017)

表 5-3　　上海 M4 中学不同科目教师缺编情况

	语文	数学	外语	物理	化学	生物	政治	历史	地理
老高考 2016 届	3	3	3	1	1	1	1	1	1
新高考 2017 届	4	4	4	1	1	2	0.5	1	2
新高考 2018 届	4	4	4	0.5	0.5	2	0.5	1	2

2. 缺编学科教师超负荷工作

浙江省因为是从文综和理综过渡到"7选3",学生选科带来的教师结构性缺编的问题和物理选课人数下降的问题表现更为突出,有的学校出现七个物理教师教一个物理选考班的现象。同时,学生主要转而选择技术学科,同样造成物理和化学等科目教师的明显过剩。而出现短缺的学科教师处于超负荷工作的状态。"对教师结构带来的影响:一方面因为技术学科进入选考,课时的增加需要增加技术学科教师。另一方面传统文综、理综老师因为学生选课的调整,必然带来老师需求的变化,有些学科明显过剩,例如我校物理、化学学科。"(浙江M18中学校长,2017)"学生选课的不均衡会导致学校原有的教师结构带来影响,有些学科教师富余,而有些学科教师奇缺,工作量很重。"(浙江M8中学校长,2017)

3. 统考科目教师工作量大

浙江省首轮试点选考时间为4月和10月,出现教师工作量的潮汐现象,尤其是高三下学期4月选考之后,选考科目教师没有工作,而语数外教师工作量极大。"第二次选考时间安排在4月,而语数英三科高考时间安排在6月,相隔两个月,语数英教师负担过重,学生也苦于天天三门功课,建议全都统一安排在6月。"(浙江M9中学教师)"教师工作量阶段性失衡,在每学年的9~11月份,学选考教师工作量大,解决办法是:高一减课时,补高二、高三的师资缺口,学选考结束后再调回高一,4~6月份语数英工作量大,建议七个学科老师承担更多的事务性管理工作。"(浙江M16中学校长,2017)

4. 教师缺编与超编并存

按照生师比来确定教师编制的办法造成表面上超编而实际上缺编,使学校开课出现困难。受访者建议按班师比确定教师编制。"当前按生师比例来确定教师编制的办法(今年来学生人数减少),造成教师超编的现象。表面超编实则缺人,使学校排课开课出现困难。物理教师改教通用技术的现象比较普遍。建议以班师比来确定编制。"(浙江M17中学校长,2017)

(三)教学资源不足

高考科目改革带来的是学生选课组合数量的激增,但是高中学校原有教学资源有限,相应的教室、班主任、任课教师的数量都要增加,这在短时间之内难以满足,如果保留传统的行政班,则给统一组织教学带来很大的难度。"高考科目改革意味着学生的选课组合由6种上升为20种,但学校教学资源有限,选修学科统一组织教学困难。比如我们学校高二时的行政班级数为6个,升入高三后如果增加班级数就意味着要增加教室、班主任、任课教师的配备,显然是不现实的,所以升入高三后仍保持6个行政班,这样带来的问题就是,同一个班级的同学,三门选修科目都互不相同，学校分班时首先将选修相同的同学安排在同一个班级，其次考虑两门选修相同的同学安排在同一班级，但最终难以避免的是学生上课必须走班，学校编排统一的选修教学时间困难很大。"（上海 M8 中学校长，2017）"学校教学设施满足不了教学的需要，随着高中三个年级的走班教学的进行，走班教室、自习教室、学科教室都会急剧增加，教学设施难以满足教学需要。"（浙江 M14 中学校长，2017）总之，硬件建设滞后于教学改革过程，给课程实施带来很大的困难。

（四）挑战学生选科能力

必考加选考的科目设置给学生选课能力提出挑战，学生对高中课程尚不能全面了解，还没有建立起学科兴趣，对自己未来的生涯规划也缺乏了解，选择后容易出现反复的现象，需要学校适时予以指导。"对于刚步入高中的学生，在高一下学期就得做出选择是比较困难。原因是对高中课程了解不够深入和全面，学科兴趣没有真正建立，学科能力和潜力也不清楚，对大学的专业要求、自己的职业理想不了解，单凭几次学校测验成绩，学生的选择就比较盲目，往往出现跟同学走，跟老师走，选择后反复现象严重。"（浙江 M4 中学校长，2017）

（五）文科生源比例增加

高考科目改革实现文理融合的结果是传统意义上文科学生的增加和理科学生的减少。受访者认为，新高考选择文科科目的比例升高是不争的事实，同时理科科目比重明显下降，进而学生的学习投入度会有所下降。"学生更倾向于选择学科基础要求相对较低一些的文科科目。2017 届、2018 届我校高三学生选择考文科和理科人数之比大致为 53∶47、66∶34，而我校往届高考文科和理科的人数比平均约为 35∶65，虽然这样的比较并非十分科学，但新高考后学生选考文科科目的比例升高将是不争的事实。"（上海 M3 中学校长，2017）"从班级分布和等级赋分、选三科目来看，理科科目的比重明显看到有一点下降，对于我们学生的培养来说，可能也令我们很多同行有点担忧，这也是不可回避的问题。语数外三门课里面，数理能力里面数学占 1/3，然后再加上我们'6 选 3'，理科相对而言比重下降以后，可能孩子的精力、各方面投入度相对来说肯定也减少了。"（上海 M11 中学校长，2017）

三、策略建议

（一）多渠道应对教师结构性缺编

一是建立教师区域共享机制，实现教师等教学资源的整合利用，弥补学生的选科人数畸多畸少带来的教师结构性缺编的问题。"对于学生选科造成的老师的数量不平衡的影响，建议采取区域共享机制，学校和学校之间的联合、教学资源的整合利用、老师在学校间的流动教学等。高水平的老师在学校间流动教学，以互相弥补学校教师力量不足等弱点。只有将合作的范围尽量扩大，才能充分利用各方面的教育资源，也能更好满足学生选科的需求。"（上海 M3 中学校长，2017）"对于区域较近的各校教师'潮汐现象'可以尝试由教育局牵头协调各校之间的不平衡。我们学校尝试让部分物理专业的老师兼上通用技术，解决了部分教师不平衡问题。"（浙江 M8 中学校长，2017）

二是实现教师在专业上跨学科的发展，探索全科教师或者多学科教师的可能性，从而缓解学生选科带来的结构性缺编问题。"根据未来教育发展趋势，全科教师或者多科教师正逐渐成为可能，因此如果教师在专业发展上能实现跨学科，那么也将有助于缓解学生选科带来的结构性缺编问题。"（上海 M4 中学校长，2017）"学生选科的变化影响教师结构，地理学科教师短缺，物理学科老师富余过半，一部分转岗通用技术学科和教辅岗位，通用技术学科大部分为原物理学科，边培训边上岗。"（浙江 M18 中学校长，2017）

三是创新人事管理制度，增加教师编制或者实现教师的跨校任教，解决教师匮乏问题。"但是鉴于当前教师的培养体系，短期内只能通过增加教师编制数或者教师的跨校任教，从人事制度管理上进行创新，已解决教师匮乏的问题。"（上海 M4 中学校长，2017）

（二）引导高校和学生理性面对选科

1. 引导高校限定选考科目

引导大学调整各专业对选考科目的要求，上海高校在之前的探索中就公布专业选科要求和限制招生专业组，因此首轮高考试点中上海物理弃考的情况并不十分突出。教育部也在 2018 年印发了《普通高校本科招生专业选考科目要求指引（试行）》，对高校招生选考科目作出相应的要求。其实施效果有待于在下一步的研究中跟踪评价。"由于等级考时间安排的影响，相信未来若干年内地理、生物仍将是热门学科。政治学科由于在大学选考科目中适用范围最小，加之学科本身特点，选择政治科目的学生仍然会比较少。如果要避免这一情况出现，可能的措施应该包括大学调整各专业对选考科目要求，以及调整等级考科目时间，例如同时考试。"（上海 M4 中学校长，2017）"提高对选考科目专业要求的对应性，所有高校的所有专业必须提出不少于一科的选考科目要求，并改变目前在录取时，只需满足一科选考科目的要求。"（浙江 M12 中学校长，2017）

2. 引导学生理性选择

一是分步递进，阶段选科。有的高校在高一阶段开设大部分课程，让学生明确自己的学科基础、兴趣爱好和发展潜能。高二再进行第二次选择，明确选科。有的学校是尊重学生选择的基础上适当引导，强调将兴趣选科、特长选科、指向选科作为理性选科的基本原则。"学校严格按照上海市教委制订的课程计划开设相应课程，让学生通过至少一年的学科学习，进一步明确自己的学科基础、兴趣爱好和发展潜能。如高一阶段开设了物理、化学、政治、历史、地理学科，通过学生的学习体验以及初中学习的经历从上述开设科目中进行初步选择，高二阶段增加开设了生命科学学科，在高二第一学期期末、第二学期期末再进行二次选择，明确自己选科。这样的三次选科流程有效避免了学生选课的盲目性。"（上海 M3 中学校长，2017）

二是推进导师制，积极引导学生的个性化选科，引导学生不仅从自身兴趣爱好出发进行科目选择，还考虑不同学科的发展潜力和未来发展的定位，提升学生选科的针对性。"随着导师制在我校的推进，导师的个性化指导将对学生的选科起到积极的引导作用。通过导师的引导，学生的选课不仅单纯考虑自身兴趣爱好，还考虑了在不同学科上的发展潜力和对自己未来的发展定位，大幅提升了学生选科的针对性。"（上海 M3 中学校长，2017）

三是利用信息化系统提高选科的精准化。有的中学创设了选课咨询系统，根据高一学生的学业水平、学科负担、职业倾向和性格特征以及高校的选科要求匹配，进行系统数据的概率分析，为学生选课提供咨询。"还有就是我们创建了一个渐进式的选课咨询系统，对学生高一年级的学业水平、学科负担指数、职业倾向和性格特征以及相应高校选科要求的匹配都有一个系统数据的概率分析，为学生选课提供咨询。"（上海 M18 中学校长，2017）

四是加强学生生涯规划教育。培养学生的规划意识的同时，给予学生试错和在积累中发现自我的机会。"高中生涯规划指导是培养学生规划意识。从一方面说也是选课学习的基础，所以我们有给学生一定的时间和空间，让他们在不断的试错和积累中发现自我，而不是过早的职业规划。"（上海 M18 中学校长，2017）

（三）拓展传统教学资源与教学形式

一是拓展课现有教室功能，满足选课走班的基本要求。"根据分层、分科走班的需要，上课教室要比以往增加 25%，目前我校通过利用一些拓展课教室和实验室，错时安排上课时间，基本可以满足走班的需要。"（上海 M4 中学校长，2017）"为满足学生 35 种组合走班教学的需要，传统行政班教室明显不足。我校解决的办法是：将部分选修课教室纳入选课走班教学教室，将图书馆阅览室开辟

为自习室，引进点名系统协助管理。"（浙江 M18 中学校长，2017）

二是采取并班上课、广播答疑等方式满足教师结构性缺编问题。"由于我校采取大走班制，学生一人一课表，对于选课较多的科目，一般不做强行调整，采用增加学科教师的周工作量，再遇到教师生二胎等问题，则采用并班上课、利用广播系统集体答疑、辅导、试卷讲评的方式。"（上海 M10 中学校长，2017）

三是让选科较少的学科教师更多承担拓展型的课程建设，推进校本课程建设，提高教师课程素养。总之，无论是在教学资源、教学组织形式还是教师队伍的安排上，均体现拓展性的特点。"对于选择人数较少、工作量不足的一些学科教师，则更多地承担拓展型、研究型课程的建设工作，既弥补了工作量，又推进了校本课程建设，还提高了教师的课程素养。"（上海 M19 中学校长，2017）

（四）用发展的眼光看待问题

传统高考针对高校招生的文理比例相对稳定，高中学校的教师结构、教学组织以及设施配备的长期相对固定；新高考后，由于选科组合的增加、个别等级考选科极度不确定，会对原来固定的教师结构、教学组织和设施配备带来一定的冲击和新的不适应。受访者认为，这些问题有的属于发展中的问题，在改革的过程中会逐步地趋向于合理与稳定，"按照上海目前的新高考情况来看，地理、生物选科比例已经相对稳定，经过两年调整后，教师配置已经到位。以前，上海遇到过此类情况，当时生物、地理学业考大调整，也是比较好地处理到位了。物理将逐渐减少，化学基本稳定，政治变动剧烈，历史相对稳定。"（上海 M18 中学校长，2017）

第二节　选课走班的问题与对策[①]

"选课走班"并不是一个新现象。从 2004 年我国实施高中课程改革以来，选修课程的设计及其配套的"选课走班"制度应运而生。在中国知网以"选课走班"为关键词进行搜索，第一篇文献发表于 2006 年，研究者认为选课走班致力于解决重点班的争议与因材施教之间的矛盾，一般情况下高中学校在取消重点班、实行平行班教学的基础上，实施教学班与行政班并存的管理模式，为学生提

[①] 王新凤：《新高考模式下高中选课走班实施的问题与应对策略》，载《教育与考试》2019 年第 3 期。

供大量选修课,学生通过"选课走班"来发展某方面的兴趣与特长[1]。

传统高考模式下的"选课走班",一般是指选修课的选课走班,是在保留行政班建制的前提下,学生根据自己的特点与需求,选择不同的教学班进行学习的教学模式,学生因选修课而出现的在行政班与教学班之间奔走的现象叫"走班"[2]。选课走班是大规模的现代学校为满足每个学生个性发展需要所进行的制度设计,既保证所有人受教育,又能够满足每个学生的个性需要[3]。研究者认为,单一、同质化、固化的教学系统与不断丰富的课程种类和资源及多元化、个性化的学生发展需求之间的矛盾,是实施选课走班的重要前提,因此在课程资源足够丰富、教学环境得以满足的条件下,以选课走班为核心的学校教育教学系统的建设势在必行。

新高考模式下的"选课走班"是必修课选课走班,即打破原来的行政教学班模式,实行语数外、物化生、史地政等必修课选课走班制,由高考综合改革试点省市浙江、上海在 2014 年之后开始实施。对新课改、新高考背景下选课走班制的研究文献数量也在此之后明显增加,研究者关注选课走班的优势、问题、实践探索中行之有效的解决策略等。

一、选课走班的模式

(一)选课走班的类型

浙江、上海高考综合改革中选课走班的模式分为三种:一是全走班,即全员全科分类分层选课走班,彻底贯彻选课走班、因材施教的理念。分层的意思是将某学科分为三个层次,三个班级讲授相同的知识,但教师的教学策略和要求在各班级中有所不同,尊重和主动适应学生差异,实施因材施教。二是部分走班,包括"+1 模式"或者"+2 模式",即选考科目分别走 1 门或者 2 门。三是套餐制,固定选考科目不走班。"选课走班由于各个学校条件不同,理念有别,实施不同,基本有三种情况:第一种全员全科分类分层选课走班;第二种'3+2+1'类型(走 1 门);第三种'3+1+2'类型(走 2 门)。浙江 M4 中学实行全员全科分类分层选课走班,最为彻底。"(浙江 M4 中学校长,2017)

在具体落实和实施的过程中,不同学校各有差别。一是采取行政班与教学班

---

[1] 潘秀慧:《市区多所高中不设重点班》,载《温州日报》2006 年 7 月 14 日第 3 版。
[2] 黄文涛:《高中选课走班制教学的实践与思考》,载《教育科学论坛》2011 年第 4 期。
[3] 赵小雅:《"选课走班":种种现实如何应对》,载《中国教育报》2014 年 6 月 4 日第 6 版。

相结合的课程实施方式,保留行政班的教育功能,也减少选课走班实施的难度。"我校基于本校具体情况,采取'行政班+教学班'相结合的课程实施模式。共同课程和共同活动在行政班完成,选修课程则在教学班实施。行政班的保留,一方面减少了教学班的数量,减低了教学实施、教学管理的难度;另一方面让学生有归属感,有利于团队精神的培育。"(上海 M19 中学校长,2017)二是采取模块加学程的课程设置,实现跨年级选课走班,进一步加强课程的丰富性、多样性,落实学生对课程的选择权。"首先,我校对国家课程进行二次开发,对校本课程进行了全面统整,形成了多层、多类、多项的模块化的学校课程;其次,我校缩短了传统意义上的教学周期,创设个性化学程,模块加学程实现了跨年级走班教学,课程的丰富性、多样性得到增强,学生对课程的选择权得到落实,教学的针对性和实效性得到保证。"(上海 M16 中学校长,2017)三是在必考科目上实施分层选课走班教学,在选考科目上实施分类选课走班教学,在体艺学科上实施分项选课走班教学,并通过优化交流、反馈和评价手段,如编制个性作业和试题、采取多样化训练方式和分层训练设计等,促进学生的全面、多元、有差异的发展[①]。

(二) 选课走班的安排

第一,多数学校选课走班的基本安排如下:高一是基础课,高一第二个学期结束就要选课,高二第一学期结束之后基本确定所有学科,然后开始选课走班。"高一是基础课。(高一)第二个学期结束时要选课。生物加进来,是初步选课,(因为)马上要准备学考,所以物理化学要定下来。高二的第一学期结束之后,我们其他的所有学科都定下来。"(浙江 M1 中学 T2,2017)

第二,有的学校会在高一就进行全部选课走班,行政班与教学班并存,学考课程、选考课程、校本课程并开,真正做到一人一课表,这对充足教育教学条件和教学管理具有比较大的挑战。"我校在学生完全自主选择的基础上,高一结束后开始走班教学。12 个行政班级保持不动,学生不打乱重排,班主任、语数外必考课程老师原则上保持不变。7 门选考课程,百分之百满足学生选择,按学考、选考两种类型,按学科组织成 14 种教学班,每一学科教学班级数大于等于 12 个,教学班级总数接近 100 个。形成了两种班级并存、三类课程并开(即行政班和教学班两种,学考课程、选考课程、校本选修课程三类)排班方式,真正实现了学生一人一课表。"(浙江 M6 中学校长,2017)"根据新高考改革的精神,

---

① 任学宝:《新高考背景下如何实施选课走班教学?——基于杭州师范大学附中的实践与探索》,载《教育测量与评价》(理论版)2016 年第 4 期。

分类分层走班教学势在必行。因此，学校在尊重学生自主选择的基础上，重新编排行政班和教学班，立足学校整体布局，改变单一行政班管理模式，尝试建立行政班与教学班并存的教学管理制度及措施。行政班编排时考虑选考科目选择的相对集中性，教学班编排时考虑同层次的学生相对集中性，做到相对固定与分类分层走班相结合。"（浙江M15中学校长，2017）

第三，有的学校还尝试进行二次走班，学生选择不同科目进行第一次走班之后，允许学生在不同类型的班级之间进行流动。当然这也对教学管理提出更高的要求，比如对教师的要求高，以及传染病的控制等。"我们学校第一年试验大走班，主要问题是学生对老师的要求太高，难以调整，以及传染病的控制。现在的做法是二次走班，许多类型不同的实验班，培养目标不同，选科也不相同，因此，容许学生在各种不同类型之间的班级流动。学生进入不同的班级是第一次走班；不同类型班级的学生根据学科情况进行走班，是二次走班。每届之间选科比例变化不大，比较容易操作。"（上海M18中学校长，2017）

第四，有的学校在部分科目组合式走班的基础上，仅对拓展课程实行走班制。高一年级不走班，高二年级对物理、化学、生物、地理组合式走班，高三年级再实行"3+1""3+2""3+3"三种情况的走班制。三个年级的英语小班化报刊阅读、体育专项活动、拓展型课程、研究型课程、社团活动等均实行走班制。

"高一年级是高中阶段的基础年级，重点关注学生基础素养的基础性和全面性，同时因为学生兴趣学科、优势学科、发展方向还不够明确，不具备理性选科的条件，故在高一年级暂不选科；高二年级学生选科及发展方向已经明朗，每位学生有三门等级考科目，还有至少四门科目要合格考（高一可以考完地理、生物），如果既要等级考科目分科走班，又要考虑同一学科等级考、合格考分层走班，不同选择的学生将拥有4~6个数目不等的教学班，操作难度较大。为此，我们采取了物理、化学、生物、地理组合式走班。高三年级，已经完成了各门的合格考试，学生课程模式分为'3+1''3+2''3+3'三种情况，四门等级考科目全部实行走班制。"（上海M19中学校长，2017）

二、选课走班的优势

（一）发挥优势与特长

学生会选择比较擅长和有兴趣的学科作为选考科目，增加了学生的选择权，知识面更加宽广和丰富，进而有利于在高考中获得更好的成绩。"选课的话，好处是可以选择自己比较有优势的学科，像文理分科我是不太可能考上浙江大学的，理科我化学不是很好，文科政治不是很好，这个选课方式比较有利于大家的兴趣爱好和特长的选择。"（浙江 M1 中学 S1，2017）"选这三门学科是因为我自己擅长这些学科。其他学科我可能没有这三门学的好。刚才说的走班制的事情，分为 ABC 三个班，A 是学考班，BC 是选考班，是要考所有的内容。走班制是这样的，安排也比较合理，不会因为课程时间问题有冲突。"（浙江 M1 中学 S2，2017）

（二）有利于因材施教

学有余力的学生可以被教授更加精深的内容，便于冲刺提高；而学习基础比较弱的学生，可以在适合自己进度的班级打好基础。"走班制我非常看好，BC 班级是等级分配，都是水平高的同学在一起，水涨船高，老师教得更好的情况下，教一些更深的内容，选考的难度上也会更好。"（浙江 M1 中学学生，2017）"关于走班，我觉得特别好。我跟他们不一样，他们是开始就比较好。我化学还是比较拖后腿的，开始是 B 班，水平比较差的那一段。用心听，讲得比较基础一点，分开以后不用非要拼命努力，可以慢慢打基础，后面我也考进了 C 班。现在我是跟着 C 班在学，成绩比较稳定。"（浙江 M1 中学学生，2017）"高二就开始走班了，学两个学期，是根据高二期终考的化学成绩分班的，尽量把成绩好起来的学生放入 C 班，一起冲刺提高。"（浙江 M1 中学 S7，2017）

（三）改变学与教的方式

选课走班首先是改变了学的方式，给予了学生更大的学习自主权，提升学生的智慧和创造力；同时对教师队伍的管理和教学能力提出了更高的要求，增强教育教学效益显得更加至关重要。"高三年级所有科目的走班教学采用捆绑式，即同时进行走班，学生走进相应的教室找到相应的老师即可，这种课程结构改变了学生的学习方式，赋予了学生更大的自主权，提升了学生的智慧和创造力。所以走班制客观上要求班级管理工作更加细化和深化，行政班班主任以及任课教师组成一支教师指导团队，在走班课程中为教学班配备一支有责任心的学生干部队伍，严抓常规管理，重研究，突破难点、重点、创新点，增强教育教学效益也是至关重要的。"（上海 M17 中学校长，2017）

有研究者关注到在新高考选课走班的背景下，集体教研正成为教师的一种自觉行为，成为教师专业发展的重要载体，认为教研形态上从单一专项多元，在教研内容上从研教转向研学，在教研情态上从被动转向主动，继而实现教研效果从低效到高效的转型①。

三、存在的问题

国内学者已有研究中对选课走班面临的问题早有关注,包括如何提高学生选科的科学性与有效性,如何进行有效的班级教学管理,如何科学评价走班制的学习效果等问题②。在有效的班级教学管理方面,选课走班主要是导致高中教学班与行政班并存的现状,行政班管理功能弱化,教学班的管理功能偏狭,行政班与教学班之间班级管理出现漏洞等③。新高考所配套的选课走班制将不再是个别学校的教学模式,而是将在全国范围内实施推广的一种教学模式,与以往高中学校实践探索中遇到的问题相似,首先也会遭遇教学资源不充足的客观条件限制。

(一)教学资源不充分

新高考实施选课走班最大的问题是是否具有充足的课程资源和教学资源,包括教室和选考科目师资队伍,否则难以满足基本的选课走班的需求,更不用说更高层次的全走班所需要的灵活的教学安排。"这个比较灵活的运作时间安排、师资安排有比较强大的团队才行,十四中是安排得挺好的。行政班是排好的老师,整个行政班选择这个老师上,根据层次分了 ABC。每个行政班都有选物理,老师分在三个班级,好的学生去一个班,每个班级选择一个课代表。"(浙江 M1 中学 S1,2017)"开始想法是很好的,但是高中的资源是做不到的。我们形式上先走一下,能做就做,不能做也没办法,老师没有按照他们的意愿。"(浙江 M1 中学 T2,2017)"实施新高考以后,学校教室空间也必须跟上,我校共有 38 个教学班,原只有三个备用教室,实施高考新政后,在区教育局的大力支持下,学校挖掘潜力,又增加了 12 个教室,这样才满足了分层走班的需要。"(上海 M14 中学校长,2017)

有研究者对我国高中学校教学廊道进行实地考察发现,针对选课走班制实施当前的教学廊道空间设计存在横向尺度过小、竖向交通压力过大、公共服务设施匮乏、跑课距离过长、空间形式单一等问题,不利于选课走班的实施,应该在重

---

① 张建英、郝泽启:《"选课走班"后的集体教研转型》,载《中小学管理》2016 年第 12 期。
② 黄文涛:《高中选课走班制教学的实践与思考》,载《教育科学论坛》2011 年第 4 期。
③ 张晓红:《普通高中选课走班模式下的班级管理问题及策略》,载《潍坊学院学报》2011 年第 2 期。

视学科教室空间设计的同时,更要重视创建教学廊道空间的设计,从而有利于选课走班制的实施①。

(二) 班级教学管理困难

选课走班制的实施,给班级教学管理,包括排课、收交作业、教师管理等都带来挑战。"走班教学对行政班班主任的要求(一个班里有多种组合,同一节课在不同的教室上课),对教学班的教师(来自不同班级的学生、收交作业、答疑、公出后的补课),对学校的教务工作(一生一课表、一学段一课表;走班学生名单、信息;走班的性质等)及年级管理(走班课的管理、走班自习的管理、代课补课管理)等提出了更高的要求。"(浙江 M14 中学校长,2017)

一是学生学习管理比较困难。因为选修同一门科目的学生分布在不同的行政班,没有固定的课代表,学生自觉交课程作业比较困难。同时,教师的辅导答疑、学生学习自主性要求等,都降低了学习的有效性。在这一点上,行政班的管理方式在教育教学中有特殊的教育功能,而且有利于提高教学管理的有效性。"要收交学生选修作业困难,选修某学科的班级同学,平时分布在不同的行政班,收交作业没有固定的课代表,要靠学生自觉交作业很困难。"(上海 M8 中学校长,2017)"当然,在实践过程中,教学班的管理碰到了很多难题,如作业收交、教师答疑辅导、学生学习自主性要求等等,很多时候降低了学习的有效性。"(浙江 M15 中学校长,2017)"在走班过程中学生形成 3 个新班集体,新班集体过多对于管理,学生课后跟踪辅导,学生同伴间互学等都会产生问题,从而影响教学效果。"(浙江 M8 中学校长,2017)

二是教师调课困难。教师不能调课,因为调换某个班级的课程,极可能会影响其他班级同学的走班学习。"课程表相对来说不能动。如果某老师有事需要请假,只能由相同学科的老师代课而不能调课,因为调某班级的课(本节课与另外对应的一节课刚好有走班),极有可能影响到其他班级同学的走班学习。"(上海 M8 中学校长,2017)"学选考前后学生学习科目会发生比较大的变动(一学年 3 次课表大调整),学生短期突击学习行为比较严重,教学管理工作量比较明显,错时自修学生数量大;为满足学选考走班需求将老师捆绑在课时上了,出现临时请假、教研活动、调课困难比较大。"(浙江 M18 中学校长,2017)"教师外出学习培训受走班制的影响很大。走班制课程相对固化,课程设置一旦安排好,很难变通与调动。这就导致教师外出参加培训或是教研活动因课务调动困难,许多教

---

① 秦晓梅:《"选课走班制"模式下普通高中教学楼廊道空间设计研究》,载《建筑与文化》2018 年第 4 期。

师主动或被动地放弃了外出学习培训机会，使教师外出学习培训的机会大大减少。"（浙江 M12 中学校长，2017）

三是增加自习课给班级管理带来难度。选课走班的同时，要穿插更多自习课才能进行，学生有了自主学习空间，也给学校管理带来压力。这是尊重学生选择性、学生自主发展与学校管理难度增加的矛盾。"走班制课程表实施后，会大大增加学生在校学习时间。为了实现走班不冲突，需要更多的学生在校学习的周课时数，才能满足学生走班上课不冲突，而中间穿插很多的自习课，也给学校管理带来了很多压力。这是尊重学生选择性、学生自主发展与学校管理难度增加的矛盾。"（浙江 M12 中学校长，2017）

（三）削减行政班的教育功能

我国学校教育长期以来保留着行政班的建制，因为固定教室、固定班级、固定班级管理将具有较强的教育特色。而新高考选课走班打破了这种平衡，有的学生反映最为明显的是在体育比赛的时候，学生不知道为哪个班级学生加油。因此，在新高考实施选课走班的过程中，多数学校会在不同程度上保留行政班的建制，以发挥行政班的教育功能，促进学生行为规范、学风班风、学习习惯等的养成，给予学生集体归属感。"我校走班制的模式是保持行政班，根据选科组建走动的教学班。保持行政班有利于学生行为规范、学风班风、学习习惯等的养成，同时也会给学生集体归属感。"（上海 M17 中学校长，2017）"不要轻言弱化行政班的功能。行政班是学生成长共同体，是学生发展共同体，是学生活动参与共同体，在教育教学中有其特殊的功能。"（浙江 M15 中学校长，2017）

除此之外，国内研究者系统分析了美国高中选课走班的历史演变以及相配套的教学管理系统之后，也提出选课走班在实现个别化教学的同时，学校和家庭给予学生的极度自由，造成了美国个人主义的泛滥；高中课程种类虽多，但其核心课程还偏向于适合升入大学的学术型课程，造成学生能力发展偏向于学术训练；AP 课程的学分与升学挂钩，加重学生学业负担；学校对教师提出高要求，在符合要求且愿意执教的优秀教师资源上，美国高中教育同样面临优秀师资不足的问题；还有教育质量与教育公平的矛盾等[①]。这些问题对我们理性看待选课走班制的优势与问题，建立科学的评价体系具有借鉴意义。

[①] 刘璐、曾素林：《美国高中选课走班制的历史、现状及启示》，载《教育探索》2017 年第 5 期。

四、策略建议

新高考考试科目改革实施"3＋3"的考试科目设置，为了配合这一改革措施，高中教学中实施选课走班制，增加了学生的选择性和学习自主性的同时，也带来很多教学管理中的问题。试点省市中学在改革中汇总形成了一些各自解决问题的办法，也提出了配套改革的政策建议。

（一）因地制宜，动态调整

选课走班受制于客观教育教学资源的限制，适度的班级规模，大班额比重比较大的学校是难以选课走班的，除此之外还需要有足够多的教室、教师、宽敞的走廊等，教师、教室等教育资源在短期内难以得到充分的补充，因此选课走班制的实施也应该是因地制宜、逐步推进的。

一是可以进行课时改革。增加课时，增加可以选择性的课时和教室的容量，以利于选课走班的实施。"关于场地不足的问题：解决办法一是挖掘潜力；临时处理办法二是全天延伸课时，比如从 7 节变为 8 节，其中有 1 节作为自由时间（不是自习课）给学生进图书馆或者体育活动等。"（上海 M18 中学校长，2017）

二是解决大班额的问题，限制班额和年级规模。"需要相关的配套硬件设施，如足够多的教室、宽敞的走廊、班牌系统等。班级的人数不多于 40 人，一个年级段的规模不多于 14 个班级。"（浙江 M11 中学校长，2017）

三是允许规模小、教学资源不够充分的学校实施套餐制、菜单式选课走班。"走班制真正融入学校教育是在本轮深化高考改革中，而当前学校的教学硬件设施、师资等是适用于传统固定班级教学方式而配置的，因此很多学校很难完全满足学生的选择需求，规模大的学校，比如我校，一个年级 20 个班，学生基数大，基本可以通过分层分类实现选考、学考走班。规模小的学校只能根据师资提供'菜单式'选课组合。"（浙江 M12 中学校长，2017）

四是政策上加大对学校硬件设施的改进力度，以适应新形势下选课走班的需求，增加师生比配置。同时适当限定选修，减少科目组合。"学校教学硬件设施需要加大改进力度，以适应新形势教育发展要求，师生比配置上可适当增大。高考方案具体制订层面：可以适当限定选修，减少 35 种组合。"（浙江 M12 中学校长，2017）

当然，随着办学条件的逐步改善和配套措施的实施，高中学校选课走班的情况也可以进行适时地调整，目前试点省份高中学校的选课走班也是在逐步调整的过程中。

（二）探索双轨制管理模式

国内学者应对选课走班带来的班级管理问题，提出了应对策略，如加强行政班学生的班级归属感、团队精神和合作意识；教学班实行班级管理全员负责；加强行政班与教学班之间的沟通交流；促进学生积极自主参与班级管理等。[1] 本研究的受访者认为，主要是要探索教学班与行政班并存的双轨制管理模式，包括教师、学生、学校层面的三级管理体系。

一是探索行政班班主任和教学班老师共同负责的教师管理模式。日常管理由于行政班班主任负责，走班教学期间由教学班老师负责。行政班班主任对自己的学生加强指导和跟踪管理，并负责与教学班教师保持联系，以便掌握学生在教学班的情况；教学班老师一岗双责，既富有教学职责，又具有管理职责，主动与行政班班主任沟通学生情况。有的学校实施"全员全程导师制"（浙江 M10 中学校长，2017），让更多教师参与学生管理；有的学校取消行政班，由导师代替传统意义的班主任，每 10 位学生配一名导师，在年级主管的领导下开展各项工作[2]。

二是探索教学班与行政班并行的学生管理模式。每个教学班配备科目代表、班干部。来自同一个行政班的学生组成一个或者多个学习小组，教学班内成立以学科任课教师为指导老师、以科代表和成绩优异的学生为核心的学科答疑团队，以应对学生学业辅导的问题。也有的学校设置了走班自修课，教师下班之后对学生进行课业辅导，进一步保障学生学习质量。

三是高中学校层面要加强过程管理。有受访者建议从小学、初中开始走班，使得选择性与选课走班的模式成为一种常态，可能会更利于在高中阶段实施。"学校层面加强过程管理，通过教学视导、日常巡视了解教学班的运行状态，发现问题，及时解决。"（上海 M19 中学校长，2017）"小学、初中开始走班，有了走班基础，高中阶段实施走班在理念上容易接受，在具体操作上相对熟悉。"（浙江 M11 中学校长，2017）

（三）建立科学的评价机制

实施选课走班之后，无论是对学生的学业成绩还是对教师的绩效的评价都要发生相应的转变。比如如何评价双轨制的教学管理模式下教师的绩效问题，如何

---

[1] 张晓红：《普通高中选课走班模式下的班级管理问题及策略》，载《潍坊学院学报》2011 年第 2 期。

[2] 李绍才：《让学生找到属于自己奔跑的跑道——杭六中"选课走班"的实践探索》，载《浙江教育科学》2015 年第 3 期。

评价学生的学业成绩。建立以过程和结果并重的教学质量监控和教师教学绩效评价体系，将是新高考模式下高中学校教育管理的新难题。"走班实行之后，学生考勤方式亟待现代化科技手段的介入，教学质量监控和教师的教学绩效评价应以过程和结果并重，行政班起点评价、教学班增量评价看起来是教师绩效范畴的问题，但反过来也是促进教学秩序规范有序、联通顺畅的一种重要手段。"（浙江 M6 中学校长，2017）国内研究者探索了适合高中学生选课走班的学科倾向测试问卷，供高中生进行学科倾向测试，以便其作出更加科学、更加个性化的课程选择[①]。

第三节 综合素质评价的问题与对策

在中国知网以"综合素质评价"为关键词搜索相关文献，可以发现，国内学者对综合素质评价的研究始于龚江南（1994）应用层次分析法对学生综合素质进行定量研究，将学生德智体各项指标赋权，解决如何确定各评价指标权数的问题[②]。从关键词共现网络的情况来看，国内学者对综合素质评价的研究涉及小学、中学、大学、高职院校等不同层次和类型的学生群体，主要是运用层次分析法、模糊评价等方法对学生综合素质进行指标体系建构，其中，中等教育领域的研究接近一半，其次是高等教育、职业教育和初等教育领域。

从文献数量的增长趋势上看，2004 年实施新课改和 2014 年实施新一轮高考改革以来，对综合素质评价的研究呈现出很明显的上升趋势。国务院颁布《关于深化考试招生制度改革的实施意见》以来，浙江、上海、山东、北京等省市陆续实施高考综合改革试点，探索"两依据一参考"综合评价招生模式，将综合素质评价作为高校招生录取重要参考，综合素质评价的研究继而增加。

国内学者对新高考背景下综合素质评价的研究包括综合素质评价的概念、意义、存在的问题及原因分析，以及完善综合素质评价体系的建议等。刘志军等认为，将综合素质评价在高校招生中使用的价值在于，从选分到选人，实现高校招生选拔信息多样化；从应试到育人，助推高中人才培养模式转型；从照办到自主选拔，满足高校招生改革现实需要[③]。受访者认为，综合素质评价的实施推动了

[①] 王鹏、王芳、刘璐、孙玉荣：《高中生"选课走班"学科倾向测试编制》，载《考试研究》2015 年第 6 期。

[②] 龚江南：《层次分析法在学生综合素质评价中的应用》，载《湛江师范学院学报》（自然科学版）1994 年第 1 期。

[③] 刘志军、张红霞、王洪席、王萍、王宏伟：《新高考背景下综合素质评价的意蕴、实施与应用》，载《华东师范大学学报》（教育科学版）2018 年第 3 期。

素质教育和学生综合能力提高，尤其是对家长和学生参与素质教育的积极性有所促进，激发了学生学习和参与的热情。

当然，综合素质评价实施的过程中也存在很多问题。国内学者对综合素质评价的担心主要源于在当前我国社会诚信基础薄弱、综合素质评价不规范、评价制度体系不健全的情况下，盲目将综合素质评价纳入高考体系，会加剧教育的不公平，引发一系列社会问题。具体表现在：一是综合素质评价实施过程的混乱及欠科学性。综合素质评价可操作性差，客观性、真实性难以保证；公信力差；实施缺乏常态化。二是综合素质评价制度的缺失及欠系统性。缺乏顶层设计和有效的制度衔接，包括缺乏与基础教育课程改革、高考制度、大学人才选拔和培养制度的有效衔接；缺乏有效的监督机制，无法保证综评的诚信度等。① 本研究的受访者对综合素质评价的质疑包括：综合素质评价本身依然存在评价标准不统一、等级评比不公、高校使用不够、集中突击走过场的形式主义等。

一、问题表现

（一）评价标准不统一，存在信效度质疑

高中学生综合素质评价的内容与项目标准不统一，降低了综合素质评价的信度和效度。一是中学作为综合素质评价的责任方，因缺乏统一填写标准、缺乏量化指标而感到难以操作。"综合素质评价方案是由各校自己拟订、实施，上级虽然有一些评价标准，但不够具体，各校情况差别比较大。"（浙江M8中学校长，2017）"学校在选择录入过程中出现前后不一致，出现信息采集不完整，计分缺少过程性依据。家长评价实施困难，家长评价的结果很难得到有效体现。"（浙江M4中学校长，2017）

二是高校作为综合素质评价的使用方，因中学提供的综合素质评价内容标准不统一、内容描述不同，很难将其在高校招生过程中快速、有效地使用并作为高考录取依据。"在使用过程中，对记载的一些获奖、公益活动，高校很难区分其含金量如何……考生们提供的材料有详有略，并不统一，不利于专家在短时期内评判考生。"（U10高校教师，2017）"高中综合素质评价表记录事项多，但学生各项目参与的程度、取得的成绩和获得的收获表述不尽一致，评价尺度较难把握。需要提高其信度和效度，使之具有一定的可比性。"（U15高校教师，2017）

---

① 刘志林、张惠：《高考新政背景下高中综合素质评价的诉求和反思》，载《教育探索》2018年第3期。

"综合素质评价档案由于不同的高中层次不同,很难进行公平比较,无法直接作为是否录取的依据。"(U16 高校教师,2017)

三是综合素质评价缺乏统一的标准和操作规范,使得不同地区、学校的学生之间横向比较缺乏效度,甚至存在造假等极端情况,影响公平与公正,动摇综合素质评价的权威性与客观性。"我校在三位一体审核时就发现有造假的材料,如学考 A 等级数量、获奖证书等,中学综合素质评价信息化共享程度还不够,高校在审核时既要看材料的真假,还要进行人工的统计分析,工作效率比较低。"(U2 高校教师,2017)"为了学生的利益,有些学校学生成绩会尽量填写的比较好。这样就可能造成差的学校的差生的成绩可能比好的学校的学生成绩还要高。"(浙江 M11 中学校长,2017)"一些社会机构借机提供收费服务,可能会影响学生研究性报告的真实性和有效性。"(上海 M3 中学校长,2017)

(二) 等级评比存在不公,影响良好教育生态

一是为便于高校对高中学生综合素质评价信息的直接使用,部分试点省份对综合素质评价档案进行了等级划分,在统一标准、增加效度的同时,也因等级划分的方法而造成不公平。"不同办学水平的学校,毕业生的质量明显不同,用同样的比例划定 A 等,也是一种不公平,建议各地根据不同学校的办学水平对 A 等比例有所区别。"(浙江 M2 中学校长,2017)学生互评和教师评价结果公示,可能会影响同学与师生关系;学生的思想品德状况难以进行量化评价。"学生评价的公开公示问题。学生综合素质评分结果和内容按照要求需要进行公示,部分学生的材料还需要全校范围内公示。这涉及学生隐私,部分互评和教师评价容易成为矛盾,因此综合素质评比的关键是如何如实记录和公开。"(浙江 M4 中学校长,2017)

二是偏远农村地区或者城市低收入群体的学生因缺乏丰富的社会教育资源,将综合素质评价纳入高考招生录取对他们不利。"我校地处远郊,社会实践基地较少,开展活动的时长、效果不甚满意。如高一到南汇博物馆做志愿者,每批次 10 人,由于游客较少,学生无事可干,在志愿者明显多于游客到时候,经常出现几个学生争着服务一个游客的现象;又如去到浦东医院、中医院和社区医院做导医志愿者,高峰时段患者多而学生少,照顾不过来。"(上海 M10 中学校长,2017)

(三) 使用范围和程度有限,影响学校积极性

一是中学层面综合素质评价在高校招生录取环节发挥多大作用存在质疑,相关政策文件只规定了如何制定综合素质评价,但没有明确规定高校如何使用,中学层面担心综合素质评价成为中学的"独角戏",因而缺乏积极性。"目前的综合素质评价大家都在实施过程中,但从招生文件和相关政策中,只能看到需要综

合素质评价等级,至于这一等级的结果在高校招生录取中是如何产生影响的相关信息均无明确的资料,学生、家长和老师对此质疑较多。"(浙江 M4 中学校长,2017)"过去三年获得的奖项、自我介绍、做的课题等在综招过程中到底占多大比例,会引起学校多大重视,这我有点疑问。"(U12 高校学生 S6,2017)

二是高校层面对中学综合素质评价应用程度不高,综合素质评价使用耗时耗力,在紧张的招生环节充分使用时间有限,评价结果对高校招生录取的参考价值也就受到限制。"从我们基层学校的感受来讲,它对我们信息的录入会带来很大的工作量,但是对学科的影响是什么呢,以前可能对考试分数更加纠结,现在就是除了分数又增加了学生的学习经历,高校在录取过程当中参考这个。或许现在参考的力度可能不够,或者说,一些明确化的要求还没有固定下来。"(上海 M9 中学校长,2017)"不能说我们中学在强调综合素质评价而高校在旁边不管,因为我们说出口非常重要。家长有这种功利色彩,但如果我们的高校都重视综合评价,而且在我们面试过程中看得很重要,家长和中学更加看重,可能我们所倡导的素质教育恰好就找到了落脚点了。"(上海 M11 中学校长,2017)

三是面试专家对综合素质评价的使用具有一定的主观性,也存在对内容理解及把握不足的情况。

(四)集中突击走过场,存在形式主义质疑

综合素质评价在实际操作过程中存在"走过场"和"集中突击"等问题,综合素质评价没有纳入中学日常的教育教学活动中,学生成长记录规章制度不健全,收集整理有关材料不及时,综合素质评价档案往往由教师"突击"完成,甚至会因额外增加教师的工作量而使之产生抵触情绪,学生的个性特长很难得到充分展示。因此,对高校录取招生的参考意义有限,综合素质评价的制作和使用都存在"走过场"的形式主义现象。"缺乏整套的量化性指标体系,容易有较大的人为性因素。对学生约束力不强,面对毕业、高考压力,各种认定和考核往往流于形式。等级评定过程过于繁复评价,造成了教师工作量过大,这极易导致教师产生抵触情绪和敷衍行为。"(浙江 M17 中学校长,2017)

二、原因分析

新高考综合素质评价的质疑有主观和客观方面的原因,主观原因包括各利益相关者对高考改革方向的认识尚不到位,改变传统思维惯性需要时间;客观方面的原因包括综合素质评价本身具有多元性,无论是高考招生录取的模式,还是综合素质评价制度本身都需要进一步完善。

（一）高考改革方向认知的迟滞性

新一轮高考改革实施"两依据一参考"招生录取方式改革，其改革初衷是为了改变传统高考模式下"一考定终身"的弊端，实现科学选才，引导中学生全面发展。但当前高校、高中、学生及家长等多方利益群体对此改革导向的认识有待进一步加强。要改变一种传统教学评价方式下的思维定式和心理惯性，扭转不科学的教育评价导向，克服唯分数、唯升学、唯文凭、唯帽子的顽瘴痼疾，从根本上解决教育评价指挥棒问题，依然有待时日。"由于刚刚开始试行高中综合素质评价的方案，所以师生在接受上还存在一个过程，尤其是该评价的结果到底会起到什么样的作用？"（浙江 M20 中学校长，2017）"整个评价系统过于复杂，师生操作起来太烦琐。有些学生、老师对此项工作思想上不够重视，使评价有失真之时。"（浙江 M15 中学校长，2017）

（二）综合素质评价标准的多元性

综合素质本身难以测定，知识、能力、性格特征、道德水平等都很难用同一种标准来衡量，这是目前一方面质疑综合素质评价缺乏统一的标准，另一方面对综合素质评价进行等级划分又存在不公的原因。同时，现有综合素质评价的标准中存在一定的"城市中心"的倾向，并未充分考虑考生社会背景的多元差异。综合素质评价档案应该强调对学生发展的过程性的真实记录与描述，并能够对这些内容的评价标准及结果进行公开公示，以便社会多方监督，保障公平公正。

（三）综合素质评价方式的局限性

综合素质评价说到底是一种发展性教学评价手段，与注重书本知识、注重纸笔测试方式和以分数作为重要的衡量标准的传统教学评价方式相比，发展性教学评价具有自身的优越性。但是倡导发展性教学评价并不意味着以选拔为取向的教学评价没有价值，统一高考考试分数依然是高校招生录取的主要依据；发展性教学评价本身也有缺陷，由于在如何实施方面缺乏统一的操作性要求，综合素质评价虽然能够体现评价的过程性，但是如何评价、怎么评价等依然是困扰国内外教学评价研究者和执行者的主要问题。因此，无论是选拔性评价还是发展性评价，都是一种评价工具，具有自身的适用范围，要根据不同的目的选择不同的评价类型[①]。综合素质评价作为一种注重过程的发展性评价方式，其本身的局限性既是导致综合素质评价实施过程中所产生问题的原因，也是新高考改革中必须正视的现实问题。

---

① 朱丽：《从"选拔为先"到"素养为重"：中国教学评价改革 40 年》，载《全球教育展望》2018 年第 8 期。

（四）高校招生自主权力的有限性

当前我国高校招生依然是总分录取的模式，高校招生受制于中央政府和地方政府、校内各院校、各专业、社会大众甚至媒体的多方限制，考试分数是相对客观的标准，因此对综合素质评价档案的使用造成限制。同时，目前综合评价招生试点的高校数量还很有限，高校在招生模式、招生专业和计划、确定选考科目等方面都希望能够获得更多的自主权。归根结底，高考是为高校科学选拔人才服务，综合素质评价在高校招生录取中如何使用，使用到什么程度也应该由高校确定，继而引导高中学校的健康发展。

三、策略建议

建议国家和地方层面建立综合素质评价的标准与平台，鼓励高校进行多样化实践探索，扩大综合评价招生试点，进一步落实高校招生自主权。

（一）建立国家和地方层面综合素质评价平台和标准

建立在国家和地方层面的高中学生综合素质评价平台，规范综合素质评价的内容、形式、评价标准和操作流程，实现综合素质评价的可信赖、可比较、可使用。参与综合素质评价的相关信息由地方教育行政部门认定并提供，学生参与活动、获奖情况也需地方教育行政部门认定，建立全省（市）统一的信息化管理平台，保证高中学生综合素质评价信息的客观性、统一性和规范性。构建国家和地方层面的社会实践基地，尤其为薄弱地区、学校的学生提供社会实践教育资源。

（二）鼓励高校多样化探索综合素质评价档案的使用

引导高校制定《普通高中学生综合素质评价使用办法》并向社会公布。鼓励高校在提前招生、自主招生、定向招生、综合评价招生等多种招生类型中使用综合素质评价。在招生的初审环节，择优选拔综合素质评价优秀的考生；在面试环节，将综合素质评价作为重要的参考依据，全面考查学生；在高考录取环节，遇到同档成绩同分现象时，参考综合素质评价信息进行录取。在培养阶段，教师可以参考学生综合素质评价信息，根据学生的特点进行教学，实现因材施教。

（三）引导高校加强校本研究，为科学决策提供参考

引导高校组织不同类型的招生面试专家进行培训和专题研讨，使其了解高考

改革"两依据一参考"的精神要点、高中生综合素质评价信息的主要架构和内容,根据招生类型、专业特点提出综合素质评价具体的使用办法和关注重点。加强对招生的科学研究,包括对测试、面试成绩的效果分析,对综合评价招生学生在校成绩、毕业去向等进行追踪研究,为高考招生录取中如何使用综合素质评价提供对策建议。引导高校与高中学校协同探索,在制订高校实施方案过程中,充分调研、听取中学教师的意见,引导中学重视和科学制定综合素质评价档案。

(四) 落实高校自主权,扩大综评试点范围

受招生规模及成本等因素的影响,当前我国高校全面实施"两依据一参考"综合评价招生尚难实现,各高校应根据各自的办学水平和特点理性对待,不宜全面铺开。一是可以适当扩大综合评价招生的范围和数量,尤其是扩大"双一流"建设高校招生自主权,探索将综合评价招生纳入高考招生录取的实践经验,打破总分录取的传统模式,为全国高校提供参考。二是完善对高校招生录取的监督、制约机制,加强对综合素质评价档案使用过程中的监督、监管,将招生结果进行公示、公开,杜绝暗箱操作等权力寻租现象,使高考回归促进公平、科学选才、引导学生全面发展的基本价值取向上来。

第四节 学生生涯规划问题与对策

霍伊特和沙罗(Hoyt and Shylo,1987)提出生涯教育背后蕴含的七项基本理念:(1)促进私立与公立教育系统建立生涯教育合作关系;(2)使学生具有共通的就业能力、应变能力和自我提升能力;(3)帮助人们进行生涯觉知、生涯探索与生涯决定;(4)通过在教室内对生涯重点教导来引发教育个性;(5)使工作成为所有生活形态中有意义的一个部分;(6)衔接教育与工作以便进行更好的抉择;(7)减少偏见与成见以能自由选择生涯方向[①],这在一定意义上也说明了对高中学生进行生涯教育的价值和意义。

国内学者对学生生涯规划教育的研究成果较为丰富。尤其是对新高考背景下学生生涯规划教育的价值和必要性有较多论述,这与本研究过程中的发现有很大相似度。

一是因为学生缺乏生涯规划的意识和能力。研究者认为,我国80%以上的

---

① 王世伟:《美国高中阶段生涯教育课程评析》,载《比较教育研究》2013年第9期。

高中生不知道自己在哪些方面有特长，未来应该朝哪个方向发展，也不了解社会对人才的要求；70%的高考生对自己的志愿填报没有想法；42.1%的大学生对所学专业不满意，65.5%的大学生认为如果可以重新选择将选择别的专业①。"很多大学生进了高校以后，发现所录非所愿，因此，进了大学改志愿的大有人在，更有甚者选择重读，重选志愿。从上述问题来看，职业生涯规划很重要。"（上海M6中学校长，2017）

二是新高考改革强调选择性提出的必然要求。新高考的背景下，要面临高考选科、不同类型的考试、高校专业志愿填报等关键性选择，学生在对自己的性格、兴趣和能力所长不了解的情况下，对这些关键性选择只能盲从。受访者也认为，在传统应试教育模式下，学生往往缺乏实践体验的能力成长引导，以成长为主题的观念缺乏，使得基于课程与活动载体的互动支持显得尤为重要（上海M3中学校长，2017）。"多年来，我们在研究高中毕业生在专业选择时，发现他们往往存在对自我和专业了解模糊，价值取向偏颇等问题。我校是一所普通中学，学生在自我认识、兴趣广度、自主能力、学习热情方面相对比较薄弱，加上家庭教育客观因素，学生易出现选课盲目、对自我发展缺少思考、对自身职业规划意识模糊等情况。"（上海M5中学校长，2017）

三是促进各自自由个性的发展。高中生在生涯规划教育中可以逐步认识到当下学习与未来自身发展之间的联系，增强主体意识，不再盲从教师、家长的引导和安排。能够对自身的兴趣、特点、学科优势等有更清晰的自我认知，在职业认知、生涯定向、职业选择等方面的能力也会增强。总之可以进一步凸显个体的自由与个性，通过自由活动创造自由发展的生命，实现个性与生命的自由。②

一、试点学校改革措施

（一）开设课程

试点省市高中学校探索开设高中生涯规划课程，逐步完善高中学校生涯规划课程体系。有的学校开设职业生涯规划的校本选修课程、必修课程；有的学校构建生涯规划教育课程体系。较为成熟的校本学生生涯规划指导课程体系，一般是

---

① 李美华：《新高考模式下培养高中生职业生涯规划意识的思考》，载《教学与管理》2015年第34期。

② 许军建、王俊贤：《新高考背景下高中生生涯规划教育的价值与问题探讨》，载《白城师范学院学报》2018年第7期。

根据学生高一、高二、高三年级的阶段性特点和任务来进行设计,将讲学目标进行分层以实现总体目标。美国职业信息统筹委员会(NOICC)是美国推动生涯教育的重要组织,基于生涯能力的发展特点,该组织将高中生涯教育课程分为自我认知、教育与职业发展以及职业规划三个阶段。[①] 试点省份高中学校生涯规划教育体系的构建也基本基于这样的阶段特点:高一年级重点是对自己有全方位的认识,高二年级侧重于个体与周围世界的关系,包括人际关系和接触社会实践,高三年级侧重于对学生和报志愿等进行有针对性的指导(见表5-4)。

表5-4　　　　　　　　浙沪高中学校生涯规划课程体系

高中学校	高一	高二	高三
上海M19中学	聚焦于"知己",重点通过心理测试等各种方法,让学生对自己的兴趣能力性格等有一个全方位的认识与了解	聚焦于"知彼",重点通过社会实践、大学生活体验等,了解社会及职业特质,提升自己的综合素质	聚焦于"抉择",重点通过帮助学生自我再认识,调整和完善生涯规划,对学生进行升学指导和志愿填报辅导
浙江M17中学	注重学校适应、自我认识、学习辅导、生涯探索、选课指导等	注重人际关系辅导、职业探索辅导等	注重考前辅导、升学辅导、生涯规划和决策辅导等
华师一中	通过在线测评让学生认识自我,通过在线学习强化自我控制和时间管理的能力	通过社会实践加深自我认识和专业认识,通过课题研究储备报考学校和专业的信息	通过系列政策讲座普及高招、自招、综招知识,指导学生结合自身情况选择最佳的升学途径
富阳中学	加强高中课程指导,学习方法指导,以适应高中学习、生活	加强生涯规划指导,走进职业体验,加强社会实践,走访高校与专业,加强学生的选课指导	对高三生活做出合理规划,强化意志品质培养与心理辅导;加强职业、理想培养与规划,学会合理选择
澄衷高中	生涯认知,规划高中学业生涯,认识自我,了解兴趣	生涯探索,规划大学专业与职业生涯,发展自我,培育情趣	生涯选择,实现从高中到大学的跨越,完善自我,形成志趣
浙江M4中学	"自我探索"教育、选课指导、学业规划指导	专业选择指导和职业指导	"人生观"教育

① 王世伟:《美国高中阶段生涯教育课程评析》,载《比较教育研究》2013年第9期。

（二）开发教材

试点省市高中积极开发职业生涯规划的校本教材，分别针对不同年级开发不同的校本教材。"学校积极开发职业生涯规划的校本教材，如高一《美丽人生·学业篇》、高二《社交心理·美好遇见》、高三《别样的高三·别样的风采》、家庭教育《孩子，我们共同成长》、高中生发展指导《规划人生，成就未来》。"（浙江 M15 中学校长，2017）或者选择试点省市统一开发的高中生涯规划指导教材，"学校目前通过征订新华书店发行的高中生涯规划指导教材，高一学生人手一册。从高一开始分阶段对学生进行生涯规划指导，取得了一定的效果。"（浙江 M8 中学校长，2017）；或者引进其他学校的生涯规划教材，然后再进行校本化处理，"教材我们是从温州中学引进，再进行校本化处理。"（浙江 M2 中学校长，2019）

（三）主题活动

有的学校的生涯规划教育是以班团活动的形式开展的，由班主任根据各个年龄段的发展特点和任务需求，设计不同的教育内容；有的学校以讲座的形式对学生进行生涯规划指导，为学生选课、志愿填报甚至今后的职业方向选择提供帮助；有的学校会利用校友、家长、社区资源拓展生涯规划体验的渠道，增强学生生涯规划体验（见表 5-5）。

表 5-5　　　　浙沪高中学校生涯规划主题活动形式

高中学校	主要内容	主题形式
浙江 M17 中学	学校的生涯规划课程以班团活动的形式开展。每个月开设 1~2 次职业生涯规划课程，授课教师为各班班主任。根据各个年龄段的发展特点和任务需求，设计不同的教育内容	班团活动
浙江 M10 中学	聘请专家到校以讲座等形式进行学生生涯规划指导，为学生的选课、高考志愿填报专业的选择、今后职业方向等提供帮助	讲座
上海 M3 中学	学校积极拓宽学生生涯体验的渠道，通过志愿者服务、社团活动、四大节日等校内活动增强生涯体验。学校还充分调动校友、家长、社区资源，积极开展校友访谈、公司参观实习、社区服务等活动项目	志愿者服务、社团活动、节日、访谈、实习、社团服务
上海 M5 中学	我们倡导有意识地将生涯教育与高中学生研究性课题、志愿者服务、主题教育实践活动等有机结合，了解行业、职业的社会需求，为将来的专业选择、职业发展奠定基础	研究性课题、志愿者服务、实践活动
浙江 M19 中学	高一、高二年级各邀请16位家长到学校进行职业生涯规划讲座，学生根据家长讲座内容选课走班	家长讲座

（四）师资培训

学生生涯规划指导教师是最大的难题。试点省市高中学校多种方式解决学生生涯规划指导教师缺乏的问题：一是借助于外脑，借助校外专业人士的帮助，帮助教师开展学生生涯规划指导，搭建校内生涯辅导师资团队；二是由班主任和心理学课教师担任生涯规划指导的教师；三是邀请知名校友、优秀学生、学生家长担任生涯规划指导教师（见表 5-6）。

表 5-6   浙沪高中学校生涯规划师资配置方式

高中学校	主要内容	主要形式
上海 M5 中学	引进外脑，借助专业的资源和力量，鼓励教师在专业人士的带领下少走弯路，多加探索，为我校开展生涯教育取得实效做支撑	引用外脑对教师进行生涯规划指导教育
上海 M3 中学	选派多名教师参加生涯辅导师培训，积极搭建校内生涯辅导师资团队，通过定期研讨，逐渐形成生涯规划校本课程的顶层设计和实施蓝本，对指导教师开展生涯规划课程起到积极的引领作用	
浙江 M16 中学	我校有一位老师获全球职业规划师 GCDF 认证，是浙江教育出版社出版的高中生涯教材《智慧走人生——高中生生涯规划》主要编写者，有 50 多位老师经过培训获得国家生涯规划师认证，并组建了 5 人核心教师团队（学科兼职老师）担任生涯规划教育课程	
上海 M5 中学	加强全体教职工学习和培训的力度，邀请全球规划师作了辅导报告，体验式培训，邀请大学教授给全体教师作普及式培训，开展《生涯教育大讲堂》，在宣传氛围、理念更新、方向引领、教育初探等方面给教师做培训和教育	
上海 M20 中学	对学生进行生涯规划工作的主体是班主任与心理学科教师。一是每学期班主任开展生涯规划主题班会比赛，以推动班主任在生涯规划方面的研究与指导；二是让心理学科教师兼任年级组长或班主任，更好地了解学校的课程设置；三是广泛利用家长资源与社会资源进行生涯指导，走出去了解，请进来咨询等	班主任和心理学科教师担任生涯规划指导教师
上海 M6 中学	我校开展"梦创"高中生双导师制，选择学校骨干教师做学生的学涯导师，知名校友、复旦管院优秀学生和资深家长做学生的生涯导师	校友、优秀学生、资深家长担任导师
浙江 M15 中学	学校每年聘请 24 位各行各业的家长代表，组成家长讲师团，进校与学生交流人生经历和职业选择	

（五）支持系统

伴随着高考改革的进行，越来越多的学校开始认识到职业生涯规划的重要性，它们申报相关课题研究、共享自我评价工具、建立校内生涯规划指导中心等，从知识储备、技术、组织等方面为生涯规划教育的开展提供支撑（见表5-7）。

表5-7　　　　　浙沪高中学校生涯规划教育支持系统

案例学校	主要内容	主要形式
浙江M12中学	在2015年成功申报了省级课题，组织人员进行了课题研究，以生涯体验馆为抓手，通过职业场所实地考察社会实践体验、模拟场馆操作模拟体验以及网络环境下的职业虚拟体验，让学生对各种可能感兴趣的职业有基本体验和认识	知识支持
浙江M16中学	确立高中学业规划教育相关的市级课题，要求更多的必修课老师从学科兴趣、能力、价值三个方面，对学生修习过程进行观察、培养和渗透，深度指导学生的必修课学习和学科选择	
上海M4中学	依托市级重点课题，通过引入优质校外资源（特别是社区资源和家长资源），挖掘校内资源，从课程建设、师资培养、资源拓展等方面入手，通过职业分享、职业见习等形式，开展学生生涯规划教育和相关课题研究	
浙江M20中学	将具体的自测工具放在学校校园网，包括学科兴趣测验、MBTI职业性格测试、霍兰德职业性格测试，其他影印资料也发放、告知学生，以进行自我测试，人人做好一份职业生涯规划书，每位学生有一本《学生生涯教育档案册》	技术支持
浙江M20中学	制定了《桐庐中学生涯规划指导实施意见》，成立"职业生涯规划指导中心"，统筹学校生涯规划建设	组织支持

二、生涯规划教育存在问题

国内学者认为，我国高中学校生涯规划教育在一定程度上存在着简单化、形式化、德育化与课程化的倾向[①]，高中生生涯意识淡薄，生涯教育体系不完善，

---

① 许军建、王俊贤：《新高考背景下高中生生涯规划教育的价值与问题探讨》，载《白城师范学院学报》2018年第7期。

学校组织实践体验活动缺乏，生涯指导师资力量不足等①都是制约我国高中学校生涯规划教育发展的重要瓶颈。

笔者认为，浙沪高中学生生涯规划教育中遇到的问题包括三个层面：从学生的角度来讲，在高一年级进行学生生涯规划指导，显得力不从心，而且多数学生会权衡利弊，存在一定的功利化选科的倾向，影响生涯规划教育的实效性；从教师的角度来讲，当前生涯规划教育教师培训缺少专业、系统的理性支持；从学校的角度来讲，缺乏统一的教材，缺少与高中、考试机构等多元主体的衔接，缺少学生自主学习支持系统。这些问题都对高中学生生涯规划指导的实践造成阻碍。

（一）提前规划，力不从心

高中生生理上逐渐发育完成，世界观、价值观、人生观渐趋形成，但是又普遍存在着学习目的不明确、人生目标不清晰等问题。新高考模式下，学生在高一年级下学期就需要确定选考科目，比改革前提前了一年，刚刚度过高中适应期的学生对此有些力不从心。同时也要求所有的选考科目在高一年级全部学完，否则学生难以全面衡量自身的学科优势。这对新高考模式下学生生涯规划教育提出了要求，也带来了挑战。"鉴于确定加试选科时间大大提前，学生难以全面衡量自身学科优势。高考改革之后，确定加试时间提前到高一下学期，比改革之前提前一年。学生刚刚度过高中适应期，就要明晰自己未来的选科，显然有些力不从心。"（上海 M3 中学校长，2017）

（二）功利选择，违背初衷

在新高考模式下，因为选考科目的等级赋分制，由于不同科目的学习难度、考试难度、考试时间等差异原因，学生在进行选考科目选择的时候，更多是更具自身的优势特长，平衡利弊，作出最优化的选择，甚至会违背个人意愿，采用"田忌赛马"的方式进行学科选择。这一方面会违背新高考改革的初衷，另一方面也会影响学生生涯规划教育实施的效果。有受访者认为，生涯规划教育的实践与高考选课关联度不大，职业生涯教育成果的实效性不强。"问题就在于，生涯实践与高考选课关联度并不大，我们取得的科研成果无法在高考选择当中得到运用。学生在进行 7 选 3 当中，并不是也不能根据自己的兴趣爱好来进行，比如学生在体验馆进行测试时，明显偏好工程类较强的职业，但由于新高考的残酷，学生选课时，不敢选物理，而是看什么课程有可能帮助他得高分。导致我们的职业

---

① 谢庆奎：《新高考改革背景下高中生涯规划教育的思考》，载《新课程》（下）2018 年第 6 期。

生涯教育成果实效性不强。"(浙江 M12 中学校长，2017)

(三) 教师指导，缺乏理性

缺乏生涯规划指导的教师，或者指导教师缺乏专业的指导，依然是新高考模式下生涯规划教育面临的最大难题。

一是指导教师在指导学生进行选科的过程中，缺少外力支持和大规模统计数据支持。"由于本身学校在生涯规划指导专业教师没有，也缺少这方面的指导培训，实施过程中难以达到预期的效果。"(浙江 M8 中学校长，2017)

二是指导教师依托校外校友和学生家长等资源，具有不稳定性。"在导师指导学生进行选科建议时，也缺少外力支持和大数据库统计数据作为参考，比如大学专业信息、就业录取情况目前只有网上信息作为参考。由于目前依托学校寻找的校友和家长等生涯体验资源，具有不稳定性，无法长期维持。导师因为自身从事职业比较单一，自身对生涯的理解与体验也存在一定的局限性。"(上海 M3 中学校长，2017)

三是学习生涯规划指导缺少理论基础的支持，零散地开设生涯规划指导课程，缺少系统性；因学校生涯体验平台资源的局限性，教师生涯辅导能力提升也具有局限性。"生涯教育指导教师的专业化水平有限，缺乏系统的理论支撑和实践经验，仅仅依靠学科教师、学校行政人员难以把握职业规划的理论与方向，教育效果难以保证。同时系统开设生涯规划课程的学校比较少，或者单纯地在班会上穿插一些关于职业就业的知识，或者针对高考填报志愿开展一些讲座，或在课程中进行部分渗透，教学相对零散和薄弱。"(上海 M5 中学校长，2017)

(四) 系统支持，有待跟进

新高考模式下生涯规划教育开展缺乏系统性的研究与更加专业的支持。

一是开发教材。试点省市高中学校开发校本教材、转化兄弟院校校本教材或者引进教材，但是生涯规划教材还是缺乏统一与专业的编制。"学校在职业生涯规划课程和教材等方面已经作出努力，开发了课程，也自编了教材，但不专业，不是长远之计。需要专家及教学部门解决教材问题。职业生涯规划教育已经开展。各个学校都有开展，但具体落实情况不同。"(浙江 M4 中学校长，2017)

二是高中缺乏与高校、考试院等机构的衔接，高中学生生涯规划指导需要高校到高中学校进行衔接教育，需要教育考试院为一线教育工作者和考生进行专业的指导。"生涯规划课实施难度最大的部分在于把大学专业介绍透彻以及志愿填报技巧的指导。需要各高校能做一些衔接教育工作，定期到高中学校普及专业介绍，引领高中生全面深入地了解大学专业。同时，新高考方案下学生有 80 个志愿填报的机会，有部分学生对志愿填报的相关知识还不是很了解，需要教育考试院能多给我们一线生涯规划教育工作者和考生更多的指导。"（浙江 M11 中学校长，2017）

三是学生自主学习能力有待提升。在新高考背景下，学生生涯规划教育只是起到辅助作用，最根本的还是有待于系统地提升学生的自主学习能力。"新高考背景下走班制的大范围实行，门清式的多次考试，容易使学习过程呈现碎片化的状态，这对学生的自主学习能力提出了更高要求。尽管学校有意识地加强了生涯规划教育，但对于如何规划学习、如何执行学习规划、如何调整学习规划尚有待于更为精细化的操作策略，其中如何提高学困生的自主学习能力更是一个难题。"（上海 M1 中学校长，2017）

三、策略建议

（一）转变观念

从一考定终身的传统考试模式到强调学生自主选择的分类多元考试模式，亟待转变教育者与受教育者的观念。一是转变教育观。中学教育仅仅是终身学习、终身教育的一个阶段，对自己的学习生涯和职业发展进行选择与规划成为受教育者个体的终身课题。二是转变学习观。学习不再是系统的、固定的模式与内容，学习成为学习者自主选择、自主管理的事情。三是转变对生涯规划的理解。生涯规划因职业生涯规划的概念发展而来，常被等同于职业生涯规划。实际上，高中生的生涯规划教育首先是学业规划，其次才是职业规划和人生规划，在不同年级也应有不同的侧重点。

（二）协同发展

新高考模式下，完善生涯规划教育需要高中学校加强与高校、与教育行政部门和考试院、与社会的联结，促进协同发展。从试点省市高中学校的经验来看，首先是可以加强中高衔接，将高校引入高中校园，为高中学生进行专业和学校的宣传，以及生涯规划教育的普及。其次是可以加强与教育行政部门和地方教育考试院的联系，为家长和学生、生涯规划指导教师、专任任课教师提供及时而准确的考试政策信息的解读。在改革初期，信息的公共、透明、共享显得尤为重要。最后是可以加强与社会的联结，通过家长资源、校友资源、社区资源等为学生生涯规划教育提供更加丰富的供给。总之，高中学校可以在此三个层面上构建高中与高校衔接平台、学校与社会资源合作平台、学校与家长共教平台，搭建全方位的生涯规划教育协同发展体系。

（三）系统构建

新高考模式下的生涯规划教育最重要的是要加强顶层的系统构建。一是国家和地方教育行政部门要出台有关生涯规划教育的制度文件，对各中学林林总总的生涯规划教育进行制度规范。二是完善生涯规划教育师资队伍。一方面，师范院校要加强生涯规划教育指导教师的培养，补充高中教师师资队伍；另一方面，学校的校长、德育主任、班主任、任课教师、心理咨询教师等都可以成为学生生涯规划的引路人，尤其是各科任课教师都可以从本专业学科发展的角度提出学生生涯规划的意见和建议。三是建立生涯规划教师指导平台。对教师进行系统化、专业化生涯教育培训，帮助教师尽快走向专业化轨道。通过考证等方式，让更多有志教师成为专业的生涯规划辅导师。同时对市场上一哄而上的生涯规划指导机构进行规范。四是建立生涯规划教育支持系统。开展相关课题研究，为生涯规划教育提供知识支持；地方教育行政部门和教研部门可以为高中学校提供生涯规划教育的课程资源、主题活动方案、资源包等。五是组织编写统一的生涯规划教育教材，鼓励学校开发或者共享校本教材。

第五节　高中学校如何抓住机遇，应对挑战[①]

高考招生制度改革是一项系统改革，将倒逼基础教育和高等教育深化综合改革，推进高等教育和基础教育、高等学校与中小学校协同创新，促进教育系统内部和外部协调改革。高中教育是我国教育体系的重要组成部分。高中学校要增强紧迫感和责任感，不断深化综合改革，主动应对高考招生制度改革带来的严峻挑战，抓住难得的改革和发展机遇，促进自身的内涵发展与质量建设。

一、转变教育思想，更新教育观念

高考招生制度改革的核心价值取向是引导和促进学生全面发展。高中学校要确立以学生为本、促进学生德智体美全面发展的教育价值观，遵循教育教学规律和学生身心发展规律，围绕立德树人开展教学工作和其他各项工作；要树立科

---

① 钟秉林：《高考招生制度改革与高中学校人才培养》，载《中国教育学刊》2015 年第 10 期。

的人才观和质量观，践行因材施教的教育理念，承认学生的差异，尊重学生的选择权，鼓励学生兴趣特长的发展，探索学生的多样化、个性化培养；要摒弃以教师、教材和课堂为中心的陈旧教学观，在教学活动中坚持以学生学习为中心，促进学生的自主学习和合作学习，不断改善学生的学习效果。

二、改革人才培养模式，不断深化课程改革

普通高校入学考试方式与内容的改革，对高中学校深化人才培养模式改革提出了新的要求。高中学校在实施新课程改革的过程中，要明确学生培养规格，优化课程体系，更新教学内容，注重学生综合素质的养成；要关注互联网时代知识传播渠道和方式的新变化，研究基于互联网线上教学带来的教师角色转变，打破以教师和学科为中心的传统教学模式，构建师生学习共同体，探索参与式教学、讨论式教学、探究式学习、"翻转课堂"等新的教学方式和学习方式，加强师生互动和学生合作，注重培养学生的独立思考能力、学习能力和创新精神。

三、改革学生评价制度，构建综合评价体系

高考招生制度改革的目标之一是引导基础教育深化改革，改革学生评价制度，促进学生综合素质的养成。高中学校要进一步完善高中学业水平考试，将其作为学生毕业和升学的重要依据；要加强学生综合素质评价的体系建设，优化评价标准，丰富评价内容，改进评价方式，从高中学生的思想品德、学业水平、身心健康、兴趣特长、社会实践等方面入手，记录和呈现基于事实和数据的证据，客观准确地反映学生德智体美全面发展的情况，使综合素质评价结果可信赖、可比较，并将综合素质评价档案提供给高校作为录取学生的重要参考。同时，在推进课程改革的进程中，要改变课程评价过分强调甄别与选拔功能的倾向，重视发挥其促进学生全面发展、提高教师业务素质和改进教学效果的功能。

四、加强教师队伍建设，提高教师能力水平

应对高考招生制度改革带来的新挑战，关键是师资队伍整体水平的改善和教师综合素养的提升。高中学校要认真研究经济社会发展和教育教学改革的新趋势，适时调整教师队伍建设的思路和重点，修订和完善教师队伍建设规划；要加强教师的职业发展规划和在职培训工作，适应学生自主选课和分层教学的要求，不断提高教

师的业务水平和综合素养。当前，根据普通高校入学考试体制和招生录取机制的改革要求，有针对性地开展校本培训工作，打破应试教育的桎梏，着重提高教师发现学生兴趣特长的能力、指导学生选课和制订学习生涯规划的能力已经迫在眉睫。

五、探索体制机制创新，切实加强综合改革

普通高校入学考试科目与内容的改革以及综合评价和多元录取机制的探索与完善，对优化学校内部治理结构、改革学校内部管理体制提出了迫切要求。高中学校要重视人才培养体制和教学管理机制改革的系统研究和顶层设计，加强综合改革探索，结合学校实际积极开展分层教学、分组学习、选课制和走班教学等改革尝试，探索和形成高中教育教学模式的新常态；要改革教师聘任和考核制度，调整和优化教学组织，创新教学管理和学生管理机制，为深化教学改革、提高人才培养质量提供制度和组织保障。例如，选课制和走班教学的改革，不仅需要教师业务能力的提高和教师聘任与考核制度的改革，需要基础设施（如教室资源）的保障，还需要教学组织（如行政班与教学班）的优化和教务管理（如课表和教室编排）以及学生管理机制（如班主任制）的创新，必须统筹谋划，举全校之力，通过深化综合改革予以实现。

六、坚持因地制宜，鼓励多样化探索

我国区域经济社会发展的不均衡性，导致高中学校在办学条件、师资队伍、管理水平、校园文化等方面的差异性很大，不仅存在着地域、省际和城乡差别，即便是县域内或同城内的校际差别也很大，高中教育的均衡发展还有很长的路要走。因此，高中学校应对高考招生制度改革带来的新挑战，必须坚持因地制宜、因校制宜，进行多样化的改革探索。例如，有条件的高中学校可以实行走班教学，甚至可以做到"一生一课表"；而不具备条件的高中学校则可以在地方教育行政部门的统筹协调和政策支持下，在学区或教育集团（联盟）范围内尝试教师走校教学或学生走校学习，弥补师资力量的不足或教室资源的短缺。再如，探索"翻转课堂""先学后教"，有条件的高中学校可以充分利用线上优质教学资源，将学生接收知识的阶段转移到课前，课堂上则通过教师引导、师生互动和学生合作，提高学习效率，实现知识内化的部分功能；不具备条件的高中学校则可以让学生利用视频教学资料或纸质教学资料完成课前自学，同样可以践行"以学生学习为中心"的先进教学理念。

第六章

高考改革试点方案对高等学校的影响评估

第一节 高校如何确定选考科目

一、实施策略

（一）限定选考科目选择

在2017年拟在上海、浙江招生的高校中，多数高校对选考科目都有要求，并公布了选考的必考科目要求，有学者统计，多达70%的高校对选考科目有要求，其中被要求学科最多的是物理，其次是化学、信息技术、生物、历史、地理、政治等。① 不同学校在确定选考科目的做法上不尽相同。如复旦大学指定科目选考的分类可分三大类：理工科类专业将物理作为选考科目；医科类专业对物理、化学有要求；还有一部分为不做要求的不限组。在复旦大学大类招生的背景下，学生入学后先进行通识教育，宽口径培养。同样的，上海大学在统计了"3+X"模式下报考物理化学的情况生源情况数据分析，深入当地中学进行实地调研，并反馈至学校，经过学校各层次讨论，以及向70多个专业中各学科各层次

---

① 刘莎：《2014年高考改革对大学招生及人才培养模式的影响研究》，西南大学硕士学位论文，2017年。

专家教授征求意见，最终，在其综合性大学的定位指导下，根据人才培养理念确定选考科目，如理工科专业选物理或化学（两门只需二选一），文科专业不做限制。

（二）学考科目等级设定

试点高校各专业在对学生选考科目要求的基础上，提出了学考等级要求。如浙江大学根据《浙江省深化校考试招生制度综合改革试点方案》[①] 中对选考科目制定的相关要求制定了《浙江大学2017年招生专业（大类）选考科目表（浙江、上海）及高中学业水平考试成绩等级要求》[②]，其中绝大部分专业对选考科目都有要求，而且，几乎所有大类对选考科目的高中学业水平考试成绩要求的等级是A，即使是没有选考科目要求的一些实验班，对外语要求也是达到A等级。

（三）确定选考科目的原则和程序

总原则上，高校普遍注重学生的选考科目与专业培养的契合度。如在调研中了解到，浙江大学在大类招生中，海洋类专业会将选考科目确定为生物或化学。就确定程序而言，上海科技大学也是在确定选考科目时召集各院长进行交流，由于学校的学科特色，多个学院院长都选择了物理，从而达成共识。浙江大学则是通过"最大公约数"的办法来确定选考科目，首先由各个院系自行提出（通过教学委员会、院务会、院学术委员会的流程）选考科目范围和选考科目要求，然后由招生处进行同类项合并，像一些跨院系招生的类别，如果遇到不同院系之间的意见不一致，采取就多的原则，采用多数院系的意见，在极端情况下（如少数院系不同意），则将个别招生专业重新组合，最后报学校招生工作小组——招生委员会（校务会议）确定。[③]

二、存在问题

（一）限选科目设置较为随意

多数高校2017年专业选考科目的确定主要由各学院和专业提出建议，由学

---

① 《浙江省人民政府关于印发浙江省深化高校考试招生制度综合改革试点方案的通知》，http://www.zjedu.gov.cn/news/26772.html。
② 《浙江大学2017年招生专业（大类）选考科目表（浙江、上海）》，http://zdzsc.zju.edu.cn/index.php?c=index&a=detail&catid=15&id=964。
③ 刘莎：《2014年高考改革对大学招生及人才培养模式的影响研究》，西南大学硕士学位论文，2017年。

校确定，其中会综合考虑本专业和科目相关性以及是否能招到高分考生等因素。但是 2017 年为首届新高考落地之年，各高校对此经验不足，部分专业设置选科出现过窄或者过宽的问题，影响录取分数或者学生后续的专业学习。"由于没有相关经验和参考依据，各专业在制定选考科目时由于存在理解上偏差，所以部分专业存在设置不合理，有些专业设置过窄，影响录取分数，有些专业设置过宽松，影响后续的专业学习。建议考试院能允许高校对 18 年招生专业选考科目设置进行微调。"（U16 高校教师，2017）

（二）倒逼高校弥补专业基础

以浙江理工大学机械类、电气类、电子信息类、计算机类、化学类为例。2017 年浙江理工大学选考科目匹配度较高（见表 6-1），但也有纯理工科专业录取的学生没有选考物理或者化学类专业没有选考化学的现象，这就倒逼高校必须加强专业基础课时，以弥补专业基础不均衡问题。

表 6-1　浙江理工大学 2017 年浙江省生源选考科目匹配情况

专业	选考科目	录取总数	无物理基础	无化学基础	无物理/化学占比(%)	物理化学生物	物理化学技术	传统理化生占比(%)	完全匹配占比(%)	物理	化学	生物	历史	地理	政治	技术
机械类	物理|技术|化学	148	13		8.8	46	9	31.1	6.1	135	118	72	23	62	14	20
电气类	物理|技术|化学	108	17		15.7	48	6	44.4	5.6	91	96	65	15	31	13	13
电子信息类	物理|技术|化学	88	9		10.2	36	7	40.9	8.0	79	68	52	16	29	8	12
计算机类	物理|技术|化学	113	21		18.6	37	10	32.7	8.8	92	87	53	23	36	13	35
化学类	物理|化学|生物	108		3	2.8	43	2	39.8	39.8	61	105	79	20	41	11	7

2017 年上海大学设立了 3 个专业组，偏理工科专业选考科目要求必须要有 1 门物理或化学，偏文科专业为"不限"，没有必考的科目要求（见表 6-2）。

表6-2　　　　上海大学2017年各专业组选考科目情况

专业组	录取人数	物理(%)	化学(%)	物理和化学(%)	物理、化学及生物(%)	政历地(%)
专业组1（物或化）	371	81.7	68.2	49.9	10.8	—
专业组2（物或化）	656	77.1	68.1	45.3	16.3	—
专业组3（不限）	404	35.5	49.3	12.5	2.0	7.2

（三）放宽限制吸引优质生源

高校为吸引优质生源，放宽专业选考科目限制，有功利化倾向。高校选科的主要依据，一方面是人才培养的专业基础要求和学科相关性，高校确定选考科目的本意是选拔适合本专业学习的考生，因此，选考科目应该是与本专业学习相关性密切的科目。另一方面是未来生源的覆盖面，生源是否充足。选考科目条件越低意味着生源会越充足，条件越高意味着生源会越少，文理科组合的选考科目要求则生源会更充足。因此，高校在确定选考科目时如何平衡选考科目要求的松紧问题，是一个理想与现实的矛盾问题。有的高校为了保证优质生源，会首先解决生源质量问题，而不限定选科，出现功利化的倾向。"从专业确定选考科目的初衷来讲，专业希望录取到专业基础、专业性向与专业素养比较好的学生，希望选考科目比较明确一些。但是同时也不能不考虑，选考科目定得过少过死后，也担忧潜在生源减少，到时录取考生的高考分数比较低，甚至担心生源不足后还进行多段录取，降低生源质量。"（U2高校教师，2017）

（四）文理生源结构打破平衡

受访者表示，文科报考人数和考试成绩提高，理科下降。从2017年高校录取情况来看，高校偏文专业明显高于偏理科专业的成绩，高校受访者担心这将会影响理工科专业的发展："从今年录取情况来看，偏文专业明显高于偏理工科专业（据说选考科目偏文的考生分数相对较高），这将会影响理工科专业的生源。"（U6高校教师，2017）。从长远来说，文科人才比例增加，理工科人才比例下降，也不利于国家经济社会的长远发展。

三、解决策略

（一）引导高校理性限制选科

高校不同专业在选考科目范围的划定上，需要从国家需求、经济社会发展、专业人才培养角度来科学设定，防止片面追求保证招生规模的倾向，保证选才的科学性和适切性。要遵循学科专业规律和优势特色，更为合理地确定选考科目，尤其是选考科目为"3 选 1"的专业，需针对考生选考科目组合的所有可能性，形成完备的前置或后置制约、辅助机制，前置的制约机制如对指定学考科目的等级提出要求等，以招收到学科背景和能力基础契合专业需求的学生；后置的辅助机制如针对多元背景学生开展分层教学、增设衔接课程、根据学生的兴趣和特长确定专业方向和职业发展规划等。访谈中，高校和高中学校受访者都提出通过高校提出限制选考物理等学科的方式，完善功利化选考带来的弊端。"需要教育主管部门、高校、高中及社会加强对从事理工科专业学习的引导。"（U16 高校教师，2017）"我们高校高考选考科目方案分学科大类（专业）提出了选考科目范围，最多不超过 3 门，学生满足其中任何 1 门即符合报考条件，充分满足了学生报考的自由度，又通过科目的设置引导学生在满足专业兴趣的同时注重全面发展。"（U11 高校教师，2017）

首轮试点落地后，不同利益相关者提出政府应该加强对高校选科的引导。国家必要时可从宏观层面进行一定的引导和规范，对于规律性、专业性强的特殊学科必要时设定必选选考科目，其余选考科目确定的自主权交由高校自行设定。"针对同一专业（类）在不同高校的选考科目比较随意多样的问题，如果有可能的话，对一些有必要进行规范统一的专业（类）选考科目，可以组织专家进行研究认证，由省里直接统一确定选考科目，这样既能解决选考科目杂乱的问题，提高专业选考科目的科学性，也能保障物理、化学、生物等理科科目有更多的学生愿意去选择。"（U2 高校教师，2017）

在 2018 年 1 月，教育部办公厅出台了《普通高校本科招生专业选考科目要求指引（试行）》，便是为了引导高校更科学地制定每个学科、专业的选考科目范围，为高校设置选考科目与学生选考提供参考，将原来的"一门对应即可"调整为"一门符合要求即可、均须符合要求"，将一门匹配作为底线的基础上，给高校充分的自主权设定选考科目，允许高校同时设置 2 门甚至 3 门的选考科目作为学生的必考科目。[①] 高校应根据最新出台的相关办法，根据自身需求，发挥办学自主权，确立合适的选考科目。也有受访者建议，由高校进行试点，对物理学科进行重新赋分，鼓励高校报考物理学科。"鉴于物理选考人数下降和物理科目在高校人才培养中的重要性，建议可以在高校进行试点，物理成绩进行重新赋分，打消成绩好的学生不敢报物理的念头，鼓励学生报考物理科目。"（U2 高校教师，2017）

---

① 边新灿：《新一轮高考改革先行试点 6 省市方案比较》，载《中国考试》2018 年第 11 期。

（二） 优化高校招生分类依据

在新高考模式下，为改变可能的被动招生困境，不同类型的高校均调整考试招生策略，以学科需求为基础，优化招生分类依据，提升高校生源质量。其中一种方式就是普通专业按大类招生的模式。实行大类招生的学校认为，大类招生模糊了专业冷热差异，冷门专业生源质量较之以前显著提升，以院系为单位设置招生大类，有利于后续主修专业及培养环节的衔接。"浙江新高考改革实行专业+学校的填报志愿方式，分大类实行专业平行投档，所有专业直接面对考生，打破了原来以学校优势吸引学生的招生格局，为避免冷门专业直接面临重新洗牌后生源质量急剧下降的尴尬局面，不同层次的高校，均调整招生策略，形成少数品牌特色专业按专业招生，普通专业按大类招生的新格局。"（U1 高校教师，2017）

这就需要高校明晰人才培养规格和选拔标准，学科、专业录取要求与考生知识结构匹配效果，还需及时的科学追踪。"就专业知识体系来说，高考科目改革使得高校可以自行确定专业（类）的科目选考要求，然后同一专业（类）在不同高校之间选考科目要求不同，学科、专业录取要求与考生知识结构匹配效果如何，还需及时的科学追踪。"（U6 高校教师，2017）

（三） 鼓励高校加强科学论证

试点省市高校在确定各专业或者专业类选考科目之前，一般都会经过科学论证。如上海大学用上海"3+X"模式下选考的情况和本校生源进行分析，走访重点中学听取一线教师的意见，了解学校安排，广泛征求各学科专家、教授意见，组织多次研讨会，结合学校人才培养理念、学科特色等形成学校 2017 年各专业招生选考科目的初步方案。

"如上海大学用两个多月的时间，对近三年上海市'3+X'模式下'X'科目的选考情况以及本校生源情况进行分析；走访了上海市格致中学、洋泾中学、闵行中学、上大附中、新中高级中学等 10 余所重点中学听取高中一线教师意见、了解中学教学安排等；在校内广泛征求各学科专家、教授意见，组织多次各层面研讨会；结合学校人才培养理念、各学科专业的办学特色、定位以及专业学习要求；形成了上海大学 2017 年各专业招生选考科目要求的初步方案，方案的总体思路是理工科专业要求选考科目中必须有一门物理或化学，文科专业上门选考科目不限。方案经校长办公会议讨论，学校本科招生领导小组批准，于 2015 年初向社会公布。"（U10 高校教师，2017）

教育部出台引导高校限定选科的文件之前，有的高校明确规定限选科目为物理，也是在向学生传递明确的信号，对学生选考物理有指导性的作用。而从实际录取情况来看,选择物理科目的考生综合素质和考分都要优于其他科目考生,高校受访者认为,确定学科为选考科目,对高中生也有一定的引导性,选择理工科的学生不仅具有相应的学科特长,也具有较强的专业忠诚度、学业兴趣与自信。"学校结合自身学科特色确定了选考科目要求为物理,这也向高中生传递了明确的信号:我校欢迎理工科基础扎实的考生报考。从而选择上我校的学生不但在理科学习方面具备一定的特长,而且也具备了今后理工科学习的自信和基础。"(U9 高校教师,2017)

(四) 加强合作引导学生选择

从 2017 年首届新高考选考科目的情况来看,高校总体还是比较宽松的,大多数的三种选考科目组合都能覆盖 80% ~ 90% 以上的专业(政史地组合最少 66% 以上专业)。不少学生特别是一些专业意向不是很明确的考生,在确定选考科目时不会过多考虑高校选考科目的要求,首先考虑自己的学科特长和兴趣,从而保证能这个科目能获取最好的高考成绩(U2 高校教师,2017)。因此,这就要求高校应加强与高中的交流合作,在选考科目确立上,引导学生根据自身特点、兴趣爱好特长和未来规划,做出合适的、有前瞻性的选择,减少功利性和盲目性,更好地实现自身发展。"中学、高校和社会都应该加大新高考改革的宣传,尤其我们的中学、高校全社会都要做好正确的引导工作。把我们的宣传教育回归到新高考改革的本意和初心上来,把招生、培养、就业看成一个完整的有机体,建立招生培养就业一体化机制,促进专业建设与发展。"(U17 高校教师,2017)

第二节 新高考促进人才培养模式变革

一、实施效果

(一) 成效与机遇

1. 满足人才培养多元需求

就高校而言,调研中不同层次不同类别的学校在招生中普遍反映录取分数线高于往年分数、录取结果超出预期,冷门专业也收到高分学生,冷热门专业间分差缩小,多数高校受惠于此次高考改革。尤其是一些同层次内办学水平较高的院校以及一些受限于原来所在层次的一些市场需求较大的应用型专业，在取消录取批次的前提下，能够吸引更多考生报考，录取到优质生源，给教学和人才培养都带来了积极的作用，高校获得感普遍强烈。

从学生发展的角度来讲，理工科的学生也需要人文知识，文科学生也需要理科思维，还有部分专业是文理兼收的，都需要有文理综合的能力，因此，新高考自由选科在一定程度上既便于学生在高中阶段掌握更加综合的文化素质，也有利于高校综合性人才或者说复合型人才的培养，甚至从人的长远发展来看，为人生提供了更多的选择和发展方向。"新高考科目改革打破了原来人才选拔与培养的单一性，有利于选拔培养各类多样化优秀人才。原来高考把考生分成二大类：文科生和理科生，实际人们对知识、技术、技能的学习和掌握能力复杂多样的，因此，新高考科目改革是更加满足这一需求，更加体现了选择性教育理念，更有利于科学选才和公平选才，这应该就是新高考改革的本意和初心。"（U17 高校教师，2017）

2. 落实高校招生自主权

招生制度改革中的"专业＋学校"模式，将招生与专业、学院发展联系，与教师教学相联系，充分调动了招生部门和高校内部院系老师、学生的积极性。在招生宣传和具体的招生环节，高校相关部门、院系、教师、学生都体现出了较以往更高的积极性和责任感，招生工作参与率增加，学校师生的主人翁意识明显增强，招生工作备受认可。

同时，在高考综合改革这一背景下，学校可以根据国家需要、学校战略发展、专业特点和需求等确定专业的选考科目，使高校有一定自主权。三位一体招生中，高校根据专业发展需要，选拔符合本专业、本学校特殊要求的高素质人才。同时，在符合国家政策规定的范围内，高校可自行决定综合素质测评在三位一体招生中所占成绩的比例，决定录取什么样的学生，改善了以往"唯分数论"的单一评价方式等弊端。

从高校招生部门的受访者来看，新一轮高考改革强调学生与高校的选择性，一方面有利于满足高校不同专业招生的需求，在一定程度上增加了高校的招生自主权。另一方面满足了不同专业对文理科基础的双重需求，有利于综合性人才的培养。"本轮改革对于高校招生来讲，学校可以根据自己的办学特色、定位以及不同学科专业的需要，对考生提出选考科目范围要求，为高校在人才选拔方面提供了更多的自主选择权"（U10 高校教师，2017）。

3. 激发高校教学改革活力

高职院校积极尝试"学徒制"在职业教育中的应用和回归，增强职业教育的实践性和职业本性，凸显了实践技能在高职培养中的重要性，推进了高职学校的教学改革。普通高校的教育教学也在探索尝试新的教学模式，开展分层教学、小班教学等方法，提高本科人才培养质量，体现出教育教学良性发展的特点。

高校受访者认为，学生对选考科目的自由选择，使学生的选考科目体现了文理交融的特点，对绝大部分专业来说，理科学生增强了人文素养，文科学生受过理科的逻辑思维训练，为学生的继续深造或后续交叉学科的培养打下良好的基础。比如部分专业需要文理基础的学生，在自由选科的背景下就可以得到满足。"我校人文科学试验班包含人文学院汉语言文学、历史学、哲学、文物与博物馆学等6个专业，因兼顾招生专业大类中所有专业对基础课程的要求，2017年选考科目为政、史、地，典型的文科选项，但我校哲学专业因研究方向的原因，需要学生有较强的理科逻辑思维基础，过去一直无法解决，只能通过三位一体招录部分学生来缓解专业的需求。今年人文科学试验班招收的122名浙江籍学生中有66%选考了物理或化学，直接满足了哲学专业对学生文理科基础的双重要求。"（U1 高校教师，2017）

4. 拓展多元评价招生模式

高考综合改革中，浙江省的统一高考招生、高职提前招生、单独考试招生、"三位一体"招生，上海市的自主招生、春季招生、综合素质评价招生等多元方式并存的招生制度，实现了从单一评价向多元综合评价拓展，拓宽了高考招生评价与选拔的路径，有利于学生向着既有全面素养又有专业特长的方向发展，促进了高校由"招分"向"招人"的转变。在调研中，浙江、上海高校充分发挥综合素质评价在特殊专业招生中的应用，如浙江大学的科技哲学专业、上海师范大学免费师范生等，通过综合素质评价等招到了综合素质好且符合专业未来职业要求的优质生源。

（二）变化与挑战

新一轮高考改革涉及面广，牵一发而动全身，无论是考试内容与方式的改革，还是录取批次、录取模式的改革，都对高校的招生录取、学科专业建设、人才培养模式、内部管理机制和体制等带来了重要影响，[①] 对于高校来说可以看作是关键的重新洗牌的契机，机遇与挑战并存。由于此次高考改革改变传统的招考一体考试招生录取模式，致力于引导学校将考试与招生分开，从唯分数论转变为招收录取综合素质和能力优秀的学生。因此，考试制度与招生录取制度的改革，都使高校人才培养面临挑战。

一是从考试制度来讲。2014年高考改革方案的一大特点是打破原来的文理

[①] 钟秉林：《高校要应对高招改革新挑战》，载《光明日报》2015年3月17日。

分科，实行"3+X"等科目自由组合的选考模式，无论是上海的"6选3"模式，还是浙江的"7选3"模式，都给高校带来了新的机遇。首先，这样的考试制度使考生来源多样化、知识结构多元化，高校及各专业能够招收到符合专业特殊需求的学生，如一些交叉学科不仅对学生的理工科基础有要求，还对文科中部分学科的知识基础有要求，高校可以通过设置选考科目，招收到符合专业需求的学生。其次，这样的考试制度有利于高校培养复合型、创新型人才。学生的知识结构由原来单一的、扁平化的知识结构改变为多元化、差异化的知识结构，即使是同一个专业内，很可能学生的选考科目不尽相同，有利于跨学科培养复合型、创新型人才。但是，这一考试制度也给高校带来挑战。

二是从新高考在录取制度改革上的变化主要体现在录取批次上取消或合并分批录取，实行平行志愿，志愿报考采取"专业+院校"的模式，探索"两依据一参考"的招生录取模式。录取批次调整带来志愿填报和投档录取模式的变化，如浙江省可填报志愿数调整到80个，将平行志愿中的学校平行改为专业平行志愿。整体而言，一二本合并提高了高校录取工作中的投档满足率，使高校专业资源得到合理配置，招到更合适的学生，提升生源质量；"专业+院校"的报考模式使大学之间的竞争转变为专业之间的竞争，有利于高校学校重视专业内涵建设，提升办学质量来吸引优质生源；"两依据一参考"的综合评价招生录取模式主要体现在自主招生录取中，在这种模式下，学生的学业能力只是综合考察的一个方面，学生的其他方面的素质和能力都纳入高校人才选拔与考核的范围之内。这打破了唯分数论的人才选拔观。

1. 挑战选考科目设置

取消文理分科，实行"3+X"的考试模式对高校招生工作最大的影响是，高校需要设置选考科目，并提前公布对于选考科目的要求，从而使考生可以根据自己的兴趣或目标院校专业选择考试科目。改革中规定高校可以根据自身实际的办学特色、办学目标与定位，自主设定个专业录取的必考科目，并把报考专业与选考科目的匹配度作为前置条件，在匹配的前提下择优录取。因此，高校选考科目的设置如何才能在面对充满随机性的招生录取工作中招到优质切合的生源，是高校面临的一大挑战，需要高校通盘考虑，谨慎探索。

在传统高考模式下，高校是被动地"考什么、招什么"，而在新高考模式下，需要根据高校自身设定选考科目来选拔人才，学校如何科学合理地确定选考科目，以既能满足专业培养需要，又能保证足够生源，这对高校来说是一个不小的挑战。试点省市的高校对确定选科持有较为慎重的态度。"这就要求学校想清楚，要选择什么样的人才，如何选择，使得招生选拔符合学校人才培养目标，为今后人才培养和教学安排打下更好的基础。我们在校内广泛征求各学科专家、教授意见，组织多次各层面研讨会，结合学校人才培养理念、各学科专业的办学特色以及专业学习要求，形成了学校 2017 年各专业招生选考科目要求方案。"（U10 高校教师，2017）

2. 挑战人才培养模式

选考带来的另一大挑战是人才培养环节如何面对多元化、差异化的生源开展专业教学工作。新高考改革对高校招生和人才培养最大的影响就是高校生源结构的变化，生源结构从原来相对单一、相对扁平向多元化、多样化转变，学生的生源结构、知识结构发生了很大的变化。一是原来只招文科或理科的专业，在新高考背景下文理科学生都有，生源文理交叉渗透。二是同个专业（类）的生源因为学生的选考科目各不相同，学生的知识结构、学科特长、专业基础也不尽相同。三是部分专业的生源因为进行了多段录取后才完成招生计划，同专业学生的高考成绩学业水平也有比较大的差异。四是总体生源由扁平化向多样化发展。生源结构的多样性、学生兴趣的差异性、专业基础知识掌握的不平衡性等都会给高校招生、专业设置与调整、人才培养等各方面带来影响。

选考模式下，即使是同一专业的学生，学生的知识背景很可能各不相同，如何在知识结构多元化、差异化的专业内部开展教学是一大挑战。当前考试制度下的等级赋分、"专业＋院校"的志愿填报方式的随机性和不确定性等[①]，都带来了学生间水平差异过大问题，高校如何缩小专业内部学生水平的差异，是其在招生录取后人才培养中的一大挑战。而物理学科选科人数的下降，也让高校受访者担心将会影响我国实体经济人才培养的质量。

一方面，这对学生转专业提出新问题。如何在不同专业组之间实现专业互转给教学管理带来新的难题。"高考科目改革在今后转专业限制等教学管理方面提出了新的问题。如不同专业组之间如何实施专业互转等问题。"（U18 高校教师，2017）另一方面，鉴于生源的多元化，如何既实现人才培养的目标，又做到因材施教，成为人才培养方案重新修订时需要考虑的重要因素。"'7 选 3' 的选考模式，决定着招收的学生身上所呈现的素质也会趋于多元化。那么在后续的人才培养过程中，如何在一个相同的专业内，既实现培养目标又能够因材施教，这是人才培养方案重新修订时需要考虑的重要因素。"（U3 高校教师，2017）"研究类的医学专业要求学生有扎实的物理与化学基础，目前选考科目只能单选一门，对学生后续的学习有影响。"（U1 高校教师，2017）

3. 挑战高校办学质量

新的录取模式加剧了高校招生录取中的马太效应。如取消批次、平行志愿和

[①] 杨鑫悦：《高考改革对高水平大学招生的影响》，载《管理观察》2018 年第 6 期。

专业先行对于在不同层次上办学实力较强的高校起到正向的促进作用，但是对于一些普通本科高校、办学基础较弱的民办院校、院校中的弱势专业等都带来很大的冲击。重点本科院校如原来的一本院校、"211 工程"和"985 工程"等重点高校的招生录取工作中更可能招到层次范围内的优质生源，因为这些学校的录取分数线是在竞争中形成的，具有稳定性的特征。对于办学基础较弱的高校和缺乏特色与吸引力的弱势专业而言，新的录取模式下，学生的专业选择在招生录取中处于优先位置，学生会在全国范围内同层次、同类型的专业中择优填报，这加剧了高校与高校间的竞争、专业与专业间的竞争，因此各个专业、院校不得不接受学生用脚投票的检验，随时都有被淘汰出局的危险。招生录取方式制度的改革、合并取消批次、专业优先的志愿填报方式不仅仅是学校与学校之间的竞争，更是全国同类专业间的竞争。

新高考科目改革促使高校招生注重对专业宣传的重视，加大对专业建设的调整和加快对人才培养质量的提升。尤其是平行到专业的投档模式，引发了各专业的危机感，倒逼高校进行专业结构调整，加强专业内涵建设，更加注重专业特色和社会需求，在一定程度上为高校专业建设提供了重新定位和发展求变的机遇。有高校表示，要加强专业建设，否则在生源紧张又没有专业调剂的前提下，高校将会面临专业、学校生存危机。"作为一所综合性大学，涵盖 11 大学科门类，有 75 个专业，专业发展不均衡，冷热度差异较大。各专业是否能够在一段线上完成录取，以及与同类高校相近专业的比较情况怎样，随着投档录取，都会一目了然。改革元年的定位直接影响专业的后续发展，对专业而言，这是一次校内校外重新洗牌的机会。"（U3 高校教师，2017）"特别地方性弱势院校弱势专业，必须要加大专业建设力度，建成有特色、有亮点的专业和学校，否则在当前生源紧张又无专业调剂的前提下，就会面临专业生存危机、学校生存危机。"（U17 高校教师，2017）

一是倒逼高校专业结构调整。新高考改革带来的不仅是院校之间的同台竞争，更是不同院校间同类专业间的角逐，由强化专业对于学生的重要性，倒闭高校重新考虑自己的学科专业布局。那些长线、冷门的、没有专业特色、培养质量不佳的专业，都会在新一轮高考改革中面临着缩招或停招、裁撤的风险。

二是倒逼高校特色发展。有高校认为，高考科目改革，尤其是选考科目的实施，带来专业间、个体间生源质量差异和考生需求的差异，这将会带动专业建设和专业特色化发展，对改变大学学科专业趋同性的问题会有帮助。可以说，高考科目改革的选择性，倒逼高校专业特色化发展。"新高考科目改革，尤其是专业选考科目的实施，带来了专业间、个体间生源质量差异和考生需求的差异性，从而带动专业建设，促进了特色人才培养（人才多样化）、特色专业建设和特色学

校建设，有利于改善目前大学学科专业的趋同性。"（U17 高校教师，2017）

三是如何突出特色专业，成为高校招生难题。有受访者认为，高考改革的目的是让学校特色、优势专业能够脱颖而出，自然淘汰那些非特色且开设重复性高的专业。但实际上从部分学校的录取结果来看，并没有很好的效果，部分学校特色优势专业录取分数并没有明显的体现。也有高校为了吸引考生，内设专业名不副实，误导考生志愿填报。"部分学校特色优势专业（非社会认为的热门专业），录取分数并没有很大优势，这势必会影响到学校这些特色优势专业的发展。"（U6 高校教师，2017）"目前不少高校都开始按类招生，但类别却五花八门，有的纯粹是为了吸引考生，内设的专业名不副实，科学性和合理性值得斟酌，给考生填报志愿带来难度甚至误导。"（U6 高校教师，2017）

4. 挑战传统教学管理

在传统高考录取模式下，既有的学生管理体系能够满足学生和学校的需求，高校普遍以院校为平台，按照批次录取学生，基本能够录取到大致相当的学生，可在既定的培养计划下开展教育教学工作，然而新高考改变了原来的录取模式，学生入学前差异较大导致统一的教学计划、教学内容无法满足需求，需要教学管理部门协调多方力量来改进管理以适应新的挑战。[①]

受访高校认为，新高考挑战招生、人才培养和就业工作的一体化机制。在原来学校平行志愿录取方式下，不同专业可以吃大锅饭，冷门和弱势专业都可以在学校的大锅饭内通过专业调剂基本满足生源数量，而今年开始的专业平行志愿录取方式，打破了学校各专业生源数量的大锅饭，直接影响到各校具体专业的生存与发展。"招生数量和质量的变化将直接影响专业人才培养质量和毕业生就业状况，而人才培养质量与就业质量信息在今后也将会越来越成为考生志愿填报的最重要的参考，因此招生工作不仅仅是招生部门的工作，更是学校整体的工作，招生、人才培养、就业的三大关键环节工作不再条块分割、各自为战，将更加紧密地联系在一起。"（U17 高校教师，2017）

二、实施策略

高考招生制度改革既是考试制度的改革，更是高等学校人才招生制度的改革。作为承上启下的关键制度，它不仅作为指挥棒下引基础教育，而且作为高等教育人才培养的起点，对高校发挥着至关重要的作用。因此，高校极其重视新高

[①] 贾彦彬、孟鹏涛：《国家招生考试制度改革视域下地方本科高校的应对策略》，载《长春理工大学学报》（社会科学版）2018 年第 5 期。

考背景下的招生录取、人才培养等工作。

(一) 完善招生录取机制

1. 充分重视招生宣传

一是创新招生宣传方式。高校的招生宣传事关高校的生源质量，传统的招生宣传工作中，录取批次以及投档方式给了高校招生工作一个稳定的保障，因此招生工作集中于简单的介绍。而在新高考背景下，高校面临着院校和专业两个层面的竞争压力，迫使高校重视高考招生录取环节。很多高校在前期招生宣传工作中，充分利用新媒体、校园开放日等形式拓宽宣传渠道。如中国计量大学为了促进招生宣传工作，策划了校园开放日，3 000 多名学生参观校园，每个院系请一名老师对学生进行专业的一对一指导和解答，帮助学生考虑自己兴趣、特长、职业间的关系和匹配度，解答学生关于选大学和专业的相关困惑。这样的宣传方式效果显著，不仅让学生增加了对高校和专业的了解，而且能够在潜在生源的选择中占据优势，从而帮助高校吸引优质生源。

二是调动多方宣传力量。以往的招生工作多是招生部分的工作，招生部门代表学校进行宣传。而新高考背景下，高校开始积极主动探索校内外联动，组织高校招生负责人、院系教师、学生及校友力量积极参与到招生宣传工作中，提升了宣传的影响力。秉持"走出去、引进来"的理念，很多高校招生负责人深入到高中开展招生宣传指导工作，效果突出。如浙江工业大学为加强招生宣传推行"四个一百"工程，其选择自己所在省份对应生源中学 100 所，组建 100 支宣传队伍，邀请 100 名学校的专家教授，深入到目标院校累计组织开展了 100 场招生宣传活动，以期和高中建立良好关系，将学校政策积极传递到高中。经过新高考实践，浙江工业大学已形成全员参与、全校联动的招生宣传方式，招办作出的微信链接发到朋友圈，所有的老师、同学都会转发宣传，将高考政策、学校政策传递给高中，截至 2017 年 9 月，已有 240 名教职工深入到 110 所中学的 120 场次地市宣传。

2. 招生工作全校联动

新高考背景下，大学招生不仅仅是招生办等某个部分的事情，而是关系到多个部门多个层面的大事。新高考背景下，专业的存亡直接受学生"用脚投票"的影响，为了确保生源质量，各学院、专业和老师都在关心招生问题，招生工作实现了全校联动。如有的学院为了吸引到优质生源，院长和专业老师都加入招生工作中，并且通过选出专业代言人等方式进行招生。有的学校在招生方面，打破了院系的招生壁垒，实行多个院系联合招生。如浙江大学原来依据"行政单位—学院"进行招生，而在新高考改革背景下，专业更多地考虑了培养环节的问题，包括要"培养什么样的学生"和"如何培养学生"等。这导致同一个学院有不同的需求,如哲学学院内部不同专业对学生的理工基础和人文基础需求不同,机能学院中机械专业对物理的需求、能源专业对化学的需求等,根据院系的论证后进行整合调整,将材料专业和机械专业的招生工作协同,将能源和化工协同,打破原来学院间招生工作的壁垒,重构学校内部招生规则,实现了校内不同学院间、学院内部系所间的联动。

3. 协商设定选考科目

确定选考科目对高校而言是一个巨大挑战。不同于以往文理分科,学生的考试科目固定,此次高考改革中采用选考方式,无论是上海的"6选3"模式,还是浙江的"7选3"模式,对学生来说,都有多种组合可能性。这给高校招生工作中选考科目的设置带来很大挑战,使高校在科学性和现实性的矛盾中龃龉前行。高校确立选考科目,既要考虑其与专业要求间的相关性,以确保学生的知识水平能够满足大学期间的专业学习,又要考虑到招生群体的质量,如果将选考人数较少的科目确立为选考科目,会影响到学校的生源质量和生源范围。在现实性和科学性的两难中,高校开始探索尝试依据自身条件和办学目标,进行选考科目设置的尝试。

4. 实行大类招生

大类招生在我国多所高校开展试点工作,有的高校在全部招生中都实行大类招生,有的高校则是大类招生与专业招生并存。例如,浙江工业大学新高考背景下实行大类招生,由原来招生的35个类调整为17个类,其中部分类别跨多个学院,实现了跨学院大类招生,最大的类涉及分布在6个学院的13个专业,最大招生数涉及475人,多个招生的学科类别学生数目都超过300。其中,同一类招生的专业选考科目的设置是相同的,这个设置是结合专业人才培养目标和需要、新高考录取规则等因素决定的。浙江大学从2014年考试完成了主体专业18类招生专业组合。在新一轮高考改革背景下,大类招生不仅有利于学生志愿填报,而且能够宽口径地培养学生的通识素养和创新能力。

(二)创新人才培养模式

高考改革从文理分科到通过选考模式逐步实现文理交融,多样化的选考科目组合给高校的人才培养带来了新挑战。一方面,由于高考改革带来的高校生源结构由原来的单一、扁平的结构特点转变为学生群体来源更趋多元化、多样性的特点,有利于招到适合专业特点、符合未来职业要求、符合学校文化和理念的学生。另一方面,新高考背景下,学生即使是同一个专业,其选考科目也很可能各不相同,即一个专业内部学生的学科基础趋于差异和多样,生源和选考科目不同，学生特长和专业基础不同，同一个专业学生各方面的水平有较大差异。基于录取新生多元知识结构和不同学科背景的特征，高校逐步探索并完善培养方案，在不降低培养目标和要求的前提下，通过改变培养模式来应对多元、差异化的学生群体。

1. 招生模式

招生模式上，推动实行大类招生。在培养学生宽厚的知识基础之上开展专业教学。如浙江大学出台了大类招生的本科管理办法，按照宽口径、厚基础、强通识、求创新的思路进行培养，在招生类别整合为 17 个大类后，学生可以在志愿填报范围内把所有大类都填报，大大增加了其被目标院校录取的概率。对于专业薄弱的学生，在专业分流后安排衔接课程，尽快补充短板。

2. 管理制度

管理制度上，建立完善专业分流、转专业等制度保障。多数高校通过修订人才培养方案中的专业分流和转专业项的相关规定，来适应新高考改革带来的挑战。如上海师范大学根据未来发展需要，调整培养模式，通过实行大类招生培养，给学生更多选择权，学生二年级或者高年级可以重新选专业进行分流。另外，高校也通过完善转专业制度促进人才培养，转专业的条件也更加灵活和人性化，充分保障学生在学校能够自主学习、良好发展。如浙江大学出台政策对专业分流的基本原则、组织管理等作了详细的说明，建立了一套多次分流、名额浮动分流的分流制度和多次转专业机会，以最大限度满足学生第一专业的需求，在分流时间和分流次数上都给学生自由选择的充分权利，从而完善教学制度设计，保障人才培养的质量。

3. 课程设置

课程设置上，增设基础课和衔接课等课程。调研中，多所高校反映通过增加课程设置中通识课程的比例，扩大选修课范围，增设相关课程如选修课、衔接课、先修课等来夯实学生必备的基础知识，满足多样化的学生需求。如浙江大学对学生的培养环节作出调整，其中包括主修专业政策调整，即在维持原来专业培养方案不变的情况下，对于不符合专业基础要求的学生，学校开设选修课，由学生根据自己的情况选修，课程通过考核后才能达到要求。

4. 教学组织形式

教学组织形式上，尝试应用新的教学组织形式。高校充分利用如慕课等网络教学平台，改变传统的教学组织形式，灵活运用"互联网＋教育""翻转课堂"等方式，将网络平台引入教学中。

5. 教学策略

教学策略上，探索分层教学、小班教学。高校加快实施教学改革，深化课堂教学的创新,根据学生的选考科目、成绩等实施分层教学、分类教学,有条件的专业推进小班教学,进而能够全面实行学生的因材施教。如浙江工业大学强化人才分类、分层培养,针对差异性大力推进分层分类教学,增加专业基础课预科课程,构筑理工社科人文的大平台,放开转专业的条件限制,为学生培养设立多重保障。

(三) 提高教育教学质量

1. 优化学科专业结构

新的招生录取方案倒逼高校重新审视学科专业优势,通过专业调整提升高校在招生录取中的竞争力,以吸引更多优质生源报考。首先,实现专业的动态调整。如宁波大学的专业优化后,冷门的、长线的专业难以办下去,在以满足未来发展需求、优势作为原则的前提下,将75个专业压缩到55个专业,以办好擅长专业和优势专业。同时,对专业进行一年一轮的动态评估,对于那些没有优势、没有能力办好的专业坚决取消。一些大学的部分专业迫于生源少的压力,也会主动提出停招。浙江工业大学实行专业优先,通过"专业健身计划"实现专业的动态调整,在2017年招生工作中停掉了6个招生专业,使其他专业更有竞争力。

2. 加强专业内涵建设

高校为吸引优质生源,不仅注重优化专业结构,调整学科布局,而且也注重实现专业内涵发展。在专业内涵建设上做出相应努力:一是立足区域发展特色。根据社会需求和办学基础,提高学校相关专业的办学辨识度,做到"人无我有,人有我优"。二是开设新专业或新方向。在原有专业基础上开设新兴的、跨学科多领域交融的、富有地域特色和院系特色的专业方向,如杭州职业技术学院根据杭州产业发展的需要,开设机器人、电梯工程技术等专业,并在机械专业增设飞机钣金的方向,极具区域发展特色。这些改革措施促进了招生与专业建设间的良性循环,也有利于不同学科专业资源的进一步整合。

三、改革建议

(一) 合理确定高校选科

高考改革赋予高校和学生更多的自主权。上海的"6选3"和浙江的"7选3"模式都有多种组合,而各高校对不同专业选考科目设定范围和数量都有不同要求，使学生和家长面临复杂选择；同时，学生为了提高综合竞争力倾向于选考易得高分的科目，使得高校的专业要求与学生的知识结构间出现错位，如高校的部分理工类、综合类的专业为了保证生源质量被迫放弃选考科目的限制。高校不同专业在选考科目范围的划定上，需要从国家需求、经济社会发展、专业人才培养角度来科学设定，防止片面追求招生规模的倾向，保证选才的科学性和适切性。教育部办公厅出台了《普通高校本科招生专业选考科目要求指引（试行）》，是为了引导高校更科学地制定每个学科、专业的选考科目范围，为高校设置选考科目与学生选考提供参考。高校应根据最新出台的相关办法，根据自身需求，发挥办学自主权，确立合适的选考科目。

（二）调整学科专业布局

面对新的局面，高校要加强专业内涵建设与优化专业结构并举。[①] 一是高校应加强专业内涵建设，形成特色专业，争取做到"人无我有，人有我有"，避免专业与其他高校专业的同质化。二是高校应改调整学校学科布局，应该集中优势发展特色、优势学科专业，避免盲目追求专业的高大全，实现资源的整合，建立优势学科群。三是高校应建立学科专业动态调整机制，如根据国家和地区战略需求、社会经济发展、学校目标定位和专业培养目标，结合生源情况和学生就业情况，实现专业的动态调整，适应国家、社会、市场对于人才动态的、阶段性需求。

（三）创新人才培养模式

新的考试、招生模式下，录取生源的异质性、差异性明显，原有人才培养模式难以适应新高考下学生的培养问题。如同一专业内部学生知识结构差异较大、学生知识基础难以满足专业教育的要求等问题。调研中了解到，部分理工类的专业对学生的物理、化学等知识都有要求，然而学生的知识基础只能满足其中一门学科的要求，给学生的专业学习和教师的教学带来障碍。新高考改革带来的生源多样的变化，将会给高校教学管理、学生管理等人才培养工作带来不小的挑战，显然，原来的专业人才培养方案已不能完全适合现在的生源变化，高校在人才培养方面也应该尽快做出调整。

高校应探索多元化的人才培养模式。未来对于人才的需求是要求其具备宽厚的知识基础、身后的人文素养，具备交叉学科的专业知识和多方面能力人才，因

[①] 徐勤荣、杨志亮、石磊峰：《新一轮高考综合改革背景下中学教学与高校招生的对策研究——以浙江省为例》，载《考试研究》2018 年第 5 期。

此人才培养应贯彻"以人为中心,以素质教育为主"的教育方针,探索多元化的人才培养模式,完善人才培养方案,如在培养方式上可根据学生和学校实际情况开展小班教学、分层教学,实现因材施教;培养模式上可在厚基础、宽口径的大类培养基础上进行专业分流,扩大需学生转专业和选修的自主权,引导学生根据兴趣和特长实现自身的长远发展。

要加快实施教学改革,深化课堂教学创新,根据学生的选考科目、高考成绩、专业基础的差异,推进分类教学、分层教学。"有条件的可以推进小班化教学,进而全面促进因材施教(我校2017年争取实现选修课学分占总学分比例不低于50%;小班化教学学时占当期总学时的40%以上,实施分层分类教学的课程占当期课程总数的40%以上)。尽快修订人才培养方案中的专业分流政策、转专业政策等配套政策。"(U6高校教师,2017)

(四) 补齐生源知识短板

高校受访者认为,高校针对生源层次的不同、生源结构的多样性,因材施教的教学理念显得更加重要。一是可以对新生的基础课进行分层分类教学,提高新生的基础支持;二是向大一新生开设物理公共选修课,弥补学生物理基础薄弱的问题;三是让大一新生在暑期通过慕课等形式进行自学。本该在高中建立的学科基础,在大学通过补课的形式来加强,只是改革初期的权宜之计。"新生基础课分层分类教学,面向新生开基础课的提高班。"(U16高校教师,2017)"参照我校向大一民族学生已开设的中文、数学、英语公共选修课的教学经验,我校拟向大一学生开设物理公共选修课,以弥补个别学生物理基础薄弱问题。"(U15高校教师,2017)"我们的应对措施是让没有同时选考物理及化学,但后续期望在有双学科基础要求的专业修读的同学,在暑期修读未选科目的慕课课程。"(U1高校教师,2017)"对一些专业基础比较薄弱的学生在第一学期或专业分流后安排一些专业衔接课程,尽快把专业基础薄弱补上去,帮助学生巩固专业基础。对理工科专业没有选考过物理科目的学生,一些专业已经在考虑进行衔接补课。"(U6高校教师,2017)

(五) 改革教学管理模式

完善专业分类政策、转专业政策等配套措施,不仅成绩优秀的学生能转专业,成绩较差者也允许其转出相关专业。针对部分学科物理、化学等学科基础差异化的问题要有预案,增加基础课程公选课,增设专业方向等。针对不同学生群体打造不同的人才培养计划。"特别是对于理学、工学学科门类下的部分专业学生的物理、化学等学科基础差异化问题要有预案,一方面根据需要增开基础课程公选课适当进行学科基础强化，另一方面在专业内增设专业方向供学生选择。同时以学分制为基础，提供相对宽松的校内转专业政策。"（U15 高校教师，2017）"高校参照科目要求，可以针对不同学生群体设置个性化成长路径，打造与人才培养目标相匹配的培养计划。"（U18 高校教师，2017）

部分高校在大一年级进行通识教育，大二结束才开始确定专业，因此高考科目改革对其影响不大。"从 2013 年起就实行通识教育，让学生大二结束前再确定专业，且专业选择权全部交给学生，因此，此次高考科目改革对我们学校招生培养带来的影响不大。"（U12 高校教师，2017）

部分高校提出放宽调换专业的比例，提高学生学习专业的满意度。"学生入学后可以根据自己对专业的认识与专业的兴趣调换专业，如调换热门专业，考生第一学期学习成绩排名在本专业前 30%，就可以申请转入其他专业学习。提高学生学习专业的满意度。"（U19 高校教师，2017）

对于不同专业组学生转专业的问题，有学校提出要进行具体分析和细化，通过强调全校范围内转专业的统一测试，来保证人才培养质量。"我校进一步拓宽校内转专业通道，每个学期末各专业根据办学容量（教务处根据各专业现有教学资源已核定）与现有学生数量公布可转入人数，全校学生自主申请。若申请转入人数小于等于可转入人数，申请一般就能转入；若申请转入人数大于可转入人数，参考学生专业特长和学分绩点择优选取。"（U15 高校教师，2017）"对于不同专业组录取学生入学后的转专业问题，应当根据具体问题具体分析。将不同选考科目考生在不同省份的转专业要求进行细化，同时也可以考虑全校性的转专业统一测试等。"（U18 高校教师，2017）

四、高校案例

（一）宁波大学

1. 调整专业结构，优化专业布局

宁波大学自 2008 年起，实行"大类招生、大类培养、专业分流"的本科人才培养模式。2015 年，为对接浙江省 2017 年高考综合招生制度改革，学校对招生大类进行优化调整，实行按"专业类+专业"的模式，满足学生的不同需求。2017 年起，宁波大学又对 75 个本科专业进行优化调整，计划到 2020 年将现有本科专业的招生专业数量控制在 55 个左右。

在专业整合优化过程中，坚持"对接需求，优化布局"的原则，满足地方社会经济发展需要，特别是产业结构升级发展的需要，重点面向智能制造、海洋经济、材料科学、医疗健康、高端服务等行业，培养具有社会责任感、创新精神、实践能力的应用型、复合型和研究型创新人才。坚持"明确定位，做强做优"的原则，对于优势学科专业和基础性专业，应加强研究型人才培养的导向，以学科发展推动专业建设，引导基础性专业往小而精发展；应用性强的专业应主动适应社会发展需求，充分考虑就业前景和职业发展，提高毕业生的核心竞争力和社会适应性。坚持"学科支撑、协同培养"的原则，以学科发展为依托，鼓励面向现代海洋科学、电子信息与智能制造、生命健康等学校优势学科的发展，加强顶层设计，破除院系课程壁垒，完善创新创业教育体系，构建学科融合、院系协同的专业建设和人才培养体制机制。坚持"内涵建设、保障质量"的原则，以师资队伍建设为根本，以课程建设为基础，以学习成果为导向，加强专业内涵建设，拓展国际化视野，建立健全专业质量评估与保障制度。根据人才培养质量、社会满意度、专业建设水平和教学条件等多元评估体系，建立专业预警机制，定期开展全面的基础性专业评估。

宁波大学秉持以上四个原则，确立了重点发展专业、稳定发展专业、优化调整专业、停招整合专业四个梯度，根据学校本科专业整合优化方案，2017年停招专业6个，停招整合专业方向5个。

2. 适应专业特征，优选招生模式

作为一所综合性大学，既有数学、物理、化学、历史这样的长线基础专业，还有像水产养殖学、航海技术这样的涉农专业或艰苦专业，在按专业招生的新高考招生模式下如何招收到适合这些专业培养的优秀生源是学校面临的难题。学校将这些专业纳入三位一体招生，招收较好的生源。同时，考虑到三位一体招生更适合师范类招生，可以挑选到适教优教的综合素质好的学生，所以逐年扩大了三位一体的招生数量。对于社会需求旺盛，并在生源竞争中具有一定优势的专业，按专业或专业类进入普通招生。

3. 跟进调整机制，优化招生计划

为了保证各专业的招生竞争力，学校出台文件建立专业招生计划的动态调整机制，将专业招生计划与生源质量、培养质量等挂钩，从2017年起，省内普通招生计划的录取人数超过15%未能完成第一段的招生专业和超过25%未能完成第一段招生的专业类，将相应下调该专业或专业类次年的招生计划数；连续三年未在第一段完成招生的专业，从第四年起停止招生。同时，统筹考虑专业建设成效、人才培养质量、毕业生满意度等因素对优势特色专业予以奖励招生计划，由此倒逼专业重视专业建设成效、提高人才培养质量。幸运的是，2017年，我校所有专业（包括收费较高的中外合作专业）都在一段线上完成招生录取。

4. 加强内涵建设，提高专业水平

高考招生改革后，能否招到好的学生，专业自身竞争力是关键。为推进专业建设，2014 年学校推出"学科专业双进位"计划，每年安排一定额度对进位明显的专业进行奖励，鼓励专业对照国内优势专业，寻找差距，注重内涵发展。2015 年，学校要求符合条件的专业均应参加专业认证或评估，借助行业认证与评估外部力量促进专业建设与持续改进。2016 年，学校进一步对学校所有本科专业进行全面的基础性评估，建立起专业建设水平和专业竞争力校内评估制度。

（二）杭州师范大学

1. 优化专业结构布局

高校主动适合高考改革，进一步加强加快专业建设。不仅以学校声誉带动招生，更要以专业内涵、专业特色、专业实力、专业社会需求来积极适应市场需要。根据学校专业布局，结合现有办学条件和专业建设基础，进行结构优化，重点支持优势特色专业，淘汰市场需求不多、同质化较多、特色不鲜明专业，合理保留长线专业。

2. 改革招生录取模式

此次高考改革的重要内容之一的"平行到专业"，对高校招生、人才培养都有积极作用：促使高校转变招生模式（按类招生与按专业招生相结合），改变招生宣传方式（宣传学校转向宣传专业）。

3. 推进高校教学改革

新高考改革体现了以学生为主体，高校教学同样也应以学生为主进行改革。人才培养体系的改革主要抓手是教学改革，高考科目改革后一方面学生选考科目具有较大差异性，导致部分基础课掌握程度不一，另一方面由于取消批次，同一专业之间高考分数有较大差异。因此，教学改革应注重学生结构差异，推行分层分类教学模式。

（三）浙江工业大学

1. 优化学校专业结构，加强专业内涵建设

新高考最大变化之一就是专业优先。我校已实施专业"健身"计划。实行专业动态调整机制，主动调减与经济社会、学校发展定位不相适应的专业。今年学校就暂停招生 6 个专业。另外，学校加强专业内涵建设，包括增加投入，改善条件，充实师资，以专业认证评估为抓手，扎实推进基于产出导向（OBE）教育理念的专业改革。到今年，学校拥有进入 ESI 全球排名前 1% 的学科 4 个，国家级特色专业 7 个，通过全国工程教育专业认证的 13 个。专业实力的提升，带来的则是生源质量的上升，我校软件工程（中外合作）专业原为二批招生，今年不但在一段线上一次性完成招生，且投档线高出一段线 17 分。

2. 优化招生专业（类）设置，出台大类培养方案

大类招生优势在于更有利于扩大考生的专业选择和志愿填报。同时大类培养和新高考不分文理也是相辅相成，更加有利于培养学生的创新能力和通识素养。今年我校 64 个专业按照 17 个专业（类）招生，13 个是大类专业，其中有 4 个大类跨学院，最大的大类包含了 13 个专业，涉及 6 个学院，招生计划数为 475 人。同一专业（类）选考科目设置相同，选考科目是根据各专业人才培养目标和高考录取规则等因素确定。学校还出台了《本科大类招生培养与管理方案》，要求新生入学第一年按照"宽口径、厚基础、强通识、求创新"的思路学习大类课程，努力使招生与培养实现无缝衔接。实践证明，浙江工业大学的专业设置受到了广大考生的欢迎，新高考考生可以填写 80 个志愿，若考生填报我校，可以将我校符合选考科目要求的所有专业（类）都填上，最多 10 余个，极大增加了考生的志愿命中率。我校普通类各专业（类）全部在一段线上一次性完成招生，且生源质量稳中有升，说明大类专业设置和选考科目设置均较为合理。

3. 强化人才培养分层分类改革

新高考录取的学生知识结构更加多元，针对学考、选考在知识结构方面的差异，学校大力推进分类教学、分层教学。增加专业基础课程的预科课程，对于未参加物理、化学、生物、技术选考的考生开设相应的预科课程。此外，构筑理、工、人文社科大类平台，方便学生的转专业。2016 年起，学校就全面放开转专业。8 月份这段时间，我校的浙江省新生已经在网上学习预科课程，还有许多已经参加选考但自认为基础薄弱的同学也在自主选修预科课程。

4. 加大招生宣传力度，转变招生宣传方式

2017 年学校围绕整体平台设计、学院分块负责、师生全员参与的主线进一步加强新高考的招生宣传，推行"四个一百"工程（即落实百所生源中学、组建百支宣传队伍、打造百名教授专家库、实施百场宣传活动）。经过新高考的实践，我校形成了全校联动、全员参与、全媒体立体式宣传的工作格局。今年学校共组织 20 个学院 240 多名教职工深入 110 余所重点生源中学，参加了 120 余场次地市、中学招生咨询会，其中宣讲会 50 余场次。6 月份学校招生网累计访问量达 63.7 万人次；招办微信公众号发布招生宣传信息 90 余条，其中《高考志愿填报宝典》单条信息访问量达 2.38 万次。学校在校内校外、线上线下主动为广大考生做好全方位高考咨询服务。

（四）浙江商业职业技术学院

高考科目改革对高校招生与人才培养都提出了挑战，我校作为省内知名高职院校，早在 2014 年根据《浙江省人民政府关于印发浙江省深化高校考试招生制度综合改革试点方案的通知》精神，学校党政领导牵头，各院系积极配合共同研讨新高考背景下对学校招生、人才培养、学生管理等方面的影响评估。主要有两方面举措：

1. 适应市场需求，提升专业吸引力与竞争力

高考制度的改革主要是增加了学生的选择权，更好地展示考生的优点和特长，这就需要高校的专业要有特色，要有吸引力，对学校的专业建设和人才培养方案都提出了很大的挑战。我校在招生计划的制订上，主动适应市场需求，以第三方就业质量跟踪调查为依据，根据专业发展前景、就业市场需求、学校整体办学实力、满意度、专业实力（包括专业平台、师资力量、专业特色等）、毕业生用人单位满意度等指标积极调整各专业招生计划，主动淘汰不适应社会需求的专业。近两年，我校已经停招了计算机控制技术、文秘等专业，十三五规划中还明确规定要进一步整合专业，由现在的 34 个专业减少到 25 个。

2. 加强专业内涵建设，提升人才培养水平

我校根据自身办学特色及学校"十三五"规划，积极加强专业内涵建设，精准分析新商业产业链和生态圈的图谱和业态，大力建设电子商务（移动商务、商务数据分析与应用）、金融管理（互联网金融）、连锁经营、物流管理等专业，强力推进 5 个省级优势专业、9 个省级特色专业的一流专业建设工程，着力打造新商业模式下财经商贸类优势特色专业群，满足新商业人才培养需求。主动适应社会需求及高考改革政策，努力使专业建设、社会需求、提升人才培养质量形成良性循环。如开展通识类课程大班授课、专业核心课程小班化教学、国家现代学徒制与企业订单培养的人才培养模式改革，严格课堂教学管理，强化课程质量，提高课程的教学实效，真正提升人才培养水平。

（五）杭州职业技术学院

1. 完善专业动态调整机制

学校立足高职教育特点，紧密结合区域产业结构转型升级需要，健全由二级学院（校企共同体）提出、校企共同体理事会审议、学校发展委员会审定等程序构成的专业结构调整机制，确保及时调整、优化专业结构，形成适应区域经济社会发展需要的专业体系。各专业要实施人才需求预测和中学生专业倾向分析制度，加强就业市场调研和跟踪研究，建立以社会需求为导向的专业设置、专业改造和专业预警及退出机制，通过优胜劣汰促进专业结构的整体优化，从而促进人才培养质量的普遍提升。

2. 深化人才培养模式改革

进一步明晰专业人才培养目标。做好专业教学安排和课程教学设计,明确专业教学内容,提高课堂教学有效性。根据学生选考科目与兴趣在课程设置中增加选修课,给学生更多的选课权和选择学习机会。开设相关专业拓展课程,实施专业群相关课程选修共享机制。

3. 创新小班化、分层教学等课堂教学方式

针对当前学生选考科目的学习特点,在专业实习课教学中通过采用学生分层、教学目标分层、教学实施分层和教学评价分层等多种方式实施分层教学试点。

4. 大力开发教学资源服务课堂教学创新

出台政策立项开发与行业企业合作共同开发有特色创新的活页形式教材、新媒体教材;开展以"微课堂"为主要形式的微课资源建设并上网;开发建设以教学文件、工艺技术标准、生产工序录像、教学案例、教学实操视频、培训项目包为主要形式的数字化资源。

第三节 高校综合评价招生实施状况[①]

2014年国务院颁布《关于深化考试招生制度改革的实施意见》,提出改革考试形式与内容,规范高中学生综合素质评价,探索依据统一高考和高中学业水平考试成绩、参考综合素质评价的多元录取机制,即"两依据一参考"的综合评价招生。随后,浙江、上海、北京、天津、山东、海南等省市分两批相继启动高考综合改革试点工作,各省市的高考综合改革方案中都提出要建立、完善和规范高中学生综合素质评价制度,探索综合评价招生,将高中学生综合素质评价结果作为高校招生录取的重要参考。

将综合素质评价纳入招生录取的探索由来已久,从重点大学招生保送生、特长生到自主招生,再到高考综合改革试点省市实施综合评价招生,我国高校一直在探索综合运用多类评价要素的招生模式,弥补统一高考模式"唯分数论"的缺陷。2007年,中南大学率先使用"综合评价录取"的名称进行试点,依据考生

[①] 钟秉林、王新凤:《新高考综合评价招生的成效与现实困境探析》,载《高等教育研究》2019年第5期。

的高考成绩和学校考核成绩录取①。浙江省自 2011 年在全国率先实行"三位一体"综合评价招生,新高考后进一步扩大了试点范围;上海市从 2017 年起在自主招生等环节中使用高中学生综合素质评价信息,同时在春季考试招生中探索综合评价招生;山东省在部分中央部属和省属本科高校开展综合评价招生,要求高校组织教师采取集体评议等方式对综合素质档案进行分析评价,作为招生录取参考;北京市提出在部分高校开展综合评价招生试点工作,依据统一高考成绩、学业水平考试成绩、面试成绩和普通高中综合素质评价结果进行录取,并逐步扩大试点范围。综上,新一轮高考综合改革试点省市逐步探索将高中学生综合素质评价纳入高校招生录取,将综合素质评价结果作为录取学生的重要参考。

笔者研究团队 2019 年对某试点省市高考综合改革实施效果进行第三方评估,向高中教师、高中家长、高中学生、高校教师和高校学生进行问卷调查,分别回收有效问卷 2 357、12 336、13 025、8 490 和 35 635 份。跟踪研究发现,高校教师和高校学生对综合评价招生认可度较高,高校在将高中学生综合素质评价纳入招生录取方面也积累了一些经验,但综合评价招生的科学性、公平性和有效性依然有待提高,进一步扩大试点应审慎稳妥进行。

一、实施成效

国内学者对综合评价招生的成效持较为肯定的态度,如有学者认为,将高中学生综合素质评价纳入高校招生录取,是探索改变"一考定终身"的有效路径,扩展了高校和考生的双向自主选择权②;综合评价招生的评价要素比较全面,兼顾中学阶段评价、招生学校评价和统一高考三个维度③;有利于人才结构多样性选拔和引导学生个性化发展④;综合评价招生较好地落实了"两依据一参考",是未来高校招生的大势所趋⑤。笔者的跟踪调研也证实,通过试点学校的积极探索,综合评价招生取得了初步成效,形成了可以借鉴的经验。

---

① 边新灿:《高校综合评价招生改革:演进逻辑、模式选择和对策分析》,载《教育研究》2017 年第 7 期。
② 冯成火:《浙江省"三位一体"招生模式改革的思考和探索》,载《教育研究》2014 年第 10 期。
③ 边新灿:《甄选入学、自主招生和"三位一体"多元选拔模式比较研究》,载《浙江师范大学学报》(社会科学版) 2015 年第 2 期。
④ 王国华、裴学进:《地方高校"三位一体"招生制度及其完善策略——基于浙江省探索的分析》,载《黑龙江高教研究》2013 年第 3 期。
⑤ 翁灵丽、朱成康:《浙江省"三位一体"综合评价招生模式改革成效分析——基于公平性与效率性的视角》,载《上海教育科研》2017 年第 6 期。

（一）改革成效

将高中学生综合素质评价纳入高校招生录取，探索综合评价招生模式，实现了从单一评价向多元评价招生模式的转变，促进了高校由"招分"向"招人"的转变，拓宽了高考招生评价与选拔的路径，高校教师与学生的获得感比较强烈。

1. 有利于高校科学选才

综合评价招生改变了传统高考"见分不见人""唯分数论"的现象，有利于高校更加有效地招收到优质生源。问卷调查显示，高中教师（81.9%）、高中学生（83.0%）、高中学生家长（77.8%）和高校学生（90.2%）对"综合评价招生有利于缓解'唯分数论'"的观点深表认可，其中高校学生认可度最高。"考生三年的综合素质信息记录，是其高中阶段成长的珍贵缩影，呈现到高校面前，是一个个生动鲜活的成长博物馆，考生的综合素质评价信息也是高校招生的重要参考。"（U1 高校教师）高校通过对综合评价招生录取的大学生的 GPA 与面试等级分及高考投档成绩进行相关分析，发现二者之间有线性关系，考生面试成绩及高考成绩越高，在校 GPA 就越高（U1 高校教师）。

2. 有利于高校人才培养

一方面，综合评价招生的学生专业忠诚度更高，有利于高校人才培养。问卷调查中，80.4% 的高校教师认为综合评价招生有利于提高学生的专业忠诚度。受访者表示，通过综合评价招生进入高校的学生比普招有更稳定的职业性向（A2 机构 Z 处长）。衢州学院师范类专业通过综合评价招生入学的学生报到率达到 100%，学生的"乐教"意识明显较强，整体形象、气质、仪表也更加符合教师要求。另一方面，综合素质评价实现了学生的过程评价，有利于高校建立以学生为中心的教学质量监测体系，提高人才培养质量。试点高校除了在面试等环节参考考生的综合素质评价结果之外，还在培养阶段参考高中学生综合素质评价信息，有利于因材施教（U1 高校教师），在一定程度上促进了招生与人才培养的有效衔接。

3. 有利于拓展学生入学机会

受访者认为，综合评价招生给予了成绩中上的学生与顶尖学生"比肩竞争"的机会，靠裸分不能进入目标高校的学生，通过其他方面的素质表现可以征服面试官，继而获得进入重点高校的机会（浙江 M1 中学学生）。问卷调查中，88.0% 以上的高校教师认为综合评价招生有利于增加学生选择机会。访谈中，通过综合评价招生录取的学生对所录取专业的满意度比较高，也较有学习的积极性和后发力。因此，综合评价招生受到学生的追捧，学生报名人数逐年增加，"我校对学业水平测试成绩和综合素质评价都设置了门槛，要求比较高，但是报名依旧火热，吸引了 2 700 余名考生报考。"（U2 高校教师）2018 年浙江大学"三位一体"招生计划从 2014 年的 100 人扩展到 700 人，高校扩大综合评价招生的意愿强烈。

（二）改革经验

试点高校在探索综合评价招生过程中，确定了高中学生综合素质评价档案的使用规则，并根据学科专业发展定位提出特色要求，采取有效措施保证面试环节的公平公正，拓展多种渠道使用综合素质评价信息，这些做法与经验可以为其他高校提供借鉴与参考。

1. 明确综合评价招生各个环节的制度规则

首先，试点高校研究确定高中学生综合素质评价档案使用办法，并向社会公布，保证使用高中学生综合素质评价信息的客观性、统一性和规范性。其次，试点高校在报名环节设置前置条件，对考生的综合素质评价信息、学业水平测试成绩、特长生的竞赛等提出具体的要求，提前框选生源。如有的高校较为看重学科竞赛成绩，希望招收具有学科特长的学生；有的高校调整对学业水平考试的要求，适当降低门槛，希望招收具有较高专业忠诚度的学生。再次，确定综合评价成绩构成的维度和规则，如表 6-3 所示，一般包括学生的高考统考成绩、学业水平考试成绩、高中阶段综合表现、参与社会实践活动及学科竞赛成绩等，各高校评价指标的维度和权重各不相同，体现了学校人才培养目标定位的差异性和招生自主权；同时，为保证招生录取的科学性和公正性，各试点省市招办普遍对高考统考成绩在综合评价招生中所占的权重做出了下限规定，如不低于 60% 等。最后，试点高校根据考生的综合评价总分择优录取。

表 6-3　　　　　高等学校综合评价成绩计算方式

学校	综合评价总成绩
中国科学院大学	综合评价成绩 = X×60% + Y×30% + Z×10% X 代表高考成绩（含浙江省认定的加分），Y 代表综合素质测试成绩（满分值折算为与浙江省高考满分值一致），Z 代表高中学业水平考试成绩（满分值折算为与浙江省高考满分值一致）。 Z 由浙江省高中学业水平考试成绩换算而得。对于高中学业水平考试各科成绩全为 A 者，则 Z 为满分；成绩中每增加 1 个 B，在 Z 中按浙江省高考满分值的 2% 扣减；每增加 1 个 C，在 Z 中按浙江省高考满分值的 3% 扣减；出现 D 或者 E 者，一般不考虑其申请

续表

学校	综合评价总成绩
中国科学技术大学	对入围资格生的高考数学和物理成绩加权,并将加权后高考总分、学校测试成绩、高中学业水平考试成绩按 5∶4∶1 的比例计算综合评价成绩,公式如下: 综合评价 = $\dfrac{高考总分+(数学+物理)\times 0.5}{8.75}\times 50\%$ + 高校测试 $\times 40\%$ + 高中学考 $\times 10\%$ 其中:学校测试满分折算为 100 分;高中学业水平考试 10 个科目,各科所获等级按 A = 10 分、B = 9 分、C = 8 分、D = 6 分、E = 0 分折算,满分为 100 分,新高考改革前的非应届毕业生的"技术"科目成绩,取信息技术、通用技术两个科目成绩的平均值
浙江大学	根据考生高考投档成绩(折算成百分制)占 60%、学校综合测试成绩(折算成百分制)占 30% 和高中学业水平考试成绩(折算成百分制)占 10% 计算形成考生综合总分,满分 100 分。 综合总分 = (高考投档成绩 ÷ 750 × 100) × 60% + 我校综合测试成绩 × 30% + 高中学业水平考试成绩 × 10% 其中,高中学业水平考试成绩折算如下:10 门科目语文、数学、外语、物理、化学、生物、历史、地理、思想政治、技术等各科成绩按 A = 10 分、B = 9 分、C = 8、D = 6 分折算,高中学业水平考试成绩 = $\sum$ 各科折算成绩,满分为 100 分
上海交通大学	综合成绩的组成为:高考投档成绩占 60%,面试成绩占 30%,高中学业水平成绩占 10%。 考生的高中 10 门学业水平考试成绩按 A = 100 分、B = 90 分、C = 80、D = 60 分折算。新高考改革前的非应届毕业生的"技术"科目成绩,取信息技术、通用技术两个科目成绩的平均值。 若考生综合成绩相同时,再依次以高考投档成绩、高考数学成绩、面试成绩排序录取
清华大学	综合成绩按照中学学业水平测试成绩(折算成满分 10 分)+ 高校测试成绩(折算成满分 30 分)+ 高考总分(折算成满分 60 分)计算形成(若考生综合成绩相同时,则按单项顺序及分数高低排序,单项顺序排列依次为:高校测试成绩、高考总分、中学学业水平测试成绩)。 其中:(1)中学学业水平测试成绩折算方法:学业水平测试共 10 门科目,各科成绩按照 A = 10 分、B = 9 分、C = 7 分、D = 4 分折算,新高考改革前的非应届毕业生的"技术"科目成绩,取信息技术、通用技术两个科目成绩的平均值。中学学业水平测试成绩 = 各科折算成绩之和 ÷ 10(四舍五入取 1 位小数)。 (2)高校测试成绩折算方法:〔初评成绩 + 初试成绩 + 复试成绩〕(满分 100 分)× 0.3(四舍五入取 1 位小数)。 (3)高考总分折算方法:高考总分/750 × 60(四舍五入取 1 位小数)

续表

学校	综合评价总成绩
南方科技大学	按考生综合成绩从高到低择优录取。高考成绩（折算成百分制）占综合成绩的60%，综合素质测试成绩占30%，高中学业水平考试成绩占10%。考生综合成绩满分为100分。 高中学业水平考试成绩=所有测试科目等级分总和/科目数。按照A等=10分、B等=9分、C等=8分计算科目等级分。（新高考改革前往届生技术成绩，信息技术、通用技术中就高计一门）
复旦大学	高考成绩、面试成绩与高中学业水平考试成绩合成作为录取依据的综合总分：综合总分=高考成绩×600÷750+面试成绩+高中学业水平考试成绩 按综合总分高低将考生排序。 高中学业水平考试折算如下：10门科目等第成绩：语文、数学、外语、历史、地理、物理、化学、生物、思想政治、技术（新高考改革前的非应届毕业生的"技术"科目成绩，取信息技术、通用技术两个科目成绩的平均值），其中各科成绩按A=100分、B=90分、C=80、D=60分折算。高中学业水平考试成绩满分折算为100分。 高中学业水平考试成绩=$\sum$（各科折算成绩÷10） 同分情况下依次按如下成绩排序：面试成绩、高考成绩总分、高考语文成绩、高考数学成绩、高考外语成绩、高中学业水平考试成绩
北京大学	"三位一体"综合成绩满分为100分。其中高考投档成绩（折算成百分制）占总成绩的60%；高校组织的测试成绩（折算成百分制）占30%；高中学业水平测试成绩（折算成百分制）占10%。 高中学业水平测试成绩折算方法：浙江省高中学业水平测试分为语文、数学、外语、历史、地理、物理、化学、生物、思想政治、技术共10门科目（非应届毕业生的"技术"科目成绩，取信息技术、通用技术两个科目成绩的平均值），各科成绩按照A=10分、B=9分、C=8分、D=0分折算。 高中学业水平考试成绩=各科折算成绩之和÷10，满分为10分。 高校组织的测试成绩=（笔试成绩+面试成绩）×30%，满分为30分。 若考生综合成绩相同，则按单项顺序及分数高低排序，单项顺序排列依次为：学校组织的测试成绩、高考投档成绩、高中学业水平测试成绩

2. 根据学科专业特点提出特色化的要求

有的试点高校重视学生品德要求，注重考察学生的职业素养。如浙江大学在2017年"三位一体"综合评价招生中，突出学生高中期间的综合素质表现，尤其是品德表现，在材料初审环节中，同等条件下品德优秀的学生优先入围；要求院系面试中考察学生的职业素养，如考察医学专业考生对病人的人文关怀、医德医风等。有的试点高校重视运动健康与创新实践等评价结果，如杭州职业技术学院在提前招生考试的综合评价指标中，将学生的品德修养、运动健康与创新实践等评价结果作为选拔依据，满足高职院校培养高素质技术技能型人才的需要。有受访者认为，高职院校招生中参考综合素质评价档案的方式更多、权重更高一些。

3. 保证面试环节的公平公正

试点高校综合评价招生的面试环节一般采用随机产生面试专家组、封闭式打分、全程录音录像、结果公开公示等方式确保面试环节公平公正。如宁波大学在面试环节中采取考生和专家封闭式双随机策略，每个面试小组由来自不同学科的专家随机抽签组成，考生随机抽签确定面试组别；浙江工业大学在面试环节不分文理、不分专业，考生和专家均实行封闭式随机抽签；上海大学选择理学、工学、文学、历史、哲学、法学、经济学和管理学等学科门类的专家教授作为面试专家，建立专家库，实行严格的回避制度，考生分组与面试顺序均随机产生，面试在标准化考场进行，专家独立打分，全程录音录像，招生录取结果公开公示，接受社会监督。

4. 拓展综合素质评价结果的使用渠道

试点高校在综合评价招生的书面材料评审环节和面试环节，以及校园开放日、春季招生和提前招生等环节，多样化探索将高中学生综合素质评价结果作为招生录取的重要参考。如浙江理工大学在书面材料评审中引入高中学生综合素质评价档案；上海交通大学将综合素质评价档案提交给参加综合评价和自主招生的面试专家，供专家在面试中参考使用；上海科技大学自 2014 年开始，将综合素质评价档案作为考生"校园开放日"综合成绩的重要依据；浙江师范大学在普通高考录取环节中，遇到投档成绩同分现象时，参考综合素质评价档案进行专业录取。

二、存在问题

高考综合改革试点省市的跟踪调研情况表明，将高中学生综合素质评价档案作为高校招生录取的重要参考，探索综合评价招生，依然存在诸多质疑，突出表现为综合素质评价标准不一、划分等级依据不足、高校使用程度有限，以及综合评价招生对弱势群体的不利影响等，必须高度重视并进行深入探究。

（一）评价标准不一，存在信效度质疑

从试点省市实践情况来看，高中学生综合素质评价的内容、标准、操作规范等并不统一，给高中和高校带来较大困惑和操作上的困难，降低了综合评价招生

的信度。有学者认为，在全面考察学生的才能与品行方面，综合评价比书面考试更具效度，但信度方面却不稳定①。一是中学作为综合素质评价的责任方，因缺乏统一标准、缺乏量化指标而感到难以操作。受访者表示，"综合素质评价方案由各校自己拟定、实施，上级虽然有一些评价标准，但不够具体，各校情况差别比较大。"（浙江 M8 中学校长）因缺乏系统性的定性与量化相结合的指标体系，容易造成人为因素的干扰。二是高校作为综合素质评价档案的使用方，很难将综合素质评价档案在高校招生录取过程中快速、有效地使用，实现其作为招生录取重要参考的政策设计初衷。"高中综合素质评价表记录事项多，但学生各项目参与的程度、取得的成绩和获得的收获表述不尽一致，评价尺度较难把握。"（U4 高校教师）三是不同地区、学校的学生之间的横向比较缺乏效度，甚至存在造假等极端情况，影响公平与公正，动摇综合素质评价的权威性与客观性。"为了学生的利益，有些学校学生成绩会尽量填写的比较好，这样可能造成差学校的差生成绩可能比好学校的学生成绩还要高。"（浙江 M11 中学校长）

上述现象的产生有其深刻的原因。将高中学生综合素质评价纳入高校招生录取，从单一评价标准向多元评价标准转变，带来了学生评价制度和体系的变革，但目前我国尚未建立相应的多元评价指标体系。传统高考模式下单一评价标准是用一把尺子衡量，刻度是精确的；新高考模式下，综合评价招生用多把尺子可以更全面地衡量学习者的综合素质，但是不同尺子的刻度是否准确，按照多把尺子的度量总数相加后排序给予学生入学机会是否合理，如何让多元的评价指标更具客观性和可比较性等，目前均存在不同程度的质疑，并由此带来操作上的困惑与难度。这就要求国家或者地方层面制定统一的中学生综合素质评价指标体系和操作规范，以保障考生利益和维护入学机会公平。

（二）划分评价等级，带来公平性质疑

与上海方案以描述性结果呈现方式不同，有的试点省市为便于高校使用，规定高中学生综合素质评价按学生数量比例划分等级，旨在统一标准提高使用效度，但同时这种做法也带来公平性质疑。一是不同办学水平的学校，用同等比例划分等级，对优质学校的学生不公平。"不同办学水平的学校，毕业生的质量明显不同，用同样的比例划定 A 等，也是一种不公平"。（浙江 M2 中学校长）有受访者建议根据不同学校的办学水平对 A 等比例有所区别，但是这种建议也会因为学校的差异造成新的不公平。二是划分等级的做法对学校造成困扰，在一定程度

---

① 陈为峰：《大考、利害、评价指标的关联与辩证——兼论高校考试招生制度综合评价改革之困境》，载《当代教育科学》2017 年第 4 期。

上会影响师生或者同学之间的关系,受访者表示,等级评比的信息公示与否都成为比较纠结的事情。"学生综合素质评分结果和内容按照要求需要进行公示,部分学生的材料还需要全校范围内公示。这涉及学生隐私,部分互评和教师评价容易造成矛盾,因此综合素质评价的关键是如何如实记录和公开。"(浙江 M4 中学校长)

上述现象的产生有其必然性,与前述问题属于同一个问题的两个方面。不确定评价标准,高中和高校都感觉难以具体操作和有效使用;而以划分等级的方式确定标准,又会带来新的不公平。这是由综合素质的属性所决定的,从综合素质的内涵和外部表现形式而言,往往难以精确测定,高中学生的知识、能力、性格特征、道德水平等都很难用同一种标准来衡量。正如社群主义的代表人物戴维·米勒(David Miller)所说,"判断人们得到的利益是否与其品质相称,我们并没有可以援引的客观的品质的标准。"① "除非品质能够用诸如教育程度或打字测验这样机械的手段加以评估,否则我们就仍然是在主观的规范范围之内打转。"② 总之,将综合素质评价划分等级的公平性质疑,一方面是因为综合素质本身难以进行客观或者量化评价,另一方面因为高中学生处于成长的过程中,可塑性强,过早给学生进行定性评价,不利于学生未来长远发展。因此,不少受访者建议简化综合素质评价的过程,并将综合素质评价的等级评比调整为描述性评价,关键要改革招生录取机制,在综合素质评价档案的使用上下功夫。

(三)使用程度有限,影响学校积极性

跟踪调研结果表明,高校在招生录取过程中还未能将高中学生综合素质评价结果予以充分使用。一是高校层面对高中学生综合素质评价档案的应用程度不高。相关政策文件只规定了综合素质评价的维度,但没有明确规定高校如何使用,高中受访者对综合素质评价在高校招生录取中发挥多大作用存在质疑。"目前的综合素质评价大家都在实施过程中,但从招生文件和相关政策中,只能看到需要综合素质评价等级,至于这一等级的结果在高校招生录取中是如何产生影响的相关信息均无明确的资料。"(浙江 M4 中学校长)高校受访者表示,综合素质评价结果的使用耗时耗力,在紧张的招生环节中时间有限,综合素质评价结果对高校招生录取的参考价值也就受到限制。二是面试专家对综合素质评价结果的使用具有一定的主观性,存在对内容理解及把握不足的情况。试点高校组织不同学科的专家对考生进行面试打分,在增加公平性的同时,也会存在较为随意或者主

---

① [英]戴维·米勒著:《社会正义原则》,应奇译,江苏人民出版社 2001 年版,第 201 页。
② [英]戴维·米勒著:《社会正义原则》,应奇译,江苏人民出版社 2001 年版,第 211 页。

观的现象。"综合评价专家的抽取是随机的，但是有可能社会科学的教授抽到的是自然科学的学生，这个还是蛮难甄别的。"（A1机构主任）

造成上述现象的原因是多方面的。首先，如前所述，高中学生综合素质评价标准不一，高中学校在采集和整理综合素质评价信息的过程中可能存在形式主义、"走过场"的现象，造成综合素质评价本身的信度不高，高校对综合素质评价档案的可信度和可比性存疑，导致在招生录取过程中使用程度有限。其次，高校招生录取过程时间较短、招生录取规模较大，这些客观因素导致高校难以充分利用高中学生综合素质评价结果。最后，综合评价招生过程中的主观性与随意性问题，与评价标准的不确定性密切相关。米勒认为，程序执行者判断的不确定性可能会违背程序正义的本质，高校招生测试中测试者对申请者材料判断的主观性可能会导致通过这一程序进入大学的人并不是最优才能的申请者，"在一群申请人中间分配数量有限的大学入学机会时，我们能够对申请者进行排序，但是很难准确说出第一名比第二名高出多少，作出判断的标准并不是充分确定的。"[1] 因此，由于综合素质评价标准的不统一、招生录取程序的复杂性、招生录取标准的不确定性等因素，将高中学生综合素质评价结果纳入招生录取的改革尝试，依然任重而道远。

（四）扩大招生规模，对弱势群体不利

将高中学生综合素质评价档案作为高校招生录取的重要参考，在优化招生录取标准的同时，也会对社会处境不利群体学生的入学机会带来负面影响。问卷调查中，79.8%的高中教师、74.8%的高中学生都认可"综合评价招生对弱势群体不利"的观点。首先，综合评价招生以学科竞赛作为报考资格要求，弱势群体子女难以获得优势。在综合素质评价缺乏统一标准的情况下，试点高校多将数学、物理等某个学科领域的竞赛成绩作为综合评价的重要参考，但受师资和财力限制，薄弱学校的学生没有能力或者机会参加学科竞赛并在学科竞赛中胜出。而且伴随着学科竞赛的专业化和市场化，许多社会培训机构为学生量身定做、包装简历，收费很高，弱势群体子女很难受益（M2中学学生家长）。其次，综合评价招生面试环节中，能言善辩、逻辑清晰、举止得体的学生将更容易获得加分，偏远农村地区或者城市低收入群体的学生因缺乏丰富的社会教育资源，在综合评价招生面试过程中，其语言表达能力和学科知识面等方面也相对处于劣势，很难胜出。最后，重点高校综合评价招生规模的扩大，通过裸分录取学生比例下降，在一定程度上也意味着对薄弱学校和弱势群体学生入学机会尤其是进入重点大学机

---

[1] ［英］戴维·米勒著：《社会正义原则》，应奇译，江苏人民出版社2001年版，第170页。

会的剥夺。"在我们偏远地区,'985 工程''211 工程'等名校的裸考分数太高了,名额又少,我们的孩子和大城市的比肯定拼不过,这对我们的孩子来说很不公平。"(M8 中学家长)总之,综合评价招生对弱势群体子女不利,这已经成为一个普遍性的共识,"'寒门出贵子'这句话越来越难说了"(A2 机构主任),应该引起足够的重视。

上述现象产生的原因十分复杂,集中体现为公平与效率的矛盾。公平和效率是当今任何国家政府制定公共政策的双重价值基础,在资源有限的情况下如何实现有效率的公平是世界性的难题[①]。将高中学生综合素质评价纳入高校招生录取,探索综合评价招生受到高校欢迎,体现其人才选拔的效率;但是不能忽略弱势群体学生综合素质和能力的先天条件不足和后期培养环境不利。有学者认为,大众传媒和"同城待遇"对学生语言习得的影响在一定程度上消弭和跨越了伯恩斯坦所说的精致编码和局限编码的局限,但良好清晰的语言表达能力依然作为一种文化资本在代际之间传递,能言善辩的学生无疑将会在综合评价招生面试中更容易胜出[②]。美国学者卡内瓦莱(Carnevale A. P.,2003)和罗斯(Rose S. J.,2003)关注学生素质的多元性,从某种程度上为破解综合评价招生效率与公平的价值两难选择提供了一种解决思路。其研究指出,素质是一个动态的概念,不仅包括大学申请者的学业成绩,也包括他们需要克服多大的障碍获得这样的成绩,社会处境不利的学生能够取得不错的成绩,也具备将来克服其他困难的决心和毅力,这一点应该在高校招生中予以考虑[③]。因此,将高中学生综合素质评价档案作为高校招生录取的重要参考,既要考虑社会资源配置的合理性,又要考虑学生素质能力考察的全面性,应制定和实现多元的标准,使得不同社会背景学生的多元品质都能够得到充分呈现。

三、改进策略

将高中学生综合素质评价结果作为高校招生录取的重要参考,探索综合评价、多元录取的人才选拔方式,促进高校科学选拔合适人才,是高考综合改革的基本走向和重要举措。但从实践层面而言,在取得初步改革成效的同时,其科学

---

① 张斌贤:《追寻教育公平与教育效率的原初形态及其发展轨迹——评〈教育公平和教育效率——英美基础教育政策演进研究〉》,载《教育学报》2017 年第 2 期。

② 程龙衣、魏永莉:《语言编码理论能够解释当代中国教育问题吗》,载《上海教育科研》2011 年第 1 期。

③ Carnevale, A. P., & Rose, S. J. *Socio economic status, race/ethnicity and selective college admissions*. New York: The Century Foundation, 2003: 21 – 22.

性与公平性问题也备受争议。高等学校要增强责任感和紧迫感，抓住评价标准、指标体系、评价方式等人才选拔的核心要素，积极探索将综合素质评价结果与高考成绩相结合录取学生的模式、规则和方法。

（一）明确基本内涵，完善综合素质评价指标体系

高中学生综合素质评价指标体系是实现综合评价招生的重要基础。一是要明确综合素质评价的基本内涵和功能定位。高中学生综合素质评价的基本内涵是对学生全面发展状况的观察、记录和分析，强调对学生发展过程性的真实记录与描述，是发现和培育学生良好个性的重要手段，也是深入推进素质教育的一项重要制度。探索"两依据一参考"综合评价招生，其目的是转变以考试成绩作为唯一标准评价学生的做法和"唯分数论"的倾向，引导学生全面发展，并为高校招生录取提供重要参考。二是要调整和完善综合素质评价指标体系。高考应该是一种具有充分价值的评价，应该聚焦于学生的素质发展，实现素质发展的文化自觉是实现高考正义的主要途径之一[1]。科学合理的综合素质评价指标体系的设计和完善要统筹考虑学生全面发展要求、兴趣特长发展和个性成长环境差异等因素，全面准确地呈现出学生个体综合素质发展的特征，特别是要注重呈现不同社会背景学生的多元品质。

（二）加强统筹协调，构建地方综合素质评价平台

各级政府及教育行政部门要加强宏观指导，统筹推进综合评价招生改革的深化和取得实效。首先，发挥地方教育行政部门统筹作用，在实践探索中逐步规范高中学生综合素质评价的内容、形式、标准和操作流程及规范。有关综合素质评价的相关信息由地方教育行政部门认定并提供，学生参与社会实践和公益活动以及获奖情况也要视情况由地方教育行政部门进行认定。其次，构建地方层面的综合素质评价管理平台，制定相关规划，运用现代信息技术，逐步建立全省（市）统一的信息化管理平台，实现综合素质评价程序的公平公正，保证高中学生综合素质评价结果的客观性、统一性和规范性。最后，在地方政府主导下统筹社会资源，建立多种形式的高中学生社会实践基地，尤其要重视为欠发达地区和薄弱学校的学生提供社会实践教育资源。

---

[1] 丁念金：《论高考正义——我国高考改革的核心》，载《全球教育展望》2014年第7期。

(三) 鼓励多样探索，拓展综合素质评价运用渠道

对考生进行综合评价和多元录取，克服"一考定终生"和"唯分数论"的弊端，引导学生全面而有个性发展，是高考综合改革的基本价值取向和重要目标，也是高考改革的难点问题之一。高等学校要顺应改革趋势，主动进行改革探索。首先，多种渠道进行探索。在提前招生、自主招生、定向招生、综合评价招生等各种招生录取类型中使用综合素质评价档案；同时，引导院系在人才培养过程中以综合素质评价信息为基础，根据学生的特点因材施教，探索个性化培养。其次，加强高校招生能力建设。组织学校的招生面试专家进行培训和专题研讨，掌握高考改革"两依据一参考"的政策要点、高中学生综合素质评价的基本架构和内容，根据招生和培养类型、专业规律和特点提出综合素质评价档案的具体使用办法和关注重点。再次，开展综合评价招生专题研究。包括测试和面试成绩的效果分析、综合评价招生学生在校学习效果和毕业去向的跟踪评价等，为高校招生录取中有效使用综合素质评价档案提供对策建议。最后，推进与高中学校协同探索。在制订综合评价招生实施方案的过程中，充分听取中学校长和教师的意见，反映大学人才培养所关注的素质能力，助力高中完善综合素质评价档案，推进素质教育的实施。

(四) 实现招生自主，稳妥推进高校综合评价招生

高考的基本功能是科学选拔人才，综合素质评价档案在高校招生录取中如何使用，具体使用到什么程度，应该由高校在高考综合改革宏观框架的基础上自主确定。受高等教育招生规模及成本等因素的影响，以及现存的科学性和公平性等问题，当前在我国高校全面实施"两依据一参考"综合评价招生尚不具备条件，高校应该尊重现实、理性对待、循序渐进，不宜全面铺开。在启动高考综合改革的省市，可以适当扩大综合评价招生的范围和数量，尤其是扩大"双一流"建设高校的招生自主权，打破总分录取的传统模式，探索综合评价和多元录取的实现路径，通过深化综合改革破解上述现实问题，为其他省市和高校提供经验借鉴和参考。最后，高校要加强对综合素质评价档案使用过程中的监督和管理，优化招生录取环境，保证招生录取信息公开透明，杜绝暗箱操作等权力寻租现象，使高考招生回归科学选才的基本价值取向。随着社会法治化程度的提高和社会诚信体制的完善，高校综合评价招生制度才会有更加成熟探索的土壤。

第四节　高等学校要主动应对高考改革新挑战[①]

高考招生制度改革是一项社会关注度高、政策性强、涉及面广的系统改革。面对高考招生制度改革带来的新挑战和新机遇，高等学校要在更新教育观念、优化人才培养规格和选拔标准、构建综合评价和多元录取机制、深化人才培养模式改革、创新学校内部管理体制、提高师资队伍整体水平等方面加强系统研究和综合改革，推进学校的内涵建设和特色发展。

一、树立学生为中心的教育观

高考招生制度改革的核心价值取向是引导学生德智体美全面发展，这涉及一系列教育思想和教育观念的变革。首先，高等学校要确立以学生为本、促进学生全面发展的教育观，遵循教育教学规律和人才成长规律，围绕立德树人开展教学工作和其他各项工作，坚持全员、全方位、全过程育人，形成重视人才培养和教学工作的校园文化氛围。其次，要践行"因材施教"的教育理念，突破传统"千校一面""万人一面"培养模式的禁锢，研究学生的差异性，尊重学生的选择权，不断深化人才培养模式改革和教育教学体制机制改革，鼓励学生兴趣、特长的发挥，探索学生的多样化、个性化培养。最后，要在教学活动中坚持以学生学习为中心的教学观，摒弃以教师、教材和课堂为中心的陈旧教学观，转变教师角色，构建师生学习共同体，探索先进的教学方式和学习方式，加强师生互动和生生合作，鼓励学生自主学习和合作学习，不断改善学生的学习效果。

二、明确人才培养与选拔标准

高考招生制度改革的重要目标之一是优化人才标准和评价方式，科学选拔合适的人才。普通高校入学考试制度改革的主要内容包括：一是调整入学考试方式和科目。探索本科和专科分类入学考试，高职院校尝试"文化素质+职业技能"考试，以利于学校选拔技术技能型人才和学生选择适合自己的教育；探索外语等

[①] 钟秉林：《高等学校要主动应对高考招生制度改革新挑战》，载《高等教育研究》2015 年第 3 期。

科目一年两考，增加学生的选择性，分散学生的备考压力。二是改革入学考试内容。以国家基础教育课程标准和高校人才选拔标准为依据，突出对学生知识融会贯通能力、分析与解决问题能力和综合素质的考察；文理不分科，发挥高考的甄别选拔功能和对基础教育的导向作用，扭转基础教育过度强调应试的倾向和高中学生偏科的现象。三是完善高中学业水平考试，提高其规范性、科学性和公信力，促使学生学好每门课程。

高等学校要认真研究和确立人才培养目标，调整和细化人才培养规格，优化和明晰人才选拔标准，主动应对入学考试制度改革带来的新挑战。

一是明晰人才培养目标和规格。高等学校要根据国家和地方经济社会发展对高级专门人才的不同类型、不同层次的多样化需求，以及高等教育大众化发展的阶段性特点，结合学校发展目标定位和办学优势特色，明确学校及各专业的人才培养目标；要根据社会需求和专业特色，调整学生的知识、能力和素质结构，细化不同学科专业大类（或专业群）及专业的人才培养规格，避免学校之间、专业之间的盲目攀比和目标规格趋同。

二是优化人才选拔标准。高等学校要依据本校确立的人才培养目标和规格，进一步优化和明晰人才选拔标准。如大部分本科专业的人才培养目标是培养应用型人才，而不同类型和发展定位的高校，包括中央部委高校和省属重点高校，都应结合本校的学科专业优势和特色，面对特定市场需求，细化和明确人才培养的具体规格及相应人才选拔标准，体现学校及专业之间的差异和特色，吸引合适的人才报考本校。

三是明晰自主招生的选拔要求。自主招生试点高校要按照教育部有关政策规定，结合本校学科专业特色和人才培养规格，研究选拔具有学科特长和创新潜质的优秀学生的具体要求，将其体现在人才选拔标准之中，并公示于社会和高中学校，使考生申请和学校推荐能"有的放矢"，避免相互攀比和"掐尖"等现象的产生。

三、探索综合评价与多元录取

高考招生制度改革的总体目标要求是形成分类考试、综合评价、多元录取的考试招生模式，健全促进公平、科学选才、监督有力的体制机制。招生录取机制改革的主要内容包括：（1）建立和完善考生的综合评价机制。探索将高中学业水平考试成绩和综合素质评价档案作为高校录取的重要依据和参考的办法。（2）逐步取消录取批次，改进投档录取模式，增加考生和高校之间的双向选择，引导高校重视质量建设和特色发展。（3）逐步扩大高校招生录取的自主权，探索高校自主录取、注册录取、定向录取、破格录取等多种录取方式，建立和完善有利于人才选拔的多元录取机制；部分高职院校试行"注册入学"。（4）完善和规范自主招生。明确自主招生对象，优化自主考核内容，调整考核方式和时间。2015年起，90所自主招生试点高校不再举行联考，学校单独组织的测试放在高考之后、成绩公布之前（6月10日到22日）进行。（5）规范高考加分政策和招生录取秩序。大幅减少奖励性加分，降低加分分值，杜绝资格作假；打击各种舞弊行为，维护高考招生的安全性和制度公信力。

高等学校要研究和构建考生综合评价和多元录取的新机制，应对招生录取机制改革带来的新挑战：

一是提出学业水平考试科目的要求。高等学校要配合上海、浙江高考综合改革试点，根据本校的人才选拔标准和学科专业结构特点，在深入研究不同专业学生的知识、能力和素质结构的基础上，按学科专业大类（或专业群）向试点省市提出考生高中学业水平考试的3个（或3个以下）科目要求，作为考生选择纳入高考总成绩的三门高中学业水平考试科目的参考。

二是论证和调整招生录取模式。高等学校要抓住招生录取机制改革的难得机遇，依据人才需求预测情况和学校及专业人才培养目标和规格，研究论证符合学校人才培养模式改革思路和目标的招生录取模式和办法。如探索按专业大类（或专业群）宽口径招生录取，或按专业对口招生录取等，为学生进校后的培养及培养方式的改革做好准备。

三是建立考生综合评价机制。高等学校要研究对考生进行综合评价的基本原则，制定相应实施办法，建立考生综合评价机制。如组织教师等专业人员对高中学校提供的学生综合素质档案进行研究分析，采取集体评议、等级评定等多种方式，对学生思想道德、学业水平、身心健康、艺术素养、社会实践等方面的表现和学科、体艺特长情况做出全面客观高效的评价，探索将综合素质评价结果与高考总成绩相结合作为高校录取学生的重要参考的规则和方法等。

四是完善考生多元录取机制。高等学校要建立科学的标准和规范的程序，稳妥探索和不断完善自主录取、推荐录取、定向录取、破格录取等多元录取机制。对高中阶段全面发展、表现优异的学生，实行推荐录取；对符合条件、自愿到国家需要的行业、地区就业的学生，实行定向录取；对在实践岗位上做出突出贡献或具有特殊才能的人才，实行破格录取。自主招生试点高校要发挥学科专家的作用，优化考核内容，探索科学有效、简便规范的考核方式，将反映考生学科特长和创新潜质的考核结果与高考总成绩相结合，实行自主录取。

四、完善多样化人才培养方案

普通高校入学考试方式与内容改革，以及招生录取机制改革，将使未来的高校生源在知识结构、兴趣特长、能力素质结构等方面发生新的变化，必然对高校人才培养和教学工作带来深刻影响。高等学校要认真研究新问题，从培养方案和专业建设、课程体系和教学内容、教学方法和教学手段等方面不断深化人才培养模式改革和教学改革。

一是探索多样化的人才培养模式。高等学校要研究新生知识结构和能力素质结构的变化情况，根据自身目标定位和社会需求，探索构建多样化的人才培养模式。要坚持科学定位、各安其位、多样化探索，避免培养规格和模式趋同。如培养学术型人才和高端应用型人才的本科院校要抓住招生录取机制改革的机遇，积极探索按学科门类、专业大类（或专业群）招生和培养的宽口径人才培养模式，满足社会和市场对高级专门人才的高端需求；培养技术技能型人才的本科院校和高职院校要面向行业和企业需求，加强产学合作和产教融合，积极探索多样化的人才培养模式，满足社会和市场对具有较强实践能力的技术技能型人才的迫切需求。

二是调整优化人才培养方案和教学计划。高等学校要结合专业特色和社会需求，调整和优化人才培养方案和教学计划。要注重平衡好通识教育与专业教育、理论教学与实践教学、宽口径培养与职业能力养成、对口按需培养与夯实拓宽学科专业基础之间的关系；要优化学生的知识结构和能力素质结构，调整课程体系，更新教学内容，努力提高人才培养效果与社会需求的契合度，改善学生的就业和创业能力。

三是抓好专业建设与改革工作。专业是人才培养的平台和载体，生源质量、培养质量和就业质量是衡量专业建设水平的核心指标。高等学校要明确专业设置原则，规范专业设置，构建科学的学科专业体系，完善专业的准入机制和退出机制；要根据生源结构和市场需求的变化情况，适时调整和更新专业内容；要处理好专业与学科、专业建设与学科建设之间相辅相成的辩证关系，发挥学科在专业人才培养中的基础性和支撑性作用；引导教师通过科学研究和技术研发促进教学水平和质量的提升。

四是改革传统的课堂教学模式。高等学校要认真研究互联网技术和知识数字化技术发展带来的知识传播渠道和方式的新变化，高度关注"慕课""翻转课堂""微课程"等基于互联网的教学方式对高校人才培养工作带来的冲击，着力改革以教师和教材为中心的传统课堂教学模式，根据不同专业和课程的基本要求和特点，探索探究式学习、讨论式教学、线上线下教学结合等新的教学方式和学习方式，促进学生的自主学习和合作学习，重视学生独立思考能力、知识融会贯通能力、问题意识和批判精神的养成。

五是集中精力抓好内涵建设和质量建设。试点省市将逐步取消本科招生录取批次，这对高校招生和人才培养工作带来了深刻影响，学校之间的生源竞争将更趋激烈。高等学校要主动应对取消录取批次带来的新挑战，淡化身份等级观念，增强抓好质量建设、办出专业特色的紧迫感和危机感，将主要精力放在学校内涵建设和特色发展上，通过提升办学水平和社会声誉来吸引数量充足、质量较高的生源；通过精心的培养，使每个学生都成为社会有用之才。

五、加强教师与管理队伍建设

应对高考招生制度改革带来的新挑战，对高校教师队伍和管理干部队伍建设提出了新的更高的要求。高等学校要进一步加强队伍建设，提高教师队伍和管理干部队伍的整体水平，提升教师和管理干部的综合素养。

一是完善教师队伍建设规划。高等学校要认真研究经济社会和科技文化发展的新特点，跟踪国内外教育教学改革发展新趋势，结合学校实际情况，明确教师队伍建设的思路和重点；要重视和加强师德建设，关注教师的职业生涯发展，优化教师队伍结构，包括年龄、学科专业、学位、职称和学缘结构，以及专兼职和"双师型"教师结构，不断改善教师队伍的整体水平。

二是加强制度建设和政策导向。高等学校要改革教师聘任和考核制度，引导教师处理好教学与科研的关系，坚持教学相长、教研相长，不断提高育人水平和学术水平；要重视将科学研究和技术研发资源和成果转化为优质的教学资源，转化为课程与教材的新内容、开出新的教学实验、为学生提供毕业设计（论文）选题，以及支撑特色专业建设等，为培养创新型人才创造条件，提供支持。

三是加强教师和管理干部的培训工作。高等学校要加强教师的职业发展规划和在职培训工作，重视提高教师的教学能力和水平，尤其是教师发现学生的特长和潜力、指导学生选课选专业和规划学习生涯的能力，以适应高考招生制度改革和学习制度改革的新要求；要重视教学管理人员和学生工作干部的培养培训工作，提高他们的教学管理水平和学生思想政治工作水平，为学生的成长成才提供人力资源支撑和保障。

六、探索高校组织与制度创新

普通高校入学考试制度和招生录取机制改革的推进，将带来高等学校人才培养模式的变革,必然对学校内部治理结构和管理体制机制提出新的改革要求。

一是高等学校要加强人才培养体制改革和内部管理体制改革的系统研究和顶层设计,积极探索体制机制和学习制度创新。如根据经济社会发展需求和学校的人才培养目标和规格,适时开展按大类宽口径培养、学分制、短学期制、书院(学堂)制的改革探索,抑或进行订单式培养、产学合作育人等多样化的改革尝试。

二是要抓住高考招生制度改革带来的难得机遇,优化学校的学科专业结构,调整院系设置和教学组织,为深化综合改革搭建组织框架;同时,要适应学习制度和人才培养模式改革的要求,探索教学管理机制和学生事务管理机制创新。

三是要完善学校内部教育教学质量监控和保障体系,明晰质量标准,优化指标体系,改革评估方式,强化评估结果反馈和改进工作的机制,建立学生学习效果跟踪和评估机制,不断改善学生的学习效果。

四是要推进和完善现代大学制度建设,制定和实施大学章程,为深化人才培养模式改革、提高人才培养质量提供制度保障。

综上所述,高等学校要进一步增强紧迫感和责任感,主动应对高考招生制度改革带来的严峻挑战,抓住难得的改革和发展机遇,在全校形成改革共识和改革合力,稳妥扎实开展综合改革实践探索,促进自身的内涵建设和特色发展。

第七章

高考改革试点方案的科学性与公平性评估

第一节 高考改革试点方案的科学性

考试的科学性主要是用信度、效度、难度、区分度来评价[1]，信度、效度、难度、区分度等都是衡量新一轮高考改革方案总体效应科学性的重要指标。信度用来评价测验的可靠性程度，效度评价测验的有效性程度。难度和区分度能够影响测验的信度与效度，过易或者过难的题目与区分度很低的题目会降低测验的信度与效度。高考改革试点方案总体效应的科学性研究，主要是通过实证研究，对高考命题考试、招生录取过程中体现科学选拔人才的有效性进行研究论证，分析推动和阻碍有效性发挥的因素。

一、考试科目的科学性

（一）实施的效果

一是促进学生全面而有特色的发展。高考改革贯彻选择性的教育理念，增加

---

[1] 吴根洲：《高考效度研究》，华中师范大学出版社2016年版，第4页。

选考科目，目的是以选考呼应高中新课改倡导的选课，引导学生在共同基础上个性化发展。考生在选择高考考试科目时，可以根据自己的兴趣、爱好、特长和专业取向及拟报考的学校、专业对选考科目的要求来进行科目选择。高中学业水平考试是新高考的配套方案，所有学科必须通过合格性考试，可以保证学生的全面考核；在此基础上进行"6选3"或者"7选3"的选考科目设置，坚持学生选择的自主性，满足学生学科兴趣和个性特长。选考科目和必考科目两种不同性质的学业水平考试，在内容、能力要求和难度上加以区分，对高中教育中学生的全面发展将有所促进。这一方面有利于学其所好，考其所长，实现有兴趣的学习；另一方面有利于培养选择能力、生涯规划能力。

"为充分发挥新的普通高中学业水平考试制度在素质教育中的作用，作为上海高考综合改革总体方案的重要配套措施，必考科目坚持全面考核，促进学生完成各门课程的学习；选考科目坚持自主选择，为每个学生提供更多的选择机会，促进学生发展学科兴趣与个性特长；坚持统筹兼顾，促进高中教育教学改革，认真落实从'考什么教什么'到'教什么考什么'的转变。"（A1机构管理者，2017）

"这次考试改革的初衷就是给考生选择性，从我们的出发点来说，是给考生更多的选择性，让学生学其所好、考其所长……我们'7选3'，如果从正常情况来说，七门课让考生自己选择感兴趣的、有特长的，应该对考生是一个极大的利好，他是真正的学其所好，也有利于提高学生的学习兴趣和学习动力，最大程度发挥学生学习的主观能动性。"（A2机构管理者，2017）

二是促进学生的全面发展。考试科目选考加必考的科目设置，尤其是上海从"3+1"改为"3+3"模式，无论是从国家发展还是个人发展的角度，都是非常有必要的。在基础教育领域中，也在一定程度上纠正了部分考生和家长只顾眼前的急功近利的倾向。"3+3"的科目设置，更好地满足学生个性特长发展需要，将以前文科或者理科的划分转变为文理兼修为主的趋势，有利于提升学生科学素养和人文素养，有利于提升学生的综合素质和全面发展。

"从我们学校选课的数据来看，在实行新高考之前选择纯理科的学生，占了总体的80%，选择纯文科的学生占了20%左右。那么从实行新的高考改革之后，我们选择文理兼修的学生人数占了80%以上。因此高考改革对于学生全面提升他们的综合素质，我认为应该是有益的，不是说我现在就定下来选理就选理了。我认为科技素养和人文素养对一个孩子来说都是非常重要的，尤其基础教育。"（上海M11中学校长，2017）

三是有利于高校招生。"必考+选考"的模式对文理交融的学科来说，更容易招到合适的学生。新高考在科目设置方面，高校拥有了一定的自主权。不同类型和水平的高校可以发挥在招生中的自主权,将选考科目与专业的相关性和专业对考生的吸引力结合起来,以招到最优质的生源。虽然这在一定程度上可能引发功利化的倾向,但在一定程度上也反映出高校在招生上的自主权。

"无论是学校、家长还是学生都基本达成了原有的预设,或者说和原有的高考没有明显的差异,甚至略有进步。往年'211''985'高校大概考一百四五十个,今年是一百六十多个。家长觉得自己的小孩没有吃亏,整体情况相对平稳。这也为下面的选课创造了良好的条件。"(浙江 M5 中学校长,2017)

"填报志愿时,对选考科目高校有一定的自主权,这个是原来没有的,现在至少每个专业要去考虑哪几门是跟专业相关的,要提出要求的。自主权的使用每个高校都有不同,'985''211'高校估计是真正在考虑选考科目跟专业的相关性,一般的高校原来生源质量并不是非常好,这类高校更多地还要考虑专业对考生的吸引力,可能在选考科目上再动一些脑筋。举个例子,师范院校跟高中接触较为密切,设置选考科目要求时很多专业到高中调研,发现学生选历史和化学的比较多。有的专业可能为了吸引更多学生报考,把这两门科目放进去。所以一般的院校可能会把专业相关性和专业对学生的吸引力两方面结合起来考虑。层次更低的高校,为了吸引学生可能把选考要求放得更开。所以从选考科目上,有的时候可以看出这个高校的层次。"(U6 高校教师,2017)

总体来说,浙沪两地坚持必考科目全面考核,促进学生完成各门课程的学习;选考科目坚持自主选择,为每个学生提供更多的选择机会,促进学生发展学科兴趣与个性特长,有力地推动了高中教育教学改革。从实施的成效来看,这与改革的目的和初衷是符合的,结果和预设也基本上一致。

(二) 存在的问题

新高考选科模式的实施给高中教学带来了一些消极的影响。一是学生一旦做出了选考科目的选择,对其他科目的学习重视程度就会下降,不利于学生全面发展和综合素质的培养。选择理科的学生比例也会下降。

"理科科目的比重明显看到有一点下降,对于我们学生的培养来说,可能也令我们很多同行有点担忧,这也是不可回避的问题。为什么呢?语数外三门课里面,如果过去认为数理能力里面数学占 1/3,一百五十分,然后再加上我们'6 选 3',理科相对而言比重下降以后,可能孩子的精力、各方面投入度相对来说肯定也减少了,这也是现在大家比较关注的,这一块我认为还是值得探究和探讨的。"(上海 M11 中学校长,2017)

"有些学生选课明显削弱了高中知识体系的完整性和科学性。例如有一些学生选了生物不选化学，选了技术不选物理，选了历史不选政治。所以我认为是否能适当缩减一些选择性，比如将物理、历史作为必选科目，虽然学生的选择减少了，但对于学生后续发展有利。"（浙江 M5 中学校长，2017）

二是由于选考科目之间天然存在的差异，加上等级赋分存在的不足，选科上存在避重就轻的倾向，导致不同学科选考人数存在较大的差异，部分科目（物理）选考人数急剧下降，出现"驱赶效应"和"磁吸效应"。这种效应让学生不能按照自己的兴趣选科学科，也不符合文理融合、学生全面发展的改革初衷，需要引起重视。

三是选科给中学的教学带来了一定的冲击，学校的师资、硬件等难以满足选科的需要。比如，浙江的技术学科（由信息技术和通用技术组成）尤其是通用技术学科方面的教师比较缺乏，在师资、教材还没有充分配备的情况下，将技术学科纳入选考会给中学带来一些困扰。

同时，选考科目设置对高校招生也带来了一些问题，引起思考。一方面是选考科目与高校专业匹配度的问题，目前高校对选考科目的要求比较乱。不论是专业名称，还是每个专业的选考科目要求都五花八门。2018 年 3 月，教育部出台了《普通高校本科招生专业选考科目要求指引（试行）》这个问题有一定的缓解。另一方面，高校按照高分录取的高利害性，使得考生和家长选考科目具有功利性。

"有一部分考生可能既满足兴趣爱好又得高分，也有一部分是为了得高分抛弃了自己的兴趣爱好。制度设计的初衷是好的，但是我们在技术层面怎么设计还需要进一步研究。"（AA 机构管理者，2017）

（三）改进的建议

受访者对此提出了改进建议：一是建议政府加大教育投入和保障力度。在提升现有资源统筹、提高使用效益的基础上，适当增加教师编制。增加教育投入，提供经费保障。二是加强对学生生涯规划的指导，引导学生尽可能从个人的爱好、特长来选科，避免进行过度功利化的选择。三是在选考科目上，由现行的"6（7）选 3"改为"6 选 2"，历史、物理学科改为限选，其余两科自选。

"我们当时也提出很多想法，比如说是不是也来大文大理，不要'6 选 3'，可以'6 选 2'。大理捆物理、大文捆历史，限选和任选结合，这是一个方案。第二个方案，学生家长还是围绕高校需要什么人才、录取需要什么条件来选择的，假如你高校所有的物理专业都必须选考物理，那肯定会多选一点物理。"（浙江 M6 中学校长，2017）

二、考试命题的科学性

（一）实施的效果

文理不分后，数学学科的难度把握是一个严峻的挑战。浙沪两地均采取了有效的举措，在命题上进行了积极的探索，保证了 2017 年首届新高考数学科目的平稳。两地考试机构制订了详细的命题方案，在考试内容、能力考查要求、难度把握等方面做了细致的研究和论证工作，并且组织了考前测试，收集了大量关于考生能力的测试数据，这为试卷难度把握提供了重要参考。从结果来看，各类考生的感受度较好，试卷难度符合预期。

"针对不分文理，新高考方案相对以前的方案有三个特点：（1）题量减少。相对以前的题量，减少了两道填空题，给考生减负，让他们有更充分的思考时间，这也与'考查考生能力'的考试目标相适应。（2）试卷难度层次更加分明。不分文理之后，考生群体中的个体差异比原来文或是理的群体都要大，要让每个层次的个体都有所发挥，就要有较为分明的、不同难度层次的试题。试卷中有大量的基础题，也有一定量需要适度思考的题，还有少量探究题。特别值得一提的是填空题，共有十二道，难度跨度较大，根据难易设置两种不同的分值。（3）试题的情境更注意各类考生共同的基础。文理分科时，尽管考查目标一致，但文理各有其特色。文理不分后，更强调各类考生所需具备的共同的数学核心素养，试题更注重基础性，考查通性通法。"（A1 机构管理者，2017）

"针对文理不分科如何命题，我们的应对策略，一个是文头理尾。起点要低，入口容易，进去以后要平稳，确保学生可以有四十到五十分保底。第二个策略是稳住低端、搞活中端、控制高端。稳定低端就是起点要低，搞活中端是要以比较容易或者稍微有点难度的题目为主，提高区分度，控制高端就是控制高分段的密集度，为高水平大学的选拔提供基础。第三个策略是调整试题数量，增加区分度。"（A2 机构管理者，2017）

（二）存在的问题

由于命题时首先保证选拔性，即优先按照区分度来命题，因此文理科学生对高考试题的难度存在争议。部分文科学生和老师提出了一些质疑，认为数学考试题存在"文头理尾""平地起高山"的现象，前面 70% 是平地，后面的 30% 分是高地，学生难适应，教师难把握。这可能影响了数学考试的公平性。

"今年的卷子跟以前的相比，文头理尾，文科试题入手、理科试题收尾，感觉还是可以的，但会出现什么问题呢？原来文科生，特别是艺术生、体育生变得更差，更拿不到分数。不管怎么样，这个文头比原来的文科还是稍微难一点。而有些数学很好的学生，他觉得考得不过瘾，没有发挥出数学这个学科的优势来，这个要找到黄金分割点估计是挺难的。"（浙江 A7 中学校长，2017）

（三）改进的建议

针对改进考试命题科学性的建议，访谈者认为，一是高考数学试卷仍然采用"基础卷＋附加题"模式，各高校专业在提前公布选考科目的同时，公布该专业是否考核考生数学"附加题"部分；二是应尽快依据高中课程的学业质量标准，制定详细的考试方案；三是高考命题首先要保证选拔性，要有区分度，应该在高校选拔机制上加以改革。

"建议高考数学试卷仍然采用'基础卷＋附加题'模式，各高校专业在提前公布选考科目的同时，公布该专业是否考核考生数学'附加题'部分。"（U6 高校教师，2017）

"关于数学学科命题难易程度的问题，我觉得命题肯定首先保证选拔性，要区分度，既然是文理不分科，就没有必要再去考虑原来文科生觉得这个题难，否则还是回到文理分科的老路上去。既然文理不分科，就按照选拔性怎么样把高考生区分开来，分数出来按照正态分布考两端少中间多就可以。总之，不要再考虑数学命题对文科生有利，还是对理科生有利，而是按照区分度来命题。"（A2 机构管理者，2017）

"数学难易度问题是文理分科这么多年形成的，可以逐步改变过来，但是难度的把握还是要考虑。对于数学、物理这样的课程，可以在高校选拔机制上动一些脑筋。"（A2 机构管理者，2017）

三、等级赋分的科学性

（一）改革成效

等级分采取了按人群比例划等，再给每个等级赋分的技术处理方法，然后与语文、数学、外语的原始计分合成一个总成绩。这在一定程度上实现了科目之间的可比性，同时对命题也起到了一定的保护作用，避免难度上的变动可能带来消极影响。因此，新一轮高考改革中选考科目实施等级赋分在科学性上有一定的缺陷，但是一种退而求其次的选择。在这一点上，浙江和上海等实施高考综合改革试点的省份对此是有共识的。

"最终选择这样一个方式，是基于我们现有的基础条件。从目前的选课情况来看，学生选考的情况不一样、学科选考的比例也不一样。方案设计讨论时，基于现有的基础条件各学科选考的人数是大体相当的。"（A1机构管理者，2017）

（二）存在的问题

等级赋分制的科学性质疑表现在以下三个方面：首先是选考科目不等值影响考试方式的科学性。等级分的计分方式，从科学角度讲，有一定的争议。目前的计分方式是简单按照原始分数的排名来赋值，这就导致一个学生在某一门科目上能够获得的成绩，除了取决于自身的能力水平外，还在很大程度上取决于什么水平的考生同时选择这门科目。这就会导致选考之间的博弈以及高中有选择性地或者强制性地开设某些选考目等问题。在实践中，等级分的一个明显漏洞是：可以通过控制参加某批次某科目的考生群体，来达到提高成绩的目的。在部分中学，已经出现了一些不尽合理、不符合育人导向的博弈举措。

"学生和家长普遍有一种心结：学生获得等级性考试的成绩不仅在于自己的努力，还在于参加这场考试的学生群体的状况如何，与原先高考科目的原始分（虽然也有调整分）相比，有博弈的成分。"（A1机构管理者，2017）

其次是出现了科目选择的功利化倾向。由于科目之间的差异，实践中出现了明显的"驱赶效应"和"磁吸效应"，所谓"驱赶效应"，即优生扎堆物理学科，将大量的考生从物理学科驱赶出去，并引起恐慌心理，造成连锁反应，使选的人越来越少，相对层次差的学生逃离物理学科比较明显，导致本来就中等或者中等偏上的学生在等级赋分时不能取得相对高分，致使选考物理人数连年下降。所谓"磁吸效应"是指学生扎堆偏易学科，起点较低的生物、技术，对数理逻辑要求不高的历史、政治科目选的人会更多，各段的人都会拼命地往里挤，选某些易学科目的人就会越来越多，就产生磁吸效应。这样的效应导致学生不敢根据自己的兴趣、爱好、特长来进行选择，学科不平衡偏离了国家提出的关于"文理不分科，学生全面发展"的改革目标。

"根据等级度转换来看，一定程度对于优秀人群集中的选考组合的学生来说，也是比较担忧的。尤其选择物理化学这两门课兼修的孩子来说，他们也担心。从我们学校来看，第一届在没有家长干预情况下，我认为学生的选择是常态的、很自然的，按照喜好选择，根据统计，选了两门理科以上的孩子占了87%。但是现在的新高三，下降了近10%，为什么呢，我认为可能有家长干预了。因为考物理风险大了，考不到高分，家长也是担忧的。"（上海 M11 中学校长，2017）

最后是影响考试分数的区分度，强化分分必争。等级分制度的初衷是尽量减少学生出现分分必争的现象，但是根据浙沪两地一些中学的反馈，学生分分必争的现象有所加重，这与改革的初衷不一致。也可能会存在因为区分度降低，而凸显语文学科的重要性，出现"得语文者得天下"的担忧。有学者以物理学科为例，指出物理学得好而语文、外语成绩一般的同学，很难被录取，因为物理成绩对高考总成绩的贡献被边缘化了[①]。

"区分度以及整个赋分的问题的确是个难题。区分度不高的原因可能是现在学考和选考放在一起。学考是合格性考试，而选考是选拔性考试，选考的分值太低，区分度不然不会太大。"（U6 高校教师，2017）

"由于我们现在选考科目难度定在 0.75 到 0.78 以后，本来我们期望尽可能减少或者不让家长孩子产生分分必争的现象。第一年实行等级考以后，与我们原来的期望值有一点距离。原来我们认为等级考完以后大家不会分分必争的，都不是太重视，但实际上反而有点加重。为什么呢，等级考分数相差一分，说不定就相差一个等级，实际要相差三分。中学家长学生会重视，也是一个心态的问题。"（上海 M11 中学校长，2017）

"这次改革以后，总体的区分度是增加的。过去文综理综考试，理综考 270 多分算是顶尖学生，差生多多少少百八十分还是有的，现在这个区分度就可能造成三百分和零分。这个区分度的增加是赋分制人为造成的增加，但是从高分段来看区分度是减小的。浙江 M5 中学今年考试，选考三科最高分和一百四十几名之间只有十分的差距，这在过去的考试中是不可能出现的。这就造成语文、外语的重要性凸显出来。这一点对于以招收农村学生为主的中学感到很吃亏。这些学生肯吃苦、肯刷题，但在外语、语文上能够有一个突破难度是比较大的。得语文者得天下，对于农村学校来说怎么去提升语文挑战很大，学生也会有不公平的感受。"（浙江 M5 中学校长，2017）

（三）改进的建议

改变当前按照人数比例划分的方式，改为依据等级标准内涵相对固定的划分方式。按照人数比例来划分等级，简洁明了，但却使得各等级的实际划分标准

[①] 朱邦芬：《"减负"及我国科学教育面临的挑战》，载《物理与工程》2016 年第 4 期。

受当次考生水平、参考人数、试题难度的影响,从而导致标准本身的不稳定。同一个考生(即使能力不变)参加两次考试,很有可能会被划入不同的等级。在考试技术上,可以通过标准设定与维护等手段,来使等级划分标准摆脱参考人数等外在因素的影响,确保其在各考次之间的稳定,这是保证考试科学、维护考试公平的必然要求。因此,改进等级赋分制的科学性与公平性问题有以下三种建议:

一是实施标准分,即建议采用"标准参照"的学业水平等级计分方式,实现不同批次考试成绩的可比、等值。"采用等级赋分本身不是问题,国际上很多知名的考试,都是采用等级分,关键是我们依据什么标准去制定等级分。按标准参考或者水平参照计分方式,是根据一套外在客观的能力标准,独立评判每个考生达到这个标准的程度。因此,每个学生的等级与其他学生无关。这种方法的好处是,只要这个标准不变,不同批次考试的成绩都是可比、等值的。"(U6 高校教师,2017)

二是限制选科,通过对高校招生选考科目加以限制,解决选择物理科目学生人数下降的问题。"高等院校在设置专业的选考目要求的时候,尤其是重点专业,对国家人才战略非常重要的专业,能否在招生的时候对专业的限制更加优化、更加科学性,以鼓励和吸引更多优秀学生来选择这些科目,比如说物理化学兼修的。"(上海 M11 中学校长,2017)

三是改变考试方式,暂缓实行一科两考和统一选考科目考试时间,避免同一科目考试人群不确定,继而成绩不可比的问题。"一科两考后,高中三年统一考试的次数又会大幅增加,考试本来就会对学校的正常教学秩序带来很大冲击,而且考试成本也较高,多次考试肯定会增加学生的课业负担。同时,统一选考科目考试时间。选考科目建议统一放在高三年级,避免高二、高三不同年级竞争的关系,竞争对象可以实现统一。"(U6 高校教师,2017)

四是按照考生总数设置等级赋分统一的技术,调节学生的功利化选科。有受访者认为,假设所有考生对七门课感兴趣的人数比例是差不多的,等级赋分时按统一的基数,而不是按报名的实际人数来划分,以这个来调节功利性的选择,让学生真正按照兴趣来选择。

五是以附加题等方式提高要计入高考总分的原始考卷的区分度,规避等级赋分制的弊端。"要提高计入高考总分的原始考卷的区分度,可以采取以下办法:一是仍然采用加试的方式,让那些需要把某科成绩计入高考总分的学生做附加题,大幅度扩大附加题的分值和区分度。二是为学考和选考两类不同考生采用不同的试卷,保证要计入高考分数的选考考卷相应的区分度。"(U6 高校教师,2017)

总之，没有一种计分方式是完美的。等级赋分、标准分等各种计分方式都有其自身的弊端，等级赋分的问题标准分一样存在，因此，选择计分方式更重要的还是服务于人才培养的目标。

四、招生录取的科学性

（一）实施的效果

上海 2017 年率先合并一二本批次为一个本科批次，针对改革可能带来的变化及风险，教育考试院提前预判，统一思想，早做安排，平稳顺利地推进了改革。首届录取工作的特点是：高校的投档满足率大幅提高；考生志愿满足率大幅提高；院校位序未出现较大变化，绝大多数院校的各专业组之间分差不大，整体保持稳定，外省市高水平大学均一次投满，生源充足且良好，合并批次的本科普通批次退档考生人数仅 10 人，比去年同期的大幅减少。另外，采用院校专业组的模式之后，所有考生不分文理，统一按高考分数从高到低排队，逐一检索并进行投档录取。有效地解决了文理科生源和文理科计划之间的不平衡问题，有利于高校招生及社会稳定。

浙江 2017 年首届录取工作在平稳状态下进行，录取方案的发布有序进行、模拟演练有序进行、志愿填报有序进行。整个录取工作出现了"四高一低一无"的特点。四高为：志愿的填报率高、投出率高、满足率高和匹配度高。一低是：专业不服从的一个都没有，退档率非常低。一无是：没有专业计划的调整。这大大增加了学校招生的公信力，也提升了招生录取工作的公平性和科学性。新高考取消录取批次、实施平行志愿的改革首先增加了学生的选择权。

"取消录取批次非常重要的价值肯定是扩大学生的选择权，可以不再按照批次、按照身份选择学校，更关注学校本身的办学质量和办学特色，这是非常好的。原来担心的 80 个志愿是不是要很痛苦选择，实际上家长能找到自己的办法，仍然是先选学校，再选专业。"（浙江 M7 中学校长，2017）

其次受益的是高校。引导高校关注办学质量提升，取消录取批次后对不同办学水平的学校都有所促进。对高水平大学来说，因为在社会及其学生心中的固有排位，影响不大；而对普通本科院校来说将会大有促进，尤其是促进其提升办学的特色和水平，在新高考中获得录取排位的上升。"录取批次取消对高校是好事情，至少对我们学校是好的。现在我们 98% 的专业都能在一段内录满。这也说明原来人为划分的这种模式是不合理的。"（U6 高校教师，2017）

同时，对一些有办学特色的学校而言，可以招到符合学校发展定位与人才培养特点的学生。

"一本二本合并之后,对于高水平大学,尤其是'985''211'和双一流大学来说,由于他们在社会以及学生心中的固有的排位,对这些高校的招生应该说是影响不大的。那么关键在于'211'附近,以及普通的一本二本院校,我认为相对来说可能会有点浮动,影响力比较大,刚刚两位高校代表也做了一些发言。在这一点上,如果有一定数量的特色品牌专业和特色学科,那可能在一本二本合并之后反而赢得了录取排位的上升。"(上海 M11 中学校长,2017)

"我们学校每年在上海招生,本二以上本科批次 1 170 多人,还有提前批招生,每年要招 70 多人在上海。因为我们是海事的,所招的学生都是要出海、上船的,有一个身体的特殊的要求,像视力、身高都是有要求的。所以往年最担心的是提前批招不满,每年招到二本线就没有生源了。原来我们的专业招的理科学生都是学物理化学和生物,今年根据高考改革,我们招生就换成了物理化学和地理。今年招生情况非常好,在上海比本科线高二十几分就录满了。把生物换成了地理以后可选的人数多了,总量大了,今年的提前批录得非常好。"(U5 高校教师,2017)

(二) 存在的问题

一是报考难度增加。录取改革后,考生在填报志愿时的选择余地增大,可以根据自己兴趣来选择理想学校和专业,但同时也面临选择的困惑,对于考生和家长来说还是具有一定难度。受访者认为,从考生来说,原来存在本专科不同的分数线,将考生按照分数高低划分为几个群体,在志愿填报上虽有交叉,但总体影响不大;取消批次后,一所学校不管分数高低,人人都有填报资格,这就容易导致志愿"扎堆"现象,造成一些好学校及专业填报的人多、差学校及专业填报的人少,从而形成两极分化的情况。

因此,对高分考生报考独立学院的个别案例,被访谈者也有不同的看法,多数被访谈者认为这是个案现象,"现在批次取消就等于是把三六九等给打破了,这本身是一个好事情,我的意思是说整个录取批次不管怎么变,实际上出现一些极端的个例,例如说 640 分进了独立学院,就造成社会舆论的一些质疑声音。"(A2 机构管理者,2017)但从发展的眼光来看,如果学生主动作出这样的选择,对高校的发展是积极现象,受访者认为,"今年出现了极个别的情况,网上也在炒作,比如说 646 分填报了独立学院,闹了乌龙。我觉得这种现象可能是个好事情,因为我看到一个新闻,一个高考状元放弃北大,到北京一个职业院校,摘金夺银,技术类照样干得好。可能国家要往这个方向去引导,不一定都要去冲清华北大。"（浙江 M7 中学，2017）"有一些高分学生主动往低层次高校去选，也让家长看到一些冷门高校中的优质专业，这对高校优质专业发展也是很有好处的。"（浙江 M5 中学，2017）

二是对中学教学干扰。部分中学反映大学的自主招生对中学教学的干扰比较大。首先是自主招生考试的内容的不确定性，使学生和教师比较茫然，学生不知道学什么，教师不清楚教什么。其次是信息不对称，招生信息不够公开，不够透明，有些政策不明朗，也有一些高校仍用过去的老方法招考学生。最后是考试过于频繁，大学组织的考试比较多，干扰正常教学秩序。

"我感觉现在的自主招生对中学的干扰有点大。有些高校放的门槛很低，诱惑很大，把一大堆学生诱惑出去，上千人考最后只收几十个，学生来回折腾，诱惑一大批，受惠极少数，我觉得这个不对。另外高校自主招生考试命题太随意，应该要事先告知大概的考试范围。当下自主招生存在的问题是政策不清楚、信息不透明、考试内容不明确、学生的选择受限制。让学生能够享受到公平公正的待遇，这才是我们要追求的东西。"（浙江 M7 中学校长，2017）

"自主招生对学校，特别我们这类学校的干扰比较大。一个是自主招生考试内容的随意性，老师和学生比较茫然。例如考数学用英语考，那么到底是考英语还是考数学？划定一个考试范围更有利于学生备考。另一个就是信息不透明，很多学校自主招生的时候，等到要考了还不知道考试形式和考试内容；还有信息不对称，一些信息不是所有高中都知道，我们会觉得不公平。考试的公平不仅是考试过程、录取过程的公平，更应该做到考试信息的公平透明。希望'三位一体'、自主招生考试要注明考试科目、考试类型，理科指定范围、文科适当放开。"（浙江 M5 中学校长，2017）

三是对高校的影响。高校出现同一专业不同段次的考生，对学校学生管理、教学设计会有一定的挑战。"批次取消以后对高校肯定压力大，高校的应对就是大类招生，把专业打包在大类里面。现在社会对我们国内的高校教育没信心的很多，现在初中、高中毕业送出国的现象很多，出国留学的数量每一年都在增长。从我的角度来说，录取批次取消能够促进高校思考怎么加强专业建设，办出高质量的高等教育，不能因为高校觉得有压力我就退回去。"（A5 机构管理者，2017）

（三）改进的建议

访谈对象提出提升招生录取方式科学性的建议包括：一是考试机构、大学要加强招生宣传，让考生及时了解志愿填报、专业录取等方面信息。二是中学要加强对学生的职业生涯教育，引导学生提前规划学业。三是进一步完善高校自主选拔，包括综合评价招生的有关要求。

五、配套改革的科学性

（一）实施的效果

关于考试内容与课程改革的衔接问题、合格性考试和等级考试的考试标准等问题，浙沪两地均采取了有效的措施，保障考试内容和课程改革的衔接。上海在这方面做的工作尤其细致、全面。市教委组织高校、教研、一线教师组成的专家团队制定了高中教学指导方案，同时根据学业水平考试的工作计划，教研部门和考试部门共同研究、分批制定各有关科目合格性考试和等级性考试的命题要求，对考试难度、内容、试卷题型组成和考试时间等作出相应规定。组织考试部门、市、区两级教研部门以及各区教育行政等部门负责人开展相关学科课程标准调整的解读与命题要求的专题培训，明确考试要求和标准，有效缓解教师、考生、家长的焦虑情绪，避免形成新的、无谓的学习负担。

（二）存在的问题

一是课程改革的滞后。新高考实际上是一次综合改革，考试先改，但课程大纲、教材显得有点滞后，这给中学教学带来了一定的负面影响，给学生带来了一些不确定性，增加了应考的压力。

"考试内容和课程改革的衔接也是我很焦虑的一个问题。作为一线教师，按理来说应该先有教材，再进行改革。现在教材没有变，改革已经在推进了。尤其是数学学科，有的时候跟数学老师们讨论，最喜欢的是（20世纪）80年代的数学教材，代数上下册、立体几何一本、解析几何一本；现在是必修一、必修二、必修三，浙江有的必修三几乎不学了，教学顺序也不统一，有的14523，也有的12345，这是不对的。数学是最讲逻辑的学科，这个设计是有问题的。教材的问题要慎重，不能教材没有但是改革在推进，这个顺序是有问题的。"（浙江M7中学校长，2017）

"在决策层面，我们的高考改革方案对标准的制订、考试说明等能够达成一致，一条是教学标准，一条是考试说明。显然目前我们对考试的说明的关注度比较高，所以，我们几次等级考和语数外的高考说明出来以后，培训的过程中关注度和一致性做得比较好……而教学基本要求按照新的标准来调整，这个调整的培训条件可能不够，所以理解上可能会有差异，这个差异实际就造成了学生、基层学校的焦虑和不确定。"（A1机构管理者，2017）

二是合格性考试与选拔性考试关系的科学性质疑。浙江省首轮试点改革将选考与学考两份试卷合一，作为选拔性考试的科学性存在质疑。"作为多年高考科目以及学考选考科目的评卷点，建议学考和选考如能完全分为两份试卷来考核，更能体现选考的选拔意义。就目前学考选考的分值分布来看，70%是过关性考核，难度较低，而通过之后的30%来选拔，其科学性有待商榷。"（U6高校教师，2017）

三是合格性考试和等级考试的考试标准的编制的科学性存疑。"合格性考试和等级考试的考试标准编制，也许上级部门很认真，但是我觉得请的都不是真正的专家。应该请一线老师多参与，不要请校长，尤其是不上课的校长，要请真正懂行的去制定标准，制定学科指导意见。"（浙江M7中学校长，2017）

（三）改进的建议

一是尽快出台新的课程大纲、教材；二是进一步完善学业水平考试的大纲，尤其是选考部分的内容和要求；三是尽快参照教育部高中课程标准修订高中学业质量标准的内容，形成高中各学科学业质量标准，并以此为依据开展教学和评价。

2018年8月，教育部出台《关于做好普通高中新课程新教材实施工作的指导意见》，提出已经组织修订并颁布了《普通高中课程方案和语文等学科课程标准（2017年版）》（以下简称"新课程"），正在组织编写修订普通高中各学科教材（以下简称"新教材"），统筹考虑新课程新教材实施和高考综合改革等多维改革推进的复杂性，提出从2019年秋季学期起，全国各省（区、市）分步实施新课程、使用新教材：高考综合改革试点省市，可以于2019年秋季学期高一年级起实施新课程、使用新教材；2018年启动高考综合改革的省市，可以于2019年或2020年秋季学期高一年级起实施新课程、使用新教材；2019年启动高考综合改革的省市，可以于2019年或2021年秋季学期高一年级起实施新课程、使用新教材；2020年启动高考综合改革的省市，可以于2020年或2022年秋季学期高一年级起实施新课程、使用新教材。同时要求各省（区、市）结合实际，认真总结前期课程改革经验，组织开展基础条件评估，深入研究多项改革交替叠加可能给普通高中学校带来的困难和挑战，在此基础上提出本地实施新课程、使用新教材的时间，制订相应的工作计划和方案。

第二节　高考改革试点方案的公平性[①]

长期以来，我国高校招生考试制度的公平性备受诟病，招生计划的分配、考试内容与形式、招生录取方式等环节都存在公平性的争议。2014年，国务院颁布《关于深化考试招生制度改革的实施意见》，国家和地方层面高考改革方案陆续颁布实施。浙江和上海启动首轮高考综合改革试点工作，2017年山东、北京、天津、海南两省两市加入第二轮高考综合试点改革。促进公平、科学选才、促进学生全面发展是新高考改革的三重目标，采取多项措施促进高考的区域公平、城乡公平、考试公平。但是旨在促进教育公平的改革在实施过程中依然存在很大的争议，比如2016年因为"支援中西部招生协作计划"在江苏、湖北等地引起的"减招事件"，高考综合改革试点省份选考科目存在的"田忌赛马"现象等，引起广泛社会关注。在国家深化教育体制改革的背景下，在国家和地方高考改革方案实施的过程中，从不同利益相关群体的视角评价新高考的公平性，恰逢其时。

新一轮高考改革在增加农村和贫困地区学生上重点大学的人数、缩小中西部地区高考录取率的差距、取消录取批次、实施平行志愿录取等方面都有显著成效，新高考改革增加社会处境不利学生的入学机会，增加高校与学生的双向选择权，减少高校因身份固化而带来的不公平竞争，可以说提高了新高考的公平性。项目组对浙江、上海、山东、北京四省市教师群体发放的调查问卷分析发现，67.5%的被调查者认为我国现行高考制度"非常公平"或者"比较公平"，47.5%的被调查者认为新一轮高考改革"充分反映"或者"较好反映"了人们对高考的公平诉求，高考公平性得到普遍认可。但在招生计划分配、考试内容与形式、招生录取方式等方面依然存在公平性的质疑，11.5%的被调查者认为高考制度"比较不公平"或者"非常不公平"，8.7%的被调查者认为新高考"没有反映"或者"较少反映"人们的公平诉求。

根据类属分析法，项目组将被访谈者对新高考公平性的评价归纳为四个维度，包括招生计划分配的公平性、考试内容的公平性、考试方式的公平性、招生录取方式的公平性四个维度，其中考试内容和考试方式的公平性受到的质疑最多，而招生录取方式的公平性受到的肯定更多。

[①] 王新凤、钟秉林：《新高考公平性问题及应对策略研究：基于浙沪经验》，载《国家教育行政学院学报》2019年第4期。

一、招生计划分配的公平性

新高考在招生计划分配方面提出了多项致力于促进公平的举措，包括提高中西部地区和人口大省高考录取率，继续实施"国家支援中西部地区招生协作计划"；增加农村学生上重点高校人数，继续实施"国家农村和贫困地区定向招生专项计划"等，旨在破解高考的区域公平与城乡公平争议。新高考招生计划分配的公平性主要体现在依然存而未决的分省（市）定额分配政策不公平，以及新高考在农村与贫困地区专项计划、中西部招生协作计划方面的公平性问题上。调查问卷分析显示，58.7%的被调查者"赞同"或者"非常赞同"新高考改革提高中西部地区和人口大省高考录取率的措施；66.4%的被调查者"赞同"或者"非常赞同"实施"国家支援中西部地区招生协作计划"，对社会处境不利群体的补偿性高考政策比较受欢迎，但这并没有改变我国当前分省定额的招生计划分配方式，专项计划没有从根本上解决问题，中西部招生协作计划也面临损害属地考生利益的质疑。

（一）分省定额的公平性

我国高校招生计划分配受制于多种因素制约，教育部历年发布的高校招生工作规定都阐述了高校安排招生计划需要考虑的多重因素：一是国家、地方政府、高校多重权力主体；二是多重客观条件限制，包括高等教育资源分布、地区生源分布、高校自身办学条件等；三是多重利害考虑，包括国家核定的年度招生规模、毕业生就业去向、专业结构、层次结构、区域结构、人才需求的分析与预测等；四是多种价值取向，包括自主、科学、合理等。高考公平问题在此体现为招生计划分配的合理性。受访者认为，我国高校招生计划分配综合考量了多重维度，是相对公平的。但目前我国招生计划分配实施分省定额政策，存在省际招生计划份额严重不均衡的情况，尤其是重点高校属地招生比例过高，对于山东、河南等人口大省，报考人数多、录取比例低造成不公平。浙江的受访者认为，在本地就读的学生转学到北京、上海等地后，能够被更好的学校录取，让人感觉不公平；而北京地区的受访者认为，北京作为2 000万人口的大型城市，精英人才聚集，其子女同样很难获得优质高等教育资源，招生计划分配的分省定额政策因多方利益冲突而受到质疑。

（二）专项计划的公平性

21世纪以来，中国高等教育实现跨越式发展，高等教育规模发生了巨大变化。但是，高等教育规模的扩张并没有缩小高等教育机会的阶层、城乡以及民族差异，多项大规模实证研究也证明了这一点。我国学者对全国人口的抽样调查显示，大学扩招并未使高等教育机会的阶层不平等、城乡不平等和民族不平等下降，较高等级的高等教育领域的阶层和城乡不平等更加显著①。高等教育规模的扩张拉大了高等教育入学机会的不平等，尤其是优质高等教育入学机会的不平等。因此，我国提出多项政策对农村和贫困地区的学生进行补偿，实施面向农村贫困地区的专项计划，包括农村贫困地区定向招生专项计划（即国家专项计划）、农村学生单独招生（即高校专项计划）、地方重点高校招收农村学生专项计划（即地方专项计划）三个计划，作为统一高考的补偿性政策。

受访者非常赞成这类补偿性高考政策制定的初衷，但他们也认为这项致力于增加农村和贫困地区学生上重点大学人数的政策治标不治本，从长远来看并不能解决根本性问题：一是不能从根本上改变农村地区教育落后的现实，因此根本之计还是要振兴乡村经济、复兴乡村教育，"授之以鱼不如授之以渔"。二是补偿性政策并没有覆盖所有需要补偿的人群。国家专项计划针对国家823个贫困县，没有贫困县的省份即便是农村户口也不能受益；专项计划将目标群体锁定在县城高中就读的农村学生，那么城市低收入人群、市区重点中学就读的农村学生就不能获得这个机会。三是专项计划目标群体的身份难以精准定位，目前专项计划仅仅定位于农村户口，并没有与家庭经济状态等其他条件挂钩，因此也可能是农村户口的"奶油层"②，即经济资本和文化资本相对充分的群体受益。

（三）协作计划的公平性

支援中西部地区普通高校招生协作计划，是指"国家专门安排给录取率相对较高、高教资源相对充裕省份的招生计划增量，在不降低本省高考录取率前提下，面向高考录取率较低且办学条件不足的中西部省份招生，是为促进区域入学机会公平实施的专项计划。"③ 2016年，教育部发布《关于做好2016年普通高等教育招生计划编制和管理工作的通知》，其中包含"2016年部分地区跨省生源计划调控方案"，方案发布后引起江苏、湖北两地大规模群众性事件，称为"减招事件"。对此，受访者承认，高考政策是一项国家政策，招生计划的分配应该从国家的整体而不是自身利益出发去考虑，这符合中国的历史和国情。但"减招事

---

① 李春玲：《高等教育扩张与教育机会不平等——高校扩招的平等化效应考查》，载《社会学研究》2010年第3期。
② 申素平、王俊：《美国公立高校积极差别待遇录取政策反思》，载《教育研究》2017年第9期。
③ 教育部：《教育部有关负责人就2017年普通高等教育招生计划管理工作答记者》，教育部官网，2017年5月10日，http://www.moe.gov.cn/jyb_xwfb/s271/201705/t20170510_304227.html。

件"问题的关键是制度不够透明,政策执行层面也可能存在不当,受访者用了"幌子""障眼法"等词语,描述对高考公平政策失灵或者执行走样的评价。国家致力于促进区域公平、保障考生的权益,对弱势群体进行政策补偿,但因为信息不对称等因素而影响到民众对政府的信任。2017 年 5 月,教育部印发了《关于做好 2017 年普通高等教育招生计划编制和管理工作的通知》,江苏、湖北依然是调出招生计划数最高的省份,但教育部同时发布官方[①]和专家解读文章[②],强调招生计划是在增量上做改革,计划公布之后,社会舆论平稳。

二、考试内容的公平性

新高考考试内容的公平性问题主要体现在高考科目设置的选择性衍生出来的公平性问题和考试内容的能力立意存在的两难价值选择。

(一) 科目设置的公平性

新高考改革实施过程中,在增加学生选择性的同时,也出现了"田忌赛马"的功利化选科倾向和物理选考人数"断崖式下滑"的现象,受访者担心这将对我国高校理工学科发展、拔尖创新型人才培养、民族科学素养提升以及创新型国家建设产生影响,其中一个重要的原因就是高考科目设置的选择性带来的公平性质疑:

一是"绿叶的逃离":选考物理对成绩中下的学生不利,因此首先被"驱赶"出选考物理科目的群体,造成"绿叶的逃离"。新高考科目改革所造成的"驱赶效应",首先对中下生源不利,他们为了避免完全为优秀生源垫底的情况,会首先逃离物理学科。平时学习成绩相差不大的学生,可能会因为选择了物理学科而比其他同学成绩低,继而不能进入理想的学校。甚至有处于中上水平学校的物理老师也劝学生不要报考,从自身立场出发自然希望学生选考物理,但是如果选考物理学生就不能考上理想的学校,不如尽早放弃。新高考在一定程度上推动了高中学校的两极分化,顶尖的中学依然稳居金字塔顶端,中上层次的中学可以利用"三位一体"等综合评价招生让更多学生获得优质高等教育机会,而中等偏下和农村地区的薄弱学校则被远远甩在后面。可以说,新高考是一场改变了游戏

---

① 教育部:《教育部有关负责人就 2017 年普通高等教育招生计划管理工作答记者问》,教育部官网,2017 年 5 月 10 日, http://www.moe.gov.cn/jyb_xwfb/s271/201705/t20170510_304227.html。
② 钟秉林:《科学认识招生计划管理,正确看待区域教育公平》,教育部官网,2017 年 5 月 10 日,http://www.moe.gov.cn/jyb_xwfb/s5148/201705/t20170510_304290.html. 2017 – 05 – 10/2017 – 12 – 18。

规则的社会再生产，使强者更强、弱者更弱。

二是"学霸给学霸当分母"：中下生源被驱赶出选考物理科目的群体中，继而对优秀生源不利，因为学霸不想给学霸垫底。这使得高考这一相对公平的制度受到普遍的公平性质疑。大量优秀考生扎堆的物理学科，会因为这种"驱赶效应"引起恐慌，继而选择物理学科的人数会更少；而选择了物理学科的优秀学生，会明显感到"吃亏"，有强烈的不公平感。总之，选考物理科目还是放弃，对优秀的学生还是对中下成绩的学生来说，都会存在不公平，选考科目的等级赋分制使学生的选科掺杂更多博弈的因素。

三是"得语文者得天下"：选考科目区分度降低，语文科目重要性凸显，可能对薄弱学校学生不利。所谓的"得语文者得天下"，是指语文成绩高的学生获得更高的分数，进而获得更好的高等教育入学机会。新高考中，选考科目区分度降低，语文成绩高的学生能获得高分，语文成绩提高慢的学生因而"吃亏"，同时语数外统考三科中两门为语言学科，可能对男生不利。

四是考试科目的性别偏见：对语言学科的重视和文科生源的增加对男生不公平。男生更擅长理性思维和逻辑推理能力，而女生更擅长形象思维，语言能力较强。而新高考模式下，语数外三门必考科目中两门是语言学科，这对语言能力较强的女生更有利，从而对男生造成不公平。同样，新高考科目改革后造成文理科比例倒挂，即理科生源大量减少和文科生源的大量增加，可能会使得高校中女生也随之增加，继而在高等教育入学机会上产生性别不平等，这会对提升国民的科学素养不利。

（二）考试命题的公平性

新高考在考试内容方面强调能力立意。访谈中，中学校长和教师都多次提到新高考试题更加强调能力培养，强调学科素养，并认可这种能力培养为导向的改革。"上海命题对学生能力的考察越来越重视，数学试卷的命题非常成功，可以看到对学生数学能力和思维的要求，跟以往有一种传承发展。"（上海 M9 中学校长，2017）但考试内容的能力立意也因能够为打破了传统的教学、评价模式带来的不确定性而受到质疑。中等学校的教师担心能力立意对本校的考生不利，有教师承认强调学生的应用能力是有益的，但因为课程内容讲授程度和难度的不确定性，以及学生不适应这种能力立意的命题方式，而对他们所在的中下层次的中学不利，觉得很"可怕"。薄弱中学的校长说，自己的学生"吃亏"。外语和语文成绩的提升是需要时间的积累的，尤其需要较为丰富的文化资源为基础。而农村地区因为师资队伍水平与城市有一定差距，文化资源相对匮乏，外语和语文成绩提升较难。在"应试教育"模式下，薄弱学校的学生较容易获得高分；而能力导向的新高考改革模式下，农村学生在短时间之内则较为"吃亏"。

三、考试方式的公平性

（一）等级赋分制的公平性

等级赋分制设置初衷是解决不同选考科目之间分值的可比性问题，以等级制计分避免学生分分必争的现象。但是等级赋分制实施过程中，其区分度和公平性问题受到质疑：对高分学生不利，物理选课人数大规模下滑；拉大分数差距，强化分分计较；与不同考试次数等问题叠加，降低高考权威性。

语数外三门科目是统考科目，因此可以直接用原始分计分。而选考科目，因为学生选择不同，科目的分值无法直接比较。为了解决不同科目之间可比性的问题，试点省份选考科目计分方式使用了等级赋分制，即按照既定的比例，对每门科目的原始分进行等级的划分。如浙江省明确了选考科目等级赋分的规则："高中学考成绩采用等级制，设 A、B、C、D、E 五个等级，E 为不合格。以卷面得分为依据，A、B、C 等按 15%、30%、30% 最接近的累计比例划定，E 等比例不超过 5%。"[①]"考生各科成绩按等级赋分，以当次高中学考合格成绩为赋分前提，高中学考不合格不赋分，起点赋分 40 分，满分 100 分，共分 21 个等级，每个等级分差为 3 分。"[②] 有被访谈者认可等级赋分制的优点，认为等级赋分能使学生了解自己的大概位次和区间，而且没有原始分那么尖锐的差异，可以缩小弱势群体和优质学生之间的差异，"既公正又有尊严"。（浙江 M2 中学校长，2017）当然，这种赞同的声音是比较少的。多数被访谈者，不管是高中学校校长、教师、学生，还是教育行政部门有关人员都普遍对等级赋分制带来的科学和公平性问题感到焦虑。

一是对高分学生不利，物理选课人数大规模下滑。受访者普遍认为，选择物理的学生多数是比较优秀的学生，物理成绩比较好的学生其他科目成绩也相对比较好。通过等级赋分制的制度设计，人为地将物理学科成绩拉平正偏态分布，就会使得高分学生成为更高分学生的分母，因而对优秀考生不利。他们将会进入技术学科等其他科目，成为"分子"获得更好的选考科目分数。这将会影响生源质量，继而影响全国高校在本地区的录取招生。

[①]《浙江省普通高中学业水平考试实施办法》，浙江省教育厅，http：//www.zjedu.gov.cn/news/27105.html。

[②]《浙江省普通高校招生选考科目考试实施办法》，浙江省教育厅，http：//www.zjedu.gov.cn/news/27105.html。

除个别一流大学的理工科专业限定选物理外，大部分专业并不要求学生一定要选物理，又因为一流大学只有顶级精英才能考取，这些精英中的大部分会选择物理，对于余下的广大考生来说，选物理从功利的角度来说就不明智了，很难拿到 A 相反放弃物理，损失的只是一小部分的专业，所以这直接导致了选物理的人数直线下降。同时对精英学生也不公平，因为等级制决定了必然会产生 D 档和 E 档，很有可能这些考了 D 档和 E 档的学生实际物理并不差，只是参考的人太优秀。（上海 M6 中学校长，2017）

二是拉大分数差距，强化"分分计较"。等级赋分制拉大分数差异。等级赋分制首先是根据原始分数划分等级，然后再根据等级进行分数的转换，可能使得一分之差的成绩经过等级赋分两次转化之后成为三分的差距，进一步强化了"分分计较"。

三是等级赋分使公平性问题叠加。等级赋分制与考试次数等叠加的公平性问题，降低了高考的权威性。不同考试次数考试的时间、内容、群体等都可能会有所不同，都按照同样的比例划分等级，会影响高考成绩的权威性与公平性。不同考试次数、不同考试科目之间分数是否等值的问题是存疑的，而浙江又是将学考与选考两种不同类型的考试放在一起，选考的分值太低区分度也存在质疑，甚至存在通过控制参加某科目的考生群体达到提高成绩的目的的现象。

总之，等级赋分制按人数比例划分等级，使得各等级的实际划分标准受当次考生水平、参考人数、试题难度的影响，从而导致标准本身的不稳定性加强，因此会影响高考科目、考试次数等改革的实际效果。等级赋分制造成考生分数的扁平化，可能影响学生的自我预期，进而不能被理想的学校录取。更重要的是，等级赋分制带来高考科目选考人数畸多畸少的问题，物理学科选考人数大规模下降引发社会关注，给国家人才培养埋下隐患。

（二）考试次数的公平性

新高考改革考试次数，是为破解"一考定终身"，给学生更多选择机会，也分解考试压力，在一定程度上减轻备考负担。新高考设计中，将高考分解为学业水平考试和高考统考两个环节，学业水平考试分为合格性考试（学考）和等级性考试（选考），一年两考。在一定程度上缓解了考生的学习压力和心理压力。高考来自社会的关注度和压力也有所减轻。学生认为可以降低偶然性，对此也是欢迎的。但因为考试时间、考试群体、试卷的难度和区分度等各种因素，不同考试次数在增加选择性的同时，也因为不同考次分数不等值而受到公平性质疑。

一是参加考试的群体不同，高二高三的学生一起考。如果优秀的学生扎堆报考，那么优秀的学生也可能会获得低分，同样中等考生也可能获得高分，造成结果不公平。"生物考试将我们与高二一起划分等第，成绩出来后发现高三完全竞争不过高二，毕竟他们只冲刺一门科目。"（U9 高校学生，2017）

二是选考与学考两种不同类型的考试一起考。新高考改革将学业水平考试纳入高考科目，但学业水平考试的合格性考试和等级性考试两种功能的考试功能、时间、甚至考试内容合一之后也会带来科学性与公平性的问题。

三是考试科目之间不等值。并不是所有的学科都一年两考，有违公平。在物理学科等难度较大的学科学生大量溢出的同时，也有大量学生扎堆像技术学科这样相对容易的学科，造成"磁吸效应"。但是当前大多数中学的技术科目，无论是师资还是教学内容都还有很大的发展空间，与物理学科等基础学科是不可同日而语的，有学生认为中学的技术学科学到的只是"皮毛"。

总之，不同科目之间的难度不同，分值的可比性不同，在高校招生总分录取的模式下，选择不同科目的学生的成绩以及录取的结果不同。

（三）综合素质评价的公平性

综合素质评价的公平性问题体现在综合素质评价的标准不统一，采用等级评比的方式对学生不公，不同高校对综合素质评价使用的方式和标准差异较大，综合素质评价的使用价值尚未完全体现。

一是标准不一有碍公平。综合素质评价是新高考录取"两依据一参考"的重要参考指标，其主要内容和项目的标准不统一，既让中学教师和学生难以操作，也让高校认为不好用、不敢用，从而失去参考价值和意义。同时可能存在的弄虚作假和形式主义，降低综合素质评价的信度和效度，影响公平公正。从中学的角度来看，作为综合素质评价的主要制作方，会因为缺乏统一的评价标准，而感到难以操作；从高校的角度来看，中学层面提供的综合素质评价内容标准不统一，对综合素质评价的重视程度和理解不同，内容的描述也不同，难以评价和量化，不利于高校招生过程中快速、有效地使用；综合素质评价缺乏统一的标准和操作规范，削弱其权威性和客观性。

二是等级评比对学生不公。与上海方案以描述性结果呈现方式不同，浙江省为便于高校使用，新高考方案规定高中生综合素质评价也划分等级。统一标准增加信度的同时，也因为等级划分造成不公平，综合素质评价的等级评比成为双刃剑。不同办学水平的学校，用同等比例划分 A 等，对办学条件较好的学校的学生不公平；对学生划分等级的做法对学校造成困扰，尤其是学生的道德评价，难以进行量化区分。因此，多方建议将综合素质评价的等级评比调整为描述性评价，简化综合素质评价的过程。

三是高校使用有待于强化。中学角度担心做和不做、真做和假做，最终在高考录取的时候没有体现，那么，综合素质评价这一新高考的重要举措就成了中学的"独角戏"。从高校的角度来看，中学做的程度不统一，也无法真正的参考与使用。做，不用；不做，不用都意味着政策无效。而有的不做，有的做；有的真做，有的假做，用就会不公平。不用，也意味着政策无效。一方面，中学层面对综合素质评价在高校招生录取环节发挥多大作用存在质疑；另一方面，综合素质评价的价值尚未全部显现，因为前面所述的信度与效度的问题，高校很难将综合素质评价作为招生的参考。

四、招生录取方式的公平性

新高考招生录取方式的改革包括统一录取批次、完善和规范自主招生、探索综合评价招生以及规范考试加分政策等。通过对调查问卷的分析发现，被调查者对新高考招生录取方式的改革认可度比较高，尤其是"完善和规范自主招生，将自主招生放在统考后进行""探索综合评价招生""规范考试加分项目，取消体育、艺术特长加分""本科统一批次录取"等措施的认可度最高，而"将综合素质评价作为招生录取的参考"的认可度相对较低。招生录取方式的公平性问题主要集中在自主招生和综合评价招生对弱势群体不利方面。

（一）录取方式的公平性

逐步取消录取批次，实施平行志愿，是新高考改革在招生录取环节的主要改革措施之一。招生录取方式的公平性质疑主要来源于因信息不对称导致的"乌龙事件"。取消录取批次、实行平行志愿，在考生信息掌握不充分的情况下，在志愿填报和高校录取环节带来操作性的难题。传统高考模式下，按照批次录取，无论是教师、学生还是家长填报志愿都相对容易。但新高考模式下，不同类型、层次、地域、特色高校混杂在一起，再加上学校名称的相似性，缺乏"常识"的考生和家长会有困扰，而且容易造成志愿"扎堆"的情况，继而造成两极分化的现象。

一是对社会处境不利群体的考生提出了挑战。受到信息和文化等因素的制约，不能及时获取相关报考信息以及来自家庭的意见支持，可能会使得社会处境不利群体，如家长"没有文化""没有知识"、学校地处"小县城"的考生面临挑战。

二是高考志愿填报环节存在明显的信息不对称。信息不对称的产生，因为个体获得的信息不同，这与他们获取信息的能力有关，如地处农村等偏远地区的考生，或者家庭处境不利的考生，其社会关系对高考相关信息掌握较少，考生可能也因此而对高校和高考政策的信息获得较少，处于信息获取的劣势。在当前高考改革的背景下，参与高考改革政策制定与执行的主要利益相关者对高考改革信息掌握较多，而社会大众了解较少，因此考生和家长处于信息获得的劣势方。

（二）自主招生的公平性

从 2003 年开始实行高校自主招生的试点，经过 14 年探索试点院校的数量逐步增加到 90 所大学。这项制度设计的初衷是为了增强大学的招生自主权和学生的选择权，选拔具有学科特长和创新潜质的学生。当然这个过程中也存在一些问题，比如测试的内容的科学性、测试的时间、测试的效率等问题，教育部从 2016 开始针对这些问题进一步规范，自主招生测试的时间放在统一高考后进行，避免高校提前掐尖等。但是自主招生的公平性质疑从开始实施直至今日都没有停止。一是对社会处境不利群体不利。自主招生因为信息的不公开、不透明，而对不能获得相关信息的群体不利。二是自主招生的评价标准缺乏一致性，存在不公平。受访者认为，自主招生考试内容随意，师生都感觉比较茫然。同时对素质的评价缺乏行之有效的评价手段，缺乏客观标准。三是自主招生存在功利性或者权力寻租的空间。如受访者认为在初审环节，学生家长或者教师可以通过操作使学生通过初审，继而获得自主招生录取的机会。另外，参加高校组织的夏令营等可能获得自主招生的加分也带来公平问题。

（三）综评招生的公平性

综合评价招生是新高考的重要举措之一，按照"两依据一参考"，即依据统考成绩、学考成绩参考中学生综合素质评价，进行综合评价招生。对综合评价招生公平性的质疑在于，有人能够胜出，有人被排除在外，而依赖于专家评审的面试方式是否公平也尚待证明。

一是谁更易胜出？受访者认为竞赛获得者、能言善辩者、物理成绩好的学生以及中上成绩的学生在综合评价招生中更易胜出。在缺乏统一标准的前提下，竞赛、中学排名等成为相对可以信赖的客观标准；多数进行"三位一体"等综合评价招生的高校笔试会以数学和物理为主，因此物理成绩突出的学生在综合评价招生中会较容易胜出；"能言善辩""逻辑清晰"的考生在综合评价招生学生的面试中容易胜出，这对参加综合评价招生学生的语言表达能力和临场发挥能力提出了挑战。

二是谁不易受益？新高考对处于塔尖的中学和学生的影响不是很大，而中上水平的高校和学生能够获得更多的入学机会，那么在总的招生计划不变的情况下，必定会有中下水平的薄弱学校及其考生受损。按照前面四条受益考生群体的标准"竞赛获得者""物理成绩好""能言善辩者""中上成绩者"，显然以农村考生为主的部分县市或者农村中学的考生显然都不占有优势。

三是程序公平吗？综合评价招生程序公平性的质疑包括与统招的冲突性、专家标准的公平性以及与 GPA 的相关性，即综合评价招生的科学性与公平性的关系问题。有高校教师认为，综合评价招生如果在全国范围实施的话，高校综合评价招生的时间节点是在高考之后，如果学生参加综合评价招生，那么将会面临与统招计划的冲突问题。有学生认为，不同的高校在综评环节看重的项目及其占比存在很大的差异，专家评价标准是否科学尚存疑虑。

总之，"两依据一参考"综合评价招生充分尊重高校的招生自主权，能够选拔更多具有学科兴趣与特长的学生进入相应院校，符合高考改革的发展趋势，受到高校和学生欢迎。但是同时我们也必须意识到，在当前的条件下，因为招生成本等因素大规模进行"两依据一参考"综合评价招生是难以实现的，各高校应根据各自的办学水平和特点理性对待，适当扩展，不宜全面铺开。

第三节 促进高考改革科学性与公平性的策略建议

一、组建国家科研团队，促进决策科学

建立基于政策的策略改进机制，为教育决策提供参考：一是建议国家层面组建教育行政部门、考试技术专业人员、高校招生部门、中学教师等多元参与的研究队伍，尤其要吸纳教育评价与策略专业人员，多方参与对存在争议的高考公平问题进行专题研究。二是建议政策制定与执行部门加强前瞻性研究，改变应对高考改革问题频出的被动局面，加强科学决策。三是鼓励高校和高中加强校本研究，对招生限选科目、综合评价招生模式、高校人才培养方案、高中选课走班、生涯规划、综合素质评价等问题加强研究和追踪评价。

二、及时进行政策调整，维护程序公平

对高考改革的具体环节进行科学论证，以高考制度的科学性实现程序公平：一是改革等级赋分制，运用大数据测算、模拟探索选考科目实施标准、进行原始

分技术调整、改进等级赋分制等方式,保障选考科目计分方式的科学性与公平性。二是调整考试时间,将选考科目考试时间放在高三进行,让学生有充足的时间强化知识基础,保证高中正常教学秩序。三是减少考试次数,降低学生高一学业负担,减少对传统教学制度和学校管理的干扰。四是精准识别专项计划等补偿政策的目标群体,构建以家庭收入等家庭背景信息为基础的补偿机制,避免造成"反向歧视"。

三、完善相关配套措施,保障改革持续

建立与高考改革相配套的长效管理机制,多部门协同解决高考改革面临的难题:一是建立与高考改革相配套的师资队伍,建立省域和县域内师资调配中心,实现区域内师资的共享。二是加大对高考综合改革试点省市、中西部地区教育投入,完善选课走班急需的教学资源配置,解决大班额难题。三是推进事业编制改革,将增加或调整事业编制用于解决新高考模式下教师结构性缺编问题。四是完善综合素质评价共享平台,确定国家或者省域内相对统一的标准和操作规范,取消部分省市等级划分,强调提供描述性评价作为高校招生录取参考。

四、构建协同治理体系,引导社会舆论

理性认识高考利益诉求的多元性和公平性问题的主观性,引导理性社会舆论:一是完善国家主导、多元参与的新型协同治理体系,发挥国家及其教育行政部门的主导作用,平衡多方利益诉求,保证社会正义。二是拓展高校、中学、教师、学生及家长等直接利益相关者参与途径,增加他们的实质参与,减少民众对直觉判断的依赖。三是加强政策制定与执行的公开透明,减少信息不对称带来的公平质疑,引导理性社会舆论。四是动态看待高考改革中出现的问题,如教师队伍结构性缺编、改革初期的反对声音等,随着改革推进会趋于合理与稳定。

五、稳步推进高考改革,坚定改革方向

坚持改革方向,消除地方及社会大众等待观望情绪,维护社会稳定:一是符合学生全面发展、科学选才、促进公平导向的改革举措应该坚持,如考试内容能力立意、综合评价招生等,不能因对弱势群体不利而放弃,但需要增加教育投

入、扩大补偿政策等促进公平。二是进一步落实高校招生自主权,扩大综合评价招生试点,鼓励"双一流"建设高校探索改革总分录取的招生模式。三是稳步推进高考综合改革试点,发挥试点省市示范意义,引导后续试点省市进行政策微调,尚不满足基础条件的地区和学校,可以暂缓实施新高考。

第八章

高考改革试点方案调整的策略选择

新旧体制交替之际，原有运行模式包括社会制度、资源配置、体制机制、群体和个体的行为模式等都有一定的惯性。客观上来讲，现有的资源配置难以满足新改革的要求，比如适应选课走班制的师资、教室等；主观上来讲，个体行为选择的趋利避害，最大限度地获取稀缺的优质高等教育资源等。关键是在总体改革趋势不变的前提下，在新旧模式之间寻找到一个平衡点。高考改革的现实基础决定了新高考公平性改革的策略选择。

第一节 高考改革的挑战与机遇

高考招生制度改革是一项系统改革，这将倒逼高等教育和基础教育深化综合改革，推进高等学校和中小学加强协同创新。对于高等学校和中小学而言，高考招生制度改革绝不单单是高校招生部门和中小学教务部门的任务，其涉及教育观念更新、人才培养模式改革、师资队伍建设、内部管理体制创新等综合改革。

一、转变教育思想和教育观念

高考招生制度改革的核心价值取向是引导和促进学生全面发展。高等学校和中小学要确立以学生为本、促进学生德智体美全面发展的教育观，遵循教育规律和学生身心发展规律，围绕"立德树人"开展教学工作和其他各项工作，形成重视人才培养和教学工作，全员、全方位、全过程育人的校园文化；要践行因材施教的教育理念，研究学生的差异性，尊重学生的选择权，不断深化人才培养模式改革和教育教学体制机制改革，探索学生的多样化、个性化培养，鼓励学生个性、特长的发挥；要在教学活动中坚持以学生学习为中心的教学观，摒弃以教师、教材和课堂为中心的陈旧教学观，转变教师角色，构建师生学习共同体，积极探索先进的教学方式和学习方式，促进学生的自主学习和合作学习，不断改善学生的学习效果。

二、明晰人才培养规格和选拔标准

高考招生制度改革的重要目标之一是科学甄别与选拔合适人才。第一，高等学校要根据经济社会发展对于高级专门人才的不同层次、不同类型的多样化需求，以及高等教育大众化发展的阶段性特点，结合学校自身的目标定位和办学优势特色，进一步反思和明确学校的人才培养目标，调整和细化各专业大类、专业群和专业人才培养的具体规格，避免盲目攀比和培养目标规格趋同。第二，高等学校要依据本校确立的人才培养目标和规格，面对特定的市场需求，优化和明晰各专业大类、专业群或专业的人才选拔标准，体现学校及专业的差异性和特色，吸引合适的人才报考本校。第三，自主招生的试点高校要结合学校人才培养规格和学科专业特色的实际，认真研究选拔具有学科特长和创新潜质的优秀学生的具体要求，并将其体现在人才选拔标准之中，使考生申请和学校推荐能够"有的放矢"，避免相互攀比和"掐尖"等现象的产生。第四，中小学在实施新课程改革的过程中，要明确学生培养规格，优化学生评价标准，注重学生综合素质的养成；要改变目前课程评价过分强调甄别与选拔功能的倾向，重视发挥其在促进学生全面发展、提高教师素质和改进教学效果等方面的功能。

三、探索综合评价和多元录取机制

高考招生制度改革的总体目标要求，是形成分类考试、综合评价、多元录取的考试招生模式，健全促进公平、科学选才、监督有力的体制机制。

第一，高等学校要配合上海、浙江高考综合改革试点，根据本校的人才选拔标准和学科专业结构特点，按学科专业大类（专业群）向试点省市提出考生高中学业水平考试的三个或三个以下科目要求。同时，要依据学校的人才培养目标和人才需求预测情况，研究按专业大类（专业群）或按专业（专业方向）进行招生录取的办法。

第二，高等学校要制定科学规范的考生综合素质评价体系和办法，组织教师等专业人员对高中学校提供的学生综合素质档案进行分析，采取集体评议等方式对考生综合素质做出客观评价；并研究将其作为招生录取重要参考的原则和具体办法。

第三，高等学校要建立科学的标准和规范的程序，进一步探索自主录取、推荐录取、定向录取、破格录取等多元录取机制。对高中阶段全面发展、表现优异的学生，实行推荐录取；对符合条件、自愿到国家需要的行业、地区就业的学生，实行定向录取；对在实践岗位上做出突出贡献或具有特殊才能的人才，实行破格录取；自主招生的试点高校要结合本校学科专业特色及培养要求，优化自主考核内容，重点考查考生的学科特长和创新潜质，发挥学科专家的作用，探索科学有效、简便规范的考核方式，并将自主考核结果与高考总成绩相结合，实行自主录取。

第四，中小学校在推进学校教育转型的过程中，要进一步完善高中学业水平考试，将其作为学生毕业和升学的重要依据；要构建和完善学生综合素质评价体系，改进评价方式，丰富评价内容，从学生思想品德、学业水平、身心健康、兴趣特长、社会实践等方面，客观准确地反映学生德智体美全面发展和个性特长发展的情况，使学生综合素质的评价结果可信赖、可比较，并将综合素质档案提供给高校作为录取学生的重要参考。

四、深化人才培养模式改革

普通高校入学考试方式与内容的改革以及招生录取机制的改革，对深化高校和中小学人才培养模式改革提出了新的要求。

第一，高等学校要认真研究未来新生的知识结构和能力素质的变化情况，培养学术型人才和高端应用型人才的本科院校要抓住改革机遇，探索按学科门类、专业大类或专业群的宽口径人才培养模式；培养技术型人才的本科院校和高职院校要面向行业与就业市场需求，加强产学合作和产教融合，探索多样化的技术技能型人才培养模式。

第二，高等学校要结合专业特色和社会需求，调整优化人才培养方案和教学计划。平衡通识教育与专业教育、理论教学与实践教学、宽口径培养与职业能力养成、对口按需培养与夯实拓宽学科专业基础的关系；要调整课程体系，更新教学内容，优化学生的知识结构和能力素质结构，努力提高人才培养效果与社会需求的契合度，提升学生的创业和就业能力。

第三，高等学校和中小学要研究互联网时代知识传播渠道和方式的新变化，关注以"慕课""翻转课堂""微课程"等为代表的基于互联网的教学方式对高校和中小学人才培养工作带来的冲击，打破以教师为中心的传统课堂教学模式，结合校情尝试探究式学习、"翻转课堂"等新的教学模式和学习方式，促进学生自主学习和合作学习，重视学生独立思考能力、问题意识和批判精神的养成。

第四，高等学校要主动应对取消本科招生录取批次带来的生源竞争的新挑战，淡化等级身份观念，增强提高培养质量、办出专业特色的紧迫感，集中精力抓好学校的内涵建设，通过提升办学水平和社会声誉来吸引数量充足、质量较高的生源；并通过精心的培养，使每个学生成为社会有用之才。

五、探索学校体制机制创新

普通高校入学考试制度和招生录取机制改革的推进，将带来生源结构和培养模式的变化，必然对高等学校内部治理结构优化和管理体制机制改革提出新的要求。高等学校要不断深化学习制度改革和内部管理体制改革，积极探索体制机制创新，根据经济社会发展需求和学校自身实际，适时开展按大类宽口径培养、学分制、短学期制、书院（学堂）制，以及订单式培养、校企合作育人等多样化的改革尝试；要抓住高考招生制度改革带来的难得机遇，优化学科专业结构，调整院系设置和教学组织，创新教学管理机制和学生事务管理机制；要完善学校内部教育教学质量监控和保障体系，建立学生学习效果跟踪和评估机制；要推进和完善现代大学制度建设，制定和实施大学章程，为深化人才培养模式改革提供制度保障。

普通高校入学考试科目、内容的改革以及考生综合评价机制的完善，对优化中小学内部治理结构、改革学校内部管理体制提出了迫切要求。中小学要不断深化人才培养体制和教学管理体制的改革，结合学校实际开展分层教学、分组学习、选课制和"走班"教学等多样化的改革尝试，探索和形成中小学教育教学模式的新常态；要改革教师聘任和考核制度，调整教学组织和学生管理机制，为提高人才培养质量提供制度和组织保障。

六、提高师资队伍整体水平

应对高考招生制度改革带来的新挑战，关键是师资队伍整体水平的改善和教师综合素养的提升。高等学校和中小学要认真研究教育教学改革的新趋势，进一步明确教师队伍建设的思路和重点，认真实施教师队伍建设规划，加强师德建设，优化教师队伍结构。要加强教师的职业发展规划和在职培训工作，重视校本培训工作，切实提高教师的教学能力和水平，尤其要提高他们发现学生特长和潜力、指导学生选课选专业以及指导学生规划学习生涯的能力。要改革教师聘任和考核制度，引导教师教学相长、教研相长，将科研资源转化为优质教学资源，不断提高人才培养质量。要重视教学管理人员和学生工作干部的培养培训工作，不断提高他们的管理水平和思想政治工作水平，为学生的全面发展提供保障。高考招生制度改革将倒逼高等学校和中小学深化综合改革、探索协同创新。高等学校和中小学要高度重视、积极面对，形成改革共识和改革合力，进行系统研究和顶层设计，稳妥扎实地开展综合改革实践探索，将学校的内涵建设和特色发展提高到新水平。

第二节　高考改革政策调整的策略选择[①]

高考改革是一项系统工程。对综合改革试点中发现的问题，包括"功利化"选科倾向、选考科目的等级赋分制等进行技术改进，加强考试理论研究和考试队伍建设，为科学决策提供参考。考试制度本身的系统设计以及教育系统内部各个环节的衔接是实现制度公平的保证。在政府主导的高考改革过程中，广泛听取民意，推进协同治理等为高考改革营造和谐的政治环境，推进改革的顺利进行。从高考改革、教育综合改革到体制机制改革，是促进我国新高考公平性的重要路径。

高考招生制度改革是一项涉及千家万户和社会各个层面的系统工程，改革的基本目标促进公平、科学选才和引导学生全面发展。要正视高考功能的复杂性、利益诉求的多元性以及高考改革科学决策的系统性，在此价值基础之上进行改革策略和政策选择。

一、改进方法技术，加强科学决策

要加强对高考改革具体环节的科学论证，对高考综合改革试点省份的考试时间、考试次数、选考科目计分方式和考试科目等，要客观分析存在的问题，从制度设计层面进行政策调整，通过提高高考制度的科学性来实现公平性。

[①] 钟秉林、王新凤：《新高考的现实困境、理性遵循与策略选择》，载《教育学报》2019年第5期。

（一）调整考试安排

一是调整考试时间。受访者普遍建议将等级考试的时间放在高三进行，让学生有充足的时间强化知识基础，更加符合学生成长规律；避免高二、高三不同年级的学生同台竞争带来的不公平，保障高三年级正常的教学秩序。二是减少考试次数。避免考试次数过多对学校教学秩序、教学管理和学生学习负担带来的负面影响，降低同一科目多次考试带来的公平性质疑。三是学考与选考分离。受访者建议将学考与选考分离，包括时间分离、功能分离和群体分离，将组织学考的权力交还给中学。第二轮试点的山东、北京等省市借鉴浙江、上海的经验，都将选考时间放在高三下学期进行；除了英语学科一年两考之外，选考科目均只考一次；浙江省在2018年出台的《关于进一步深化高考综合改革试点的若干意见》中将学考与选考分卷考试，这些问题已得到了充分重视和初步解决，可以为后续改革省市借鉴参考。

（二）改革等级赋分

受访者对如何调整等级赋分制有三种建议：一是科学处理等级分与原始分的关系，在保留等级赋分制及其功能的基础上，在考试内容、等级划分、赋分分值等方面进行微调。二是对等级赋分制进行技术调整，按照对不同考试科目的重视程度和考试成绩的分布，对原始分数进行加权调整，比如对物理科目进行调整等。三是探索实施标准分，实现不同批次考试成绩的可比与等值。当然，研究者认为等级赋分存在的问题标准分一样存在[①]。为解决这一问题，浙江、上海等相继出台指导意见，提出建立科学合理的选考科目保障机制，即当选考某科目某次考试赋分人数少于保障数量时，以保障数量为基数进行等级赋分，保障数量按照国家相关学科人才培养的需求来确定，如浙江省将物理学科选考科目的保障数量确定为6.5万。但选考科目保障机制实施效果依然有待观察，而且并未改变选考科目等级赋分本身存在的科学性与公平性问题，这就需要在国家层面组织专家力量，探索更为科学的解决之道。

（三）促进科学决策

新高考相关政策的制定和改革举措的推出要进行科学决策，并接受实践检验。加强相关理论与方法技术研究和实地调查，为科学决策提供基础性依据，提

[①] 章建石：《关于选考科目等级赋分的改进：历史经验、现实限制与可能方向》，载《华东师范大学学报》（教育科学版）2018年第3期。

高政策制定与执行者科学决策的能力，是平稳推进高考综合改革的重要保障。一是加强高考改革的研究。包括新高考改革的模式、文理不分科的理论基础、统考科目和选考科目以及合格考科目与等级考科目之间的关系、学业水平考试中学考与选考的关系、课程改革与高考改革的关系等。二是加强专业考试队伍建设。国家和地方层面组织专业化的研究团队，深入开展考试理论研究和考试技术研究，加强大规模数据测算，为科学决策和改革实施提供理论、方法与技术支撑。三是加强学校层面的校本研究。高校要组织专家、教授对招生限选科目、综合评价招生录取方式和新生培养方案进行系统研究，加强对新生学习效果和全面发展情况的数据追踪，建立基于研究和证据的政策改进机制。高中则需加强对选课走班、分层教学、生涯规划教育、综合素质评价等问题的研究，因校制宜，扎实推进高考综合改革，引导学生全面发展。

二、加强系统设计，促进多方联动

高考改革要加强系统设计和多方联动，包括高考改革本身的政策持续性和动态性，以及高考改革与课程改革的联动、高校与中学的衔接、教育系统内外部和内部子系统协同推进等，共同支撑高考综合改革取得成效。

（一）教考联动

教学与考试之间是辩证统一的关系。新高考应保持教学目标和内容与考试标准和内容的一致性，保证高考改革的科学性和规范性。一是高考改革与基础教育课程改革要有机衔接。随着高中课程改革的推进，今年启动高考综合改革的省市可以实现新课标、新教材和新高考的统一，高中学校要从促进学生全面发展的高度解读高考改革方案，要抓住机遇，主动通过高考改革推进教育观念更新和课程改革与教学改革的深化。二是课程标准和考试标准制定要扩大参与度。在发挥专家资源优势的同时，应邀请实践经验丰富的一线教师参与相关标准的编制工作。另外，不能以考试大纲或考试说明代替教学大纲，避免又回到应试教育的传统模式之下。

（二）中高衔接

高考改革的目标之一是改变传统高考模式下高校被边缘化的现象，加强高校与高中的衔接，为高校选拔合适的人才。一是限定选科。高校要遵循人才成长规律和从专业发展所必备的学科基础出发，确定选考科目，增加高校对物理等学科的要求。目前教育部与地方已相继出台《普通高校本科招生专业选考科目要求指引》，对高校与学生的引导作用初步显现。二是明确综合评价使用规范。受访者建议进一步明确高校使用规范，如何使用、用的程度需要让高中学校、学生和家长知晓，减少各方疑惑和焦虑。三是改变总分录取的传统模式。高校承担社会责任，落实高校自主权，改变传统模式下按总分录取的模式，综合考虑学生的兴趣特长等因素，引导学生、家长和中学改变应试教育取向。

三、探索体制创新，重视政策调整

高考改革推进的过程中，要保持改革政策的持续性和稳定性，更要以动态发展的眼光看待改革中出现的问题，理性理解争议与质疑，引导后续省市进行政策微调，逐步完善高考制度设计的科学性与公平性。

（一）政策持续性

教育改革是一项长期的事业，保持改革政策的持续性与稳定性，建立高考改革的长效保障机制，对教育发展和人才培养至关重要。一是建立与高考改革相配套的长效管理机制。高考改革不仅仅是基础教育或者高等教育的问题，也不仅仅是教育部门的问题，高考改革面临问题的解决需要从国家和地方政府层面协调解决。建议进一步完善高考综合改革领导机制，加强相关部门的统筹协调，形成合力积极稳妥推进改革。二是建立与高考改革相配套的师资队伍。省级教育行政部门应未雨绸缪，建立区域层面的师资调配中心，探索区域内师资的共享，同时重视引进和培养专业的生涯规划指导教师。三是搭建综合素质评价和综合评价招生的共享平台。建议政府层面加强顶层设计，提供更加丰富多样的社会实践岗位，满足学校和学生对社会实践活动的需求；加强中学综合素质评价信息化建设力度，确定相对统一的标准和操作规范。

（二）动态发展性

高考改革中出现的问题具有动态发展性，部分问题的解决需要在推进过程中不断深化改革加以调整。一是政策制定和执行者能够从长远发展的角度，对政策进行前瞻性系统评估，从而破解高考改革过程中频繁应对具体问题的被动局面。二是正确看待发展中的问题。比如新高考模式下师资队伍结构性缺编的问题等，传统高考招生模式下的文理比例、教师结构、教学组织及设施配套等都相对固定，随着改革的不断推进，新高考对此带来的冲击会逐步趋于合理和稳定。三是理性面对有争议的问题。社会公众理解和接受改革都需要一个过程,改革中出现不同的声音亦属正常,关键是要坚持高考改革促进公平、科学选才的初衷,在对产生的问题进行科学研判的基础上做好政策解读。四是重视高考综合改革过程中的政策微调。高考综合改革试点工作的意义在于在推进本省改革工作有序开展的同时,为全国提供经验借鉴,避免可能出现的问题。2019年启动高考综合改革的8省市应充分吸取前期试点省市的经验教训,优化改革方案,进行政策微调。

四、促进多元参与,实现协同治理

多元参与是调和各利益相关者多元利益诉求的途径之一。新高考在吸纳各利益相关者广泛参与方面进行了一些实践探索,包括行政管理层的高度重视和不同部门之间统筹协调,利益相关者包括家长和媒体的参与等。在发挥国家宏观调控作用的同时,需要进一步扩大参与群体,拓展各利益相关者的实质参与途径。

(一) 多元参与

吸纳高考改革利益相关者的多元参与,是其参与社会义务本身的一种自我价值实现,是保证程序正义的前提。一是重视高校招生部门、中学教师、学生等高考改革最直接的利益相关者的利益诉求,通过多种渠道使他们充分表达各自的利益诉求,并在决策中权衡相互的利益。二是倾听高考改革利益相关者,尤其是中学校长和教师的声音,尊重其作为高考改革政策最基层执行者的价值和意义,以推进高考综合改革的顺利进行。浙沪两地高考综合改革的透明度较高,多方利益群体的关注与参与对改革的顺利实施起到了不可忽视的积极作用。

(二) 协同治理

罗尔斯批判直觉主义的公平观,认为它们由一些可能相互冲突的最初原则构成,不可能给出任何建设性的解答[①]。从利益相关者的视角看待高考公平问题,容易陷入直觉主义的冲突和相对主义的泥沼,而高考综合改革作为一种公共政策,其最终的决策应尽量减少对直觉判断的依赖,这就需要多元参与下的协同治理。一是发挥国家在社会治理体系中的主导作用。高考综合改革过程中,必须保障国家及其教育行政部门发挥主导作用,才能在权衡各种利益诉求的基础上,保

---

① [美] 约翰·罗尔斯著,何怀宏、何包钢、廖申白译:《正义论》,中国社会科学出版社1988年版,第33页。

证基本社会正义的实现。二是构建利益相关者多元参与的新型教育治理体系。进一步转变政府职能，吸纳利益相关者多元参与和协同治理，赋予学生、教师、中学校长等教育话语权，扩大高校招生自主权。重视学生、家长、高中教师等群体对高考综合改革的参与，是实现教育治理现代化格局的重要途径，也是实现改革目标的重要途径。

新一轮高考改革政策调整需要正视高考公平性问题的复杂性、多方利益群体利益诉求的多元性以及高考改革本身的科学性。高考作为一种人才选拔制度承受了过多的社会功能和社会期望，而公平多元的属性容易使高考公平问题陷入相对论的泥沼，高考改革成为多方利益博弈的战场。高考改革面临科学性与公平性价值选择的两难，中学校长和教师等一线教育工作者在政策制定中相对缺席，高考改革及其制度设计都有待于加强科学论证。从利益相关者视域融合的角度来看，新高考需要加强教考联动、中学和高校的衔接、保持改革政策的持续性，并从动态发展的过程中看待高考改革的成败。当务之急是要调整考试时间、考试次数、学考与选考分离等考试安排，调整选考科目的等级赋分制，加强高考改革的科学决策，以严谨的程序保证结果的公平。最后，构建国家主导、多元参与的协同治理体系，拓展利益相关者参与途径，增加他们的实质参与，减少民众对直觉判断的依赖，是实现高考改革公平性与科学性的重要途径。

参考文献

[1] 白鹤龙：《新时期双轨制高考的改革路径》，载《教学与管理》2016年第22期。

[2] 北京市教育委员会发展规划处：《北京考招改革凸显扬长教育理念》，载《人民教育》2016年第16期。

[3] 边新灿、蒋丽君、雷炜：《论新高考改革的价值取向与两难抉择》，载《中国高教研究》2017年第4期。

[4] 边新灿：《高校综合评价招生改革：演进逻辑、模式选择和对策分析》，载《教育研究》2017年第7期。

[5] 边新灿：《公平选才和科学选才——高考改革两难价值取向的矛盾和统一》，载《中国高教研究》2015年第9期。

[6] 边新灿：《精细把握高考改革的公平与效益逻辑》，载《中国教育学刊》2018年第11期。

[7] 边新灿：《新一轮高考改革对中学教育的影响及因应对策》，载《中国教育学刊》2015年第7期。

[8] 边新灿：《新一轮高考改革先行试点6省市方案比较》，载《中国考试》2018年第11期。

[9] 边新灿：《甄选入学、自主招生和"三位一体"多元选拔模式比较研究》，载《浙江师范大学学报》（社会科学版）2015年第2期。

[10] 柴玲、尉建文：《政治认同、政府信任与群体性事件——以北京市新生代农民工为例》，载《云南民族大学学报》（哲学社会科学版）2018年第1期。

[11] 陈爱文、胡银泉：《尴尬的物理：浙江新高考下的学科失衡与制度改进》，载《中小学管理》2017年第9期。

[12] 陈方泉、叶志明、叶红：《高考改革与高校教育教学改革的相互作用》，载《中国高等教育》2015年第12期。

[13] 陈培霞：《完善高中学生综合素质评价体系的思考》，载《教育探索》

2015年第6期。

[14] 陈宛玉、叶一舵、杨军：《新高考背景下高中生涯辅导的必要性、内容及实施途径》，载《教育评论》2017年第11期。

[15] 陈为峰：《大考、利害、评价指标的关联与辩证——兼论高校考试招生制度综合评价改革之困境》，载《当代教育科学》2017年第4期。

[16] 陈新忠：《新高考背景下的高中英语教学改革》，载《中小学管理》2017年第9期。

[17] 成硕、赵海勇、冯国明：《从"不走"到"全走"：走班教学模式及保障策略研究》，载《中小学管理》2016年第12期。

[18] 程龙衣、魏永莉：《语言编码理论能够解释当代中国教育问题吗》，载《上海教育科研》2011年第1期。

[19] [英] 戴维·米勒著，应奇译：《社会正义原则》，江苏人民出版社2001年版。

[20] 丁念金：《论高考正义——我国高考改革的核心》，载《全球教育展望》2014年第7期。

[21] 董秀华、王薇、王洁：《新高考改革的理想目标与现实挑战》，载《复旦教育论坛》2017年第3期。

[22] 董秀华、王薇、王歆妙：《新高考改革：高校招生面临的挑战与变革》，载《复旦教育论坛》2018年第3期。

[23] 杜芳芳、金哲：《新高考改革背景下高中生科目选择意向现状及对策——基于浙江省五所高中的调查分析》，载《教育理论与实践》2016年第8期。

[24] 杜芳芳、金哲：《走班制视野下高中生学业生活的转变及学校行动》，载《湖南师范大学教育科学学报》2017年第2期。

[25] 樊丽芳、乔志宏：《新高考改革倒逼高中强化生涯教育》，载《中国教育学刊》2017年第3期。

[26] 范藻：《高考改革背景下新建本科院校综合改革路径分析》，载《国家教育行政学院学报》2014年第9期。

[27] 冯成火：《新高考物理"遇冷"现象探究——基于浙江省高考改革试点的实践与思考》，载《中国高教研究》2018年第10期。

[28] 冯成火：《浙江省"三位一体"招生模式改革的思考和探索》，载《教育研究》2014年第10期。

[29] [美] 弗里曼著，王彦华、梁豪译：《战略管理：利益相关者方法》，上海译文出版社2006年版。

[30] 傅维利：《高考改革与高校责任主体的回归》，载《中国高等教育》

2015年第12期。

[31] 傅欣:《面向高考综合改革的校本评价认识和策略研究》,载《全球教育展望》2016年第3期。

[32] 韩加强:《新高考背景下中学地理教育的出路》,载《教学与管理》2015年第31期。

[33] 洪志忠:《制度视角下教育变革的复杂性——基于北京高考新方案的解读》,载《教育学术月刊》2014年第11期。

[34] 黄文涛:《高中选课走班制教学的实践与思考》,载《教育科学论坛》2011年第4期。

[35] 纪德奎、朱聪:《高考改革背景下"走班制"诉求与问题反思》,载《课程·教材·教法》2016年第10期。

[36] 贾彦彬、孟鹏涛:《国家招生考试制度改革视域下地方本科高校的应对策略》,载《长春理工大学学报》(社会科学版)2018年第5期。

[37] 姜钢:《论高考"立德树人、服务选才、引导教学"的核心功能》,载《中国高等教育》2018年第11期。

[38] 姜子豪:《新高考背景下普通高中的生涯规划教育》,载《教学与管理》2018年第9期。

[39] 蒋丽君、边新灿、卓奕源:《对高等职业教育考试招生的若干思考——以新高考改革为视角》,载《中国高教研究》2016年第7期。

[40] 金子兴:《谈新高考制度下的教师专业发展——以浙江省地理学科为例》,载《中学地理教学参考》2015年第1期。

[41] 李春玲:《高等教育扩张与教育机会不平等——高校扩招的平等化效应考查》,载《社会学研究》2010年第3期。

[42] 李道军:《高考改革对高等职业教育发展的影响研究》,载《教育探索》2014年第11期。

[43] 李美华:《新高考模式下培养高中生职业生涯规划意识的思考》,载《教学与管理》2015年第34期。

[44] 李绍才:《让学生找到属于自己奔跑的跑道——杭六中"选课走班"的实践探索》,载《浙江教育科学》2015年第3期。

[45] 李鑫:《实行综合素质评价有利于推进教育公平吗?——针对当前高考改革政策的研究分析》,载《教育理论与实践》2017年第17期。

[46] 凌浩、孙玉丽:《新高考后普通高中综合素质评价师生认可度分析——以宁波市为例》,载《上海教育科研》2017年第6期。

[47] 刘宝剑:《高中生选择高考科目的因素分析与务实策略》,载《教育理

论与实践》2015 年第 32 期。

[48] 刘宝剑：《关于高中生选择高考科目的调查与思考——以浙江省 2014 级学生为例》，载《教育研究》2015 年第 10 期。

[49] 刘露：《高考英语科目的地位演变与政策导向》，载《考试研究》2014 年第 1 期。

[50] 刘璐、曾素林：《美国高中选课走班制的历史、现状及启示》，载《教育探索》2017 年第 5 期。

[51] 刘莎：《2014 年高考改革对大学招生及人才培养模式的影响研究》，西南大学硕士论文，2017 年。

[52] 刘希伟：《新试点高考招生制度：价值、问题及政策建议》，载《教育发展研究》2016 年第 10 期。

[53] 刘志军、张红霞、王洪席、王萍、王宏伟：《新高考背景下综合素质评价的意蕴、实施与应用》，载《华东师范大学学报》（教育科学版）2018 年第 3 期。

[54] 刘志林、张惠：《高考新政背景下高中综合素质评价的诉求和反思》，载《教育探索》2018 年第 3 期。

[55] 卢俊：《我国高考制度改革对外语教育政策的影响研究》，载《教学与管理》2018 年第 18 期。

[56] 陆一萍、韦小满：《新一轮高考改革中分数体系的建构》，载《教育科学》2017 年第 1 期。

[57] 路迪：《"立地"与"顶尖"都不应偏废》，载《教育与职业》2014 年第 31 期。

[58] 栾泽：《高考改革综合素质评价冷思考》，载《当代教育科学》2017 年第 4 期。

[59] 罗立祝：《高考科目设置改革对高中教育的影响》，载《中国考试》2015 年第 9 期。

[60] 罗晓东：《选考状态下浙江物理教学出现的问题及思考》，载《物理教师》2017 年第 3 期。

[61] 马彪、刘明岩、厉浩：《高考考试科目设置改革研究》，载《教育理论与实践》2014 年第 14 期。

[62] 马飞燕：《新高考背景下生涯规划教育在高中地理教学中的渗透》，载《中学地理教学参考》2017 年第 1 期。

[63] 马嘉宾、张珊珊：《推行综合素质评价的操作策略研究》，载《中国教育学刊》2017 年第 2 期。

［64］潘秀慧：《市区多所高中不设重点班》，载《温州日报》2006年7月14日第3版。

［65］庞君芳：《高考公平的内涵、价值与实践向度》，载《课程·教材·教法》2017年第4期。

［66］彭恋情、杨恬：《高考改革背景下地理在高校选考科目中的地位——以上海市2017年普通本科招生计划为例》，载《中学地理教学参考》2018年第8期。

［67］漆家庆、唐智松：《高考综合素质评价下乡村教育的困境及对策》，载《教学与管理》2016年第3期。

［68］乔辉：《高考英语改革的进展研究》，载《课程·教材·教法》2018年第3期。

［69］乔慧锋、裴娜娜、李佳宬、贾盼：《新高考背景下地理职业生涯规划教育探究》，载《中学地理教学参考》2017年第12期。

［70］秦春华、林莉：《高考改革与综合素质评价》，载《中国大学教学》2015年第7期。

［71］秦春华：《促进公平公正：高考改革的价值取向》，载《中国高等教育》2014年第20期。

［72］秦春华：《让高校成为大学招生录取的主体》，载《华东师范大学学报》（教育科学版）2018年第3期。

［73］秦晓梅：《"选课走班制"模式下普通高中教学楼廊道空间设计研究》，载《建筑与文化》2018年第4期。

［74］黄勤雁：《浙江、上海高考综合改革启示录——关于浙江、上海高考综合改革实施情况的调研》，载《教育探索》2017年第5期。

［75］瞿振元：《坚持科学选才与促进公平的有机统一——对深化高考改革的几点认识》，载《中国高教研究》2014年第10期。

［76］瞿振元：《建设中国特色现代考试招生制度》，载《教育研究》2017年第10期。

［77］任学宝：《新高考背景下如何实施选课走班教学？——基于杭州师范大学附中的实践与探索》，载《教育测量与评价》（理论版）2016年第4期。

［78］邵迎春：《分层教学与成长导师制：破解新高考学校管理难题》，载《人民教育》2016年第14期。

［79］申素平、王俊：《美国公立高校积极差别待遇录取政策反思》，载《教育研究》2017年第9期。

［80］石芳：《立德树人，谱写高考改革新篇章》，载《中学政治教学参考》2018年第25期。

[81] 唐高华、湛邵斌：《"双轨制"高考改革的意义、影响与对策——基于高职教育发展的视角》，载《职业技术教育》2014年第28期。

[82] 陶百强：《对我国新高考方案高中学业水平考试的思考与政策建议——浙江、上海2014年高考改革学业水平考试方案商榷》，载《中国考试》2015年第8期。

[83] 童锋、夏泉、陈夏：《论高考文化现象规律及其对我国高考改革的启示》，载《中国教育学刊》2014年第11期。

[84] 王爱芬、雷晓：《新高考改革背景下高中生涯规划教育及其实现路径》，载《教育理论与实践》2018年第1期。

[85] 王成伟：《高考改革之内在价值根源》，载《中学政治教学参考》2017年第18期。

[86] 王国华、裴学进：《地方高校"三位一体"招生制度及其完善策略——基于浙江省探索的分析》，载《黑龙江高教研究》2013年第3期。

[87] 王洪席：《高中学生综合素质评价：误读与澄清》，载《中国教育学刊》2016年第3期。

[88] 王后雄、李佳、李木洲：《高考公平的内涵及属性》，载《中国教育学刊》2012年第5期。

[89] 王鹏、王芳、刘璐、孙玉荣：《高中生"选课走班"学科倾向测试编制》，载《考试研究》2015年第6期。

[90] 王润、章全武：《选课走班背景下高中教师教学转变及其应对》，载《中国教育学刊》2018年第6期。

[91] 王润、周先进：《高中生综合素质评价监督机制的构建——基于新一轮高考改革的思考》，载《教育理论与实践》2015年第26期。

[92] 王润、周先进：《新高考改革背景下高中走班制机制构建》，载《当代教育科学》2016年第6期。

[93] 王润：《新高考改革背景下高中实施走班制的问题审视与路径超越》，载《中国教育学刊》2016年第12期。

[94] 王淼：《新高考选考科目计分机制改进研究》，载《教育科学》2018年第2期。

[95] 王世伟：《美国高中阶段生涯教育课程评析》，载《比较教育研究》2013年第9期。

[96] 王守仁：《高考改革要从中国国情出发》，载《外国语》（上海外国语大学学报）2014年第6期。

[97] 王小虎、潘昆峰、苗苗：《高考改革对高水平大学招生的影响及其应

对》，载《中国高教研究》2017 年第 4 期。

［98］王新凤、钟秉林：《新高考公平性问题及应对策略研究：基于浙沪经验》，载《国家教育行政学院学报》2019 年第 4 期。

［99］王新凤：《利益相关者视角下的高考综合改革实施效果分析》，载《中国考试》2019 年第 1 期。

［100］王新凤：《新高考模式下高中选课走班实施的问题与应对策略》，载《教育与考试》2019 年第 3 期。

［101］王志芳、查小春：《高考改革对高中地理教学的影响及应对策略研究》，载《中学地理教学参考》2017 年第 20 期。

［102］文东茅、鲍旭明、傅攸：《等级赋分对高考区分度的影响——对浙江"九校联考"数据的模拟分析》，载《中国高教研究》2015 年第 6 期。

［103］文东茅、林小英、马莉萍、李祎：《能力建设与高考改革同行——对浙江高考改革试点的调查》，载《中国高等教育》2015 年第 12 期。

［104］文秋芳、李英杰、孙旻、张伶俐、杨松：《研制多套难度相似的思辨技能量具：实践与反思》，载《外语电化教学》2014 年第 4 期。

［105］翁灵丽、朱成康：《浙江省"三位一体"综合评价招生模式改革成效分析——基于公平性与效率性的视角》，载《上海教育科研》2017 年第 6 期。

［106］吴根洲：《高考效度研究》，华中师范大学出版社 2016 年版。

［107］吴坚：《高考变了，高中怎么办？》，载《人民教育》2016 年第 14 期。

［108］吴明隆：《SPSS 统计应用实务》，重庆大学出版社 2009 年版。

［109］谢宝富：《"双轨制"高考：问题透视与改革前瞻》，载《中国教育学刊》2014 年第 11 期。

［110］谢庆奎：《新高考改革背景下高中生涯规划教育的思考》，载《新课程》（下）2018 年第 6 期。

［111］徐勤荣、杨志亮、石磊峰：《新一轮高考综合改革背景下中学教学与高校招生的对策研究——以浙江省为例》，载《考试研究》2018 年第 5 期。

［112］徐中平：《高考改革下地理教师专业知识与技能拓展研究》，载《中学地理教学参考》2016 年第 24 期。

［113］许军建、王俊贤：《新高考背景下高中生生涯规划教育的价值与问题探讨》，载《白城师范学院学报》2018 年第 7 期。

［114］杨德军、黄晓玲、朱传世、范佳午：《北京市高考综合改革试点年级学生选课调查及分析》，载《教育科学研究》2018 年第 6 期。

［115］杨胜大：《所有的难题都是良机——浙江省义乌中学对新高考的实践应答》，载《人民教育》2016 年第 14 期。

[116] 杨鑫悦:《高考改革对高水平大学招生的影响》,载《管理观察》2018 年第 6 期。

[117] 杨学为:《高考文献》(下),高等教育出版社 2003 年版。

[118] 尹达:《"新高考"的价值取向、现实挑战与路径选择》,载《陕西师范大学学报》(哲学社会科学版) 2017 年第 4 期。

[119] 于涵、张弘:《大学招生亟需科学合理的顶层设计》,载《中国高等教育》2015 年第 2 期。

[120] 于世洁、徐宁汉、杨帆、尹佳:《新高考改革下高校选考科目的制定》,载《清华大学教育研究》2015 年第 2 期。

[121] 于世洁、徐宁汉:《高校多元招生录取模式的构建与实践》,载《中国高等教育》2017 年第 1 期。

[122] 余澄、王后雄:《高考改革的公平风险分析》,载《课程·教材·教法》2015 年第 9 期。

[123] 余澄、王后雄:《我国高考科目设置的发展历程及其改革价值取向》,载《教育理论与实践》2015 年第 35 期。

[124] 余云、叶滢:《新高考改革背景下职业生涯教育探讨》,载《中学地理教学参考》2016 年第 5 期。

[125] 余云、叶滢:《选考地理与高校招生的关联性分析——以 2017 年全国高校拟在浙江省招生的本科专业为例》,载《中学地理教学参考》2016 年第 13 期。

[126] 袁顶国、刘晓凤:《升降之间的教育转换:北京市高考改革方案价值追求透视》,载《教育理论与实践》2015 年第 2 期。

[127] 袁振国:《在改革中探索和完善具有中国特色的高考制度》,载《华东师范大学学报》(教育科学版) 2018 年第 3 期。

[128] [美]约翰·罗尔斯著,何怀宏、何包钢、廖申白译:《正义论》,中国社会科学出版社 1988 版。

[129] 詹真荣、熊乐兰:《高考新政的回顾与展望——以浙江省"新高考"改革为例》,载《社会科学战线》2018 年第 10 期。

[130] 张斌贤:《追寻教育公平与教育效率的原初形态及其发展轨迹——评〈教育公平和教育效率——英美基础教育政策演进研究〉》,载《教育学报》2017 年第 2 期。

[131] 张和生、余军民、郑岱:《高考公平指数的建构与测评——以湖南省为例》,载《北京大学教育评论》2013 年第 1 期。

[132] 张冀南、刘思琦:《高考改革对城乡教育公平的影响——基于山东省某县级市高考数据的实证分析》,载《科学决策》2012 年第 5 期。

[133] 张建英、郝泽启:《"选课走班"后的集体教研转型》,载《中小学管理》2016年第12期。

[134] 张立肖、董婕:《谈高考改革背景下地理在"211"高校选考科目中的地位》,载《中学地理教学参考》2016年第16期。

[135] 张连彬:《高考改革背景下对地理教学变革的思考》,载《中学地理教学参考》2015年第1期。

[136] 张铭凯、靳玉乐:《新高考改革的价值取向》,载《河北师范大学学报》(教育科学版)2016年第1期。

[137] 张天伟:《当前我国高考外语改革:问题与思考》,载《解放军外国语学院学报》2014年第5期。

[138] 张晓红:《普通高中选课走班模式下的班级管理问题及策略》,载《潍坊学院学报》2011年第2期。

[139] 章建石:《关于选考科目等级赋分的改进:历史经验、现实限制与可能方向》,载《华东师范大学学报》(教育科学版)2018年第3期。

[140] 章建石:《一项公平与效率兼备的高考改革为什么难以为继?——标准分制度的变迁及其折射的治理困境》,载《北京师范大学学报》(社会科学版)2016年第1期。

[141] 赵利萍、周先进:《综合素质评价纳入高考招生的困境及其超越》,载《教育理论与实践》2015年第2期。

[142] 赵小雅:《"选课走班":种种现实如何应对》,载《中国教育报》2014年6月4日第6版。

[143] 郑方贤:《新高考改革,最终应指向人才培养模式变革》,载《文汇报》2018年3月30日。

[144] 郑若玲:《高考改革的困境与突破》,载《厦门大学学报》(哲学社会科学版)2017年第3期。

[145] 郑若玲:《破除统考迷思深化招生改革》,载《复旦教育论坛》2016年第1期。

[146] 钟秉林、王新凤:《我国高考改革的价值取向变迁与理性选择——基于40年高考招生政策文本分析的视角》,载《教育研究》2017年第10期。

[147] 钟秉林、王新凤:《新高考的现实困境、理性遵循与策略选择》,载《教育学报》2019年第5期。

[148] 钟秉林、王新凤:《新高考综合评价招生的成效与现实困境探析》,载《高等教育研究》2019年第5期。

[149] 钟秉林:《高等学校要主动应对高考招生制度改革新挑战》,载《高

等教育研究》2015 年第 3 期。

[150] 钟秉林：《高考招生制度改革与高中学校人才培养》，载《中国教育学刊》2015 年第 10 期。

[151] 钟秉林：《高校要应对高招改革新挑战》，载《光明日报》2015 年 3 月 17 日。

[152] 钟秉林：《深化综合改革，应对高考招生制度改革新挑战》，载《教育研究》2015 年第 3 期。

[153] 钟秉林：《稳妥推进我国高考综合改革的四个着力点》，载《中国教育学刊》2019 年第 6 期。

[154] 钟秉林、王新凤：《我国高考改革的价值变迁与理性选择——基于 40 年高考招生政策文本分析的视角》，载《教育研究》2017 年第 10 期。

[155] 朱邦芬：《"减负"及我国科学教育面临的挑战》，载《物理与工程》2016 年第 4 期。

[156] 朱邦芬：《为什么浙江省高考学生选考物理人数大幅下降值得担忧》，载《物理》2017 年第 11 期。

[157] 朱丽：《从"选拔为先"到"素养为重"：中国教学评价改革 40 年》，载《全球教育展望》2018 年第 8 期。

[158] 朱沛沛：《高考鼓励性加分项目转入综合素质评价析论》，载《上海教育科研》2015 年第 12 期。

[159] 朱哲：《综合素质评价将是高考改革的中心问题》，载《人民教育》2015 年第 12 期。

[160] 祝蕾：《"双轨制"高考制度改革的使命、困境与出路》，载《学术探索》2017 年第 4 期。

[161] 邹太龙、喻侯林：《论新高考英语改革的四大价值取向》，载《教育理论与实践》2017 年第 17 期。

[162] Benjamin Greene. Verbal Abilities, Gender and the Introductory Economics Course: A New Look at an Old Assumption. *The Journal of Economic Education*, 1997, 28 (1): 13 – 30.

[163] Bennett P R, Lutz A. How African American is the net black advantage? Differences in college attendance among immigrant blacks, native blacks, and whites. *Sociology of Education*, 2009, 82 (1): 70 – 100.

[164] Braun S, Dwenger N. Success in the university admission process in Germany: regional provenance matters. *Higher Education*, 2009, 58 (1): 71 – 80.

[165] Bruggink T H, Gambhir V. Statistical models for college admission and en-

rollment: A case study for a selective liberal arts college. *Research in Higher Education*, 1996, 37 (2): 221 – 240.

［166］Burns M, Nelson Paul E, Raile Amber W, Littlefield Robert & Ray Chris. Story-selling: The Persuasive Effects of Using Stories in University Recruitment, *ProQuest Dissertations and Theses*, 2012, 135.

［167］Burns M. Recruiting Prospective Students with Stories: How Personal Stories Influence the Process of Choosing a University. *Communication Quarterly*, 2015, 63 (1): 99 – 118.

［168］Calvin, Allen. Use of standardized tests in admissions in postsecondary instituions of higher education. *Psychology, Public Policy, and Law*, 2000, 6 (1): 20 – 32.

［169］D'Oyley V R, Hermann Müller – Solger. National testing for college and university: The role of the Service for Admission to College and University (SACU) in Canadian higher education. *International Review of Education*, 1975, 21 (1): 91 – 109.

［170］Emmanuel Mogaji. *University Website Design in International Student Recruitment: Some Reflections*. Palgrave Macmillan, 2016: 99 – 117.

［171］Haley, J V, The Medical College Admission Test as a Predictor of Grade Factors. *Medical Education*, 1973, 48 (1): 98 – 100.

［172］Halpern D F, Haviland M G, Killian C D. Handedness and Sex Differences in Intelligence: Evidence from the Medical College Admission Test. *Brain & Cognition*, 1998, 38 (1): 1 – 101.

［173］Hojat M, Erdmann J B, Veloski J J, et al. A validity study of the writing sample section of the medical college admission test. *Academic Medicine*, 2000, 75 (10): 25 – 27.

［174］Huang X, Balaraman P, Tarbert H. A Framework for Examining International Students' Recruitment From B2B Relationship Perspective. *Ideas in Marketing: Finding the New and Polishing the Old*. Springer Cham, 2015: 460 – 460.

［175］Javier Touron. High School Ranks and Admission Tests as Predictors of First Year Medical Students' Performance. *Higher Education*, 1987, 16 (3): 257 – 266.

［176］Julian E R. Validity of the Medical College Admission Test for predicting medical school performance. *Academic Medicine Journal of the Association of American Medical Colleges*, 2005, 80 (10): 910.

［177］Kreiter C D, Kreiter Y. A Validity Generalization Perspective on the Ability of Undergraduate GPA and the Medical College Admission Test to Predict Important Outcomes. *Teaching and Learning in Medicine*, 2007, 19 (2): 95 – 100.

[178] Lesesne David. The Price of Admission: How American Ruling Class Buys Its Way into Elite Colleges—and Who Gets Left Outside the Gates. *International Journal of Educational Advancement*, 2008, 8 (1): 43 – 45.

[179] Letukas L. College Admissions Testing: Current Understanding and Future Implications. *Sociology Compass*, 2016, 10 (1): 98 – 106.

[180] Manfred Stommel, Barbara A. Given, Charles W. Given, et al. Gender Bias in the Measurement Properties of the Center – For – Epidemiologic – Studies – Depression – Scale. *Psychiatry Research*, 1994, 49 (3): 239 – 250.

[181] Massadeh N. Policies Governing Admission to Jordanian Public Universities. *Higher Education Policy*, 2012, 25 (4): 535 – 550.

[182] McClaran A. From "admissions" to "recruitment": The professionalisation of higher education admissions. *Tertiary Education and Management*, 2003, 9 (2): 159 – 167.

[183] Munson J W, Bourne D W. Pharmacy College Admission Test (PCAT) as a predictor of academic success. *American Journal of Pharmaceutical Education*, 1976, 40 (3): 237 – 239.

[184] Pearse R. The role of selection based on academic criteria in the recruitment process at an Indonesian government university. *Higher Education*, 1978, 7 (2): 157 – 176.

[185] Pegoraro A. *Using university websites for student recruitment: A study of Canadian university home pages examining relationship marketing tactics and website usability*. The university of Nebraska, 2006: 1 – 45.

[186] Pretz J E, Kaufman J C. Do Traditional Admissions Criteria Reflect Applicant Creativity. *The Journal of Creative Behavior*, 2015: 58 – 76.

[187] Russell K. Nieli. *No Longer Separate, Not Yet Equal: Race and Class in Elite College Admission and Campus Life*, Princeton University Press, 2009: 576.

[188] Rutter R, Roper S, Lettice F. Social Media Interaction, the University Brand and Recruitment Performance. *Journal of Business Research*, 2016, 69 (8): 3096 – 3104.

[189] Sackett P R, Kuncel N R, Beatty A S, et al. The Role of Socioeconomic Status in SAT – Grade Relationships and in College Admissions Decisions. *Psychological Science*, 2012, 23 (9): 1000 – 1007.

[190] Simmenrothnayda A, Yvonne Görlich. Medical school admission test: advantages for students whose parents are medical doctors. *Bmc Medical Education*, 2015, 15 (1): 1-6.

[191] Stalnaker J M. Medical College Admission Test. *Journal Association of American Medical Colleges*, 1950 (25): 428.

[192] Syverson S. The role of standardized tests in college admissions: Test-Optional admissions. *New Directions for Student Services*, 2007 (118): 55-70.

[193] Taylor C W. Check Studies on the Predictive Value of the Medical College Admission Test. *Association of American Medical Colleges*, 1950, 25 (4): 269-271.

[194] Torosian G. An Analysis of Admission Criteria. *American Journal of Pharmaceutical Education*, 1978, 42 (1): 33-45.

[195] Wang Xiaoyan. *Institutional recruitment strategies and international undergraduate student university choice at two Canadian universities*. University of Tronto, 2009: 1-65.

[196] Xavier Bosch. Spanish university chiefs blast recruitment system. *Nature*, 1999 (401): 419.

[197] Zwick R. College Admissions in Twenty-First-Century America: The Role of Grades, Tests, and Games of Chance. *Harvard Educational Review*, 2007, 77 (4): 419-429.

后 记

本课题研究从2014年9月正式立项以来,持续四年跟踪高考综合改革方案的实施与进展情况,综合运用文本分析、访谈、问卷调查等多种方法对高考改革试点省份,尤其是对浙江、上海第一批试点省市的高考改革方案进行跟踪与评估研究。

课题组围绕高考改革跟踪与评估研究取得了初步的研究成果:第一,向教育部等相关决策部门提交了11份调研报告和政策咨询建议。包括:《上海、浙江高考综合改革试点方案进展情况调研报告》《上海市、浙江省高考综合改革试点方案调研报告》;《上海市高考综合改革试点方案督查报告》《浙江省高考综合改革试点方案督查报告》;《山东省高考综合改革试点调研报告》《浙江省、上海市高考综合改革试点调研报告》;《广东省高考综合改革基础条件评估报告》《湖南省高考综合改革基础条件评估报告》;《关于将综合素质评价纳入高考招生录取的问题与建议》《关于完善新一轮高考综合改革政策的建议》《关于完善新高考政策公平性的提案》等。第二,完成了20余篇学术论文,发表在《教育研究》《高等教育研究》《中国高等教育》《中国教育学刊》等核心期刊;课题项目结题后还继续进行深化研究和拓展研究,形成了系列研究成果。第三,出版3部专著。除本书之外,李湘萍副教授的专著《大学生校园参与、发展与满意度》(中国人民大学出版社2018年版),核心数据来源于本项目支持;王新凤博士依托本项目完成博士论文,其论文成果《新高考的公平性研究》已出版(社会科学文献出版社2020年版)。

同时,北京师范大学高考改革研究团队在这一领域的研究也形成了一定的学术影响。2017年,研究团队开始承担北京教育科学规划优先关注课题《北京市高考综合改革试点方案跟踪与评价研究》;2018年12月和2019年12月,受浙江省教育考试院委托,研究团队先后对浙江省高考综合改革的实施效果进行了持续的跟踪评估研究;2019年7月,受教育部高校学生司委托,研究团队启动对第二、第三批高考综合改革省市进行跟踪与评估研究。至此,研究团队对已经启动高考综合改革的 14 个省市的改革进展都保持了密切关注与研究追踪。

本书是高考改革跟踪与评估研究的阶段性成果，凝结着研究团队的集体智慧与心血。杜瑞军副教授、方芳副教授、王新凤博士作为核心研究成员全程参与研究工作，周海涛教授、姚云教授、虞立红教授、乔锦忠副教授、景安磊博士等参加了实地调研工作；学生翟雪辰、南晓鹏参与撰写第一章文献述评，徐伟琴参与调查问卷分析，黄凌梅参与第六章部分内容撰写，王新凤博士协助完成了全书的编撰和统稿工作。另外，博士后罗启轩、杨瑾瑜，学生谢莹莹、李涵、王佳明、李礼、段戎备、李媛等参加了实地调研与资料整理等工作。在此，对研究团队成员的辛勤付出表示衷心的感谢。

高考改革是一项系统性的综合改革，涵盖内容繁杂，涉及利益相关群体众多，这给高考改革评估增加了难度。同时，受项目周期与人才培养周期的局限，本书研究成果主要聚焦于高考改革试点方案及其对高中学校、高等学校带来的影响，而对新高考生源的综合发展研究等少有涉及。改革是动态发展的过程，高考改革跟踪与评估也是如此。目前，研究团队在对第二、第三批改革省市保持追踪研究的基础上，正在对第一批高考改革试点省份新高考生源的学生发展、人才培养等进行跟踪与评估研究，以期更深入地评估高考综合改革的有效性。

囿于时间、精力、能力局限，本书成稿较为仓促，欠妥之处，也恳请读者不吝赐教。

钟秉林

2021 年 7 月 16 日

教育部哲学社会科学研究重大课题攻关项目成果出版列表

序号	书　名	首席专家
1	《马克思主义基础理论若干重大问题研究》	陈先达
2	《马克思主义理论学科体系建构与建设研究》	张雷声
3	《马克思主义整体性研究》	逄锦聚
4	《改革开放以来马克思主义在中国的发展》	顾钰民
5	《新时期　新探索　新征程——当代资本主义国家共产党的理论与实践研究》	聂运麟
6	《坚持马克思主义在意识形态领域指导地位研究》	陈先达
7	《当代资本主义新变化的批判性解读》	唐正东
8	《当代中国人精神生活研究》	童世骏
9	《弘扬与培育民族精神研究》	杨叔子
10	《当代科学哲学的发展趋势》	郭贵春
11	《服务型政府建设规律研究》	朱光磊
12	《地方政府改革与深化行政管理体制改革研究》	沈荣华
13	《面向知识表示与推理的自然语言逻辑》	鞠实儿
14	《当代宗教冲突与对话研究》	张志刚
15	《马克思主义文艺理论中国化研究》	朱立元
16	《历史题材文学创作重大问题研究》	童庆炳
17	《现代中西高校公共艺术教育比较研究》	曾繁仁
18	《西方文论中国化与中国文论建设》	王一川
19	《中华民族音乐文化的国际传播与推广》	王耀华
20	《楚地出土戰國簡册［十四種］》	陈　伟
21	《近代中国的知识与制度转型》	桑　兵
22	《中国抗战在世界反法西斯战争中的历史地位》	胡德坤
23	《近代以来日本对华认识及其行动选择研究》	杨栋梁
24	《京津冀都市圈的崛起与中国经济发展》	周立群
25	《金融市场全球化下的中国监管体系研究》	曹凤岐
26	《中国市场经济发展研究》	刘　伟
27	《全球经济调整中的中国经济增长与宏观调控体系研究》	黄　达
28	《中国特大都市圈与世界制造业中心研究》	李廉水

序号	书　名	首席专家
29	《中国产业竞争力研究》	赵彦云
30	《东北老工业基地资源型城市发展可持续产业问题研究》	宋冬林
31	《转型时期消费需求升级与产业发展研究》	臧旭恒
32	《中国金融国际化中的风险防范与金融安全研究》	刘锡良
33	《全球新型金融危机与中国的外汇储备战略》	陈雨露
34	《全球金融危机与新常态下的中国产业发展》	段文斌
35	《中国民营经济制度创新与发展》	李维安
36	《中国现代服务经济理论与发展战略研究》	陈　宪
37	《中国转型期的社会风险及公共危机管理研究》	丁烈云
38	《人文社会科学研究成果评价体系研究》	刘大椿
39	《中国工业化、城镇化进程中的农村土地问题研究》	曲福田
40	《中国农村社区建设研究》	项继权
41	《东北老工业基地改造与振兴研究》	程　伟
42	《全面建设小康社会进程中的我国就业发展战略研究》	曾湘泉
43	《自主创新战略与国际竞争力研究》	吴贵生
44	《转轨经济中的反行政性垄断与促进竞争政策研究》	于良春
45	《面向公共服务的电子政务管理体系研究》	孙宝文
46	《产权理论比较与中国产权制度变革》	黄少安
47	《中国企业集团成长与重组研究》	蓝海林
48	《我国资源、环境、人口与经济承载能力研究》	邱　东
49	《"病有所医"——目标、路径与战略选择》	高建民
50	《税收对国民收入分配调控作用研究》	郭庆旺
51	《多党合作与中国共产党执政能力建设研究》	周淑真
52	《规范收入分配秩序研究》	杨灿明
53	《中国社会转型中的政府治理模式研究》	娄成武
54	《中国加入区域经济一体化研究》	黄卫平
55	《金融体制改革和货币问题研究》	王广谦
56	《人民币均衡汇率问题研究》	姜波克
57	《我国土地制度与社会经济协调发展研究》	黄祖辉
58	《南水北调工程与中部地区经济社会可持续发展研究》	杨云彦
59	《产业集聚与区域经济协调发展研究》	王　珺

序号	书　名	首席专家
60	《我国货币政策体系与传导机制研究》	刘　伟
61	《我国民法典体系问题研究》	王利明
62	《中国司法制度的基础理论问题研究》	陈光中
63	《多元化纠纷解决机制与和谐社会的构建》	范　愉
64	《中国和平发展的重大前沿国际法律问题研究》	曾令良
65	《中国法制现代化的理论与实践》	徐显明
66	《农村土地问题立法研究》	陈小君
67	《知识产权制度变革与发展研究》	吴汉东
68	《中国能源安全若干法律与政策问题研究》	黄　进
69	《城乡统筹视角下我国城乡双向商贸流通体系研究》	任保平
70	《产权强度、土地流转与农民权益保护》	罗必良
71	《我国建设用地总量控制与差别化管理政策研究》	欧名豪
72	《矿产资源有偿使用制度与生态补偿机制》	李国平
73	《巨灾风险管理制度创新研究》	卓　志
74	《国有资产法律保护机制研究》	李曙光
75	《中国与全球油气资源重点区域合作研究》	王　震
76	《可持续发展的中国新型农村社会养老保险制度研究》	邓大松
77	《农民工权益保护理论与实践研究》	刘林平
78	《大学生就业创业教育研究》	杨晓慧
79	《新能源与可再生能源法律与政策研究》	李艳芳
80	《中国海外投资的风险防范与管控体系研究》	陈菲琼
81	《生活质量的指标构建与现状评价》	周长城
82	《中国公民人文素质研究》	石亚军
83	《城市化进程中的重大社会问题及其对策研究》	李　强
84	《中国农村与农民问题前沿研究》	徐　勇
85	《西部开发中的人口流动与族际交往研究》	马　戎
86	《现代农业发展战略研究》	周应恒
87	《综合交通运输体系研究——认知与建构》	荣朝和
88	《中国独生子女问题研究》	风笑天
89	《我国粮食安全保障体系研究》	胡小平
90	《我国食品安全风险防控研究》	王　硕

序号	书　名	首席专家
91	《城市新移民问题及其对策研究》	周大鸣
92	《新农村建设与城镇化推进中农村教育布局调整研究》	史宁中
93	《农村公共产品供给与农村和谐社会建设》	王国华
94	《中国大城市户籍制度改革研究》	彭希哲
95	《国家惠农政策的成效评价与完善研究》	邓大才
96	《以民主促进和谐——和谐社会构建中的基层民主政治建设研究》	徐　勇
97	《城市文化与国家治理——当代中国城市建设理论内涵与发展模式建构》	皇甫晓涛
98	《中国边疆治理研究》	周　平
99	《边疆多民族地区构建社会主义和谐社会研究》	张先亮
100	《新疆民族文化、民族心理与社会长治久安》	高静文
101	《中国大众媒介的传播效果与公信力研究》	喻国明
102	《媒介素养：理念、认知、参与》	陆　晔
103	《创新型国家的知识信息服务体系研究》	胡昌平
104	《数字信息资源规划、管理与利用研究》	马费成
105	《新闻传媒发展与建构和谐社会关系研究》	罗以澄
106	《数字传播技术与媒体产业发展研究》	黄升民
107	《互联网等新媒体对社会舆论影响与利用研究》	谢新洲
108	《网络舆论监测与安全研究》	黄永林
109	《中国文化产业发展战略论》	胡惠林
110	《20世纪中国古代文化经典在域外的传播与影响研究》	张西平
111	《国际传播的理论、现状和发展趋势研究》	吴　飞
112	《教育投入、资源配置与人力资本收益》	闵维方
113	《创新人才与教育创新研究》	林崇德
114	《中国农村教育发展指标体系研究》	袁桂林
115	《高校思想政治理论课程建设研究》	顾海良
116	《网络思想政治教育研究》	张再兴
117	《高校招生考试制度改革研究》	刘海峰
118	《基础教育改革与中国教育学理论重建研究》	叶　澜
119	《我国研究生教育结构调整问题研究》	袁本涛 王传毅
120	《公共财政框架下公共教育财政制度研究》	王善迈

序号	书　名	首席专家
121	《农民工子女问题研究》	袁振国
122	《当代大学生诚信制度建设及加强大学生思想政治工作研究》	黄蓉生
123	《从失衡走向平衡：素质教育课程评价体系研究》	钟启泉 崔允漷
124	《构建城乡一体化的教育体制机制研究》	李　玲
125	《高校思想政治理论课教育教学质量监测体系研究》	张耀灿
126	《处境不利儿童的心理发展现状与教育对策研究》	申继亮
127	《学习过程与机制研究》	莫　雷
128	《青少年心理健康素质调查研究》	沈德立
129	《灾后中小学生心理疏导研究》	林崇德
130	《民族地区教育优先发展研究》	张诗亚
131	《WTO主要成员贸易政策体系与对策研究》	张汉林
132	《中国和平发展的国际环境分析》	叶自成
133	《冷战时期美国重大外交政策案例研究》	沈志华
134	《新时期中非合作关系研究》	刘鸿武
135	《我国的地缘政治及其战略研究》	倪世雄
136	《中国海洋发展战略研究》	徐祥民
137	《深化医药卫生体制改革研究》	孟庆跃
138	《华侨华人在中国软实力建设中的作用研究》	黄　平
139	《我国地方法制建设理论与实践研究》	葛洪义
140	《城市化理论重构与城市化战略研究》	张鸿雁
141	《境外宗教渗透论》	段德智
142	《中部崛起过程中的新型工业化研究》	陈晓红
143	《农村社会保障制度研究》	赵　曼
144	《中国艺术学学科体系建设研究》	黄会林
145	《人工耳蜗术后儿童康复教育的原理与方法》	黄昭鸣
146	《我国少数民族音乐资源的保护与开发研究》	樊祖荫
147	《中国道德文化的传统理念与现代践行研究》	李建华
148	《低碳经济转型下的中国排放权交易体系》	齐绍洲
149	《中国东北亚战略与政策研究》	刘清才
150	《促进经济发展方式转变的地方财税体制改革研究》	钟晓敏
151	《中国—东盟区域经济一体化》	范祚军

序号	书　名	首席专家
152	《非传统安全合作与中俄关系》	冯绍雷
153	《外资并购与我国产业安全研究》	李善民
154	《近代汉字术语的生成演变与中西日文化互动研究》	冯天瑜
155	《新时期加强社会组织建设研究》	李友梅
156	《民办学校分类管理政策研究》	周海涛
157	《我国城市住房制度改革研究》	高　波
158	《新媒体环境下的危机传播及舆论引导研究》	喻国明
159	《法治国家建设中的司法判例制度研究》	何家弘
160	《中国女性高层次人才发展规律及发展对策研究》	佟　新
161	《国际金融中心法制环境研究》	周仲飞
162	《居民收入占国民收入比重统计指标体系研究》	刘　扬
163	《中国历代边疆治理研究》	程妮娜
164	《性别视角下的中国文学与文化》	乔以钢
165	《我国公共财政风险评估及其防范对策研究》	吴俊培
166	《中国历代民歌史论》	陈书录
167	《大学生村官成长成才机制研究》	马抗美
168	《完善学校突发事件应急管理机制研究》	马怀德
169	《秦简牍整理与研究》	陈　伟
170	《出土简帛与古史再建》	李学勤
171	《民间借贷与非法集资风险防范的法律机制研究》	岳彩申
172	《新时期社会治安防控体系建设研究》	宫志刚
173	《加快发展我国生产服务业研究》	李江帆
174	《基本公共服务均等化研究》	张贤明
175	《职业教育质量评价体系研究》	周志刚
176	《中国大学校长管理专业化研究》	宣　勇
177	《"两型社会"建设标准及指标体系研究》	陈晓红
178	《中国与中亚地区国家关系研究》	潘志平
179	《保障我国海上通道安全研究》	吕　靖
180	《世界主要国家安全体制机制研究》	刘胜湘
181	《中国流动人口的城市逐梦》	杨菊华
182	《建设人口均衡型社会研究》	刘渝琳
183	《农产品流通体系建设的机制创新与政策体系研究》	夏春玉

序号	书 名	首席专家
184	《区域经济一体化中府际合作的法律问题研究》	石佑启
185	《城乡劳动力平等就业研究》	姚先国
186	《20世纪朱子学研究精华集成——从学术思想史的视角》	乐爱国
187	《拔尖创新人才成长规律与培养模式研究》	林崇德
188	《生态文明制度建设研究》	陈晓红
189	《我国城镇住房保障体系及运行机制研究》	虞晓芬
190	《中国战略性新兴产业国际化战略研究》	汪 涛
191	《证据科学论纲》	张保生
192	《要素成本上升背景下我国外贸中长期发展趋势研究》	黄建忠
193	《中国历代长城研究》	段清波
194	《当代技术哲学的发展趋势研究》	吴国林
195	《20世纪中国社会思潮研究》	高瑞泉
196	《中国社会保障制度整合与体系完善重大问题研究》	丁建定
197	《民族地区特殊类型贫困与反贫困研究》	李俊杰
198	《扩大消费需求的长效机制研究》	臧旭恒
199	《我国土地出让制度改革及收益共享机制研究》	石晓平
200	《高等学校分类体系及其设置标准研究》	史秋衡
201	《全面加强学校德育体系建设研究》	杜时忠
202	《生态环境公益诉讼机制研究》	颜运秋
203	《科学研究与高等教育深度融合的知识创新体系建设研究》	杜德斌
204	《女性高层次人才成长规律与发展对策研究》	罗瑾琏
205	《岳麓秦简与秦代法律制度研究》	陈松长
206	《民办教育分类管理政策实施跟踪与评估研究》	周海涛
207	《建立城乡统一的建设用地市场研究》	张安录
208	《迈向高质量发展的经济结构转变研究》	郭熙保
209	《中国社会福利理论与制度构建——以适度普惠社会福利制度为例》	彭华民
210	《提高教育系统廉政文化建设实效性和针对性研究》	罗国振
211	《毒品成瘾及其复吸行为——心理学的研究视角》	沈模卫
212	《英语世界的中国文学译介与研究》	曹顺庆
213	《建立公开规范的住房公积金制度研究》	王先柱

序号	书 名	首席专家
214	《现代归纳逻辑理论及其应用研究》	何向东
215	《时代变迁、技术扩散与教育变革：信息化教育的理论与实践探索》	杨 浩
216	《城镇化进程中新生代农民工职业教育与社会融合问题研究》	褚宏启 薛二勇
217	《我国先进制造业发展战略研究》	唐晓华
218	《融合与修正：跨文化交流的逻辑与认知研究》	鞠实儿
219	《中国新生代农民工收入状况与消费行为研究》	金晓彤
220	《高校少数民族应用型人才培养模式综合改革研究》	张学敏
221	《中国的立法体制研究》	陈 俊
222	《教师社会经济地位问题：现实与选择》	劳凯声
223	《中国现代职业教育质量保障体系研究》	赵志群
224	《欧洲农村城镇化进程及其借鉴意义》	刘景华
225	《国际金融危机后全球需求结构变化及其对中国的影响》	陈万灵
226	《创新法治人才培养机制》	杜承铭
227	《法治中国建设背景下警察权研究》	余凌云
228	《高校财务管理创新与财务风险防范机制研究》	徐明稚
229	《义务教育学校布局问题研究》	雷万鹏
230	《高校党员领导干部清正、党政领导班子清廉的长效机制研究》	汪 曦
231	《二十国集团与全球经济治理研究》	黄茂兴
232	《高校内部权力运行制约与监督体系研究》	张德祥
233	《职业教育办学模式改革研究》	石伟平
234	《职业教育现代学徒制理论研究与实践探索》	徐国庆
235	《全球化背景下国际秩序重构与中国国家安全战略研究》	张汉林
236	《进一步扩大服务业开放的模式和路径研究》	申明浩
237	《自然资源管理体制研究》	宋马林
238	《高考改革试点方案跟踪与评估研究》	钟秉林
	……	